地铁隧道安全隐患车载综合检测技术及应用

许献磊　彭苏萍　著

科 学 出 版 社

北 京

内 容 简 介

目前，地铁隧道安全隐患的检测技术难以满足综合快速智能检测的需求，本书在团队研究的基础上，对于地铁隧道的多种地质安全隐患，采用不同的针对性技术实现对安全隐患的全面检测。

全书共 10 章，分别描述地铁隧道安全隐患检测技术的研究现状、地铁隧道衬砌结构病害检测技术、地铁隧道衬砌表面裂缝检测技术、地铁隧道渗漏检测技术、地铁隧道形变及错台病害检测技术、地铁隧道安全隐患综合检测系统集成、地铁隧道高精度导航地图构建技术、地铁隧道避障技术及路径规划、地铁隧道结构安全风险评估技术、地铁隧道综合检测技术应用。

本书适合地铁隧道检测领域的广大科技工作者、工程技术人员参考使用，也可作为高等院校有关专业研究生的教材和教学参考书。

图书在版编目（CIP）数据

地铁隧道安全隐患车载综合检测技术及应用／许献磊，彭苏萍著．
北京：科学出版社，2025. 6. -- ISBN 978-7-03-081559-0

Ⅰ．U231. 3

中国国家版本馆 CIP 数据核字第 2025S6Y262 号

责任编辑：焦　健／责任校对：何艳萍
责任印制：肖　兴／封面设计：无极书装

科 学 出 版 社 出版
北京东黄城根北街 16 号
邮政编码：100717
http://www.sciencep.com

涿州市殷润文化传播有限公司印刷
科学出版社发行　各地新华书店经销
*
2025 年 6 月第　一　版　开本：787×1092　1/16
2025 年 6 月第一次印刷　印张：28 3/4
字数：682 000
定价：388.00 元
（如有印装质量问题，我社负责调换）

前　言

　　城市安全是国家整体安全的重要组成部分，是国家安全和社会稳定的基石。2018 年 1 月，中共中央办公厅、国务院办公厅印发的《关于推进城市安全发展的意见》强调，要"健全公共安全体系，打造共建共治共享的城市安全社会治理格局"，这是在新的历史时期，正确分析判断城市安全出现的新情况而提出的重大任务。截至 2024 年底，全国累计共有 58 个城市开通轨道交通线路 362 条，运营里程为 12168.77km，地铁约占 76.27%。其中，2024 年新增轨道交通运营线路 953.04km。随着城市内地铁营运里程的增加，受车辆运行，外部施工、地层变化等影响，城市运营地铁隧道出现的管片背后空洞、裂缝、渗漏水等病害降低结构耐久和安全性，严重威胁城市地铁结构和运营安全。

　　城市地铁渗漏病害具有隐蔽性强、作业窗口小、检测和修复难的特点，面对城市地铁隧道健康运维对安全隐患检测的重大需求，如何全面、可靠、稳定、科学地对地铁隧道安全隐患进行检测和评估，是行业科研人员和地铁隧道运营维护工作人员面临的重要挑战。中国矿业大学（北京）研究团队专门从事工程地质与工程地球物理方面的研究已有 30 年，取得了系列创新性的成果装备和技术。2020 年成立的城市道路及地下空间安全检测与评价应急管理部重点实验室，已经成为我国应急管理部门的重要科技支撑力量。为解决当前地铁隧道检测精度低、检测效率低等问题，经过 10 余年的技术攻关，研发出了地铁隧道安全隐患综合检测技术和装备。

　　本书从地铁隧道安全隐患综合病害多个方面进行了详细分析和研究。全书共 10 章。第 1 章描述了地铁隧道安全隐患检测技术的研究现状，汇总了在地铁隧道检测应用领域的国内外研究现状，指出当前研究中的不足，依此提出本书的研究内容。第 2 章对于地铁隧道衬砌结构病害的检测，设计了注浆缺陷探测系统，根据隧道衬砌空洞病害雷达回波特征，采用深度神经网络对空洞病害进行智能识别。第 3 章为实现对地铁隧道衬砌表面裂缝检测，设计了一套用于采集地铁隧道表面的病害信息的同步采集控制系统，在对图像拼接和裂缝特征提取计算后，基于算法模型，实现在预处理后的图像中框选出裂缝目标。第 4 章为地铁隧道渗漏检测技术，该部分主要采用红外热像仪，对地铁隧道表观的渗漏点进行检测以及智能识别。此外，结合地铁隧道表观的渗漏点，使用探地雷达对地铁隧道渗漏通道进行检测和识别。第 5 章为地铁隧道形变及错台病害检测技术，运用移动三维激光扫描技术，将三维激光扫描仪安装于地铁隧道安全隐患综合检测车后侧，实现在检测车行驶过程对点云数据的采集，对地铁隧道形变信息进行检测。第 6 章为地铁隧道安全隐患综合检测系统集成，提出了多通道探地雷达天线、线阵相机、三维激光扫描仪等设备的布置方案，实现对地铁隧道安全隐患检测的全覆盖，提出同步采集控制方法，实现多个采集设备的通信连接、参数设置与同步传输、数据实时显示与存储等功能。第 7 章为地铁隧道高精度导航地图构建技术，基于现有的移动式三维激光扫描仪技术，研究即时定位与地图快速构建技术，通过车载融合精度校正算法完成对导航地图的精度提升。搭建了适用于地铁隧道安全隐患综合检测车的三维点云实时采集系统，并提出了提升地铁隧道点云精度的方法，利用车载视觉相机实时识别控制点标志码，对测距轮里程计信息进行同步校正，为地铁隧道安全隐患的快速检测定位和安全运营提供了技术支撑。第 8 章为地铁隧道避障技术及路径规划，基于随机样本一致（random sample consensus，RANSAC）算法的隧道障碍物点云识别分割算法，实现障碍物尺度信息的快速提取，提出机械臂避障路径规划与优化方法，以实现天线"悬空距离"的微调控制。第 9 章为地铁隧道结构安全风险评估技术，分析渗漏水影响下地铁隧道结构安全风险因素，构建运营地铁隧道结构安全风险评估指标体系、三维地铁隧道结构和安全隐患信息管理平台系统，可实现地铁隧道安全探测多源数据综合分析、地铁隧道安全隐患一体化展示和查询功能。第 10 章为地铁隧道综合检测技术应用，主要为团队研究成果在国内城市的地铁隧道实际检测情况。

本书汇聚了团队在地铁隧道安全检测领域的最新研究成果与前沿技术，涵盖了检测装备研发、隧道安全隐患智能识别、隧道安全风险评估等多个方面，在国内多个地区得到了推广应用，展示了新技术在保障地铁隧道安全运营中的重要作用。我相信，该书的出版，将为广大工程师、技术人员及相关领域的专家学者提供参考与借鉴，推动地铁隧道检测技术的不断进步与发展。同时，期待更多的同仁能够加入到地铁隧道安全综合检测行列中来，共同为构建更加安全、高效、可持续的城市轨道交通安全保障体系贡献力量。书中尚有不妥之处，敬请各位读者批评指正。

2024 年 8 月于北京

目　　录

第1章 地铁隧道安全隐患检测技术的研究现状

1.1 地铁隧道安全隐患检测的必要性

随着我国城市化进程的不断加快，为提高城市容量、缓解城市交通、改善城市环境，不断加大了城市地铁隧道的建设。地铁运营里程的增加，对于地铁隧道维护的需求也在不断扩大。为保障地铁隧道正常使用，维护人民生命财产的安全，确保城市的安全稳定发展，减少因隧道安全问题使地铁运营停运情况的发生，对地铁隧道进行安全检测显得尤为重要。依据《中华人民共和国国民经济和社会发展第十四个五年规划和2035年远景目标纲要》《关于推进城市安全发展的实施意见》等国家重要文件，城市安全发展已成为我国深入改革和经济社会发展重大战略。新时代我国社会主要矛盾的转化要求牢固树立"以人民为中心"的发展理念，建立高效科学的隧道检测和地下空间安全应急管理体系，提升全社会抵御城市灾害风险的能力，满足人民对美好生活向往的需求。地铁隧道的安全关乎城市每一个人的出行。重如泰山，解决和预防地下空间安全隐患，已迫在眉睫。

地铁隧道作为城市公共交通的核心组成部分，在城市地铁隧道运营期间，受周边岩土体变化、车辆运行、外部施工、注浆不足等影响，隧道结构常出现形变过大、管片错台、渗漏水、空鼓、结构背后空洞等病害，使结构与围岩不能共同均匀承受外力，恶化结构受力条件，降低隧道结构的安全可靠度和稳定性，隧道结构发生灾难性破坏的概率大大增加，直接威胁地铁运营安全和结构安全。地铁隧道的安全隐患对于城市安全运行的影响体现在多个方面。

（1）危害市民生命安全。地铁载客量大，地铁隧道空间相对封闭，人员疏散难度大，一旦发生安全事故，后果不堪设想，将给人民和国家带来极大的损失。

（2）破坏城市公共交通系统。地铁作为城市公共交通的重要一环，其运营效率直接影响到城市交通的整体状况。地铁隧道的安全隐患若得不到及时有效的处理，可能导致地铁系统频繁出现故障或中断运行，加剧城市交通拥堵问题，影响市民的出行效率和城市的交通秩序。

（3）引起不良的社会影响。地铁隧道安全问题的社会关注度高，社会影响力大，及时排除安全隐患问题，不易引发社会恐慌，有利于社会的和谐稳定。

（4）影响城市经济的发展。地铁隧道作为城市基础设施的重要组成部分，其安全性和稳定性直接影响城市的形象和投资环境。保障地铁系统的正常运行对于城市的经济发展具有重要意义。高效、稳定、可靠的地铁系统，可以有效提升城市的吸引力和竞争力，助力城市的经济发展和产业升级。

（5）地铁隧道安全隐患的检测具有隐蔽性高、探测难度大，检测时间窗口短等特点，采用人工方式对外观质量进行人眼尺量，效率低，识别精度低且容易漏检测。

近年来，随着科学技术的快速发展，探地雷达、机器视觉等探测手段逐渐应用在公路和铁路隧道安全隐患检测中，但是目前的检测技术仍难以满足实际需求。现有地铁隧道安全探测装备和技术水平（探测深度浅、探测速度慢、探测精度低）与超大城市安全治理及工程需求不平衡的矛盾，已经成为痛点，严重制约企业行业安全智能化水平的提高。应加大基础理论、关键技术、先进装备的攻关力度，通过二次开发、吸收引进、攻克破解难题，建立系统的地铁隧道安全隐患探测理论和设备，加快先进技术成果的推广应用，着力突破城市地铁隧道安全领域科技发展的瓶颈和体制机制障碍，最大限度地释放科技改革创新活力。

解决地铁隧道内部隐患，遏制城市地铁隧道重特大安全事故发生，降低事故造成的人民群众生命财产损失，提升城市安全综合保障能力为重点，提升城市安全综合治理与保障能力，是推进国家治理体系治理能力现代化的必然要求，也是适应国家高精尖经济结构调整，满足经济社会发展的迫切需求，为基本实现社会主义现代化和建设国际一流和谐宜居之都提供坚实的安全保障。

1.2　地铁隧道安全隐患检测技术的研究现状

地铁在运营过程中，地铁的安全面临着隧道空洞、裂缝、渗漏水以及内轮廓形变等多种病害的威胁。因此，对隧道定期进行全面检测，及时发现安全隐患，并对隐患进行针对性治理显得尤为重要。对隧道安全隐患进行全方位的检测，则要求对隧道不同的病害做针对性的研究分析，采用科学的指标对隧道的安全性进行客观和定量评价。

1.2.1　隧道衬砌结构病害检测技术现状

1. 无损检测方法

盾构施工因其安全性和高效性而被广泛应用于地铁建造过程中。在盾构施工过程中，盾构机同步进行隧道挖掘、管片衬砌安装及管片壁后注浆等工序。管片壁后注浆填充管片与岩土体之间的空隙，形成稳定的隔水层，防止隧道壁渗水，并且有利于周围土体和隧道整体受力的稳定，预防岩土体失稳，避免引发安全事故[1]。注浆过程多依赖于施工人员经验来控制注浆压力和注浆量，注浆效果无法直接观察，会导致管片和围岩之间存在空隙，造成隧道整体受力不均匀，引发周围岩土体产生较大形变。因此，对管片背后注浆体进行检测，获取壁后注浆效果，指导壁后注浆缺陷的二次补浆，可以有效避免周围土体形变，保障隧道的安全稳定。

对于注浆体检测的无损检测（NDT）方法，有声波法、超声波法、弹性波法、微波法、红外热成像法、探地雷达法（GPR）、射线照相法和瞬变电磁法（TEM）等[2]。不同的检测方法有各自的优势和局限性，如声波法、超声波法、射线照相法均属于接触式探测，这些方法会影响探测速度。

声波法是基于声波在不同介质中传播时的物理特性变化对浆缺陷检测，一般用于混凝土材料内部缺陷检测及其均匀性和结构强度评价。检测结果可靠性高，但是要求稳定的耦合条件，因此数据采集效率低。苏联学者索科洛夫（Sokolov）在 1929 年第一次提出利用超声波检测不透明材料内部缺陷的方法[3]。因为超声波波长短，穿透能力弱，所以可以利用超声波对微小缺陷进行探测，但无法对体积大的物体进行检测，并且其检测结果受管片内部钢筋笼干扰强烈，其结果存在较大偏差[4]。

弹性波法是利用隧道管片和注浆层中介质的弹性差异对注浆缺陷进行检测。该检测方法广泛应用于油气勘探、工程勘查和结构检测中，可采用钢球等作为震源，撞击结构表面，根据从结构内部反射回来的 P 波信号判断结构强度或缺陷位置[5]。与探地雷达相比，该方法受钢筋的干扰小，且经济效益更为显著，但在注浆质量检测中效率偏低，无法快速实时地进行大范围检测。

瞬变电磁法（TEM）是基于地层电阻率差异的一种无损检测（NDT）方法。Ye 等将瞬态电磁雷达（TER）用于模型试验中的管片注浆缺陷检测，分析了隧道盾构管片后灌浆层的不同接触状态时电阻率的变化[6,7]。

近几十年来，探地雷达法经常用于混凝土结构检测，通过分析和接收信号的振幅、频率、相位、时间等，可以获取目标体的深度、大小和填充介质等[8]。探地雷达法具有操作简单、效率高和分辨率高等优点，其处理方式简单快捷，成像技术愈加完善。但雷达波在遇到介电常数较高的物质时，表现出透射能力差和高反射性，所以探地雷达法用于钢筋较多的管片背后注浆检测时，会接收到较多的干扰信号。因此，进行数据处理的主要目的是抑制钢筋的散射干扰，放大注浆层和缺陷的反射信号，并使用成像方法将雷达信号转换为地下分布的图像。

此外，一些学者会采用综合物探方法对混凝土介质检测。例如，通过探地雷达法和地震成像法结合来检测管片后注浆层的质量，通过探地雷达法和弹性波法相互验证，确定输水隧道缺陷的位置等。

2. 探地雷达检测

探地雷达检测技术可对隧道背后衬砌和隧底质量进行检测。天线是探地雷达系统中的重要组成部分，负责将导波转换成自由空间中的电磁波。天线的性能影响着整个探地雷达系统的探测深度和探测分辨率。天线可分为地面耦合式天线和空气耦合式天线，地面耦合式天线检测时需要接触探测面，空气耦合式天线检测时可悬空一定高度，避免与隧道表面直接接触。地面耦合式天线检测方法得到的雷达图像质量较好，内部结构清晰，空气耦合式天线检测速度快、效率高，有利于快速、大面积地掌握隧道衬砌结构情况。

探地雷达天线类型多种多样，有喇叭天线、锥形槽天线、双锥天线、螺旋天线、蝶形天线等，可针对探地雷达法不同应用的需求选取相应的天线类型。喇叭天线的时域响应特性较好，与地面耦合探地雷达常用的平面天线（如蝶形天线等）相比，具有体积小、频带宽、方向性好等特点，但喇叭天线受地面影响较大，有波形拖尾振荡[9]。锥形槽天线具有良好的带宽特性，但波形保真性差和色散强。双锥天线与盘锥天线类似，是一种全向天线，有稳定的方向图，但体积较大。螺旋天线的带宽较大，在脉冲信号的激励下产生较多的振荡，且时域响应特性差[10]。蝶形天线的末端常会因电流积聚而产生一定的回波损耗，使天线端口阻抗不匹配，需要通过加载电阻的方式解决该问题。蝶形天线因体积小、重量轻而被广泛应用到探地雷达系统中。

阵列式探测是探地雷达系统研发的一个重要发展方向。1980年，世界上第一台基于天线阵列的探地雷达由意大利的IDS GeoRadar（IDS）公司成功研制出，相比单通道雷达，其探测速度更快，分辨率更高。经过数十年的发展，意大利雷达已经在天线屏蔽技术、天线阵列技术和数据自动解译等方面占据领先地位。1998年，瑞典MALA公司生产了世界上第一台应用于商业的三维探地雷达系统。2001年，挪威3D-Radar公司推出了GeoScope三维探地雷达，实现了探地雷达三维展示，大大提升了探地雷达的操作性能。2008年，瑞典MALA公司研发的三维探地雷达系统MIRA问世，其采用斜向极化进行采集，探测结果非常直观，并且可以实现从三维数据采集、处理解释到出报告的无缝衔接。

三维探地雷达于2013年开始引入我国。许多研究人员将引进的三维探地雷达系统应用于市政工程领域，如地下管线探测和道路病害检测等，其在道路检测中主要应用于结构层厚度检测、沥青路面均匀性评价及内部结构物探测等。2016年，刘涛将三维探地雷达技术应用于沥青路面均匀性评价，提高了沥青路面的施工质量[11]。

目前，我国一些科研机构做了大量实验研究，并自主研发了一些具有一定优点的雷达天线阵列系统。习建军研究了在极化平面波照射条件下的目标体形态特征，并利用一维和二维分布的收发天线阵列进行目标检测，结果证明，多极化综合特征分析方法可以改善目标检测的稳定性，提高信噪比[12]。中国航天科工集团第三研究院三十五研究所在2018年成功研制出我国首个全阵列式三维探地雷达"鹰眼-A"，其管线检测准确率达到90%以上，代表着我国无损探地技术真正从二维跨越到三维。吉林大学对天线的极化特性进行长期深入研究，开发了全极化探地雷达数据采集系统，并将系统分别应用于路面塌陷和冰裂缝探测实验，均取得了不错的效果[13]。一些研究人员还对地下病害的自动识别方法进行了研究。

3. 探地雷达数据处理

探地雷达在对隧道探测过程中容易受周围环境与设备的影响，导致回波数据中存在较强的噪声与杂波干扰。所以，提高探地雷达数据的质量和病害信息的准确性一直是研究的重点与难点，去噪也是探地雷达数据处理领域的经典问题之一。

自1980年以来，随着计算机的迅速发展，涌现出许多探地雷达数据处理方法，推动了探地雷达数据处理的进步。1999年，Carevic将卡尔曼滤波应用于探地雷达数据处理过程中，实现对检测目标与背景的分离，并且利用小波变换实现对杂波的抑制[14]。2005年，Abujarad等利用奇异值分解方法对均值后的探地雷达数据进行奇异值分解，设定一个相关阈值实现对目标信号与杂波的分离[15]。2010年，Khan和Al-Nuaimy提出了一种基于特征值的背景去噪方法，能够有效去除数据中的背景噪声[16]，但该方法会损失部分有效信号，并且不能处理复杂的噪声。2012年，冯德山等运用经验模态分解方法，对低信噪比的探地雷达数据进行分解，去除属于噪声部分的本征模态函数分量，实现对噪声的去除[17]，但该方法缺乏理论支撑，算法存在模态混淆。

目前，许多基于阈值智能化等非稳定信号的降噪技术层出不穷，如小波变换、曲波变换等。2011 年，Tang 等利用曲波变换，通过阈值化去除了随机噪声，同时有效抑制了直达波[18]。1994 年，Donoho 和 Johnstone 提出了小波阈值去噪算法[19]。1995 年，Donoho 利用软硬阈值函数，设定相应的阈值实现对目标检测信号与噪声分离[20]。2004 年，邹海林等探讨了小波理论在探地雷达数据去噪领域中的应用，并且对此做了重点分析[21]。之后更多的学者将小波变换理论应用到 GPR 数据处理过程中。由于传统小波去噪后数据的信噪比较低，阈值缺乏自适应性，因此不少学者对此进行了改进。2019 年，邹根等从阈值选取和阈值函数两个方面对小波阈值进行优化，使小波阈值的选取具有自适应性，并且提高了去噪后数据的信噪比[22]。2022 年，吴叶丽等设计了一种新的小波阈值函数，具有连续性、灵活性的特点，与传统方法相比具有更高的信噪比[23]。

目前，探地雷达数据处理的技术以小波阈值去噪、曲波变换、背景去噪为主。与常规滤波相比，小波变换能够同时在时域和频域对信号进行分析，能够更加有效地区分有效信号和噪声，达到更好的效果。

4. 深度学习在雷达数据处理中的应用

深度学习（deep learning）是机器学习和人工智能研究领域的重点发展方向，引领计算机视觉与机器学习等应用领域革命性进展[24-26]。随着各种具有独特神经处理单元和复杂层次结构的神经网络不断涌现，如卷积神经网络、循环神经网络、生成对抗网络等，深度学习技术不断提高着各应用领域内人工智能技术性能的极限，并在多个领域都取得了成功，如语音识别、图像识别、视频检测等。

目前，国内外研究学者陆续采用机器学习的方法对雷达数据进行处理，根据对异常体雷达信号回波特征的分析，实现对其自动识别[27]，该方法主要应用于异常体双曲线的自动识别、钢筋及地下管线检测、混凝土的损伤检测等诸多方面[28-30]。

为了实现对异常体双曲线的自动识别，2017 年，Dou 等提出列连接聚类（C3）算法[31]，2018 年，Zhou 等提出开放扫描聚类算法（OSCA），两者都达到了针对复杂的雷达反射进行的双曲线参数拟合方法[32]；针对高噪声环境下，相对较小的目标体识别困难的问题，2018 年，Harkat 等提出使用机器学习的方法[33]，此方法是在缩小双曲线敏感区域的基础上使用。针对地下目标体而言的智能分类方法，2018 年，Zhou 等用支持向量机的方法和 H-Alpha 分解一起使用[34]。

为了实现对钢筋及地下管线的自动识别，2018 年，Kafedziski 等结合 C3 算法与霍夫变换，在仿真数据的基础上实现了对空气中的金属物体以及地下埋藏塑料管线的检测[35]；2013 年，El-Mahallawy 和 Hashim 使用支持向量机分类器实现雷达图像中地下管线材料的自动识别，其中利用离散余弦变换系数作为分类器特征[36]；2018 年，Liu 等为了自动识别混凝土中钢筋反射信号在雷达图谱中的位置，运用自适应线性元素神经网络处理雷达信号[37]。

为了实现对混凝土损伤的自动识别，采用雷达检测路面的缺陷处，得到缺陷处的数据信息，与以往的数据处理方法不同，在实现混凝土缺陷可视化过程中，Cotič 等采用无监督聚类技术，此技术是热成像相位对比所得到的数据和通过探地雷达采集到的数据进行有效结合[38]。而在对空洞病害的识别中，Xie 等对多种形状的空洞进行识别，其采用的办法是支持向量机[39]。

基于机器学习的数据处理方法已经在多个领域进行了验证，然而这种基于机器学习的处理方法具有需要进行手动设计的局限，影响其准确性，导致其普适性差。随着计算机硬件水平不断提升以及近年来大数据技术的蓬勃发展，在特征自动提取与非线性映射方面具有显著优势的深度学习技术，正受到领域内越来越多的关注[40-44]。

由于探地雷达数据具有图像数据的共性特征，应用机器学习或深度学习的方法对数据进行处理，实现异常信息的提取、分类及定位。对于隧道衬砌结构的病害检测，由于病害类型的多样性以及病害的雷达反射特征的相似性，增加了探地雷达数据的隧道衬砌结构病害自动识别难度。此外，隧道衬砌内部钢筋网等结构对电磁波的强屏蔽作用，导致对钢筋后病害信息识别困难，实现钢筋下病害信息的有效识取是影响隧道衬砌病害识别效果的技术难题。

1.2.2　地铁隧道表观裂缝检测技术现状

1. 隧道裂缝检测技术

早在 1839 年，法国画家路易·达盖尔发明了照相机，19 世纪 60 年代末期的法国和日本将相机用于道路检测。随着社会科学技术的不断进步，线阵相机和面阵相机的技术也在与时俱进，从 19 世纪 90 年代中期至今，逐步被运用到各种道路隧道的检测。

目前，针对于地铁隧道衬砌裂缝病害检测，有人工巡检和基于移动平台的数据图像技术的两种方式。人工巡检一般在地铁停运后，检测者使用探测测量仪器进行检测。人工巡检存在检测速度慢、效率低、主观性强、不确定性大、精度低等一系列问题。图 1.2.2-1 为以人工巡检为主的隧道检测。

图 1.2.2-1　以人工巡检为主的隧道检测

基于移动平台的数据图像技术则是通过线阵相机，对采集的隧道衬砌裂缝图像进行处理，提取裂缝信息。随着技术的发展和进步，基于移动平台的数据图像技术检测展现出了许多显著优势。

（1）采用移动平台采集隧道图像数据，具有高精度和高效率的特点。多台设备可以实现隧道表面全面覆盖，且采集过程不会影响隧道的正常运营。

（2）采集图像数据的过程不会对隧道造成任何损伤，实现了无损检测。同时，随着数字图像处理技术的发展和深度学习在图像检测方面的应用，算法对裂缝图像的处理已经初具雏形。

（3）基于移动平台的隧道检测系统自动化程度高、成本低、客观性强、可探测范围大。

2. 裂缝图像处理技术

裂缝是地铁隧道内比较常见的病害，具有明显的线性特征。随着国内外人员对隧道裂缝自动识别的不断深入，裂缝图像处理技术能够快速、准确地检测出裂缝，实现对裂缝的分类和定量化分析，其检测结果也更加科学和可靠。裂缝图像处理技术识别隧道衬砌表面裂缝的方法主要为数字图像处理和基于深度学习的图像处理。

在数字图像处理方面，2016 年，Talab 等使用了一种根据索贝尔（Sobel）算子对水泥墙上的裂缝检测方法[45]。该方法运用 Sobel 算子对水泥墙上的裂缝边缘进行检测。为了提取疑似裂缝区域，该方法使用多个阈值将图像区别成前景和背景，然后再次使用 Sobel 算子进行裂缝边缘检测，最后使用最大类间分割算法将裂缝分割出来。该方法的创新之处在于，通过重复使用 Sobel 算子来进行边缘检测。

2016 年，Rabih 等使用通过分块最近路线的公路裂缝检测方法[46]。这种方法识别裂缝时是将采集图像中灰度值最大的点确定为裂缝的起点，将灰度值突出的像素点作为开端点，用最近路线的思想连通临近像素点，最终提取出整条裂缝。该方法实现对裂缝长度和方向的约束，更好地适应现实情形，从而显著提高了该算法的通用性。该方法还创新了裂缝的后处理流程，用于消除噪点和灰度不均所导致的影响。

2009 年，Fujita 和 Hamamoto 提出了水泥墙体图像裂纹自动识别提取技术[47]，通过多个不同尺度的海森矩阵来寻找裂缝特征，同时抑制干扰物的影响。此外，还使用松弛过程来消除噪声。

2014 年，Zalama 等针对混凝土隧道的裂缝，提出了一种基于旋转不变性的加博尔（Gabor）过滤算法[48]，该算法具有裂缝不对称性质，并将这个性质进行描述，该算法可以检测横向纵向的裂缝，该算法对裂缝的检测率达到了 89%。

2017 年，西南交通大学的朱鑫等提出了一种电荷耦合器件（CCD）相机的衬砌裂缝快速检测系统采集裂缝图像[49]。为了将裂缝区域与图像背景分离，该系统使用最大类间方差（Otsu）法进行分割处理。然而，由于传统 Otsu 法容易产生欠分割的问题，对于裂缝区域过小的图像，以及背景不单一或光照度不均匀的裂缝图像，可能会出现过分割的情况。为了解决这些问题，研究人员对 Otsu 法进行改进，以提高裂缝图像分割的效果。经过分割后，系统对裂缝进行形态学处理以去除不必要的干扰信息，并提取裂缝的长度、宽度等特征指标。该系统的快速检测能力为实现隧道裂缝检测提供了有力支持。

2017 年，西南交通大学的王睿等对裂缝图像进行去噪处理，采用加权邻域平均算法降低噪声对裂缝识别的影响[50]，然后使用锐化算法突出裂缝边界，并利用坎尼（Canny）目标检测算法记录裂缝边界像素点。最后，通过连接算法将离散的裂缝边缘连接起来，得到完整的裂缝特征，并提取有效的裂缝特征值。这种方法能够有效地提高裂缝图像的分辨率和清晰度，从而提高裂缝的检测和识别准确性。

2018 年，北京交通大学的王耀东等对裂缝图像的全局与局部特性相嵌合，通过分析裂缝局部灰度的均值以及标准差计算裂缝的宽度[51]。为了适应隧道地下空间情况，他们还提出了一种分块裂缝痕迹处理流程，将大型图像拆解成小块图像，然后对每个块进行单独的处理。这一改进使得裂缝检测精度大幅提高。

2021 年，Radhakrishnan 等针对混凝土墙的特性采用多种边缘检测算法对混凝土上的裂缝进行检测，从而提高了裂缝检测的稳健性和实用性[52]；他们将图像的离散沃尔什（DWT）分解成多个频域以及基于最大相似的图像叠加算法，以获得更明显的裂缝边缘检测结果。

特征学习是一种基于机器学习的方法，用于从原始数据中提取出具有代表性的特征。深度学习是一种以特征学习为基础的机器学习方法，通过对大量数据的训练，可以将训练出的特征模型用于图像中的裂缝特征分类预测。与传统的数字图像处理技术不同，深度学习更加注重从图像中提取深层次的特征，这让深度学习在图像裂缝特征识别领域具有广泛的应用。

在深度学习方面，Jin 等提出了一种轻量级多元卷积神经网络的裂缝目标检测以及提取方法[53]。该算法能够提高裂缝检测的准确率，通过多元特征提取的方法，从而实现对裂缝类型的识别与分割，接着根据提取和跟随骨架来实现对裂缝的特征提取。

2021 年，Bubryur 等提出判断隧道图像是否存在裂缝的算法，运用 LeNet-5 模型超过40000 张的隧道图像来训练模型，采用了最佳的超参数，得到效果最好的训练模型，同时针对 LeNet-5 模型特点，精简了冗余步骤[54]。LeNet-5 模型网络的优点在于结构简单、运算效率佳。

2023 年，Seungbo 等提出了基于编码器和解码器结构的检测方法实现对水泥墙面裂隙的智能识别[55]。他们对 ResNet 语义分割网络进行了多处改良和创新。首先，为了提高语义分割网络的运行效率，去掉了传统语义分割网络中的解码步骤，使用简单的卷积神经网络作为子输出层来获取不同尺度的图像信息。这种方法大大减少了网络的计算量和计算时间，同时保持了对不同尺度信息的处理。其次，为了提高语义分割网络的检测效率，尝试使用轻量级编码器来改良语义分割结构，这种结构使得编码效率提升显著。自动编码器可以帮助网络学习得到更好的特征表示，提高分割效果。最后，网络在更新权重时会综合考虑，对所有尺度下的输出权重都进行更新，切实提升裂缝识别的准确性。

2022 年，Huang 等使用全卷积网络（FCN）提取特征，成功地识别地铁盾构隧道中的裂缝与渗漏水区域[56]。利用全卷积网络进行自动检测和分类识别地铁盾构隧道中的病害，研究结果表明该方法具有很高的准确性和效率。

2017 年，浙江工业大学的汤一平等基于卷积神经网络研究裂缝的识别算法[57]。该算法通过一系列的图像处理操作初步提取疑似裂缝区域，最后使用卷积神经网络进行分类识别，得到最终的裂缝区域。

2022 年，陈莹莹等提出了一种基于卷积神经网络的隧道衬砌图像快速筛查和裂缝区域定位方法[58]。首先，通过基于网格的区域划分和卷积神经网络进行区域类别判断。然后，基于裂缝点间的关联信息构建裂缝骨架二叉树，并采用基于最大距离的节点筛查规则来修正裂缝骨架。最后，根据修正结果修正裂缝边缘。

1.2.3　地铁隧道渗漏水病害检测技术研究现状

地下水是地铁隧道渗漏水的直接来源，研究地下水的运移规律，可以精确预测隧道渗漏的潜在风险，评估其发生的可能性和潜在损失，从而及时采取有效的监控和应对措施。关于地下水数值模拟的研究，1956 年，国外学者 Stallman 初次通过数值方法求解地下水流动基本微分方程[59]。1964 年，Walton 第一个将地下水数值模拟与电子计算机相结合[60]。1996 年，Wood 通过建立有限元法处理时间长度的问题以及地下水流动态问题等[61]。为了进一步提高模型的精准度，2002 年，Mehl 和 Hill 提出二维有限差分法，将网格模型细化[62]。2005 年，Nastev 结合数字有限元模型开始建立地下水流三维数值模拟模型[63]。2012 年，Welch 和 Allen 通过结合概念地形图与实际地形图来构建地下水流三维数值模拟模型能反映具体的地形特性提出了饱和地下水流三维模型[64]。2019 年，Alvin 和 Datta 通过对渗透系数与孔隙度的变动分析，进一步精细了三维数值模型，解决了地下水成分、环境复杂等因素的干扰[65]。

相较于国外，我国关于地下水数值模拟研究起步较晚。1974 年，陈钟祥初次使用数值模拟进行了地层渗漏分析研究[66]。1984 年，刘明新和陈钟祥提出了一种克服数值弥散现象的数值模拟研究方法[67]。1999 年，宫辉力等通过搭建地下水数值模型，对未来三年地下水变化情况进行了预测分析并提出了应对方案[68]。2005 年，武强等开发研制了耦合模拟评价软件系统（SGS），该系统具备建立地表河流与地下水流耦合模拟评价模型的功能，能够模拟并评价复杂环境下的水文过程，为优化水资源管理和生态环境保护提供科学依据，对于我国干旱地区的水资源可持续发展具有重要意义[69-71]。2007 年，王仕琴等利用 MODFLOW 软件的源程序建立地下水流模型，进一步与地理信息系统（GIS）集成，可以形成一个功能强大的地下水资源实时评价系统，对地下水资源的可持续利用和生态环境保护提供决策支持[72]。2017 年，束龙仓等为了降低模型的不确定性，在 MODFLOW 软件的基础上，研发了 MODFLOW-Gslib 软件，创新地将地质统计学与数值模拟相结合，专门用于模拟非均质含水层中的参数变异性问题[73]。2022 年，谢一凡等为了降低有限元法的计算消耗以及效率，提出一种多尺度有限元法——三重尺度有限元模型[74]。

地铁隧道因为其环境潮湿、阴暗、干扰性强，给隧道检测带来了挑战性。目前，隧道检测的主要方法有基于视觉的隧道检测、点云法、探地雷达法（GPR）以及红外热成像法。其中，基于视觉的隧道检测是最重要的方法之一[75]，可提供直接的特征信息，并且基于视觉方法的缺陷检测系统也有着广泛研究[76]，如 2024 年，周敏研究了一种基于管道内窥镜对隧道病害进行采集与分类的方法[77]。点云法则是利用隧道表面渗水、裂缝等区域和背景区域之间反射强度的差异性，提取隧道管壁上的病害区域。GPR 是一种使用电磁场探测根据隧道背后不同物体的不同介电系数的无损检测技术，在隧道中其主要用于检测隧道衬砌的内部富水、疏松、空洞等病害。例如，许献磊等运用探地雷达法对隧道衬砌的内部结构进行了检测[78,79]。红外热成像法检测利用的是物体的热辐射特征实现对物体表面温度的测量，进而可以检测出存在温差特征的缺陷。

2011 年，同济大学的豆海涛等研究人员针对隧道内渗漏水病害，通过红外技术研究渗漏区域温差、渗漏流量、渗漏位置以及衬砌表观材料等不同渗漏水的红外辐射特征影响因素[80]。同时，对标准混凝土块进行注水来模拟不同缺陷下的隧道衬砌渗漏水，利用红外热像仪采集和分析其红外辐射特征，以此研究不同因素对渗漏水红外辐射特征的影响规律。2012 年，岩土及地下工程教育部重点实验室针对隧道渗漏水病害，提出了一种基于图像自动处理算法的隧道衬砌渗漏水自动识别技术，该技术可以有效地收集、分析和处理渗漏信息，从而实现隧道渗漏水快速、准确地检测。研究结果表明，该技术具有高度准确性、精度和低误差。2023 年，深圳大学的周宝定使用激光雷达对隧道进行内部渗水检测[81]，利用激光点云灰度图像中的渗水病害特征，建立了相应的数据集，并采用 Mask R-CNN 模型作为基准框架，结合滑窗变换器（shifted window transformer）网络实现了对隧道渗水病害的快速检测。

1.2.4　地铁隧道内轮廓形变病害检测技术现状

1. 隧道形变检测技术

隧道形变对隧道稳定性产生的不良影响可能由多种因素引起，如软弱地层的形变、地下水位的变化、温度等。关于地铁隧道形变检测，传统的测量方式是利用水平仪等设备检测隧道结构是否有倾斜或形变，或用测斜仪或形变传感器等设备测量隧道结构的形变情况等。这些传统技术通常采用的是单一传感器的监测方式，数据精度受外界条件影响较大，难以反映隧道的全局形变情况。此外，传统的隧道形变检测方法还缺乏智能化分析，其主要依赖人工对数据进行分析和判断，无法实现智能化分析和决策，容易忽略隧道形变的一些细微变化，从而影响隧道的安全性。图 1.2.4-1 为常规现场形变检测图。

图 1.2.4-1　常规现场形变检测图

目前，多种隧道形变检测技术为检测和监测隧道结构的变化提供了一系列选择，针对当前隧道形变检测的高效性需求，利用三维激光扫描技术探测隧道形变成为当前的热点。三维激光扫描作为一种高精度检测手段，能够快速准确地获取地下空间结构的三维信息，对地下空间结构进行检测。针对隧道使用期间的隧道会产生不同程度的形变，采用三维激光扫描技术能够获得隧道的形状、尺寸、高度等形态特征，实现对隧道多方位、多角度的实时监测，从而实现对隧道整体安全状况的准确评价，以及对隧道有无形变等问题的实时监测，为隧道的安全防护提供依据。

相比传统的地铁结构现状调查方法，三维激光扫描技术具有数据采集全面、数字化、成果形式多样、系统化的优势，尤其是高度一体化的三维激光全息扫描，其高度自动化优势更为显著，通过其获得的地铁结构形貌和病害数据，再结合地球物理勘探方法，可以全面掌握地铁结构的状况。

2013 年，谢雄耀等介绍了一种基于地面三维激光扫描技术的隧道全断面形变测量方法[82]。该方法主要包括三个步骤：首先，利用地面三维激光扫描仪在地面上对隧道进行扫描得到隧道内壁三维点云数据；其次，通过对点云数据进行处理和分析，提取隧道的轮廓线和轮廓点；最后，基于轮廓线和轮廓点，计算出隧道断面的各种形变参数，并进行形变分析。研究结果表明，相较于全站仪的精度，激光扫描仪能够更准确、全面地测量隧道断面的形变情况，具有一定的实用性和应用前景。

然而地面三维激光采用架站式对隧道形变进行检测，需要人工搬移设备进行测量才能获取高质量点云，其覆盖范围较小，需要多次搬移才能够完成整个隧道的扫描，其测量时间相对较长，无法快速对隧道形变情况进行及时监测和处理，且采集的数据较多，需要专业的技术人员进行处理，进行数据拼接处理分析，这不仅浪费时间和人力资源，还可能影响到隧道的正常使用，不适用于大范围的地铁隧道检测。考虑到设备搬移、测量时间、数据处理和环境因素等多个方面的问题，为了提高隧道形变检测的效率和准确性，国内开始研究适合大范围隧道形变检测的移动三维激光系统技术。

2021 年 8 月，北京城建勘测设计研究院有限责任公司研制的全断面一体化隧道智能检测装备完成了广州地铁 18 号线中 22km 试验区段的隧道检测任务。该设备配备了移动三维激光检测设备和高速线阵摄像头检测设备，如图 1.2.4-2 所示。该装置集成度高，检测范围广。它可以在高动态条件下实现多传感器的精细同步控制。检测车采用基于三维精细表示的结构廓形精确变化检测和典型疾病智能识别，实现了结构廓形毫米级形变参数的精确

图 1.2.4-2　北京城建勘测设计研究院有限责任公司地铁隧道检测车

计算、轨道几何形状的检测、钢轨损伤的检测、紧固件的检测，开发了数据管理平台，便于采集数据的存储、分析和显示[83]。

2. 地铁隧道三维点云数据处理现状

最早在国外三维激光技术就被引入到文物保护与修复、大型建筑物的建设与监测、隧道桥梁的监测、模具与模型设计等领域，并经过多年的发展，发挥着重要的作用。由三维激光扫描系统提供扫描隧道表面的三维点云数据，需要经过点云预处理、连续断面提取与拟合、断面分析等处理才能提取出形变信息。

在数据预处理方面，考虑到在地铁隧道中，除隧道自身的构造之外，还会有电缆、电箱、基站等附属设备，在移动三维激光扫描仪工作时会对这些附属设备和管环进行扫描，导致数据中会包含大量噪声点，无法得到隧道完整内表壁数据，从而影响形变检测数据，因此在对原始点云数据进行处理时需先对其进行滤波处理。2019 年，Cui 等提出了一种基于小波滤波的隧道辅助设施点云滤波算法[84]；2020 年，谢雄耀等采用了基于高斯分布的滤波方法，即将点云数据看作一个三维高斯分布，然后对数据进行平滑处理，以减少噪声和异常点的影响[85]；2021 年，李先帅和武斌结合最小二乘法和拉格朗日乘数法对隧道点云模型进行椭圆拟合，并将其应用于圆形隧道点云滤波，对滤波结果的精度评定及其有效性分析表明，针对隧道点云数据的滤波具有良好的效果及稳定性[86]。

在连续断面提取方面，可以隧道中轴线为基础提取隧道连续断面。2022 年，潘东峰等采用地面三维激光扫描（terrestrial laser scanning）方法，基于曲率的法向量估计方法，对点云数据进行法向量估计和计算，进而得到点云数据的法向量信息。最后，利用法向量信息进行中轴线计算和提取，最终得到地铁隧道的中轴线信息[87]。

相关研究发现，在 0°，90°和 180°方向上圆形盾构隧道极易产生形变。圆形盾构隧道在受到周围挤压作用后可以近似看作一个椭圆，所以在断面拟合的研究中，国内外学者多采用标准方程法或最小二乘法将隧道断面点云进行椭圆拟合，并在此基础上进行形变信息的提取分析。

1.3　地铁隧道安全隐患检测装备的研究现状

1.3.1　隧道移动探测平台

随着移动平台技术的不断发展，基于移动平台的隧道检测系统应运而生。现今，这种类型的隧道检测系统主要分为两种：车载式移动平台和低速推车式移动平台。车载式移动平台是一种大型采集装置，其数据采集系统集成在车上，能够在行驶过程中采集数据。而低速推车式移动平台则是一种小型采集装置，其数据采集系统集成在无动力的推车上，需要人力推动推车进行采集。

目前，国内外（主要是韩国、日本、瑞士、西班牙和中国）许多研究人员都对隧道检测车此领域开展了大量的研究和实践。

　　2007 年，Yu 和 Jang 研制了一种公路隧道检测移动检测车[88]，该检测车平台检测速度为 5km/h，采用电机遥控移动，集成线阵相机采集设备、照明设备等，可采集隧道表面的裂缝、渗漏水、剥落等安全隐患图像信息。同年，韩国汉阳大学实验室基于线阵 CCD 相机研制了一种裂缝检测机器人，可在 5km/h 的速度下检测到 0.3mm 以上宽度的裂缝。

　　2009 年，日本研制了名为 MIMM 的隧道检测车，该车配备了 16 台探地雷达，可以利用探地雷达数据建立隧道衬砌内部的立体三维图像[89]；2014 年，日本铁道技术研究所推出了 MIMM-R 型综合检测车（图 1.3.1-1）。这是一种车载式移动平台隧道检测系统，旨在为铁路隧道的全面检测和评估提供一种解决方案[90]。该车辆采用多种先进技术，如摄像机、激光扫描仪、超声波传感器和地磁传感器等，对隧道内的各种结构和材料进行了全面的检测和评估，如隧道内的裂缝、形变、损伤、腐蚀等。此外，该车辆还安装了高精度全球定位系统（GPS）和惯性测量单元，可实现车辆的定位和导航；2020 年，日本东京地下铁株式会社推出了第 4 代隧道检测车，能够快速准确地检测地铁隧道的各种问题[91]。

图 1.3.1-1　日本 MIMM 的隧道检测车和日本 MIMM-R 型综合检测车

　　2012 年，瑞士泰拉（Terra AG）公司开发了一种轮轨式探测装置，能够检测宽度大于 0.3mm 的裂缝[92]；2014 年，瑞士安贝格（AMBEGE）公司研制了手推式隧道检测车 GRP5000，可实现的功能有：基于扫描仪的轨道平直度测量、隧道管壁限界分析以及基于全息成像的隧道健康评估等，该车可检测地铁隧道整体的结构状态，分析地铁隧道的限界、错台、形变、收敛等情况，检测速度约为 1.5km/h[93]。

　　2013 年，欧洲工程咨询公司研制了名为"隧道"的公路铁路两用隧道检查车，该检测车集成的设备有：高速运动相机、激光扫描仪等，该检测车的检测速度最高达 30km/h。

　　德国铁路股份公司联合其他公司共同研制了地质–轨道–快速（Geo-Rail-Xpress）综合检测车，该检测车包括 4 部雷达主机（型号为 SIR-20 式）、三台屏蔽天线（中心频率为 400MHz）以及 GBM Wiebe 轨道工程机械公司制造的 400MHz 空气耦合天线，该检测车由本莱克系统技术（Bennlec Systemtechnik）股份有限公司、德国 GBM Wiebe 轨道工程机械公司和德国铁路股份公司一起研发、制作而成。可实现包括隧道衬砌厚度、背后空洞及仰拱基底状况等隧道背后 3.0m 内的安全隐患以及隧道情况进行检测。德国太空技术测量（SPACETEC）公司采用激光扫描技术研制出 TS3 隧道扫描仪，该检测设备集成了红外热成像设备，可检测隧道限界、形变、裂缝和渗漏水等安全隐患和电缆过热情况。法国 HGH 红外系统公司研制的隧道检测装备装载了红外热成像设备，可用于隧道衬砌渗漏水安全隐患的检测，检测分析地铁结构的整体状态、限界、错台、形变、收敛情况等。

2018 年，中国铁道科学研究院集团有限公司研制了隧道检测车（图 1.3.1-2），主要针对公路隧道的病害检测，裂缝识别宽度为 1mm[94]。中国矿业大学（北京）研制的地铁隧道安全隐患综合检测车，集成多通道空气耦合探地雷达、高速线阵相机、三维激光扫描、红外成像等探测设备，共有 4 个检测系统，包括衬砌结构病害检测系统、表面裂缝检测系统、表面渗漏水检测系统和三维空间信息采集系统，主要用于地铁隧道衬砌内部脱空病害、隧道衬砌表观裂缝和渗漏水病害、隧道内轮廓形变和错台病害等安全隐患的快速探测。该检测车还配备多设备同步采集控制系统和地铁隧道智能导航避障系统，满足隧道附属设备等目标体的精准避障，探测深度为 3m，裂缝宽度分辨率为 0.1mm，探测速度大于 10km/h（图 1.3.1-3）。

图 1.3.1-2　中国铁道科学研究院集团有限公司隧道检测车

图 1.3.1-3　中国矿业大学（北京）检测车

地铁隧道安全隐患综合检测车上的各个仪器设备都可进行时间触发采集和外部信号触发采集，目前国内外的仪器设备存在大量的采集控制技术，但同步控制大多针对的是多个同种仪器设备的采集控制。

2012 年，北京凌云光视数字图像技术有限公司针对多台线阵相机研究开发了图像采集系统，该系统通过同步信号卡接收外部触发信号，在此过程中对触发信号进行计数，然后将信号通过处理模块输出,传输至各个线阵相机中,线阵相机接收到信号后进行图像采集,通过该系统可有效控制多台相机进行图像采集。

2017 年,深圳市速腾聚创科技有限公司针对多个激光雷达的采集和控制研发了多激光雷达系统和系统控制方法,该方法利用同步装置向系统中的多个激光雷达发送同步控制信号,各个激光雷达接收到同步控制信号后进行采集,然后将采集的数据发送至同步装置进行统一存储,从而实现数据的融合和同步。

综上所述,检测车上不同检测设备具有不同数据体,其采集原理、工作方式、数据类型、信息特征均存在差异,目前仍缺乏针对这些检测设备的同步采集控制技术,难以对各仪器设备所采集数据构建统一坐标系,实现所有数据之间的互联互通,因此研究并开发适用于地铁隧道安全隐患综合检测车不同采集设备的同步采集控制技术,对实现不同仪器设备采集的数据之间互联互通具有重要意义。

1.3.2　隧道内定位技术现状

1. 移动三维激光扫描技术

早期的三维激光扫描技术由于设备成本高昂且技术稳定性不足,并没有得到广泛的应用。但随着设备成本的降低和技术的成熟,这项技术已经开始在众多领域中得到广泛应用。与传统的地铁结构现状调查方法相比,三维激光扫描技术展现出了数据采集全面、效率高、数字化程度高、成果多样化及系统性强等优势。三维激光全息成像扫描技术不仅能详细捕捉地铁结构的形态特征,还能精确识别结构病害,结合地球物理探测技术,可以全面掌握地铁结构的实际状况。

自 20 世纪 60 年代起,国外便开始探究三维激光扫描技术。激光的方向性、单色性、相干性等特点使其成为测量设备的理想选择,这在提高效率、增强精度以及简化操作过程方面都显示出了显著的优势。目前,三维激光扫描技术因其显著优势:快速且实时的数据采集速度、全面高精度的数据获取、适应全天候的非接触式主动采集方式,以及清晰明确的数据表现形式,已成为隧道表面缺陷检测与隧道内部三维结构构建的关键技术之一。

2009 年,Yoon 等开发的基于激光扫描仪扫描系统的隧道实验模型,促进了隧道巡检的自动化[95]。2012 年,Delaloye 通过研究和讨论扫描仪的扫描参数来获得更高品质的点云数据,并给出了实用建议,但是这些调整参数在不同类型的隧道研究上应用不够灵活且耗时,仍存在一定限制[96]。2019 年,虞伟家利用新型移动式三维激光测量技术,在地铁隧道运营期间全面监测隧道结构,通过自动识别技术提取点云数据,并综合分析隧道断面的水平收敛、椭圆度和错台量,证明该方法能满足隧道监测要求[97]。2020 年,王勇等采用移动三维激光扫描技术,对城市轨道交通结构进行高效监测和环片形变分析,显著提升了监测效率和准确性[98]。2020 年,赵亚波和王智基于轨道的隧道移动三维激光扫描系统,对地铁隧道错台进行高效检测与量化,为地铁隧道管理提供了创新的解决方案[99]。基于多种设备的联合定位方法,建立地铁隧道高精度模型,对于实现地铁隧道环境内安全检测车的精准定位以及智能避障具有重要意义。

2. 即时定位与地图构建技术

即时定位与地图构建（simultaneous localization and mapping，SLAM）技术是三维地图构建的一项关键算法，其中包含两个部分：定位与地图构建。SLAM 技术是自动机器人领域的一项核心技术，它解决了机器人在未知环境中同时进行自我定位和环境映射的问题。这项技术对于无人驾驶汽车、自动化仓库管理、机器人探索和增强现实等多个领域都至关重要。SLAM 算法框架如图 1.3.2-1 所示。

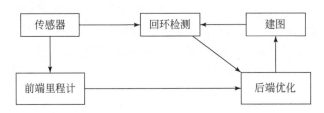

图 1.3.2-1　SLAM 算法框架

通常 SLAM 的基本流程可以分解为：初始化、传感器数据收集、特征提取与匹配、运动估计、地图更新、定位更新、回环检测、状态估计等。主流的 SLAM 系统可以根据搭载传感器类型的不同划分为两类：一类是视觉 SLAM，主要依靠相机实现机器人的自主定位与地图构建。另一类是激光 SLAM，主要依靠激光雷达获取外部环境信息进行定位与地图构建。

视觉 SLAM 得益于其低成本、广泛的应用场景及地图信息的丰富性，已成为未来研究的主流方向。视觉 SLAM 利用图像作为主要的数据输入，通过提取图像特征进行特征匹配，并实时估计相机的位置和姿态来构造环境地图。视觉 SLAM 使用单目相机、双目相机、深度相机、事件相机等作为主要传感器，视觉传感器的优点可以更多地保留场景中的纹理细节及更高频率的图像信息，相比激光雷达成本更低。但是视觉传感器在采集图像信息时容易受到环境光线的影响，在纹理不足的场景下容易丢失图像。2007 年，Davision 等开发的 MonoSLAM 是一个实时算法，它首次将 SLAM 技术应用于单目相机，能够在未知场景中准确恢复摄像头的 3D 轨迹[100]。同一年，Klein 及其团队推出了并行追踪与映射（parallel tracking and mapping，PTAM）系统[101]。此系统通过将跟踪和映射分为两个并行处理的任务，实现了即使在手持运动不稳定的情况下也能生成并实时跟踪包含数千个地标的详细 3D 地图，其准确性和鲁棒性与最先进的模型相媲美，其中采取了有关 BA 来优化相机位姿和更新地图点坐标[102]。2015 年，Mur-Artal 等提出了快速特征点提取与描述（oriented fast and rotated brief SLAM，ORB-SLAM）系统，其能在各种环境中实时运行，具备高鲁棒性、能自动初始化和处理环路闭合，通过选择性地重建点和关键帧生成紧凑且完整的地图[103]。2017 年，ORB-SLAM2 系统由 Mur-Artal 和 Tardos 提出。该系统有地图重用、环路闭合和重新定位等功能，可用于单目相机、立体相机和红绿蓝–深度（RGB-D）相机完整地同步定位与地图构建[104]。ORB-SLAM2 系统后端是单目和立体观测系统，可实现精确轨迹估计。该系统的定位模式简单，SLAM 效果较好，应用场景广泛。2021 年，ORB-SLAM3 系统诞生，这是首个支持单目相机、立体相机和 RGB-D 相机的视觉、视觉惯性与多地图 SLAM 系统[105]。它是由卡洛斯·坎波斯（Carlos Campos）实验团队开发的，引入了基于最大后验概率（maximum a posteriori，MAP）估计的视觉惯性 SLAM 和新地点识别的多地图系统，提供了前所未有的实时、鲁棒和高精度定位与地图构建，特别在复杂环境下的性能大幅提升。

激光 SLAM 算法发展时间较长，该技术已相对成熟并广泛应用。然而，激光 SLAM 算法仍面临一些挑战，包括高昂的传感器成本、应用环境的限制、雷达探测范围有限以及地图信息量不足等问题。激光 SLAM 算法根据其后端优化机制的不同，主要分为两种类型：基于滤波方法和基于图优化方法。最初，SLAM 算法是基于二维激光雷达进行的平面构图与定位。后来基于扩展卡尔曼滤波算法被来自美国的 Smith 等于 1988 年首次提出，该算法假定机器人的状态噪声和传感器的观测噪声服从高斯分布，根据系统输入的观测数据对机器人的状态和地图进行估计[106]。

定位建图算法的三维激光 SLAM 算法是继二维激光 SLAM 研究之后发展起来的。三维激光 SLAM 技术可以对周围环境建立稠密的点云模型。2017 年，Zhang 和 Singh 首次提出了激光雷达里程计和制图（lidar odometry and mapping，LOAM）算法，这是一种用于三维激光雷达的同时定位与地图构建算法，在三维激光 SLAM 领域，它被认为是应用最广、性能最优秀且最具可扩展性的方法[107]。LOAM 将 SLAM 问题分成两个部分，并且同时通过两个算法得到该问题的答案。在该算法的激光建图步骤中，首先通过激光雷达采集环境的点云数据。此过程分为两个主要阶段：初步形成连续更新的激光里程计数据，其次是对点云进行注册和稀疏频率的建图操作。通过这两个步骤，算法能够生成具有高精度的激光里程计，并构建三维点云地图。2018 年，Shan 和 Englot 提出了轻量级地面优化的激光雷达里程计与建图（lightweight and ground-optimized lidar odometry and mapping，LeGO-LOAM）算法，LeGO-LOAM 是一种轻量级且实时的地面优化定位与地图构建 LOAM 算法，专为低功耗计算设备设计，适用于无人驾驶车辆和机器人的自主导航[108]。它通过分离地面点与非地面点，优化点云数据处理过程，从而在保持高精度的同时大幅降低了计算复杂性。LeGO-LOAM 还引入了一个高效的环境特征提取和匹配机制，实现了稳定的 3D 定位与环境映射，特别适合于复杂和动态变化的室外环境。2018 年，出现的激光雷达–视觉–惯性里程计（lidar-visual-inertial odometry，LVIO）算法，它提出了一种数据处理流程，采用从粗到细的多层次顺序处理方法，不仅能实现高频低延迟的自我运动估计和密集准确的 3D 地图注册，还能在高动态运动、黑暗、无纹理和无结构的环境中通过自动重新配置处理传感器降级[109]。2019 年，Lin 和 Zhang 开发了一种针对固态激光雷达的定位与建图方法，称为 Livox 激光雷达的里程计与建图（Livox-lidar odometry and mapping，Livox-LOAM）算法[110]，这一方法巧妙利用反射强度来筛选掉不合适的点云数据，增强了算法的鲁棒性，并且引入了闭环检测机制以减少漂移，从而显著提升了地图构建的精度[111]。2020 年，LeGO-LOAM 算法的作者 Shan 等又提出了基于平滑与建图的激光雷达–惯性里程计（lidar inertial odometry via smoothing and mapping，LIO-SAM）算法，该算法介绍了一种紧耦合的 LIO-SAM 框架，采用平滑（smoothing）与映射（mapping）技术，实现了移动机器人轨迹估计与地图构建的高精度和实时性[112]；面对快速移动、噪声以及复杂环境的挑战，2021 年，Xu 和 Zhang 提出的快速激光雷达惯性里程计（fast lidar-inertial odometry，FAST-LIO）算法是一种集成了激光雷达和惯性测量单元（inertial measurement unit，IMU）数据的紧耦合型 SLAM 系统，旨在实现高效的实时三维定位和地图构建[113]。它采用快速迭代优化技术，通过有效地融合高频 IMU 数据和稀疏激光点云，以达到低延迟和高精度的运动估计与地图注册。此外，FAST-LIO 设计了一种轻量级的数据结构和优化策略，确保算法能够在资源受限的设备上运行，同时保持对动态环境的良好适应性和鲁棒性。基于 FAST-LIO 框架，FAST-LIO2 进行了优化升级，目的是让算法更好地适应多种激光雷达扫描模式并加快处理速度[114]。为此，该版本取消了耗时的特征提取步骤，改为直接处理全部点云数据并计算点到面的残差值。同时，引入了一种新型数据结构，动态增量 k 维树（incremental k-dimensional tree，ikd-tree），用于高效地存储点云信息。

综上所述，SLAM 作为近几年才逐渐兴起的定位技术，三维激光 SLAM 技术能够提供多维度的位姿估计，同时为路径规划贡献丰富信息，包括场景内物体的尺寸判定以及物体种类的识别，十分契合地铁隧道这种无 GPS 信号下的自主定位和地图构建，随着 SLAM 的进一步发展，也会更加适合复杂环境下的定位建图。

3. 避障感知技术

环境感知与障碍物探测作为无人机、无人驾驶、移动机器人等众多前沿领域的重要环节，是实现自动导航避障的前提。国内外众多学者、专家和科技公司都进行了深入研究和实际应用。目前，应用于障碍物探测方面的传感器主要有激光雷达、毫米波雷达、超声波雷达以及视觉相机等。

激光雷达技术通过激光测距原理精准获取被测物体的表面轮廓信息，具有不受光照影响、探测精度高、探测方位广、抗干扰能力强等优点，可以在多种环境下对周围障碍物进行探测，随着近年来激光雷达成本的下降以及相关算法的进步，激光雷达作为一种稳定的传感器已经广泛应用于各个领域的避障与导航方法研究中。激光雷达向周围发射激光脉冲并接收返回激光信号，通过发射角度结合往返路径时间确定物体位置，构建环境地图，经过一系列算法完成对障碍物的检测与追踪。

毫米波检测技术通过毫米波雷达向外发射毫米波并接收回波，获取障碍物的相对位置，毫米波检测技术具有穿透性强、全天候工作、可靠性强等特点。被广泛应用于无人机与自动驾驶汽车等领域的避障控制中，通过毫米波雷达对周围环境中的障碍物进行探测。但是毫米波雷达分辨率相对较低，难以获取障碍物体的细节轮廓信息。

超声波技术作为一种原理简单的检测技术，具有成本低、结构小巧、价格低等优势，可广泛应用于大多数场景，如智能驾驶的倒车辅助、自动泊车等。但是超声波探测技术的探测距离较近，对于远距离的障碍物，超声波雷达发射的信号回波较弱，难以对远处的物体进行探测，探测距离一般在 10m 以内。

基于相机的视觉检测技术目前应用十分广泛，可采集丰富的环境信息，根据原理可分为单目视觉测距与双目视觉测距两种类型。前者通过相机的移动对其在不同角度捕获的障碍物照片进行比较，获取障碍物的深度信息，是较早发展的视觉测距技术，其结构简单，算法成熟，但是误差较大，对障碍物的深度信息获取不准确；后者通过模拟人眼立体感知物体的原理，计算获取环境的深度信息，可以达到更高的测量精度。但是基于相机的检测技术均受环境光照的影响较大，且障碍物检测精度受环境复杂度影响。

因此，地铁隧道检测车天线机械臂的障碍物检测与避障技术，需结合地铁隧道环境避障的实际需求，对比归纳目前在其他领域应用较为成熟的检测技术，探索选择适合的检测方法为检测车搭建环境信息感知系统，获取地铁隧道环境以及障碍物尺度信息，为检测车在地铁隧道作业时机械臂的自主避障提供可靠依据。

4. 地铁隧道组合导航定位技术

针对地铁隧道安全隐患检测的定位，国内外研究人员进行了大量的研究。获取列车位置信息的准确性和实时性对于确保列车安全和高效运行至关重要。列车控制系统的安全性依赖于能否实时准确获得位置数据。同时，该系统的效率与稳定性也与列车位置信息的精确测定紧密相关。

目前，国内外组合导航定位使用的技术主要有里程计、惯性导航、多普雷雷达、查询应答器、全球卫星定位、激光雷达等。在封闭的地铁隧道环境内，传统的 GPS 定位技术因覆盖体的遮挡而导致信号差、信号接收不连贯等问题而无法发挥其在地面定位的优势。2019 年，房博乐等提出通过测量轨道不平顺和轨距偏差等几何特征并进一步构建几何特征数据库，在列车行进过程中利用检测轨道实际情况进行匹配数据库从而实现里程定位[115]。然而，未及时更新数据库，匹配过程中特征不明显以及列车行进时振动所产生的噪声都会导致无法匹配目标的情况。2014 年，吕一锋和陈淋提出的地铁巡检系统[116]、张辰东等和Song 等在列车隧道内定位时都采用了射频识别（radio frequency identification，RFID）[117]及电子标签技术[118]进行定位，这种电子标签受环境影响较小，但其安装耗时过长且成本较高。2023 年，许勇和邵浩东基于超宽带（ultra wideband，UWB）设计的测距与定位系统，通过布设固定基站和在检测车上布置 UWB 标签来实现巡检车的定位，但对于巡检车的高速作业场合无法保证其定位速率[119]。2019 年，朱龙飞等提出了基于光栅阵列的城市轨道列车定位方法，该方法利用大容量、超弱反射率的光纤光栅阵列构成的振动传感网络，能够在列车驶过时完成定位和速度监测，但该方法误差大、成本高，且无法定位静止车体位置[120]。2022 年，Jiang 等提出了一种基于机器视觉的方法，通过检测车道线并进行拟合，实现了车体在隧道中横向定位[121]。另外，近年来，基于计算机视觉的图像识别方案Apriltag 系统在机器人定位研究领域得到了广泛应用。在室外环境和无人机定位方面也取得了成功实践。2023 年，张雁鹏等提出的基于可见光通信与双目立体视觉的地铁列车定位方法，采用双目立体视觉系统作接收端，提取不同角度的发光二极管（LED）光源图像，再进行单特征点匹配，最后利用惯性导航单元实时测量接收端的姿态角，降低振动误差[122]。

目前，已存在组合导航系统，能够校正由车体本身结构引起的蛇形打滑以及车轮磨损等因素的累积误差。这些系统的误差修正能力已经达到了米级别，基本满足车体行车控制的需求。为了精确定位病害，仍需进一步提高精度以满足实际需求。

5. 地铁隧道安全隐患定位技术研究现状

2016 年，国内学者提出了地铁隧道形变检测定位系统，该系统通过激光扫描仪，转数传感器和激光位移传感器对隧道进行扫描检测，对同一个位置多次采用多个传感器进行扫描，并将各个传感器的数据进行匹配，能够对隧道进行快速定位并建立模型，该系统能够有效进行相对定位。2019 年，国内学者基于超宽带（UWB）研究开发了地铁隧道定位系统，该系统凭借双向双边算法能够有效减小测距误差，能够对隧道中的施工人员进行实时高精度定位。2019 年，梅文胜等提出了一种地铁轨道相对形变检测与定位方法，该方法利用三维激光点云数据提出了基于小波分解和平滑伪维格纳-威尔分布（SPWVD）的异常局部相对形变提取方法，能够准确定位地铁轨道形变的位置[123]。

中国矿业大学（北京）的探地雷达设备可采用测距编码器脉冲信号触发雷达天线进行采集，利用里程表和脉冲信号可解算出每道数据的位置，实现对采集数据的准确定位，为探测的安全隐患定位提供依据。

综上所述，目前国内外仍缺乏针对地铁隧道安全隐患检测车上多个不同设备采集数据进行综合定位坐标的相关技术，从而难以同步这些数据的定位信息，实现对地铁隧道情况进行多源数据综合分析，因此研究并开发适用于地铁隧道安全隐患综合检测车上不同检测设备的定位技术，实现地铁隧道安全隐患的精确圈定是具有重要意义的。

1.4　地铁隧道安全风险评价技术的研究现状

自 20 世纪 70 年代起，关于隧道安全的风险评估逐步得到了应用和探索，并取得了一定的进展。由于隧道工程涉及学科广，所处环境的复杂性和不确定性，隧道风险评估的研究成果以定性分析为主，定量化的研究相对较少。随着新技术和新方法的不断涌现，如大数据分析、人工智能等，为隧道工程领域风险评估技术的发展提供了新的机遇和挑战。只有加强跨学科合作，整合不同领域的知识和方法，通过不断地研究和实践，才能不断完善和发展风险评估技术，为隧道工程的安全和可持续发展提供有力保障。

目前，在隧道工程风险评估方面已经形成了较为完善的体系和方法。美国生物学家沃伦·麦卡洛克（Warren Mcculloch）和数学家沃尔特·皮茨（Walter Pitts）于 1943 年提出人工神经网络（ANN）技术，通过模仿生物大脑结构和功能而形成的一类信息处理系统[124]；1946 年由美国兰德公司创始了一种定性的评估方法——专家调查法；美国运筹学家 Saaty 结合定性定量提出层次分析法（analytic hierarchy process，AHP）[125]；美国的数学家斯坦尼斯拉夫·乌拉姆（Stanislaw Ulam）和约翰·冯·诺依曼（John Von Neumann）利用计算机对实际可能发生的情况进行模拟仿真，提出蒙特卡罗模拟法；模糊理论是美国卢菲特·泽德教授于 1965 年提出将风险因子用模糊子集进行表达、排序，构建递阶层次结构，确定各层次内的风险因素指标权重，逐级进行模糊运算，直至总目标层，最终获得项目各个层级以及整体的风险评估结果[126]。现在，人工神经网络（ANN）技术、专家调查法、层次分析法（AHP）、蒙特卡罗模拟法和模糊分析法等已经应用在地铁隧道结构安全风险评估中。

麻省理工学院开发的决策辅助工具（Decision Assistance Tool，DAT）隧道工程风险评估决策系统能够全面、系统地评估隧道工程在设计、施工和运营过程中可能面临的各种风险[127]。同样，美国华盛顿州交通部的 CEVP 程序也是一款非常成熟的隧道工程风险评估工具[128]。该程序通过运用先进的风险分析技术和项目管理方法，对隧道工程项目的各个阶段进行风险评估和管理，确保项目的顺利进行。众多科研机构和高校在风险评估理论、程序开发与应用研究方面投入了大量精力，并已取得显著成果。这些研究不仅深化了对风险评估领域的理解，也推动了相关技术的创新与应用。通过这些研究，能够更有效地识别、评估和管理各种风险，为科学决策和社会稳定提供有力支持。

对于安全保护区域的控制处理不当、地质条件随着地铁的运营产生的变化、地铁隧道建设时存留的工程施工质量问题，包括不良地质透水引起的坍塌、由地面沉降引起的水和流沙涌入以及由基坑坍塌引起等地铁结构安全风险。我国政府对隧道及地下工程安全风险评估给予了大量关注。风险评估的研究正逐步倾斜于定量分析方法，追求风险评估和管理的动态化、智能化发展。这一转变预示着该领域将有更加广阔的研究空间和技术创新机会。

1.5　地铁隧道安全隐患检测的难题及发展趋势

1.5.1　地铁隧道安全隐患检测面临的难题

地铁隧道安全隐患的探测目前主要基于人工目视检测和单一仪器指标探测，探测效率低，并且地铁隧道探测的时间窗口小，现有的探测技术手段难以满足实际需求。地铁隧道安全隐患智能探测技术是国内外研究的焦点，但是尚未有针对地铁隧道的专用检测设备。虽然当前相关探测技术已形成一定成果，但在硬件设备集成、探测精度、数据处理和解释、成果三维显示等方面还存在问题，针对地铁隧道病害的智能检测处于技术研究起步阶段，技术不成熟，尚须进一步攻关研究。主要问题如下。

（1）当前地铁隧道检测以人工检测为主，外观质量以人眼尺量，效率低、识别精度低、易漏检。

（2）检测窗口短，生产组织困难。

（3）快速综合巡检设备稀缺，信息来源与各项指标数据链单一，反馈信息融合性差。

（4）地面耦合探地雷达天线进行衬砌背后脱空病害检测时，需贴合隧道表面，探测效率低，且难以躲避隧道内管线等障碍物，针对线缆、管线密集区域无法实施。

（5）三维激光扫描技术可获取隧道表面点云数据并构建隧道点云模型，但数据量庞大，后期处理任务量大，仅依赖点云对隧道表面裂缝的检测难以满足精度要求。

（6）地铁隧道内无导航卫星信号和精细化检测导航定位地图，不同检测数据各异，定位信息不同步，难以实现数据统一管理。

（7）尚未建立数据采集、通信、计算、预测、分析、评估、预警、可视化与决策分析功能的集成化平台，检测、监测成套技术尚未形成体系。

此外，地铁隧道的危险性评价技术落后。隧道危险性评价可分为定性评估和定量评价，随着科学技术的不断发展，特别是计算机和地理信息系统技术的快速发展，定量评价逐渐成为危险性评价的主要研究方向，尽管方法不断成熟，但缺少成灾因子体系的构建；同时更缺少探测数据和分析结果纳入危险性评价体系中。

1.5.2　地铁隧道安全隐患综合检测的发展趋势

由于地铁隧道的复杂环境，检测工作对于隧道的检测提出了更高的要求，隧道综合检测的发展趋势主要体现在以下几个方面。

（1）集成化与智能化。集成了多通道探地雷达、高速线阵相机、三维激光扫描、红外成像等多种探测设备和技术，能够迅速准确地识别隧道内的多种安全隐患。智能化体现在使用测量机器人等智能设备，实现 24 小时全天候监测，提高监测的效率和准确性。

（2）高精度与高效性。随着探测技术的不断发展，地铁隧道安全隐患的检测精度需要不断提高，能够精确地检测识别出隧道结构的微小变化，尽早地发现潜在的安全隐患。通过采用先进的探测设备和技术，地铁隧道的安全隐患综合检测将大大缩短检测时间，提高工作效率。

（3）信息化与网络化。未来地铁隧道的安全隐患综合检测将更加注重数据的共享和云平台的建设，通过信息化手段实现数据的实时传输、处理和分析，为决策提供有力的支持。建立完善的远程监控和预警系统，实现对地铁隧道安全隐患的实时监测和预警，提高应急响应能力。

（4）标准化与规范化。随着地铁隧道安全隐患综合检测技术的不断发展，将逐渐形成统一的技术标准和规范，以确保检测结果的准确性和可比性。制定规范的操作流程和管理制度，确保检测工作的有序进行，提高检测工作的质量和效率。

（5）多元化与综合化。地铁隧道的安全隐患综合检测将更加注重多种检测方法的结合使用，如将常规检测方法与特殊检测技术相结合，以更全面地识别隧道内的安全隐患。加强跨学科合作，如与地质、土木、计算机等多个领域进行合作研究，共同推动地铁隧道安全隐患综合检测技术的发展。

综上所述，地铁隧道安全隐患综合检测的发展趋势将朝着智能化、集成化、高精度、高效性、信息化、网络化、标准化、规范化、多元化和综合化的方向发展。这些趋势将有助于提高地铁隧道的安全性和可靠性，保障人民生命财产的安全。

参 考 文 献

[1] 何川,封坤,苏宗贤. 大断面水下盾构隧道原型结构加载试验系统的研发与应用[J]. 岩石力学与工程学报,2011,30(2):254-266.

[2] Ma F. Recent advances in the GPR detection of grouting defects behind shield tunnel segments[J]. Remote Sensing,2021,13:4596.

[3] Sokolov S Y. On the problem of the propagation of ultrasonic oscillation in various bodies[J]. Elek Nachr Tech,1929,6:454-460.

[4] Denys B,Vincent G. Non-Destructive Assessment of Concrete Structures:Reliability and Limits of Single and Combined Techniques:State-of-the-Art Report of the RILEM Technical Committee 207-INR[M]. Springer Netherlands, 2011.

[5] Yao F,Chen G Y,Su J H. Experimental research and numerical simulation on grouting quality of shield tunnel based on impact echo method[J]. Shock and Vibration,2016,2016(7):1-10.

[6] Ye Z,Zhang C,Ye Y,et al. Application of transient electromagnetic radar in quality evaluation of tunnel composite lining[J]. Construction and Building Materials,2020,240(3):117958.

[7] Ye Z,Ye Y. Comparison of detection effect of cavities behind shield tunnel segment using transient electromagnetic radar and ground penetration radar[J]. Geotechnical and Geological Engineering,2019,37

(5):4391-4403.

[8] 许献磊,马正,李俊鹏,等. 地铁隧道管片背后脱空及渗水病害检测方法[J]. 铁道建筑,2019,59(7):51-56.

[9] Shlager K L,Smith G S,Maloney J G. Accurate analysis of TEM horn antennas for pulse radiation[J]. IEEE Transactions on Electromagnetic Compatibility,1996, 38(3):414-423.

[10] Lacko P R,Franck C C,Johnson M,et al. Archimedean-spiral and log-spiral antenna comparison[C]// Detection and Remediation Technologies for Mines and Minelike Targets VII. SPIE,2002,4742:230-236.

[11] 刘涛. 基于无损检测方法的沥青路面介电特性与施工质量评价研究[D]. 广州:华南理工大学,2016.

[12] 习建军,曾昭发,黄玲,等. 阵列式探地雷达信号极化场特征[J]. 吉林大学学报(地球科学版),2017,47(2):633-644.

[13] 梁文婧,冯晅,刘财,等. 多输入多输出极化步进频率探地雷达硬件系统开发[J]. 吉林大学学报(地球科学版),2018,48(2):483-490.

[14] Carevic D. Kalman filter-based approach to target detection and target-background separtion in ground-penetrating radar data[C]//Detection and Remediation Technologies for Mines and Minelike Targets IV. SPIE,1999,3710: 1284-1288.

[15] Abujarad F,Nadim G,Omar A. Clutter reduction and detection of landmine objects in groundpenetrating radar data using singular value decomposition (SVD)[C]// Proceedings of the 3rd International Workshop on Advanced Ground Penetrating Radar. Delft:IEEE,2005:37-42.

[16] Khan U S,Al-Nuaimy W. Background removal from GPR data using Eigenvalues[C]//Proceedings of the XII International Conference on Ground Penetrating Radar. Lecce:IEEE,2010:1-5.

[17] 冯德山,戴前伟,余凯. 基于经验模态分解的低信噪比探地雷达数据处理[J]. 中南大学学报(自然科学版),2012,43(2): 596-604.

[18] Tang X,Sun T,Tang Z,et al. Geological disaster survey based on curvelet transform with borehole ground penetrating radar in tonglushan old mine site[J]. Journal of Environmental Sciences,2011,23:S78-S83.

[19] Donoho D L,Johnstone I M. Ideal spatial adaptation via wavelet shrinkage[J]. Biometrika,1994,81(3):425-455.

[20] Donoho D L. De-noising by soft-thresholding[J]. IEEE Transon Information Theory,1995,41(3):613-627.

[21] 邹海林,宁书年,林捷. 小波理论在探地雷达信号处理中的应用[J]. 地球物理学进展,2004,19(2):268-275.

[22] 邹根,陈秋南,马缤辉,等. 小波阈值法的改进及在地质雷达探测中的应用[J]. 地质与勘探,2019,55(4): 1036-1044.

[23] 吴叶丽,行鸿彦,李瑾,等. 改进阈值函数的小波去噪算法[J]. 电子测量与仪器学报,2022,36(4):9-16.

[24] Szegedy C,Liu W,Jia Y Q,et al. Going deeper with convolutions[C]//2015 IEEE Conference on Computer Vision and Pattern Recognition (CVPR). Boston:IEEE,2015:1-9.

[25] He K M,Zhang X Y,Ren S Q,et al. Deep residual learning for image recognition[J]. IEEE,2016:770-778.

[26] Krizhevsky A,Sutskever I,Hinton G E. Imagenet classification with deep convolutional neural networks[J]. Advances in Neural Information Processing Systems,2012,25(2):1097-1105.

[27] Protopapadakis E,Stentoumis C,Doulamis N,et al. Autonomous robotic inspection in tunnels[J]. ISPRS Annals of Photogrammetry,Remote Sensing and Spatial Information Sciences,2016,5(5):167-174.

［28］ Núez-Nieto X,Solla M,Gómez-Pérez P,et al. GPR signal characterization for automated landmine and UXO detection based on machine learning techniques［J］. Remote Sensing,2014,6(10):9729-9748.

［29］ Seyfried D. Information extraction from ultrawideband ground penetrating radar data: a machine learning approach［C］//2012 The 7th German Microwave Conference. New York:IEEE,2012:1-4.

［30］ Kaur P,Dana K J,Romero F A,et al. Automated GPR rebar analysis for robotic bridge deck evaluation［J］. IEEE Transactions on Cybernetics,2016,46(10): 2265-2276.

［31］ Dou Q,Wei L,Magee D R,et al. Real-time hyperbola recognition and fitting in GPR data［J］. IEEE Transactions on Geoscience and Remote Sensing,2017, 55(1): 51-62.

［32］ Zhou X,Chen H,Li J. An automatic GPR B-Scan image interpreting model［J］. IEEE Transactions on Geoscience and Remote Sensing,2018,56(6): 3398-3412.

［33］ Harkat H,Ruano A,Ruano M G,et al. Classifier design by a multi-objective genetic algorithm approach for GPR automatic target detection［J］. IFAC-PapersOnLine,2018,51(10):187-192.

［34］ Zhou H, Feng X, Zhang Y, et al. Combination of support vector machine and H-Alpha decomposition for subsurface target classification of GPR［C］//2018 17th International Conference on Ground Penetrating Radar (GPR 2018). Rapperswil:IEEE,2018:1-4.

［35］ Kafedziski V,Pecov S,Tanevski D. Target detection in SFCW ground penetrating radar with C3 algorithm and hough transform based on GPRMAX simulation and experimental data［C］//IWSSIP 2018-25th International Conference on Systems,Signals and Image Processing Maribor:IEEE,2018:1-5.

［36］ El-Mahallawy M S,Hashim M. Material classification of underground utilities from GPR images using DCT-Based SVM approach［J］. IEEE Geoscience and Remote Sensing Letters,2013,10(6): 1542-1546.

［37］ Liu T,Su Y,Huang C. Inversion of ground penetrating radar data based on neural networks［J］. Remote Sensing, 2018,10(5): 730.

［38］ Cotič P,Niederleithinger E,Bosiljkov V,et al. NDT data fusion for the enhancement of defect visualization in concrete［J］. Key Engineering Materials, 2013,569-570:175-182.

［39］ Xie X,Li P,Qin H,et al. GPR identification of voids inside concrete based on the support vector machine (SVM) algorithm［C］//2012 14th International Conference on Ground Penetrating Radar (GPR). Shanghai:IEEE,2012:381-386.

［40］ Crosskey M,Wang P,Sakaguchi R,et al. Physics-based data augmentation for high frequency 3D radar systems［C］//Detection and Sensing of Mines, Explosive Objects and Obscured Targets XXIII. Oriando: SPIE Defense Security,2018:1-11.

［41］ Besaw L E,Stimac P J. Deep convolutional neural networks for classifying GPR B-Scans［J］. Proceedings of SPIE-The International Society for Optical Engineering,2015:9454.

［42］ Lameri S,Lombardi F,Bestagini P,et al. Landmine detection from GPR data using convolutional neural networks［C］//2017 25th European Signal Processing Conference (EUSIPCO). Kos Island:IEEE,2017: 508-512.

［43］ Besaw L E,Stimac P J. Deep learning algorithms for detecting explosive hazards in ground penetrating radar data［C］. Proceedings of the SPIE,2014,9072:11.

［44］ Zhang Y,Sohn K,Villegas R,et al. Improving object detection with deep convolutional networks via Bayesian optimization and structured prediction［C］//IEEE Conference on Computer Vision and Pattern Recognition. New York:IEEE,2015:249-258.

［45］ Talab A M A,Huang Z,Xi F,et al. Detection crack in image using Otsu method and multiple filtering in image processing techniques［J］. Optik-International Journal for Light and Electron Optics,2016,127(3):

1030-1033.

[46] Rabih A,Idier C S. Automatic crack detection on two-dimensional pavement images：an algorithm based on minimal path selection[J]. IEEE Transactions on Intelligent Transportation Systems,2016,17（10）：2718-2729.

[47] Fujita Y,Hamamoto Y. A robust method for automatically detecting cracks on noisy concrete surfaces[J]. Springer-Verlag,2009,5579：76-85.

[48] Zalama E,Jaime G G B,Roberto M,et al. Road Crack Detection Using Visual Features Extracted by Gabor Filters[J]. Computer-Aided Civil and Infrastructure Engineering,2014,29（5）：342-358.

[49] 朱鑫,漆泰岳,王睿,等. 一种改进的用于裂缝图像分割的 Otsu 方法[J]. 地下空间与工程学报,2017,13（S1）：80-84.

[50] 王睿,漆泰岳,胡燊等. 隧道衬砌裂缝检测中的背景处理和断点连接算法[J]. 应用基础与工程科学学报,2017,25（4）：742-750.

[51] 王耀东,朱力强,史红梅,等. 基于局部图像纹理计算的隧道裂缝视觉检测技术[J]. 铁道学报,2018,40（2）：82-90.

[52] Radhakrishnan T,Karhade J,Ghosh S K,et al. AFCNNet：automated detection of AF using chirplet transform and deep convolutional bidirectional long short term memory network with ECG signals[J]. Computers in Biology and Medicine,2021,137：104783.

[53] Jin K J,Ram K A,Won L S. Artificial neural network-based automated crack detection and analysis for the inspection of concrete structures[J]. Applied Sciences-Basel,2020,10（22）：8105.

[54] Bubryur K N,Yuvaraj K R,Sri Preethaa R,et al. Surface crack detection using deep learning with shallow CNN architecture for enhanced computation[J]. Neural Computing and Applications,2021,33：9289-9305.

[55] Seungbo S,Jin K,Chun C G,et al. Stereo-vision-based 3D concrete crack detection using adversarial learning with balanced ensemble discriminator networks[J]. Structural Health Monitoring,2023,22（2）：1353-1375.

[56] Huang Z,Zhang X,Xie K,et al. Crack detection of concrete bridges based on improved U-Net model[J]. Science Discovery,2022,10（6）：500-505.

[57] 汤一平,胡克钢,袁公萍. 基于全景图像 CNN 的隧道病害自动识别方法[J]. 计算机科学,2017,44（S2）：207-211,250.

[58] 陈莹莹,刘新根,黄永亮,等. 基于神经网络与边缘修正的隧道衬砌裂缝识别[J]. 现代隧道技术,2022,59（6）：24-34.

[59] Stallman R W. Numerical analysis of regional water levels to define aquifer hydrology[J]. Eos,Transactions American Geophysical Union,1956,37（4）：451-460.

[60] Walton W C. Electric analog computers and hydrogeologic system analysis Inillinois[J]. Groundwater,1964,2：38-48.

[61] Wood W L. A note on how to avoid spurious oscillation in the finite-element solution of the unsaturated flow equation[J]. Journal of Hydrology,1996,176（1）：205-218.

[62] Mehl S,Hill M C. Development and evaluation of a local grid refinement method for block-centered finite-difference groundwater models using shared nodes[J]. Advances in Water Resources,2002,25（5）：497-511.

[63] Nastev M. Numerical simulation of groundwater flow in regional rock aquifers,south western Quebec,Canada[J]. Hydrogeology Journal,2005,13（5-6）：835-848.

[64] Welch L A,Allen D M. Consistency of groundwater flow patterns in mountainous topography：implications for valley bottom water replenishment and for defining groundwater flow boundaries[J]. Water Resources Re-

search,2012,48(5):376-377.

[65] Alvin L,Datta B. Multi-objective groundwater management strategy under uncertainties for sustainable control of saltwater intrusion:Solution for an island country in the South Pacific[J]. Journal of Environmental Management,2019, 234:115-130.

[66] 陈钟祥. 渗流力学的近况、动向和展望[J]. 力学学报,1974,10(1):21-29.

[67] 刘明新,陈钟祥. 单重和双重孔隙介质二相二维渗流的一个新的数值模拟方法[J]. 力学学报,1984, 20(3):225-233.

[68] 宫辉力,李培,崔桂莲,等. 地下水系统准三维流场数值模拟与流场宏观调控[J]. 系统工程理论与实践,1999,19(2):135-139.

[69] 武强,孔庆友,张自忠,等. 地表河网-地下水流系统耦合模拟 I:模型[J]. 水利学报, 2005,36(5): 588-592,597.

[70] 武强,徐军祥,张自忠,等. 地表河网-地下水流系统耦合模拟 II:应用实例[J]. 水利学报,2005,36 (6):754-758.

[71] 武强,王绪武,徐华,等. 淮北三维地质建模与地下水超采漏斗控制及水资源优化配置综合研究[J]. 中国矿业大学,2005,1(8):6-18.

[72] 王仕琴,邵景力,宋献方,等. 地下水模型 MODFLOW 和 GIS 在华北平原地下水资源评价中的应用 [J]. 地理研究,2007,26(5):975-983.

[73] 束龙仓,许杨,吴佩鹏. 基于 MODFLOW 参数不确定性的地下水水流数值模拟方法[J]. 吉林大学学报(地球科学版),2017,47(6):1803-1809.

[74] 谢一凡,谢镇泽,吴吉春,等. 模拟地下水流运动的三重尺度有限元模型[J]. 岩土工程学报,2022,44 (11):2081-2088.

[75] Makar J,Desnoyers R. Magnetic field techniques for the inspection of steel under concrete cover. Concrete Cover. NDT and E International,2001,34(7):445-456.

[76] Alani A M,Banks K. Applications of ground penetrating radar in the Medway Tunnel—Inspection of structural joints[J]. IEEE,2014:461-464.

[77] 周敏. 地铁隧道混凝土衬砌质量检测方法研究[J]. 中国高新科技,2024,(2):85-86,89.

[78] 许献磊,彭苏萍,马正,等. 基于空气耦合雷达的矿井煤岩界面随采动态探测原理及关键技术[J]. 煤炭学报,2022,47(8):2961-2977.

[79] 许献磊,李菁淋,郭爱军,等. 矿井工作面透射探测信号同步传输系统设计与开发[J]. 金属矿山, 2023,(5):175-184.

[80] 豆海涛,黄宏伟,薛亚东. 隧道衬砌渗漏水红外辐射特征影响因素试验研究[J]. 岩石力学与工程学报,2011,30(12):2426-2434.

[81] 周宝定,谢沛瑶,郭文浩,等. 基于激光点云灰度图像的隧道渗水病害检测[J]. 测绘通报,2023,(8): 34-39,90.

[82] 谢雄耀,卢晓智,田海洋,等. 基于地面三维激光扫描技术的隧道全断面形变测量方法[J]. 岩石力学与工程学报,2013,32(11):2214-2224.

[83] Wang K T,Li P S,Liu Y,et al. Research on the present situation and development trend of subway tunnel inspection vehicle[J]. IOP Conference Series:Materials Science and Engineering,2021,1203(2):022126.

[84] Cui H,Ren X,Mao Q,et al. Shield subway tunnel deformation detection based on mobile laser scanning[J]. Automation in Construction,2019,106:102889.

[85] 谢雄耀,黄炎,赵铭睿. 基于激光扫描的盾构隧道断面提取与形变研究[J]. 地下空间与工程学报, 2020,16(3):873-881.

［86］李先帅,武斌. 基于椭圆拟合的隧道点云数据去噪方法［J］. 铁道科学与工程学报,2021,18(3)：703-709.

［87］潘东峰,杨超,吴一同,等. 利用 TLS 技术进行地铁隧道断面提取及形变监测分析［J］. 测绘通报,2022,(4)：130-133.

［88］Yu S,Jang J. Auto inspection system using a mobile robot for detecting concrete cracks in a tunnel［J］. Automation in Construction,2007,16(3)：255-261.

［89］黄丹樱,韦强,朱椰毅,等. 智能隧道检测车的现状及改进策略［J］. 现代城市轨道交通,2022,(11)：7-12.

［90］王少瑜,宋国华,冯乾宽,等. 铁路隧道衬砌表观裂缝快速检测技术［J］. 铁道建筑,2023,63(1)：92-95.

［91］Fujino Y,Siringoringo D M. Recent research and development programs for infrastructures maintenance,renovation and management in Japan［J］. Structure and Infrastructure Engineering,2020,16(1)：3-25.

［92］王石磊,高岩,齐法琳,等. 铁路运营隧道检测技术综述［J］. 交通运输工程学报,2020,20(5)：41-57.

［93］熊智敏. 城市轨道服役状态检测系统关键技术研究［D］. 武汉:武汉大学,2017.

［94］许学良,马伟斌,蔡德钧,等. 铁路隧道检测与监测技术的现状及发展趋势［J］. 铁道建筑,2018,58(1)：14-19.

［95］Yoon J S,Sagong M,Lee J S,et al. Feature extraction of a concrete tunnel liner from 3D laser scanning data［J］. NDT and E International,2009,42(2)：97-105.

［96］Delaloye D. Development of a new methodology for measuring deformation in tunnels and shafts with terrestrial laser scanning(LIDAR)using elliptical fitting algorithms［D］. Kingston:Queens University,2012.

［97］虞伟家. 基于移动三维激光扫描的盾构隧道断面提取与应用［J］. 测绘通报,2019(S2)：200-206.

［98］王勇,王柄强,唐超. 基于移动三维激光扫描的地铁盾构环片提取与分析［J］. 测绘通报,2020,(9)：46-49,65.

［99］赵亚波,王智. 基于移动三维扫描技术的隧道管片错台分析及应用［J］. 测绘通报,2020,(8)：160-163.

［100］Davison A J,Reid I D,Molton N D,et al. MonoSLAM：real-time single camera SLAM［J］. IEEE Transactions on Pattern Analysis and Machine Intelligence, 2007,29(6)：1052-1067.

［101］Klein G. Parallel tracking and mapping for small AR workspaces［C］//Sixth IEEE and ACM International Symposium on Mixed and Augmented Reality. New York:IEEE,2007：225-234.

［102］Wu C,Agarwal S,Curless B,et al. Multicore bundle adjustment［C］// Conference on Computer Vision and Pattern Recognition. New York：IEEE,2011：3057-3064.

［103］Mur-Artal R,Montiel J M M,Tardos J D. ORB-SLAM：a versatile and accurate monocular SLAM system［J］. IEEE Transactions on Robotics,2015,31(5)：1147-1163.

［104］Mur-Artal R,Tardos J D. ORB-SLAM2：an open-source slam system for monocular,stereo,and RGB-D cameras［J］. IEEE transactions on Robotics, 2017,33(5)：1255-1262.

［105］Campos C,Elvira R,Rodríguez J J G,et al. ORB-SLAM3：an accurate open-source library for visual,Visual-Inertial and Multi-Map SLAM［J］. Automation in Construction,2020,32(6)：112-120.

［106］Smith R,Self M,Cheeseman P. Estimating uncertain spatial relationships in robotics［J］. Machine Intelligence & Pattern Recognition,1988,5(5)：435-461.

［107］Zhang J,Singh S. Low-drift and real-time lidar odometry and mapping［J］. Autonomo us Robots,2017,41(2)：401-416.

［108］Shan T,Englot B. LeGO-LOAM：lightweight and ground-optimized lidar odometry and mapping on variable terrain[C]//RSJ International Conference on Intelligent Robots and Systems,2019.

[109] Zhang J,Singh S. Laser-visual-inertial odometry and mapping with high robustness and low drift[J]. Journal of Field Robotics,2018,35(8):1242-1264.

[110] Lin J,Zhang F. Loam livox:a fast,robust,high-precision LiDAR odometry and mapping package for LiDARs of small FoV[J]. 2020 IEEE International Conference on Robotics and Automation (ICRA), 2020:3126-3131.

[111] Lin J R,Zhang F. A fast,complete,point cloud based loop closure for LiDAR odometry and mapping[J]. CoRR,2019:1811.

[112] Shan T,Englot B. LIO-SAM:tightly-coupled lidar inertial odometry via smoothing and mapping[J]. IEEE/RSJ International Conference on Intelligent Robots and Systems,2020:5135-5142.

[113] Xu W,Zhang F. FAST-LIO:a fast,robust lidar-inertial odometry package by tightly-coupled iterated kalman filter[J]. IEEE Robotics and Automation Letters,2021,6(2):3317-3324.

[114] Xu W,Cai Y,He D,et al. FAST-LIO2:fast direct LiDAR-inertial odometry[J]. IEEE Transactions on Robotics,2022,38(4):2053-2073.

[115] 房博乐,陈起金,牛小骥. 轨道几何特征匹配列车定位方法[J]. 测绘通报,2019,(10):109-113.

[116] 吕一锋,陈淋. 地铁运营隧道安全巡检系统及其应用[J]. 城市轨道交通研究,2014,17(10):126-128.

[117] 张辰东,王兆瑞,金声震,等. 基于SINS/RFID的隧道列车高精度定位方法[J]. 北京航空航天大学学报,2022,48(4):632-638.

[118] Song X,Li X,Tang W,et al. A hybrid positioning strategy for vehicles in a tunnel based on RFID and in-vehicle sensors[J]. Sensors,2014,14(12):23095-23118.

[119] 许勇,邵浩东. UWB地铁轨道巡检车定位系统设计[J]. 机械设计与制造,2023,387(5):138-140,145.

[120] 朱东飞,王永皎,杨烨,等. 基于光栅阵列的城市轨道列车定位与测速方法[J]. 光子学报,2019,48(11):159-166.

[121] Jiang X,Liu Z,Liu B,et al. Multi-sensor fusion for lateral vehicle localization in tunnels[J]. Applied Sciences,2022,12(13):6634.

[122] 张雁鹏,孟楠,肖夏,等. 融合可见光通信与双目立体视觉的地铁列车自主定位[J]. 光学学报,2023,43(10):17-28.

[123] 梅文胜,吕世望,于安斌,等. 一种地铁轨道相对形变检测与定位方法[J]. 武汉大学学报,2022,47(1):104-110.

[124] Wang M J J,Sharit J,Drury C G. Fuzzy set evaluation of inspection performance[J]. International Journal of Man-Machine Studies,1991,35(4):587-596.

[125] Saaty T L,Vargas L G. Models,methods,concepts and applications of the analytic hierarchy process [M]. Boston:Academic Publishers,2000.

[126] 水本雅晴. 模糊数学及其应用[M]. 北京:科学出版社,1988.

[127] Wireless News. Verosint opts for DAT freight analytics solutions[J]. Journal Article,2024,25(6):122-126.

[128] Chen X,Chen Y,Zomaya Y A,et al. CEVP:cross entropy based virtual machine placement for energy optimization in clouds[J]. The Journal of Supercomputing,2016,72(8):3194-3209.

第2章　地铁隧道衬砌结构病害检测技术

2.1　空气耦合地质雷达天线

2.1.1　电磁波理论

（1）麦克斯韦（Maxwell）方程组。雷达波属于电磁波，所以也满足电磁波基本方程：

$$\nabla \times H = \partial D / \partial t + J \qquad (2.1.1\text{-}1)$$

$$\nabla \times E = -\partial B / \partial t \qquad (2.1.1\text{-}2)$$

$$\nabla \times B = 0 \qquad (2.1.1\text{-}3)$$

$$\nabla \times D = qv \qquad (2.1.1\text{-}4)$$

式中，H 为磁场强度；B 为磁感应强度；J 为电流密度；D 为电位移；qv 为电荷密度；∇ 为哈密顿算子；E 为电场强度。

（2）雷达波的反射和折射。要获知雷达波的反射和折射情况，可以将问题简化，在两种各自内部性质均匀的媒质上研究。当雷达波从媒质 1 进入到媒质 2 时，因为两种媒质的介电特性不一样，这时雷达波会发生反射和折射，而无论是入射的雷达波，还是反射或是折射的雷达波，都遵循相关的定律——反射定律和折射定律（图2.1.1-1）。

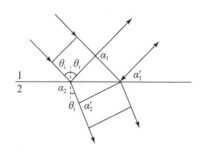

图 2.1.1-1　入射波在界面引起的反射与折射

图 2.1.1-1 表示两条射线在层面上的反射和折射，入射角记为 θ_i，反射角为 θ_r，折射角为 θ_t。图 2.1.1-1 中 $\alpha_1\alpha_2$ 和 $\alpha_1'\alpha_2'$ 为等相线，它们的移动速度叫相速，分别对应为 v_1、v_2，三大波（入射、反射及折射波）行走各自的距离所用时间一样，即

$$\alpha_1\alpha_2' \sin\theta_i / v_1 = \alpha_2\alpha_1' \sin\theta_r / v_1 = \alpha_2\alpha_1' \sin\theta_t / v_2 \qquad (2.1.1\text{-}5)$$

由此得出反射定律：

$$\theta_i = \theta_r \qquad (2.1.1\text{-}6)$$

折射定律:

$$\sin\theta_i / \sin\theta_r = v_1 / v_2 \qquad (2.1.1\text{-}7)$$

式（2.1.1-7）的比值称为折射率:

$$n = \frac{\sin\theta_i}{\sin\theta_r} = \frac{v_1}{v_2} = \sqrt{\frac{\mu_2 \tilde{\varepsilon}_2}{\mu_1 \tilde{\varepsilon}_1}} = \frac{k_2}{k_1} \qquad (2.1.1\text{-}8)$$

式中, $\tilde{\varepsilon}_1$ 为 1 号介质的介电常数; $\tilde{\varepsilon}_2$ 为 2 号介质的介电常数; μ_1 为 1 号介质的磁导率; μ_2 为 2 号介质的磁导率。

（3）一次反射与多次反射。三层媒质的情况（为简化描述将注浆层和衬砌层合并），从图 2.1.1-2 可以看出, 电磁波进入地面后, 在地面层发生透射, 形成 P_1 波, 此波在经过地下第一个界面, 即媒质一 $k_1\varepsilon_1$ 与媒质二 $k_2\varepsilon_2$ 交界面时, 再次发生透射, 形成 P_{12} 波, 此波在经过媒质二 $k_2\varepsilon_2$ 与媒质三 $k_3\varepsilon_3$ 交界面时, 再次发生透射形成 P_{123} 波, 而且也会产生反射回波 P_{122}; 以此类推, 只要反射波能穿透的地方, 当遇到不同介电常数的媒质分界面时, 都会发生透射现象。除了透射外, 雷达发射的电磁波还会发生一次反射与多次反射, 透射波 P_1 在遇到地下第一个界面后, 会发生反射, 形成波 P_{11}, 由于此波接下来遇到的是空气界面, 而这个界面又恰好阻抗性强, 所以波再次发生反射, 理论上可以多次循环此过程, 直到波的能量被媒质一彻底吸收才结束这一过程, 这一现象被称为多次反射现象。

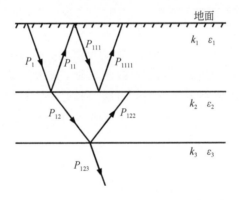

图 2.1.1-2　一次反射、透射、多次反射示例图

（4）若已知电磁波双重旅行时间 t, 传播速度 c, 介质的相对介电常数 ε_r, 则目标地质体的深度 H 为

$$H = \frac{tc}{2\sqrt{\varepsilon_r}} \qquad (2.1.1\text{-}9)$$

2.1.2　基于雷达波的隧道衬砌界面检测原理

探地雷达发射天线向隧道衬砌发射高频电磁波, 通过接收天线获得相应的反射信号, 检测地质异常。如图 2.1.2-1 所示, 天线悬空高度通常设置在 30~40cm, 天线在行进过程中, 向隧道衬砌发射高频电磁波, 当波信号在隧道衬砌里传播时, 遇到介电常数不同的媒

体层面，将被反射、折射。而发射、接收天线同步运动，接收到反射回波，雷达主机准确地记录其运动特征，从而获得不同的截面扫描图像，经过处理与解译来判别目标物。

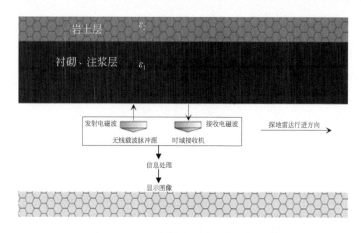

图 2.1.2-1　隧道衬砌界面检测原理图

2.1.3　探地雷达相关参数

要想让探地雷达在作业中发挥出它全部的能力，设置合适的参数至关重要，这些参数既有距离、时间、速度方面的，也有与采样点相关的一些参数。

1. 检测距离

检测距离是衡量雷达检测能力的一个指标，指雷达的最大测深，它与多种因素有关，包括接收、发射功率 W_r、W_i，后向散射增益 G_s，入射、接收方向上的增益值，发射 G_t、G_r 接收效率 η_t、η_r，散射截面 σ，波长 λ，检测距离 r，衰减系数 β，则有

$$W_r = W_i G_s G_t G_r \eta_t \eta_r \sigma \frac{\lambda^2}{64\pi^3 r^4} e^{-2\beta r} \tag{2.1.3-1}$$

2. 中心频率

在实际作业中，不同的天线有不同的中心频率，那么选取哪一种天线能很好地完成作业任务，这就需要充分权衡被检测物体所在深度和物体大小的关系，即为空间分辨率 x（m）和天线中心频率 f 的取舍关系，因为两者互相制约，可通过式（2.1.3-2）量化两者关系。除此以外，还要根据作业面空间大小考虑天线大小，不能妨碍到天线的正常作业，通常情况下，尽可能在作业中使用低频天线：

$$f = \frac{150}{x\sqrt{\varepsilon}} (\text{MHz}) \tag{2.1.3-2}$$

式中，ε 为介质的相对介电常数。

在作业时，预设一个 f，转换成波长 λ，通过式（2.1.3-1）获取这个频率所对应的最大测深，如果满足不了要求，达不到物体所在的深度，那么就要增大波长的值，因为从式

（2.1.3-1）中可以看出，波长与深度成正比，这样便能提高检测深度。基于雷达理论中的经典分辨率分析与工程经验法则的结合总结了空间分辨率等于物体深度的四分之一时，深度与中心频率的对应关系，见表2.1.3-1。

表 2.1.3-1　深度与中心频率的对应关系

深度/m	0.5	1	2	5	10	30	50
中心频率/MHz	1000	500	200	100	50	25	10

3. 时窗

时窗对于探地雷达来说，是其不可或缺的一部分，是探地雷达的关键性参数，其大小主要和雷达能检测到的最深距离 d_{max}（m）、雷达波在媒质中的速度 v（m/ns）密切相关，可以用式（2.1.3-3）计算雷达数据的时窗 W（ns）：

$$W = 1.3 \frac{2d_{max}}{v} \tag{2.1.3-3}$$

4. 采样率

采样率反映的是各个点在时间上的间断问题，奈奎斯特（Nyquist）采样定律提出，将采样率分为6份，只有当中心频率 f 占其中一份的时候，才能得到形状趋于完美的波，若把采样率记为 Δt（纳秒），则

$$\Delta t = \frac{1000}{6f} \tag{2.1.3-4}$$

5. 测点点距

测点点距的大小与中心频率 f、媒质的介电常数 ε 及电磁波在真空中的速度 c 有密切的关联。测点点距 n_s 的计算公式见式（2.1.3-5），根据波长与频率、速度的关系，可以很容易看出测点点距是媒质波长的四分之一：

$$n_s = \frac{c}{4f\sqrt{\varepsilon}} \tag{2.1.3-5}$$

6. 电磁波速度

目标反射回波的双向传播时间 T 由探地雷达记录，为了确定目标体的深度 d，要知道电磁波在媒质中的速度 v，即

$$d = \frac{T}{2}v \tag{2.1.3-6}$$

那么，将式（2.1.3-6）反过来，假设提前得到了媒质中某一目标体的深度 d，再结合探地雷达记录的目标反射回波的双向传播时间 T，便可以轻松求得电磁波在媒质中的速度 v，而往往采用钻孔的方式提前获取 d 的大小，则：

$$v = \frac{2d}{T} \tag{2.1.3-7}$$

这种方法求取到的电磁波速度逻辑严谨，是在目标体位置不变的情况下获取到的，所以它能取得很高的精度，采用这个电磁波速度，由式（2.1.3-6）推出来的目标体深度误差会特别小。

2.2　隧道衬砌检测多通道雷达系统

为结合隧道衬砌结构病害快速检测进行工作的开展，针对地铁隧道条件，为实现一次沿既有轨道行径完成隧道主体结构、道床结构及轨道信息的快速采集和高精度检测，探明从既有结构表观到 3m 深度范围的结构健康安全情况，确保地铁隧道安全，开发多通道雷达系统。

2.2.1　八通道探地雷达主机系统

八通道探地雷达数据采集系统包括主机系统、控制单元、天线和辅助系统 4 部分。具体情况如图 2.2.1-1 所示。

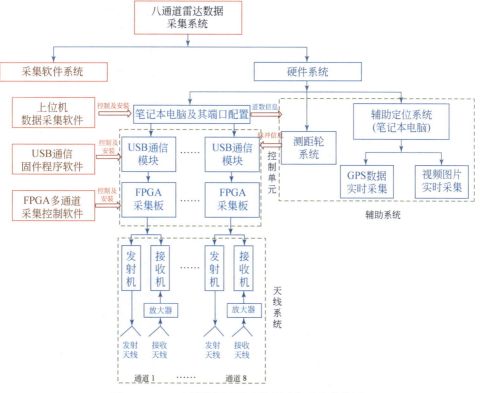

图 2.2.1-1　八通道探地雷达数据采集系统结构图
USB-通用串行总线；FPGA-可编程的集成电路

主机以开发采集软件系统为主，是仪器使用者最直接的操纵平台，实现如下功能：完成数据采集参数设置；实时监控数据采集波形是否正常；完成数据的实时采集、剖面显示和存盘；完成测距参数的保存和显示；完成和辅助定位系统主机的控制通信；完成 USB 端口的配置。

采用多线程技术，设计控制主线程和采集、显示存盘等子线程；动态的循环队列结构，按照选取通道数量，动态设立循环队列缓冲区，保证数据采集的高速稳定运行；USB 端口地址动态分配，保证多通道雷达不同通道的识别，采用动态地址分配方法。八通道探地雷达数据采集系统的主机软件解决如下问题：每个通道如何单独进行参数设置和传递；如何保证数据采集、显示、存盘高速有效运行；USB 端口如何配置；如何保证辅助的图片能和雷达检测剖面的空间位置对应。

目前国外雷达所有通道均采用同一参数进行数据采集，这就要求每个通道的天线保持一致，无法实现不同频率组合检测。本书的研究解决了这一问题，图 2.2.1-2 是主机软件参数设置界面，可以实现不同通道设置各自的参数。

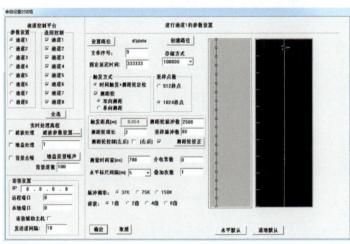

(a)900MHz天线通道1参数控制

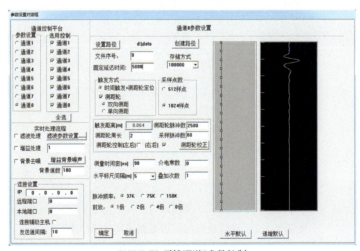

(b)900MHz天线通道8参数控制

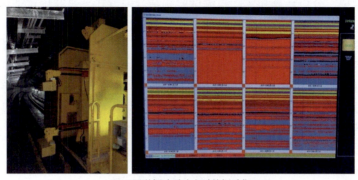

(c)八通道探地雷达实时数据采集

图 2.2.1-2　主机软件参数设置界面

2.2.2　八通道探地雷达天线系统

1. 雷达天线辐射面设计

八通道探地雷达天线系统基于超宽带电磁波技术原理进行开发。八通道探地雷达天线系统对某一深度处的目标进行检测，其分辨力隐含了对目标定位信息和其几何尺寸（形状、厚度、尺度等）信息获取的上限，主要由八通道探地雷达天线系统的工作状态和扫描检测场景决定。八通道探地雷达天线系统的分辨力包含两个分量，分别为纵向分辨力（距离或厚度）和横向分辨力（角度或测向）。具体到八通道探地雷达天线系统中，只需要利用八通道探地雷达天线系统的纵向分辨力即可。

发射天线向外发射一个脉冲，遇到目标反射回一个回波脉冲，被接收天线接收到，在此之前接收天线还会直接接收到发射天线发出的脉冲。当两个脉冲之间的时延大于半时宽（脉冲幅度降为最高幅度一半时对应的时间宽度）的一半时，一般认为两个脉冲是可以分辨的。

时域分辨力可以转化到空间中，则空域径向分辨力可以表示为

$$\Delta\gamma \geqslant \frac{W_0}{4} \qquad (2.2.2-1)$$

式中，W_0 为电磁波的束腰半径。

对于八通道探地雷达天线系统，向前和向上的检测分辨率要求为 5cm，相对应的电磁波波长分别应为 24cm，将介质中相对介电常数设置为 3，电磁波的波速约为 1.732×10^8 m/s，计算得天线的最低频率为 721MHz，根据八通道探地雷达天线系统频率范围计算得天线中心频率为 1442MHz。

实际上，随着电磁波在介质中传播距离的增大，色散效应逐渐增强，脉冲形式发生形变，同时衰减效应加剧，这些因素都将影响系统的分辨力。因此，经过计算研究，选定天线中心频率为 900MHz。

采用理论建模、分析计算和实际检测试验相结合的方式，研究确定适用于地铁隧道检测的频率天线，从而达到检测深度和检测精度的要求。

对比地面耦合地质雷达常用的平面天线，如蝶形天线等，TEM 天线具有体积小、频带宽、方向性好的特点，可以用来实现地质雷达非接触式检测。

TEM 天线由于频带宽、方向性好、增益高、功率容量大、结构简单等优点而备受青睐。TEM 天线由两块三角形或近似三角形的金属板构成，两金属板之间呈一定的夹角放置，这种天线的外形与喇叭相似，故称喇叭天线（图 2.2.1-1）。

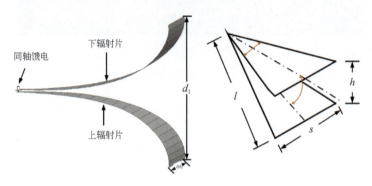

图 2.2.2-1 TEM 天线

h-天线高度；d_1-辐射片间距；l-长度；s-开口宽度；ω_1-辐射片宽度

对于低频辐射的 TEM 天线，相当于开路平板传输线，近似为电偶极子，为了减小天线周围的电抗能量，在天线的上、下和后侧面加载矩形金属板，这些金属板就是屏蔽装置，与 TEM 天线的上下极板构成环状导体来充当磁偶极子。这些磁偶极子与 TEM 天线辐射场的组合减小了天线周围的电抗能量，因此实现了较宽的阻抗匹配。

TEM 天线主要缺陷是口径末端的突然截断，造成末端反射电流大，引起口径辐射波形畸变、低频成分辐射不足和能量效率低。针对此缺陷，国内外研究工作者作出了很多的改进，如在喇叭臂之间增加介质的方法是通过增大介电常数，减小对应频率电磁波的相速度，从而减小该频率电磁波在此介质中对应的波长，达到了在相同尺寸下辐射更低频率电磁波的目的，提高低频成分的辐射能力；末端加载电阻的方法是通过吸收末端电流，从而减小末端反射电流，并且能提高辐射脉冲波形的保真度和向低频扩展阻抗带宽的作用，但是这种方法的缺点是损耗电阻的增加产生了导体损耗，使天线的射效率降低；还有通过优化喇叭曲面和口径面形状，使口径末端阻抗与自由空间波阻抗更加匹配，达到减小末端反射电流的目的。

TEM 天线辐射最低频率波长与天线尺寸具有一定关系，TEM 天线长度应为辐射最低频率对应波长的一半，口径高度应为最低辐射频率对应波长的一半，喇叭天线长度和口径高度都达到最低辐射频率对应波长一半时，天线才能有效地辐射该频率成分，因此，将天线口径高度和喇叭天线长度的最大尺寸与辐射最低频率对应波长相比较，可以将不同频率和尺寸天线的辐射效率进行对比。

TEM 天线在小张角情况下，等效为末端开路的传输线，将其视为无穷多段电偶极子和磁偶极子的组合，通过沿轴向积分电偶极子和磁偶极子的辐射场，在以口径中心为参考原

点时，得到无限长小张角 TEM 天线主轴辐射场 $E_{i,\mathrm{main}}(r,\ t)$ 为

$$E_{i,\mathrm{main}}(r,t) = -\frac{h}{4\pi crf_{\mathrm{g}}}\frac{\mathrm{d}V(t)}{\mathrm{d}t} \qquad (2.2.2\text{-}2)$$

式中，h 为天线高度（或等线高度）；c 为真空光速；r 为观测点到天线的距离；f_{g} 为天线的几何频率因子（与结构相关）；$\dfrac{\mathrm{d}V(t)}{\mathrm{d}t}$ 为输入电压的时间导数。

但是，实际 TEM 天线长度有限，末端突然截断产生的反射电流必然会引起瞬态脉冲口径辐射的退化性效应，即辐射波形畸变和端口反射能量增大，其中主轴方向辐射电场波形畸变具体表现为峰值幅度减小、峰值时间变宽和主脉冲后产生拖尾三种变化，相应得到实际有限长 TEM 天线主轴辐射电场 $E_{i,\mathrm{main}}(r,\ t)$ 为

$$E_{i,\mathrm{main}}(r,t) = -\frac{h}{4\pi crf_{\mathrm{g}}}\frac{\mathrm{d}V(t)}{\mathrm{d}t} + \frac{h}{8\pi rlf_{\mathrm{g}}} - \frac{h}{8\pi rlf_{\mathrm{g}}}V(t-2l/c) \qquad (2.2.2\text{-}3)$$

式中，$V(t-2l/c)$ 为延迟后的输入电压（$2l/c$ 为往返时间）；l 为天线物理长度。

鲍姆（Baum）提出时域增益 G_{P} 作为衡量超宽带天线的性能指标，其定义为

$$G_{\mathrm{P}} = 2\pi c\sqrt{\frac{f_{\mathrm{s}}}{g}}\left|\frac{rE(r,t)}{\mathrm{d}V(t)}\right| \qquad (2.2.2\text{-}4)$$

式中，f_{s} 为天线的等效面积率或形状因子；g 为天线的几何增益常数；$E(r,\ t)$ 为远区瞬时电场强度。

但实际有限长度 TEM 天线时域增益会随着口径辐射的退化性效应而产生相应变化。

TEM 天线可以视作单入多出系统，其中主轴方向辐射最为重要，体现了瞬态脉冲口径辐射的本质，为了得到不依赖于激励信号和口径辐射响应的一般性规律，将激励电压脉冲和主轴辐射的电场脉冲进行拉氏变换，得到实际有限长 TEM 天线主轴方向的传递函数 $G_{\mathrm{main}}(S)$，可以表示为

$$G_{\mathrm{main}}(S) = -\frac{h}{4\pi crf_{\mathrm{g}}} + \frac{h}{8\pi rlf_{\mathrm{g}}} - \frac{h}{8\pi rlf_{\mathrm{g}}}\mathrm{e}^{-\frac{2l}{c}S} \qquad (2.2.2\text{-}5)$$

式中，S 为拉普拉斯变量；$\mathrm{e}^{-\frac{2l}{c}S}$ 为延迟算子。

2. 雷达天线屏蔽装置设计

无论是常用的地面耦合天线还是研发设计的空气耦合天线，都会在不同程度上受到外界电磁波的干扰，这些干扰来自环境的各个方向，在垂向于辐射面方向上更容易被天线接收，干扰电磁波会影响检测所得的数据，导致信号可信度降低，信噪比降低。因此，需要给天线安装屏蔽装置，减小噪声干扰。

在实际应用中，屏蔽装置的主要作用有以下两点。

一是定向作用，屏蔽装置可有效改变天线辐射的方向性，使得天线具有特定方向辐射的作用。与此同时，屏蔽装置的顶面对电磁波的反射使得天线具有增强作用，这种增强可以看作是原天线的镜像天线，天线实际对地面的辐射总场，是原天线与镜像天线二者的叠加，可表示为

$$E = E_1(1 - \mathrm{e}^{j2kd}) \qquad (2.2.2\text{-}6)$$

$$k = 2\pi/\lambda \qquad (2.2.2\text{-}7)$$

式中，E_1 为天线辐射电场；k 为波数；λ 为发射信号最强频点对应的波长；d 为屏蔽装置高度；j 为虚数单位。从理论来讲，当 $h = \lambda/4$ 时，天线对地辐射能量最大，达到 $E = 2E_1$；但由于加工的难易程度，加载方式的不同，尺寸的大小等原因，$h = \lambda/4$ 未必是最优解，最终需要同时考虑天线实物检测效果及实用性等因素，屏蔽装置的高度。

二是屏蔽装置屏蔽外界环境中的电磁干扰作用，这一点在电磁环境复杂的地铁隧道下尤为重要，隧道环境中管线、配电箱等大型金属制装置都会对天线检测结果产生干扰。

该装置可以有效隔绝外界电磁波、减少地质雷达天线受到来自外界非目标信号以及地质雷达系统中其他金属元器件的干扰，有效提高所获取数据的信噪比。

根据所设计的天线中心频率，合适的屏蔽装置背腔高度可以形成镜像二元天线阵列的作用，增强对目标体辐射电磁波的能力，高度不匹配会导致电磁信号在腔体内多次反射，影响天线发射效率，降低所获取数据的信噪比；同时，TEM 天线，主要会受到天线正上方的外界电磁波干扰。因此，本节以最简单的箱体结构，用 5 面矩形金属长板组成屏蔽装置，屏蔽装置背腔高度 C 作为单一变量进行分析该屏蔽装置对天线的影响。屏蔽装置的长宽根据天线辐射面长度 L、宽度 M 和波导长 a 与宽 b 等多因素确定其最小外围尺寸。在腔内添加吸波材料，固定天线形状的同时减少外界噪声对天线的影响。

3. 天线悬空耦合特性研究

TEM 天线非接触式检测方式，对于地铁隧道复杂工作环境下应用意义重大，本实验以测试所设计天线悬空检测距离为目的，利用本书所设计中心频率为 900MHz 的地质雷达天线及其屏蔽装置，通过层位物理模型，验证 900MHz 天线检测的有效范围。

本模型设计为沙层与空气交界面模型，底部是空气，交界面由塑料泡沫撑起，上部铺平沙子，交界面设计有弧面、斜面和平行面，既可验证雷达天线的检测效果，又可通过改变天线底部泡沫高度，验证不同高度天线的检测效果，进而确定天线的有效检测范围（图 2.2.2-2 ~ 图 2.2.2-4）。表 2.2.2-1 为天线测试参数记录。

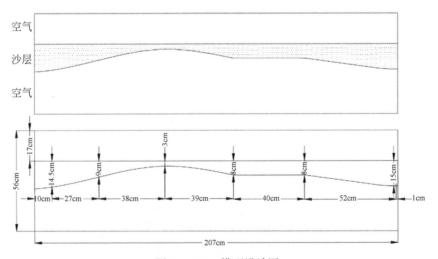

图 2.2.2-2　模型设计图

图 2.2.2-3　模型实物图

图 2.2.2-4　现场试验

表 2.2.2-1　天线测试参数记录

文件号	悬空高度/cm	叠加	时间/ns
1	17	3	12
2	25	3	12
3	30	3	12
4	30	3	12
5	37	3	12
6	37	3	12
7	44	3	12
8	44	3	12
9	48	3	12
10	48	3	12
11	56	3	12
12	56	3	12
13	66.5	3	12
14	66.5	3	12
15	66.5	3	15
16	66.5	3	15
17	0	3	10

　　不同悬空高度检测效果对比如图 2.2.2-5 所示，不同离地高度，天线检测效果也有区别，在紧贴地面时，雷达波反射速度越快，接收到的无用信息越多，导致天线检测效果出现平行层现象；离地高度 17～48cm 都可见沙–空气交界面，且在 30cm 界面最为清晰。确

定900MHz雷达天线的最佳检测距离为30cm，天线悬空高度变化范围为10~50cm。

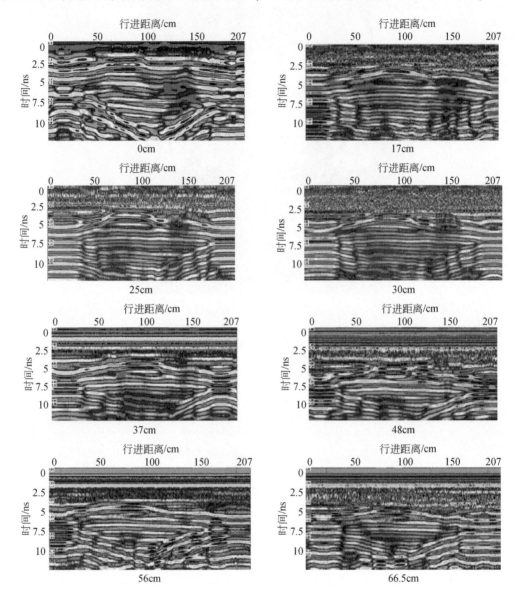

图 2.2.2-5　不同悬空高度检测效果对比图

2.3　衬砌空洞智能识别

2.3.1　隧道衬砌的层位识别与定位

隧道衬砌中有4个界面，它们分别是直达波界面、空气–衬砌面、衬砌–注浆体界面、注浆体–岩土体界面，4个界面的识别是定位的前提条件，只有根据识别后的雷达数据，设计相应的算法，才可以选取种子层位点，种子层位点选取后，才能以该种子层位点进行追踪。要实现对隧道衬砌的层位的识别，就需要对单道波形进行深入研究，寻找它们变化的特征，这里采用正演模拟的方法，首先通过 gprMax 软件模拟出最理想的隧道衬砌层位结构模型，然后通过振幅和谱分析找出不同层对应的波形特征，从而完成对不同层的识别工作。

　　隧道衬砌层位的定位是追踪及坐标信息提取的前提，包括对直达波及空气界面层的定位，对衬砌注浆体层、注浆体和岩土体层的定位，通过深入剖析各层之间的数量关系，提出相应的算法进行定位。衬砌注浆体层、注浆体和岩土体层定位基本思路为：在预处理后的雷达数据中任选一道数据序列，并确定所选数据序列的道号。其中，所选数据序列的道号记为 T_0。确定直达波的位置和样点数 N_0；通过直达波样点数 N_0 确定空气界面层位的位置及其样点数 N_1；通过空气界面层样点数 N_1 确定衬砌注浆体层、注浆体和岩土体层位的位置及其样点数 N_2。隧道衬砌识别与定位流程图如图 2.3.1-1 所示。

图 2.3.1-1　隧道衬砌识别与定位流程图

1. 衬砌层位雷达波数值仿真

　　为了保证实验结果的普适性，本章先不考虑断层因素。建立最具代表性的隧道模型，见图 2.3.1-2，设衬砌、岩土体是不带有磁性的均匀媒质，其 $\varepsilon_{r衬砌注浆体}=7$，$\varepsilon_{r岩土体}=11$，$\sigma_{衬砌注浆体}=0.001\mathrm{S/m}$，$\sigma_{岩土体}=0.001\mathrm{S/m}$；模型范围为 $[2.5，0.6]$，单位为 m，空气深度位于 25cm 处，衬砌注浆体界面深度 40cm 处，天线悬空高度 25cm，采集 100 道雷达信号。

　　正演模拟文件的内容为

```
#medium: 1.0 0.0 0.0 0.0 0.002 1.0 0.0 a
#medium: 7.0 0.0 0.0 0.0 0.001 1.0 0.0 c
#medium: 11.0 0.0 0.0 0.0 0.001 1.0 0.0 r
------------------------------------------------
#domain: 2.5 0.6
#dx_dy: 0.025 0.025
#time_window: 20e-9
------------------------------------------------
#box: 0.0 0.35 2.5 0.6 a
#box: 0.0 0.2 2.5 0.35 c
#box: 0.0 0.0 2.5 0.2 r
------------------------------------------------
#line_source: 1.0 1500e6 ricker MyLineSource
------------------------------------------------
#analysis: 100 moxing.out b
#tx: 0.4085 0.4535 MyLineSource 0.0 20e-9
#rx: 0.4085 0.4535
```

```
#tx_steps: 0.02 0.0
#rx_steps: 0.02 0.0
#end_analysis:
----------------------------------------------------------------
#geometry_file: moxing.geo
#messages: y1
```

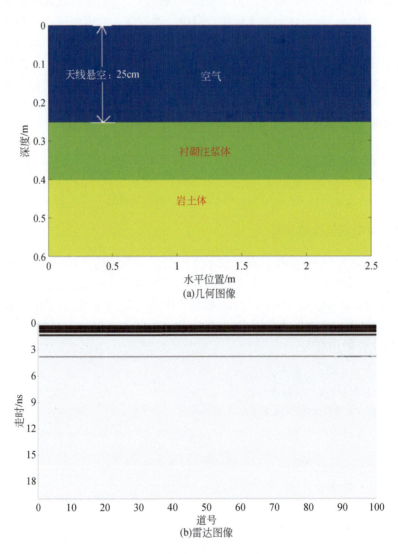

图 2.3.1-2　隧道模型几何图像及雷达图像

2. 直达波及空气界面层定位

直达波的选取具有随机性，通常选取的是一个区域，因此会导致算法的最终分析结果产生偏差，对直达波的定位就显得尤为重要。在建立的正演模型中，如果已知空气界面层的位置，就可以由此反推出直达波的位置。基于这种思路，设计一正演模拟实验，在图 2.3.1-2 实验模型的基础上加一 1cm 厚的铁板（图 2.3.1-3），这样便可以精确获取空气界面层的位置，寻找直达波位置中遇到的问题便迎刃而解了。

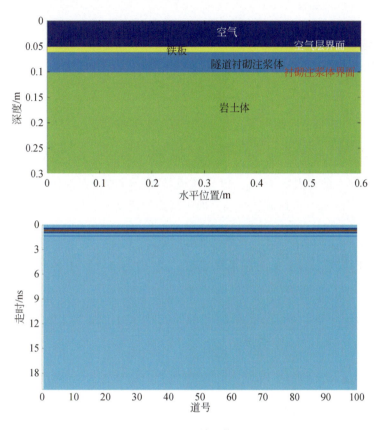

图 2.3.1-3　含铁板模型图

正演模拟文件的内容为

```
#medium: 1.0 0.0 0.0 0.0 0.002 1.0 0.0 0.0 a
#medium: 7.0 0.0 0.0 0.0 0.001 1.0 0.0 0.0 c
#medium: 11.0 0.0 0.0 0.0 0.001 1.0 0.0 0.0 r
#medium: 2e20 0.0 0.0 0.0 17.2 1.0 0.0 0.0 i
--------------------------------------------
#domain: 2.5 0.6
#dx_dy: 0.0025 0.0025
#time_window: 20e-9
--------------------------------------------
#box: 0.0 0.36 2.5 0.6 a
#box: 0.0 0.35 2.5 0.36 i
#box: 0.0 0.2 2.5 0.35 c
#box: 0.0 0.0 2.5 0.2 r
```

```
----------------------------------------
#line_source: 1.0 1500e6 ricker MyLineSource
----------------------------------------------------------
#analysis: 100 model1-1.out b
#tx: 0.4075 0.4525 MyLineSource 0.0 20e-9
#rx: 0.4075 0.4525
#tx_steps: 0.02 0.0
#rx_steps: 0.02 0.0
#end_analysis:
----------------------------------------------------------
#geometry_file: model1-1.geo
#messages: y1
```

假设直达波所在的样点数为 m_0，已知铁板界面反射波所在的样点数 m、天线距铁板表面的最高点高度值 h_0、雷达波在空气界面中传播的速度 v_0，那么：

$$m_0 = m - \frac{h_0}{v_0} \times \frac{T}{N-1} \tag{2.3.1-1}$$

式中，T 为采样时窗总长度；N 为总采样点数。式（2.3.1-1）中各参数在图谱中的对应见图2.3.1-4。

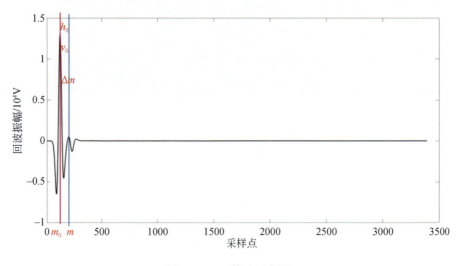

图2.3.1-4　算法示意图

实验结果表明，第一大回波幅度值最大处即为直达波的位置（图2.3.1-5），这样便准确地对直达波进行了定位。

空气界面层的位置即零线的位置，空耦天线不同悬空高度零线识别方法流程图如图2.3.1-6 所示。

其步骤为以下几点。

（1）识别出直达波，时间为 t_0。

（2）通过式（2.3.1-2）可计算出电磁波的传播速度，空耦天线悬空时直达波到地面

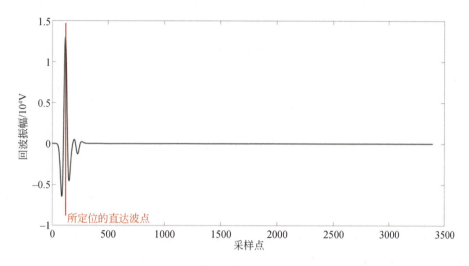

图 2.3.1-5　第 20 道波形图直达波位置

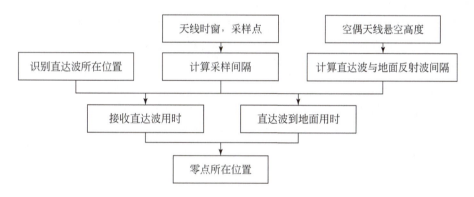

图 2.3.1-6　空耦天线不同悬空高度零线识别方法流程图

中间介质为空气。因此，此时电磁波传播速度 $c = 30\text{cm/ns}$：

$$v = \frac{c}{\varepsilon_r} \tag{2.3.1-2}$$

式中，ε_r 为介质的相对介电常数 $\left(\varepsilon_r = \dfrac{\varepsilon}{\varepsilon_0} \right)$。

（3）每次探地雷达采集数据时采样时窗固定，同时采样时窗内的采样点数也固定，通过式（2.3.1-3）可计算出采样间隔 t_1：

$$t_1 = \frac{T}{N-1} \tag{2.3.1-3}$$

式中，t_1 为采样间隔；T 为采样时窗总长度；N 为固定采样时窗内的总采样点数（通常为 512，1024，2048）。

（4）假设空耦天线悬空高度为 H，通过式（2.3.1-4）可计算出接收直达波与接收地面反射波之间的时间间隔 t_2。通过式（2.3.1-5）可计算出直达波到地面反射波经历的采样点数 m：

$$t_2 = 2 \times \frac{H}{v} \qquad (2.3.1\text{-}4)$$

$$m = \frac{2 \times H \times (N-11)}{v} \qquad (2.3.1\text{-}5)$$

（5）通过式（2.3.1-6）和式（2.3.1-7）求出地面反射波的实际所在位置：

$$t_3 = t_0 + t_2 \qquad (2.3.1\text{-}6)$$

$$N_1 = t_3 \times \frac{N}{T} \qquad (2.3.1\text{-}7)$$

2.3.2 隧道衬砌空洞病害雷达回波特征分析

应用探地雷达进行隧道工程质量检测时，通过雷达回波的特征来判别衬砌背后的空洞、钢筋、钢拱架等信息并确定其位置。在研究地铁隧道衬砌中的空洞病害时，要对雷达回波特征进行分析与总结，考虑到衬砌内部钢筋网对内部病害识别的干扰作用，需要对雷达数据进行偏移处理。

雷达偏移处理属于二维（2D）雷达图像处理方法，可以消除雷达数据采集中存在的由于实际电性界面起伏影响产生的失真。原理是通过回归双曲线两叶上的能量至双曲线顶点上，将发生畸变的倾斜界面出现的反射波归位。探地雷达对隧道内部结构进行检测时，隧道管片内置钢筋存在反射及绕射影响，导致隧道衬砌病害检测仍存在检测精度低的问题。雷达偏移处理可以实现对钢筋反射波的归位，将偏移方法应用于隧道衬砌病害检测中，可以提高隧道衬砌病害检测精度，为隧道检测和养护提供科学依据。

探地雷达正演模拟的方法是时域有限差分法（FDTD），是一种通用的电磁仿真手段。通过正演仿真，研究不同类型空洞病害在隧道衬砌中的回波特征在隧道衬砌空洞病害的回波特征，对比有无钢筋下空洞病害的回波特征，分析钢筋对空洞病害识别的干扰情况，总结隧道衬砌空洞病害的雷达响应特征。

gprMax 是基于时域有限差分法以及完全匹配层吸收边界条件的探地雷达正演模拟软件，在进行正演模拟的过程中，根据各类参数设置目标体的属性特征，包括大小、形状、埋深和填充物质等信息，以及周围各种介质的特征。将参数信息输入程序文件中进行仿真模拟，将输出文件输入编写好的 MATLAB 程序中，处理得到正演模拟图像，数值模拟流程图如图 2.3.2-1 所示。

雷达识别的隧道衬砌切面通常为初衬-围岩或者初衬-二衬-围岩，但由于在实际检测过程中，本书使用的是空气耦合天线，则雷达图像切面分别是空气-初衬-围岩或者空气-初衬-二衬-围岩。

各类材料在实际检测中一般为非均匀色散介质，其介电常数与电导率等参数在不同的区域存在差异，然而在正演模拟中，为了简化模型，将所有材料视为均匀介质。

为结合中国矿业大学（北京）自主开发的地铁隧道安全隐患综合检测车搭载多通道空气耦合天线采集真实的隧道数据，使用正演模拟的方法模拟空气耦合天线采集到的雷达数据。

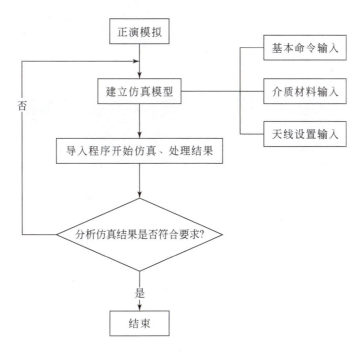

图 2.3.2-1　数值模拟流程图

1. 不同大小、不同埋深空洞病害正演模拟

根据实际隧道衬砌结构，设置隧道衬砌为混凝土层，并假设混凝土介质在各向同性的前提下，进行探地雷达正演模拟。常见的隧道衬砌空洞多为矩形或圆形，为了讨论不同埋深与不同大小的空洞对雷达成像的影响，在仿真模型建立过程中共设置 4 组模型，其中矩形空洞模型两组（相同大小不同埋深的矩形空洞模型与不同大小相同埋深的矩形空洞模型）、圆形空洞模型两组（相同大小不同埋深的圆形空洞模型与不同大小相同埋深的圆形空洞模型）。

这 4 组模型的模型区域大小均为 3.0m×0.8m，上层是厚度为 0.1m 的空气层，下层是厚度为 0.7m 的混凝土介质，且空洞内部填充介质为空气。混凝土介质的相对介电常数设置为 6，网格大小为 0.0025m×0.0025m，时窗大小设置为 12ns。

在矩形空洞模型中，相同大小不同埋深的矩形空洞模型图如图 2.3.2-2 所示，三个矩

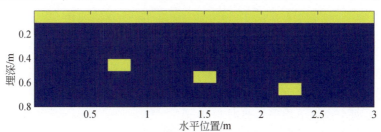

图 2.3.2-2　相同大小不同埋深的矩形空洞模型图

形空洞大小均为 0.2m×0.1m，埋深从左向右依次为 0.3m、0.4m、0.5m；不同大小相同埋深的矩形空洞模型图如图 2.3.2-3 所示，三个矩形空洞的埋深均为 0.4m，大小从左向右依次为 0.1m×0.05m、0.2m×0.1m、0.3m×0.15m。

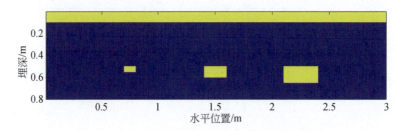

图 2.3.2-3　不同大小相同埋深的矩形空洞模型图

在圆形空洞模型中，相同大小不同埋深的圆形空洞模型图如图 2.3.2-4 所示，三个圆形空洞的半径均为 0.1m，埋深从左向右依次为 0.2m、0.3m、0.4m；不同大小相同埋深的圆形空洞模型图如图 2.3.2-5 所示，三个圆形空洞的埋深均为 0.3m，半径从左向右依次为 0.05m、0.1m、0.15m。

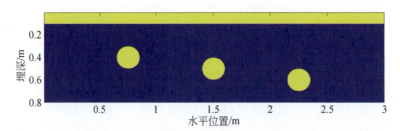

图 2.3.2-4　相同大小不同埋深的圆形空洞模型图

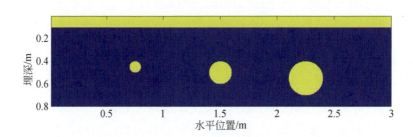

图 2.3.2-5　不同大小相同埋深的圆形空洞模型图

将 4 组空洞模型设置好后，把 .in 文件输入 gprMax 软件中进行数值仿真模拟。激励源使用的是里克（Ricker）子波，天线中心频率设置为 900MHz，发射天线与接收天线距离为 0.02m，可以模拟自激自收式雷达数据采集的情况，雷达天线采集数据时的天线移动步长为 0.0025m，每个模型下均采集数据 1160 道。

矩形空洞模型正演雷达图像如图 2.3.2-6 与图 2.3.2-7 所示，分别为相同大小不同埋深的矩形空洞模型与不同大小相同埋深的矩形空洞模型正演雷达图像。

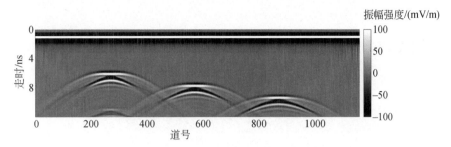

图 2.3.2-6　相同大小不同埋深的矩形空洞模型正演雷达图像

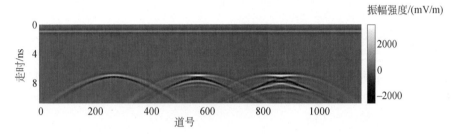

图 2.3.2-7　不同大小相同埋深的矩形空洞模型正演雷达图像

从正演模拟的图像中可以看出，空洞病害的雷达特征图像是开口向下的双曲线，反射波的中间信号最强，位置是空洞的顶端，越往两端信号越弱。在雷达图像中，均能清晰地看到空气与衬砌之间的界面。

相同大小不同埋深时的矩形空洞经过雷达天线检测呈现出的波形是完全一致的，根据图 2.3.2-6 中表现出的波形特征，可以看出三个矩形空洞均被检测出，且检测效果一致，埋深大小没有影响对矩形空洞模型的识别。同时由于空洞之间的距离较大，检测结果没有产生波形之间的相互影响。不同大小相同埋深时的矩形空洞正演模拟图像中，矩形空洞越小时，只能显示出一个双曲波形，矩形空洞越大时，反射信号出现叠加在一起的情况，识别具体位置越困难。

圆形空洞模型正演雷达图像如图 2.3.2-8 与图 2.3.2-9 所示，分别为相同大小不同埋深的圆形空洞模型与不同大小相同埋深的圆形空洞模型。相同大小不同埋深的圆形空洞模型正演雷达图像中各个圆形空洞所显示出的波形没有受到埋深的影响，反射信号基本一致。不同大小相同埋深的圆形空洞模型正演雷达图像中，随着空洞直径减小，反射信号的强度越来越弱，电磁波振幅越来越小；圆形空洞直径越小时，仅出现一条反射信号双曲线。

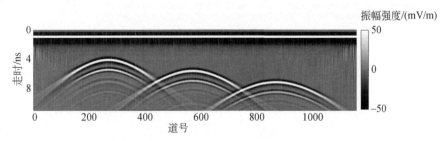

图 2.3.2-8　相同大小不同埋深的圆形空洞模型正演雷达图像

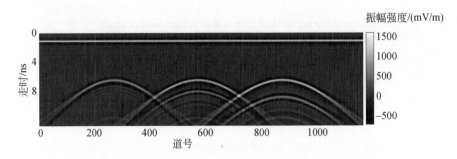

图 2.3.2-9　不同大小相同埋深的圆形空洞模型正演雷达图像

在正演模拟灰度图 2.3.2-8 中除了可以看到空气与衬砌分界面外，还可以看到三个离心率不同的双曲线特征图像，这三个双曲线代表了三个圆形空洞病害，它们的特点是双曲线的离心率随着深度的增加而增大，并且随着埋深的增加，反射波的颜色逐渐减小。那是因为在正演模拟的灰度图中，颜色的深浅代表振幅的强弱，介质对电磁波的能量具有吸收作用，所以灰度图的颜色会变浅。

2. 不同填充介质空洞正演模拟

为了讨论不同填充介质的空洞对雷达成像的影响，将原有的 4 组仿真模型空洞中的填充介质由空气变成水，介电常数设置为 81，得到的雷达图像如图 2.3.2-10 ~ 图 2.3.2-13 所示。

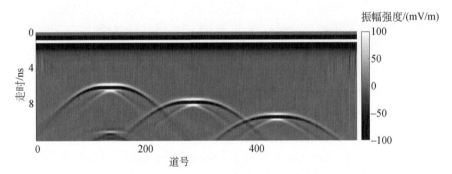

图 2.3.2-10　相同大小不同埋深的矩形空洞模型正演雷达图像

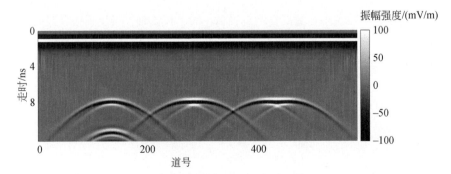

图 2.3.2-11　不同大小相同埋深的矩形空洞模型正演雷达图像

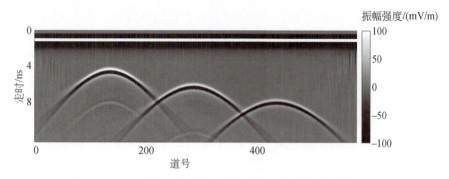

图 2.3.2-12　相同大小不同埋深的圆形空洞模型正演雷达图像

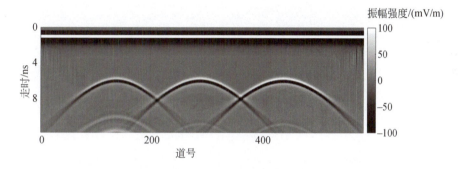

图 2.3.2-13　不同大小相同埋深的圆形空洞模型正演雷达图像

通过对比空气介质与水介质两种类型的空洞病害雷达回波特征，可以看出，电磁波的反射情况基本一致。但由于水的介电常数是 81，与混凝土介质的介电常数相差很大。电磁波进入含水空洞时，反射能量较强，更易形成反射波，且电磁波在水中的传播速度只有 0.033m/ns，增大了天线接收反射波和折射波的走时。因此，波形叠加以后，出现两个双曲线型反射波。

3. 有钢筋条件下空洞病害回波特征分析

衬砌钢筋网是隧道衬砌中典型的金属体，如图 2.3.2-14 所示，它可以有效提高混凝土的抗剪、抗冲切和抗弯能力，提高喷混凝土的整体性，减少收缩裂纹，防止混凝土的局部掉块，提高隧道整体安全系数。

图 2.3.2-14　衬砌钢筋图

为模拟有钢筋条件下的隧道衬砌空洞病害探地雷达回波特征，并与无钢筋条件下衬砌空洞病害探地雷达回波特征进行对比，设计的模型大小与无钢筋时保持一致，并且仍然设置 4 组模型为 3.0m×0.8m 的区域，上层是厚度为 0.1m 的空气层，下层是厚度为 0.7m 的混凝土介质，各组矩形或圆形空洞位置均保持一致，区别仅在于在模型中添加钢筋，每个模型中增加了 6 个钢筋，钢筋埋深均为 0.18m，钢筋之间呈等间距分布，每两个钢筋之间间距 0.5m，钢筋直径大小均为 3.5cm。

有钢筋条件下矩形空洞模型如图 2.3.2-15 与图 2.3.2-16 所示，分别为钢筋条件下相同大小不同埋深矩形空洞模型与钢筋条件下不同大小相同埋深矩形空洞模型。

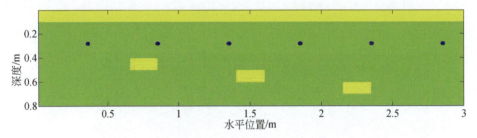

图 2.3.2-15　钢筋条件下相同大小不同埋深矩形空洞模型图

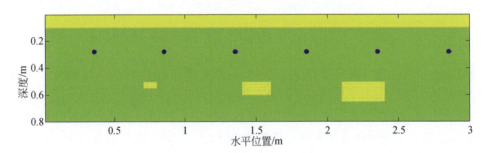

图 2.3.2-16　钢筋条件下不同大小相同埋深矩形空洞模型图

有钢筋条件下圆形空洞模型如图 2.3.2-17 与图 2.3.2-18 所示，分别是钢筋条件下大小相同不同埋深圆形空洞模型与钢筋条件下不同大小相同埋深圆形空洞模型。

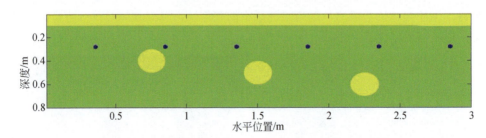

图 2.3.2-17　钢筋条件下大小相同不同埋深圆形空洞模型图

设置好空洞模型后，将 .in 文件输入 gprMax 软件中进行数值仿真计算。仍然采用 900MHz 的雷达天线，发射天线与接收天线之间的距离为 0.02m，雷达天线采集数据时的天线移动步长为 0.005m，每个模型均采集数据 580 道。

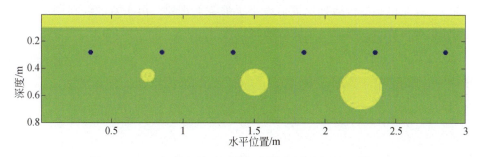

图 2.3.2-18　钢筋条件下不同大小相同埋深圆形空洞模型图

　　矩形空洞病害正演模拟得到的雷达图像如图 2.3.2-19 与图 2.3.2-20 所示，分别为钢筋条件下相同大小不同埋深矩形空洞与钢筋条件下不同大小相同埋深矩形空洞正演模拟雷达图像。可以明显看出，由于钢筋产生的多次波，对于钢筋下方的空洞识别产生了很大的干扰，空洞的反射信号受到了不同程度的影响，空洞成像并没有比无钢筋条件下的图像更易识别空洞病害的位置。钢筋的存在会明显地干扰或湮没来自下方空洞病害的反射信号。当空洞病害大小相同时，埋深较浅的矩形空洞，由于离钢筋的位置更近，受到的干扰越大，成像波形越难以判断矩形空洞的位置。相同埋深时，矩形空洞越大，受到的多次波干扰越强，产生的反射波叠加现象越明显。由于钢筋干扰，矩形空洞在图像中的位置很难辨别。

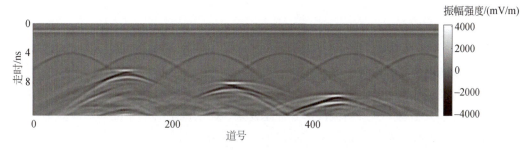

图 2.3.2-19　钢筋条件下相同大小不同埋深矩形空洞正演模拟雷达图像

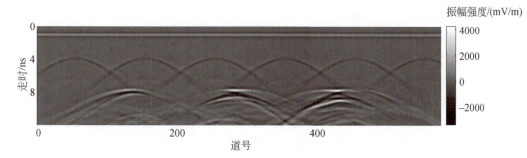

图 2.3.2-20　钢筋条件下不同大小相同埋深矩形空洞正演模拟雷达图像

　　圆形空洞正演模拟得到的雷达图像如图 2.3.2-21 与图 2.3.2-22 所示，分别是钢筋条件下相同大小不同埋深圆形空洞与钢筋条件下不同大小相同埋深圆形空洞正演模拟雷达图像。从正演模拟的结果图中可以看出，在钢筋处，形成间距相同、曲率相同的 6 个开口向下的双曲线，这是电磁波传播到钢筋后发生了强绕射现象，由于双曲线在同一水平线上，所以在相邻钢筋的下方，形成一个能量强烈的点。

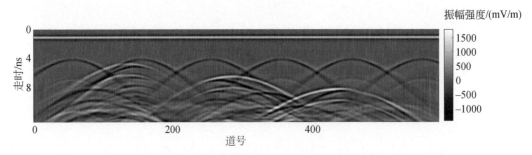

图 2.3.2-21　钢筋条件下相同大小不同埋深圆形空洞正演模拟雷达图像

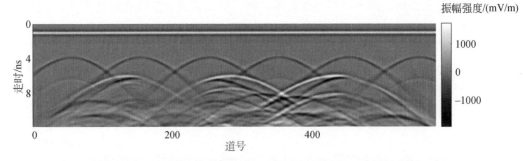

图 2.3.2-22　钢筋条件下不同大小相同埋深圆形空洞正演模拟雷达图像

圆形空洞的位置受到钢筋干扰的作用，很难辨别，在相同大小不同埋深的情况下，埋深越大，反射波波形越复杂，在辨别具体位置时已经无法准确定位。在不同大小相同埋深的情况下，圆形大小越大，反射波波形叠加越复杂，无法确定哪一个波形对应圆形空洞的顶部位置。钢筋的存在确实干扰了对隧道衬砌空洞病害的识别。

根据这几组模型的正演雷达图像，可以总体上看出，钢筋所产生的绕射波能量非常强，图像清晰容易分辨，并且钢筋对电磁波信号呈全反射，屏蔽了大量电磁波。这使得下方空洞病害产生的绕射波能量相对较弱，双曲线形状不完全，难以识别。并且多次反射波与绕射波相互叠加，产生大量异常点。在空洞病害信号后，还伴有多次弱能量、不规则的干涉波，使得图像更加复杂。由于钢筋对电磁波信号的屏蔽作用，在探地雷达剖面中难以准确判读出空洞病害所在的位置，对后续数据解释造成影响。

作为一种使用高频电磁波的浅层地球物理方法，探地雷达凭借其高精度、实时成像和无损检测的优势，已经成为检测隧道内部衬砌结构病害的首选方法。在进行地铁隧道衬砌病害检测过程中，利用的雷达天线多为高频天线并且是发射天线与接收天线一体的雷达进行检测再经过探地雷达检测后采集到的雷达数据，需要进行一些处理，才能进行衬砌结构的解释工作。在一些常规的雷达数据处理中，并不能够将衬砌内部钢筋等结构特征表征得十分明显，为了获得更加真实的衬砌内部剖面形态，需要对雷达数据进行优化处理，其中重要的一种处理方式就是偏移处理。

2.3.3　不同偏移成像方法结果对比

1. 偏移方法

目前常用的偏移方法有绕射扫描叠加偏移、频率–波数域（F-K）偏移与基希霍夫（Kirchhoff）偏移三种方法。

1）绕射扫描叠加偏移

绕射扫描叠加偏移可以提高探地雷达图像的分辨率并对不良地质体进行精准定位。经过绕射扫描叠加偏移后的反射波能够自动归位到空间真实位置上，绕射波被收敛到扫射点，并且反射界面的真实位置也能被清晰地显示出来。绕射扫描叠加偏移方法是以惠更斯原理为基础，假设地下界面每个反射点都是子波源，这些子波源产生的电磁波可以传播到地表，并被地面接收天线接收。接收天线接收的绕射波时距曲线为双曲线，可以看作地下反射界面各个点绕射的总和。

利用绕射扫描叠加偏移方法处理雷达数据时，通常将地下空间进行网格化，每一个网格点都看作一个反射点。接收天线会接收到绕射点反射的检波点位置，该位置与记录时间存在一定的关系，反射点 P 的埋深为 H、横坐标为 X_P，激发点 S_i 的横坐标是 X_{s_i}，检波点横坐标是 X_{R_j}，他们之间的关系用表达式表示为

$$t_{ij} = \frac{1}{v} \Big[\sqrt{H^2 + (X_P - X_{s_i})^2} + \sqrt{H^2 + (X_{R_j} - X_P)^2} \Big] \qquad (2.3.3\text{-}1)$$

式中，t_{ij} 为从激发点 S_i 经过某一反射点 P 处到任一检波点 R_j 的绕射波旅行用时，检波点 R_j 对应 t_{ij} 时刻的振幅值为 a_{tij}，将 P 点所有的振幅值 a_{tij} 进行累加，就会得到 P 点总振幅值，即 $a_\Sigma = \sum\limits_{i=1}^{n} (a_{tij})_P$；$v$ 为雷达波在介质中的传播速度。

雷达剖面在经过绕射扫描叠加偏移处理后，在反射界面处，由于来自各记录道的反射弧近乎同相叠加，叠加后的总振幅值就会增大。而在没有反射界面或者不存在绕射点的地方，来自各记录道的随机振幅值不是同相叠加，会产生部分抵消，叠加后的总振幅值就会减小。经过以上计算，得到的反射波波形，可以定位到其所在空间的真实位置，得到的绕射波波形，也会自动归位到绕射点上。

2）F-K 偏移

F-K 偏移是斯托尔特（Stolt）在 1978 年提出的一种将双曲线信号转换为物体位置的方法，最早用于地震资料的处理中，可以有效提高分辨率，后应用到探地雷达数据的处理上，取得了较好的效果。该方法利用爆炸源模型来求解波动方程式（2.3.3-2），其中散射信号场由物体位置的爆炸产生。

F-K 偏移计算当爆炸发生时 $t = 0$ 时的波场 φ，并且波仍然位于源头。F-K 迁移的本质是傅里叶变换，它是从一般波函数的求和表达式中推导出来的：

$$\Big(\frac{\partial^2}{\partial x^2} + \frac{\partial^2}{\partial z^2} - \frac{1}{v^2} \frac{\partial^2}{\partial t^2} \Big) \varphi(x, z, t) = 0 \qquad (2.3.3\text{-}2)$$

$$\varphi(x,z,t)=\frac{1}{2\pi}\int_{-\infty}^{\infty}\int_{-\infty}^{\infty}\varphi(k_x,w)\,\mathrm{e}^{-j(k_xx+k_zz-wt)}\,\mathrm{d}k_x\mathrm{d}w \qquad (2.3.3\text{-}3)$$

式中，v 为电磁波的传播速度，在 F-K 偏移中假设为常数；t 为时间；j 为虚数单位；k_x 和 k_z 为 x 和 z 方向上的波值；$w=v\sqrt{k_x^2+k_z^2}$ 为频率；φ 为表面场 $\varphi(x,\,0,\,t)$ 的傅里叶变换，$\varphi(x,\,0,\,t)$ 等于测量的信号，因为 GPR 通过接收天线获取传播到表面的波。目标图像通过在 $t=0$ 时初始波场 $I(x,\,z)$ 来估计式（2.3.3-4）：

$$I(x,z)=\varphi(x,z,0)=\frac{1}{2\pi}\int_{-\infty}^{\infty}\int_{-\infty}^{\infty}\varphi(k_x,w)\,\mathrm{e}^{-j(k_xx+k_zz)}\,\mathrm{d}k_x\mathrm{d}w \qquad (2.3.3\text{-}4)$$

通过将 $\varphi(k_x,\,w)$ 重采样到 k_x-k_z 域内，偏移结果可以通过反向快速傅里叶变换 $\mathcal{F}^{-1}$ 来计算式（2.3.3-5）：

$$I(x,z)=\mathcal{F}_{k_x}^{-1}\mathcal{F}_{k_z}^{-1}\varphi(k_x,k_z)$$

$$\varphi(k_x,k_z)=\frac{vk_z}{\sqrt{k_x^2+k_z^2}}\varphi(k_x,v\sqrt{k_x^2+k_z^2}) \qquad (2.3.3\text{-}5)$$

3）Kirchhoff 偏移

Kirchhoff 偏移源于绕射扫描叠加偏移，是施奈德（Schneider）于 1978 年提出的一种以电磁场波动方程积分解为基础的成像方法，其计算效率高，偏移归位准确，在实践中应用广泛。原理是假设地下介质速度恒定不变，从震源到接收点的总旅行时间为定值的所有点构成的轨迹可以看成是一个椭圆，震源和接收点是这个椭圆的两个焦点。而当炮点与接收点重合时，这个椭圆就变成了圆，圆上的所有点的轨迹，均有可能是反射点。

实验中，可以得到闭合曲面内部空间任意一点上的位移位、波场值。其中利用了闭合曲面边界上纵波的位移位和它的方向导数，表达式为

$$u(P,t)=\frac{1}{4\pi}\iint_{S}\left[\frac{1}{r}\left(\frac{\partial u}{\partial n}\right)+\frac{1}{rv}\frac{\partial r}{\partial n}\left(\frac{\partial u}{\partial t}\right)+\frac{1}{r^2}\frac{\partial r}{\partial n}(u)\right]\mathrm{d}S \qquad (2.3.3\text{-}6)$$

式中，$u\,(P,\,t)$ 为观测点 P 在时间 t 的波场位移；n 为曲面 S 的外法线方向；r 为观测点 P 到曲面 S 上任意一点的距离。

同一激发点激发所有检波器接收的来自地下不同反射点的地震道的集合，即共炮点道集 Kirchhoff 偏移表达式可表示为

$$I(x,x_\mathrm{S})=\int\mathrm{d}x_\mathrm{R}\int\mathrm{d}tW\frac{\partial U(x_\mathrm{R},x_\mathrm{S},t)}{\partial t}\delta\big[t-(t_\mathrm{S}+t_\mathrm{R})\big] \qquad (2.3.3\text{-}7)$$

式中，$I\,(x,\,x_\mathrm{S})$ 为在空间点 x 处的偏移成像结果，其中 x_S 为激发点（炮点）的位置；$\dfrac{\partial U(x_\mathrm{R},\,x_\mathrm{S},\,t)}{\partial t}$ 为地震波场对时间的导数；W 为权重函数；$\delta\big[t-(t_\mathrm{S}+t_\mathrm{R})\big]$ 为狄拉克 δ 函数。

Kirchhoff 偏移利用射线追踪方法可以计算出地震波的走时，然后沿着射线的路径根据偏移公式求总振幅值，最后得到叠加偏移结果。

由于 Kirchhoff 偏移在计算中，很多类似正常时差校正的计算运算量大，过程比较复杂，影响了计算速度。

2. 正演模拟数据效果对比

对建立的无钢筋条件下和有钢筋条件下的 8 组空洞模型正演雷达图像分别进行绕射扫

描叠加偏移、F-K 偏移与 Kirchhoff 偏移处理，相同大小不同埋深的矩形空洞雷达图像经过三种偏移方法处理后得到的图像如图 2.3.3-1～图 2.3.3-3 所示。

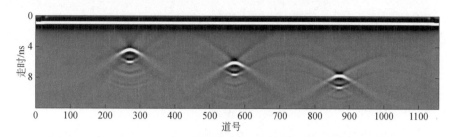

图 2.3.3-1 相同大小不同埋深的矩形空洞绕射扫描叠加偏移后图像

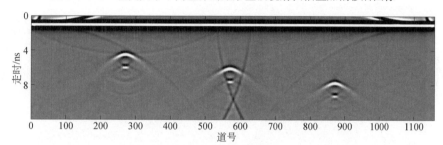

图 2.3.3-2 相同大小不同埋深的矩形空洞 F-K 偏移后图像

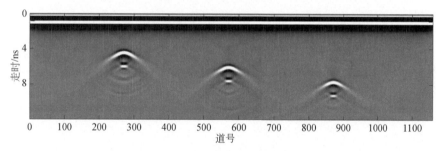

图 2.3.3-3 相同大小不同埋深的矩形空洞 Kirchhoff 偏移后图像

钢筋条件下相同大小不同埋深的矩形空洞雷达图像经过三种偏移方法处理后得到的图像如图 2.3.3-4～图 2.3.3-6 所示。

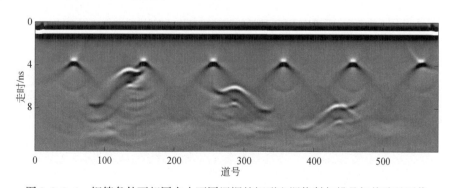

图 2.3.3-4 钢筋条件下相同大小不同埋深的矩形空洞绕射扫描叠加偏移后图像

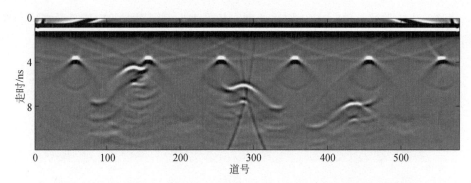

图2.3.3-5　钢筋条件下相同大小不同埋深的矩形空洞 F-K 偏移后图像

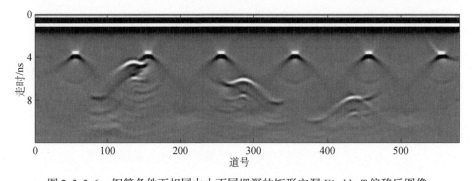

图2.3.3-6　钢筋条件下相同大小不同埋深的矩形空洞 Kirchhoff 偏移后图像

不同大小相同埋深的矩形空洞雷达图像经过三种偏移方法处理后得到的图像如图 2.3.3-7 ~ 图 2.3.3-9 所示。

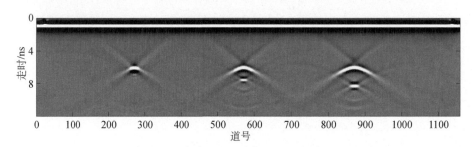

图2.3.3-7　不同大小相同埋深的矩形空洞绕射扫描叠加偏移后图像

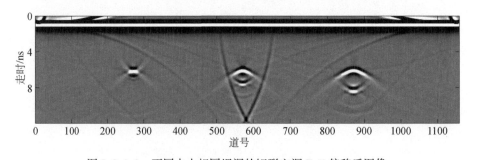

图2.3.3-8　不同大小相同埋深的矩形空洞 F-K 偏移后图像

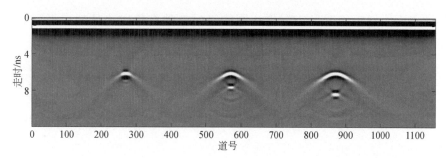

图 2.3.3-9 不同大小相同埋深的矩形空洞 Kirchhoff 偏移后图像

钢筋条件下不同大小相同埋深的矩形空洞雷达图像经过三种偏移方法处理后得到的图像如图 2.3.3-10 ~ 图 2.3.3-12 所示。

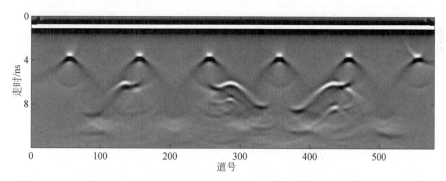

图 2.3.3-10 钢筋条件下不同大小相同埋深的矩形空洞绕射扫描叠加偏移后图像

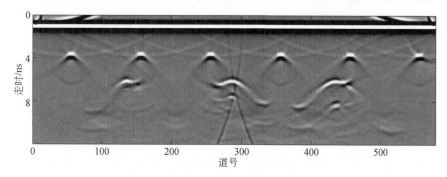

图 2.3.3-11 钢筋条件下不同大小相同埋深的矩形空洞 F-K 偏移后图像

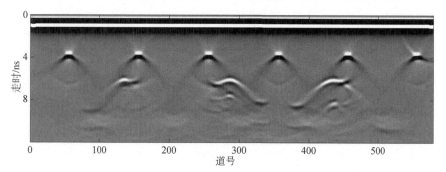

图 2.3.3-12 钢筋条件下不同大小相同埋深的矩形空洞 Kirchhoff 偏移后图像

相同大小不同埋深的圆形空洞雷达图像经过三种偏移方法处理后得到的图像如图2.3.3-13 ~ 图2.3.3-15 所示。

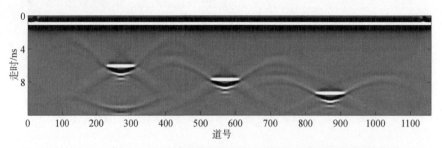

图 2.3.3-13　相同大小不同埋深的圆形空洞绕射扫描叠加偏移后图像

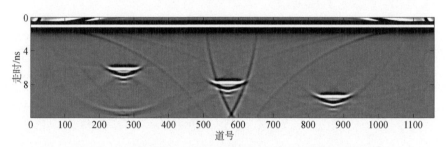

图 2.3.3-14　相同大小不同埋深的圆形空洞 F-K 偏移后图像

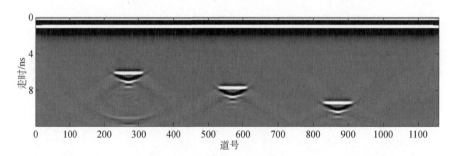

图 2.3.3-15　相同大小不同埋深的圆形空洞 Kirchhoff 偏移后图像

钢筋条件下相同大小不同埋深的圆形空洞雷达图像经过三种偏移方法处理后得到的图像如图 2.3.3-16 ~ 图 2.3.3-18 所示。

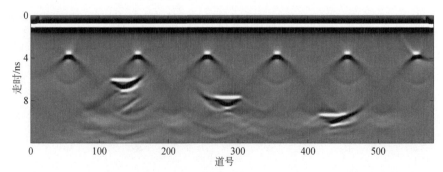

图 2.3.3-16　钢筋条件下相同大小不同埋深的圆形空洞绕射扫描叠加偏移后图像

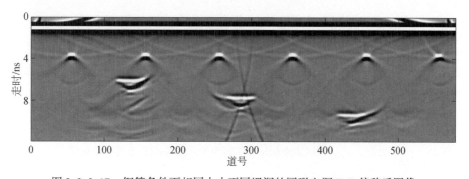

图 2.3.3-17　钢筋条件下相同大小不同埋深的圆形空洞 F-K 偏移后图像

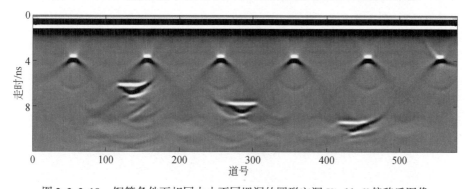

图 2.3.3-18　钢筋条件下相同大小不同埋深的圆形空洞 Kirchhoff 偏移后图像

不同大小相同埋深的圆形空洞雷达图像经过三种偏移方法处理后得到的图像如图 2.3.3-19 ~ 图 2.3.3-21 所示。

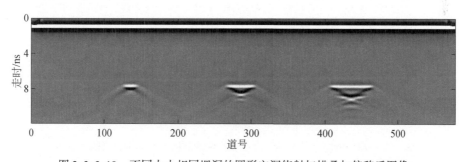

图 2.3.3-19　不同大小相同埋深的圆形空洞绕射扫描叠加偏移后图像

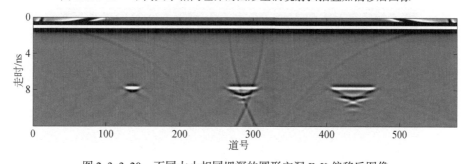

图 2.3.3-20　不同大小相同埋深的圆形空洞 F-K 偏移后图像

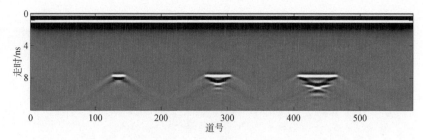

图 2.3.3-21　不同大小相同埋深的圆形空洞 Kirchhoff 偏移后图像

　　钢筋条件下不同大小相同埋深的圆形空洞雷达图像经过三种偏移方法处理后得到的图像如图 2.3.3-22 ~ 图 2.3.3-24 所示。

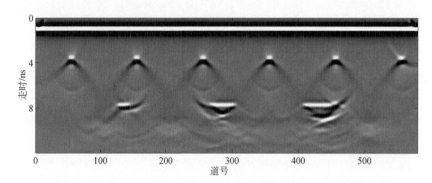

图 2.3.3-22　钢筋条件下不同大小相同埋深的圆形空洞绕射扫描叠加偏移后图像

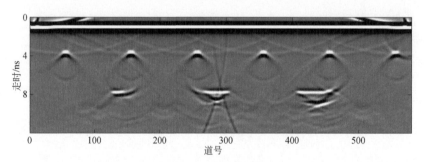

图 2.3.3-23　钢筋条件下不同大小相同埋深的圆形空洞 F-K 偏移后图像

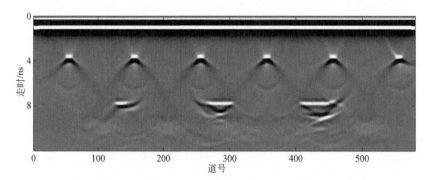

图 2.3.3-24　钢筋条件下不同大小相同埋深的圆形空洞 Kirchhoff 偏移后图像

3. 模型实验数据效果对比

将偏移方法运用到地铁隧道衬砌物理模型中，对比不同偏移成像方式的效果。建立规格为长 2.0m、宽 1.5m、高 0.6m 并且填满沙子的长方体物理模型。模型分为两层，上层厚度为 30cm，并放置两根钢筋，两根钢筋均在深度 15cm 处，模拟管片层；下层厚度为 30cm，并放置两个泡沫，模拟注浆层及其两个空洞，如图 2.3.3-25 所示，两个空洞处于不同的深度，空洞 1 顶部在两层介质的交接面，宽、高均为 0.2m，空洞 2 放置于注浆层底部，宽、高分别为 0.2m、0.1m，即空洞 1 和空洞 2 的顶面埋深分别为 30cm 和 50cm。两个空洞延伸长度均为 0.6m，放置于模型宽度方向的中间。模型下方放置一个金属板，用以标定位置，模型实物图如图 2.3.3-26 所示。

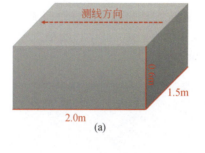

(a)

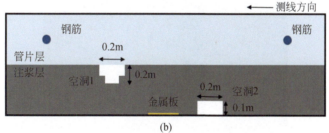

(b)

图 2.3.3-25　物理模型图

(a)金属板示意图　　　　　　(b)泡沫示意图

(c)钢筋示意图　　　　　　　　　　　　　(d)模型示意图

图 2.3.3-26　模型实物图

在模型完成后，采用 900MHz 探地雷达天线进行检测试验。结合模型实际情况，检测现场以及测线布置图如图 2.3.3-27 所示。其中，图中黑色虚线表示雷达测线，最终得到原始雷达图像，如图 2.3.3-28 所示。

图 2.3.3-27　检测现场以及测线布置图

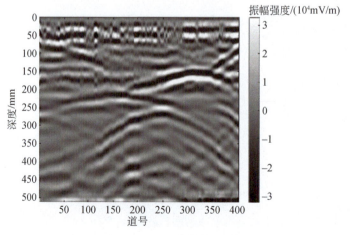

图 2.3.3-28　原始雷达图像

最后分别用绕射扫描叠加偏移、F-K 偏移与 Kirchhoff 偏移处理对雷达图像进行处理，处理效果图如图 2.3.3-29 所示。

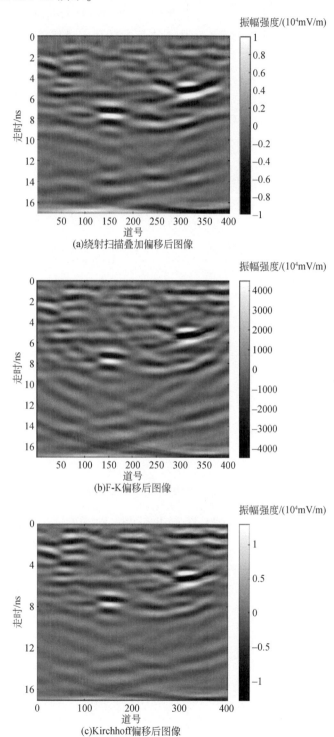

(a)绕射扫描叠加偏移后图像

(b)F-K偏移后图像

(c)Kirchhoff偏移后图像

图 2.3.3-29　处理效果图

4. 效果对比分析

为了评价三种偏移方法处理结果的成像精度，使用 MATLAB 软件获取偏移前后空洞病害所在道的时域波形图，将偏移前后空洞中心点所在的位置进行对比，计算出偏移误差。本实验中先将三种偏移方法应用于无钢筋条件下相同大小不同埋深的圆形空洞模型中，按照埋深依次增加将空洞分别命名为空洞 a、空洞 b、空洞 c，空洞所在道波形图如图 2.3.3-30 所示，空洞定位误差表如表 2.3.3-1 所示，表中分别列出了三种偏移方法得到的雷达图像中的空洞 a、空洞 b、空洞 c 偏移后的定位误差百分比，空洞定位误差图如图 2.3.3-31 所示。

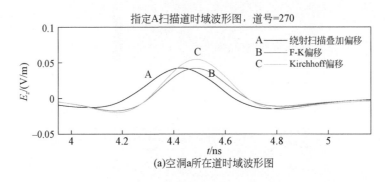

(a)空洞a所在道时域波形图

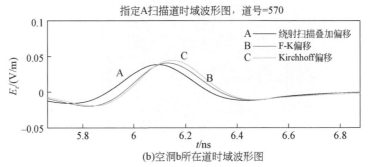

(b)空洞b所在道时域波形图

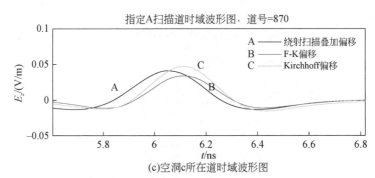

(c)空洞c所在道时域波形图

图 2.3.3-30　空洞所在道波形图

E_z 为电场沿 z 轴（垂直方向）的强度

表 2.3.3-1　空洞定位误差表　　　　　　　（单位:%）

空洞编号	绕射扫描叠加偏移误差	F-K 偏移误差	Kirchhoff 偏移误差
空洞 a	6.3431	5.9802	6.3415
空洞 b	4.7167	4.2336	4.7177
空洞 c	3.9051	3.4542	3.9043

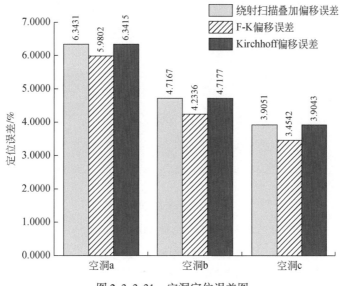

图 2.3.3-31　空洞定位误差图

　　根据表 2.3.3-1 中显示的误差数据，可以看出三种偏移方法都存在一定的定位误差，其中随着埋深的增加，定位误差逐渐减少；偏移误差平均最大的是绕射扫描叠加偏移，其次是 Kirchhoff 偏移，偏移误差最小的是 F-K 偏移。

　　再将三种偏移方法应用于无钢筋条件下不同大小相同埋深的圆形空洞模型中，按照从左到右依次将空洞分别命名为空洞 a、空洞 b、空洞 c，三个空洞所在道波形图如图 2.3.3-32 所示，空洞定位误差表如表 2.3.3-2 所示，表 2.3.3-2 中分别列出了三种偏移方法得到的雷达图像中的空洞 a、空洞 b、空洞 c 偏移后的定位误差百分比，空洞定位误差图如图 2.3.3-33 所示。

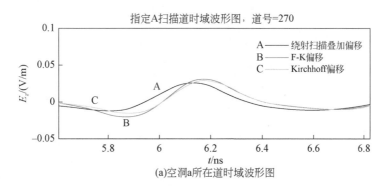

(a)空洞 a 所在道时域波形图

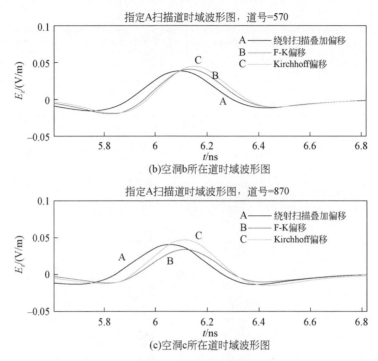

(b)空洞b所在道时域波形图

(c)空洞c所在道时域波形图

图 2.3.3-32　空洞所在道波形图

表 2.3.3-2　空洞定位误差表　　　　　　（单位:%）

空洞编号	绕射扫描叠加偏移误差	F-K 偏移误差	Kirchhoff 偏移误差
空洞 a	5.4393	5.0790	5.3199
空洞 b	4.7167	4.2360	4.7177
空洞 c	3.9941	3.8747	3.9951

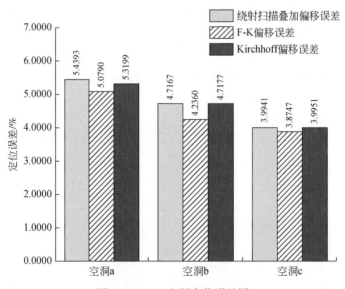

图 2.3.3-33　空洞定位误差图

　　根据表 2.3.3-2 中显示的误差数据，可以看出当使用三种偏移方法处理大小不同相同埋深的空洞时，随着空洞逐渐增大，对其定位误差也逐渐减少；偏移误差平均最大的是绕射扫描叠加偏移，其次是 Kirchhoff 偏移，偏移误差最小的是 F-K 偏移。

　　通过比较不同的偏移方法的成像效果可以看出，绕射扫描叠加偏移、F-K 偏移、Kirchhoff 偏移三种偏移方法均能实现剖面成像，都达到了使不同折射波的能量在偏移后可以很好地收敛的效果，绕射波较好地收敛到绕射点上，浅层能量成像清晰、准确，深层能量虽然信噪比较低但仍能准确恢复出构造与形态，与实际物理模型吻合较好。空洞与钢筋产生的波形能量收敛较好，易于识别。

　　在空洞的偏移成像结果中，当空洞大小相同时，埋深越大，对空洞的识别误差越小，而当空洞埋深相同时，空洞越大，对空洞的识别误差越小。

　　经过对比得知，绕射扫描叠加偏移方法的偏移误差最大，Kirchhoff 偏移方法次之，误差最小的是 F-K 偏移方法。但 F-K 偏移方法处理后的雷达图像杂波较多，而采用绕射扫描叠加偏移与 Kirchhoff 偏移方法后，深浅层能量成像清晰且准确，成像效果较好，与偏移速度模型一致。其中，Kirchhoff 偏移方法综合成像效果与定位精度最好，偏移噪声最小，处理后图像的信噪比有明显提升。所以，Kirchhoff 偏移算法较绕射扫描叠加偏移方法与 F-K 偏移方法更能使绕射波能量尽可能收敛和聚焦，成像效果更好。

　　钢筋产生的多次波对钢筋下方的空洞病害识别产生了很大的干扰，空洞的反射信号受到了不同程度的影响，使得不能像在无钢筋条件下一样，很容易就能识别出空洞病害的具体位置。钢筋的存在明显干扰或湮没来自下方空洞病害的反射信号。但从偏移成像效果可以看出，在有钢筋的雷达图像中，上部钢筋的位置更加明显，钢筋下方的空洞病害得到很好的收敛与增强，可以明确地在探地雷达剖面中准确判读出空洞病害所在位置。对此可以看出，偏移方法能够有效解决钢筋信号对空洞病害识别的干扰作用。

　　如果将其应用于隧道衬砌空洞病害的探地雷达实测数据上，可以更加准确、直观地圈定空洞和钢筋的位置，有助于提高雷达数据解释的可靠性和准确性。

5. 真实隧道数据偏移结果

　　为了验证三种偏移方法在隧道衬砌病害检测中的实际效果，针对某隧道的探地雷达实测数据进行了偏移处理。某隧道原始雷达数据剖面如图 2.3.3-34 所示。在这个原始数据

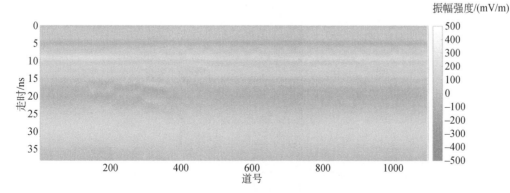

图 2.3.3-34　某隧道原始雷达数据剖面图

图像中，由于是隧道内的实测数据，仍可理解为背景介质是混凝土介质，但在图中很难识别病害与其他衬砌结构的存在，钢筋的具体位置也不明显。因此，为了更好地对可能存在的衬砌内部结构病害等进行识别，仍然需要进行偏移处理前的预处理。

　　对探地雷达数据进行处理是为了压制规则和随机干扰，使得在探地雷达剖面上显示出更高分辨率的反射波，凸显有用的异常信息。探地雷达数据处理是成果解释的重要前提，主要流程包括零线设定、背景去噪、一维滤波、手动或自动增益控制以及滑动平均等，其他滤波处理手段要根据具体检测情况自行选用，主要包括小波变换、二维滤波、反褶积以及数学运算等。探地雷达数据处理流程图如图2.3.3-35所示。

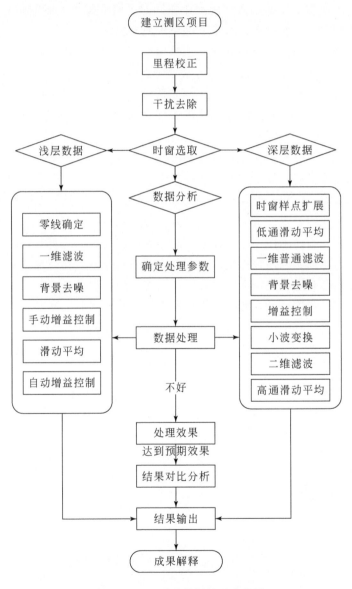

图2.3.3-35　雷达数据处理流程图

经过对该隧道原始雷达数据预处理之后，得到如图 2.3.3-36 所示的雷达图像。从雷达图像中可以看出，自 200～400 道处，深度为 10～20ns 区域内存在一处明显空洞病害，自约 420～1000 道处，深度为 5～10ns 分布着钢筋网。自 420～550 道处，深度为 10～25ns 区域内以及自 800～1000 道处，深度为 10～25ns 区域内存有隐蔽空洞病害。

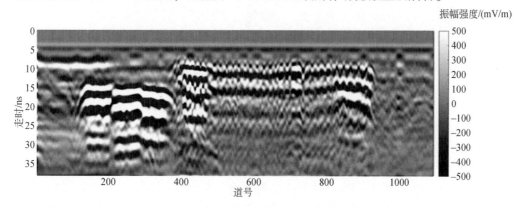

图 2.3.3-36　某隧道原始雷达数据预处理后图像

分别使用三种偏移方法对预处理后的数据进行处理，其中绕射扫描叠加偏移处理后的雷达图像如图 2.3.3-37 所示，F-K 偏移处理后的雷达图像如图 2.3.3-38 所示，Kirchhoff 偏移处理后的雷达图像如图 2.3.3-39 所示。

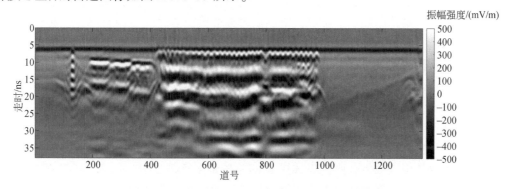

图 2.3.3-37　绕射扫描叠加偏移处理后的雷达图像

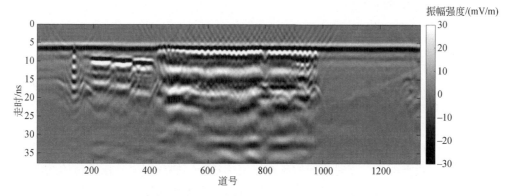

图 2.3.3-38　F-K 偏移处理后的雷达图像

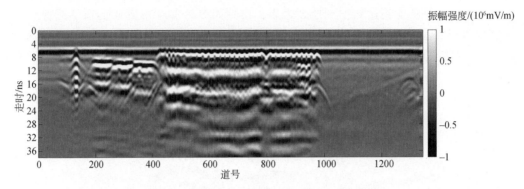

图 2.3.3-39　Kirchhoff 偏移处理后的雷达图像

　　对比三种方法对于实测数据的偏移处理效果，基本没有太大差别，都达到了使绕射波收敛到绕射点上的效果，在图 2.3.3-37 ~ 图 2.3.3-39 中可以看出偏移之后，上部钢筋的位置更加明显了，在走时 5 ~ 10ns 附近可见钢筋网。自 200 ~ 400 道处，10 ~ 20ns 区域内可以明显看出空洞异常体区域。其中，绕射扫描叠加偏移方法与 Kirchhoff 偏移方法处理后的雷达图像更加凸显了钢筋位置与空洞病害的位置。并且绕射扫描叠加偏移方法与 Kirchhoff 偏移方法对深度信号处理效果比 F-K 偏移方法更出色，这使得这两种偏移方法处理之后自 420 ~ 550 道处，深度为 10 ~ 25ns 区域以及自 800 ~ 1000 道处，深度为 10 ~ 25ns 区域内的空洞病害更为明显。其中，Kirchhoff 偏移方法处理之后的雷达图像比绕射扫描叠加偏移处理之后的雷达图像更加细腻，空洞病害细节更加清晰。总而言之，三种偏移方法中，对隧道衬砌空洞病害偏移效果最好的是 Kirchhoff 偏移方法，次之是绕射扫描叠加偏移方法，而对绕射波收敛效果最差的是 F-K 偏移方法。

　　在数据偏移处理所用的时间大小上，绕射扫描叠加偏移方法进行偏移处理所用的时间与 F-K 偏移方法处理所用的时间相似，而 Kirchhoff 偏移方法处理所用的时间较绕射扫描叠加偏移方法与 F-K 偏移方法多 130s，用时较长。

　　在后续其他实际数据的处理中，如果考虑目标定位方法精度，则优先选择 F-K 偏移方法，如果考虑物体识别效果，则优先选择 Kirchhoff 偏移处理方法，但对于采集道数大的雷达实测数据进行偏移处理时，可以选用绕射扫描叠加偏移方法进行偏移处理，在追求处理效果的同时，兼顾处理效率。

2.3.4　隧道衬砌空洞病害识别

　　利用智能识别算法识别探地雷达数据中空洞病害信息实际上就是计算机视觉中目标检测的过程。目标检测结合了目标分割与识别，准确性与实时性是其重要属性。

　　使用深度神经网络的方法完成图像识别时，除了受算法本身结构与参数调优问题的影响，还有一类问题是训练资源不足造成的，即可供使用的数据集不足。隧道衬砌空洞病害识别的深度学习模型的第一步是生成用于网络训练和测试的数据集。探地雷达图像是建立识别隧道衬砌空洞病害模型的关键。为了克服数据集不足的问题，本节的数据集由 4 部分组成，分别是到地铁隧道实地勘测获取的真实隧道雷达数据、通过 gprMax 正演模拟数据、通过深度卷积生成对抗网络（deep convolutional generative adversarial network，DCGAN）数据增强生成虚拟隧道雷达数据以及使用基于图像处理的数据增强方式扩充数据量，如图 2.3.4-1 所示。

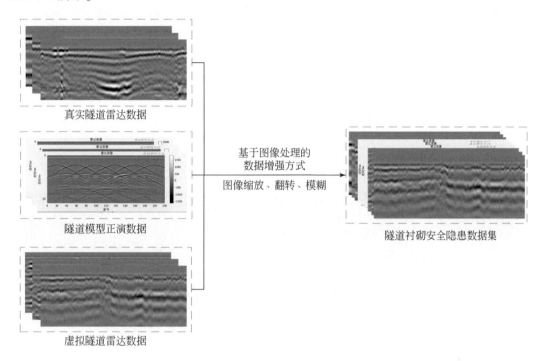

图 2.3.4-1　数据集构成示意图

正演模拟模型中引入了高斯噪声，使其更接近真实雷达数据，增强检测网络的强度和鲁棒性。为了进一步提升目标检测的精度，将继续使用传统的数据增强方式对数据集进行处理，实现对样本数据集的扩充并提高检测精度。

1. 真实隧道雷达数据采集

本书所用的所有真实隧道数据均是由中国矿业大学（北京）自主开发的地铁隧道安全隐患综合检测车采集而来。

2. 隧道模型正演模拟数据

正演是通过地下介质的介电常数模型和电导率分布推出探地雷达采集到的电磁波场数据的一种分析方法，可以有效研究地质雷达对不同结构病害的响应特征。

由于衬砌病害的分布与介电常数各有不同，获取到的反射波信号也不同。实验中，通过 gprMax 正演模拟隧道衬砌空洞病害，通过设置不同形状、大小、填充介质、位置的空洞病害进行模型仿真，获取到不同的病害探地雷达图像，是建立隧道衬砌病害数据集的重要一步。

在实验中，通过编写 Python 代码实现批量生成文件，再将批量生成的文件通过

gprMax 软件生成模拟雷达数据，实现对隧道衬砌常见空洞病害的仿真。

　　在实际应用中，采集设备与自然环境等诸多因素都会导致得到的雷达图像和"本真"图像有差异，这一部分差异就是噪声。实验中使用 gprMax 生成的隧道衬砌雷达图像就是"本真"图像，为了使生成的雷达图像更接近真实雷达图像，有必要在"本真"图像中添加噪声。考虑噪声的影响才使算法的仿真结果具有说服力。本书选择具有代表性的噪声信号，即高斯噪声对仿真雷达图像进行处理，高斯噪声概率密度函数为

$$P(z) = \frac{1}{\sqrt{2\pi}\sigma} e^{-(z-\bar{z})^2/2\sigma^2} \tag{2.3.4-1}$$

式中，σ 为 z 的标准差；$\bar{z}$ 为均值。

　　使用 MATLAB 语言生成高斯分布随机数序列，在已灰度化图中加入高斯噪声，高斯噪声处理后的雷达图像如图 2.3.4-2 所示。

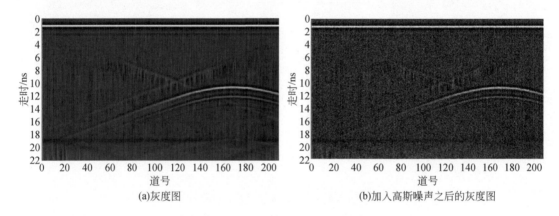

(a)灰度图　　　　　　　　　　(b)加入高斯噪声之后的灰度图

图 2.3.4-2　高斯噪声处理后的雷达图像

3. 虚拟隧道雷达数据生成

　　DCGAN 原理。深度学习方法极度依赖大规模标注数据，这一缺陷极大地限制了深度学习方法在实际图像识别任务中的应用。越来越多的研究者开始研究如何将少量的标注样本进行数据增强。

　　2014 年，不依赖先验假设即可进行训练的生成对抗网络被伊恩·古德费洛（Ian Goodfellow）等提出，如图 2.3.4-3 所示。网络中同时存在生成器 G 与判别器 D，将两者交替训练，使其保持一种均衡状态，最终生成的样本与训练数据的真实分布极为相似，有效解决深度学习下样本数据不足的问题。

　　生成对抗网络的目标函数可以定义为一个极大极小问题，其公式如下：

$$\min_G \max_D V(D,G) = E_{x\sim P_{\text{data}}(x)}\left[\lg D(x)\right] + E_{z\sim P_z(z)}(\lg\{1-D[G(z)]\}) \tag{2.3.4-2}$$

式中，x 为真实图片；z 为输入 G 网络的噪声；$G(z)$ 为 G 网络生成的图片；$D(x)$ 与 $D[G(z)]$ 分别为网络判断真实图片与生成图片为真的概率；E 为期望值；$x\sim P_{\text{data}(x)}$ 为随机变量 x 服从真实数据的概率分布 $P_{\text{data}(x)}$；$z\sim P_z(z)$ 为噪声 z 服从先验分布 $P_z(z)$。

　　原始生成对抗网络易发生难以收敛、模型不可控或训练不稳定等情况，于是在此基础

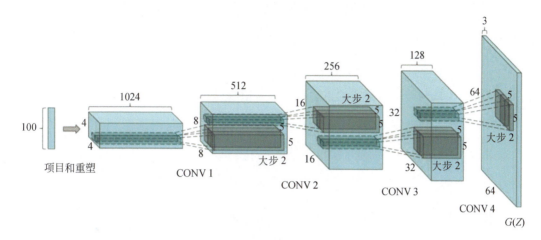

图 2.3.4-3　DCGAN 模型图

CONV-卷积层

上提出了深度卷积生成对抗网络（DCGAN），该网络将生成对抗网络（GAN）与卷积神经网络（CNN）相结合，成功解决了原始 GAN 网络训练不稳定的问题。

生成对抗网络不用经过复杂的计算过程就可以生成仿真度与清晰度较高的图像，解决了目标检测中样本数量少的问题。

实验结果。实验中利用深度卷积生成对抗网络（DCGAN）生成雷达图像，过程如图2.3.4-4 所示。卷积神经网络（CNN）的加入，使网络能够获取图像更深层次的特征，并提高图像生成网络的学习能力，完成生成高精度雷达图像的任务。

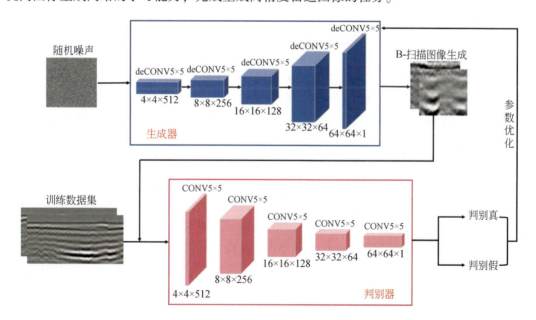

图 2.3.4-4　DCGAN 生成雷达图像过程图

deCONV-反卷积

　　在实验中，将 1000 张真实隧道衬砌雷达检测数据输入到 DCGAN 网络中，通过 500 次迭代后，生成了高精度雷达图像。生成对抗网络在一定程度上为建立雷达数据库提供了新思路，解决了雷达数据仿真耗时、采集困难等问题。

　　图 2.3.4-5 为真实的深度卷积生成对抗网络（DCGAN）的训练过程，开始只生成随机噪声，到最后生成的图片与真实的雷达图像极为相似。

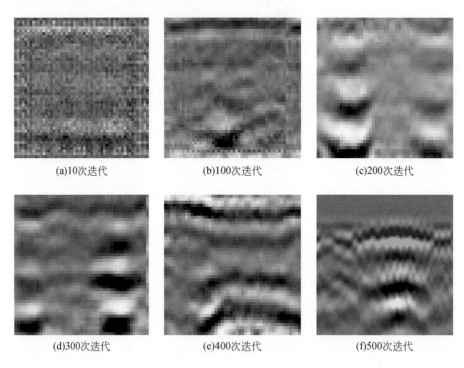

(a)10次迭代　　　　　　　　(b)100次迭代　　　　　　　　(c)200次迭代

(d)300次迭代　　　　　　　　(e)400次迭代　　　　　　　　(f)500次迭代

图 2.3.4-5　DCGAN 训练过程图

　　在 10 次迭代的时候，生成的图像模糊不清，充满噪声；当迭代次数达到 100 时，有一些微妙的特征，包含一些突出的特征，但缺乏细节；当迭代次数达到 200 时，生成的图像显示更多细节，并看起来像一个雷达图像；当它达到 500 次迭代时，生成的图像几乎包含所有的详细信息。

　　实验中利用深度卷积生成对抗网络生成了 500 幅探地雷达图像，其中部分雷达图像中包含钢筋信号，以丰富训练数据集。

　　为了验证深度卷积生成对抗网络生成虚假雷达图像来扩充训练集对算法识别效果具有改善作用，设计对比实验。通过生成对抗网络，合成 500 幅隧道衬砌钢筋信号雷达图像，然后准备两个雷达图像数据集，一个是只包含 500 幅真实的钢筋信号雷达图像，另一个是既包含 500 幅真实的钢筋信号雷达图像，又包括 500 幅通过生成对抗网络合成的虚假雷达图像，分别输入到单次多框检测器（single shot multibox detector，SSD）算法中，训练并识别出钢筋信号，钢筋信号雷达数据集示意图如图 2.3.4-6 所示，SSD 算法识别钢筋信号 AP 曲线图如图 2.3.4-7 所示。

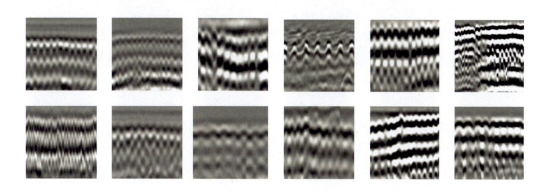

图 2.3.4-6　钢筋信号雷达数据集示意图

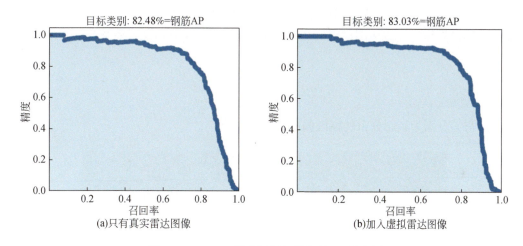

(a)只有真实雷达图像　　　　　　　　　　(b)加入虚拟雷达图像

图 2.3.4-7　SSD 算法识别钢筋信号 AP 曲线图

AP-average precision，检测精度

从实验结果中可以看出，加入虚拟雷达图像后钢筋信号识别的 AP 升高，这证明了使用深度卷积生成对抗网络生成虚假雷达图像来扩充数据集的有效性，并证明了扩充数据集能够有效提升算法对目标物体的识别效果，为后续实验提供理论基础。

4. 基于图像处理的数据增强方式

本节采用了图像缩放、翻转、模糊的手段对数据集进行增强。图像缩放是指将原始图像按一定比例放大或缩小。在算法运行的过程中，会对缩小图像的变动区域进行灰色填充，而对放大图像就会对其裁剪，如图 2.3.4-8 所示。

图像翻转是指将图像以中心轴为中心的镜像交换。按照翻转方向可分为水平镜像翻转、垂直镜像翻转和对角镜像翻转。由于探地雷达图像的特殊性，需要考虑背景语义信息，所以对隧道衬砌雷达数据只采用水平镜像翻转，如图 2.3.4-9 所示。

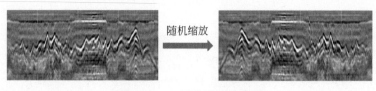

图 2.3.4-8　图像缩放示意图

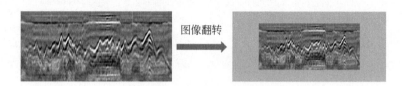

图 2.3.4-9　图像翻转示意图

图像模糊能够提高模型对轮廓特征的学习能力，改善模型的鲁棒性与检测精度。本节使用常见的高斯模糊对雷达图像进行处理，如图 2.3.4-10 所示。实现图像高斯模糊的数学公式如下：

$$G(X) = \frac{1}{\sqrt{2\pi}\,\sigma^2} e^{\frac{-x^2}{2\sigma^2}} \tag{2.3.4-3}$$

式中，σ 与 x 分别为正态分布的标准偏差与模糊半径。

图 2.3.4-10　图像模糊示意图

2.3.5　智能识别算法

目标检测领域的深度学习方法主要分为以下两类：一阶段目标检测算法与二阶段目标检测算法。第一类算法直接分类目标物体，然后转化为回归问题进行处理；第二类算法却是先生成一系列样本候选框，然后通过卷积神经网络对样本进行分类。由于上述两种算法的检测方式和性能的差别，前者算法在检测速度上比后者更具优势，而后者算法在检测中标率和定位的精度上略胜一筹。

一阶段目标检测算法常见的有 YOLO（you only look once）系列算法、SSD 算法以及目标检测（Retina-Net）算法等；二阶段目标检测算法常见的有地区卷积神经网络（R-CNN）、快速区域卷积网络（Fast R-CNN）、快速区域卷积网络改进版（Faster R-CNN）、空间金字塔池化网络（SPP-Net）等。由于雷达数据及时处理的需求以及海量的特点，本书优先选择一阶段目标检测算法应用于雷达数据病害检测中，满足对检测速度的要求。本节中，着重比较 YOLOv3 与 SSD 两种算法。

1. YOLOv3 原理

YOLO 是华盛顿大学 Joseph Redmon 和 Ali Farhadi 提出的一体化卷积网络检测算法。网络的输入是选择整张图像，只需通过一次前向传播即可获得目标的类别与包围框的位置信息。YOLOv3 包含暗网-53（Darknet-53）网络结构、锚（anchor）框、特征金字塔网络（feature pyramid network，FPN）等非常优秀的结构，YOLOv3 结构图如图 2.3.5-1 所示。

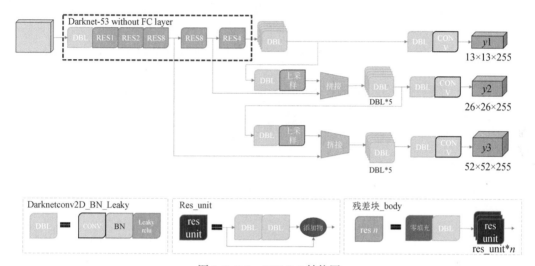

图 2.3.5-1　YOLOv3 结构图

Darknet-53 without FC layer-无全连接层的暗网-53；DBL-卷积层（CONV）、批量归一化层（BN）和激活函数（Leaky ReLU）的组合；RES1-RES5-残差单元；Darknet conv 2D_BN_Leaky-暗网二维卷积层+批量归一化+Leaky ReLU 激活函数；res$n$ 为多个残差单元的组合，n 为数量

其中，Darknet-53 首先在数据集（ImageNet）进行图片分类训练，然后在 Darknet-53 基础上增加卷积分支。对于输入大小为 416×416 的图片，到最终三个分支预测 1（predict one），预测 2（predict two），预测 3（predict three），三个特征图的尺寸分别为 13×13，26×26，52×52。另外该网络还使用 FPN，将预测 1 分支的 13×13 特征图上采样后和预测 2 分支的 26×26 特征图进行拼接；同样，26×26 特征图上采样和预测 3 的 52×52 特征图进行拼接，使得网络中间的分支能够结合更高层的特征，获得更强的表达能力。YOLOv3 采用 K 均值（K-means）聚类的方法生成锚框，每种尺度特征图下生成三个锚框，三种尺寸共有 9 个锚框。

YOLO 采用单一神经网络模型同时实现目标区域预测和目标类别预测，可以实现快速、高精度的目标检测与识别，更适合现场应用环境。

2. SSD 原理

SSD 是由北卡罗来纳大学博士刘威于 2016 年提出[1]，与 YOLOv3 均是目前目标检测领域业界广泛使用的算法，虽然两者有很多相似之处，但是 SSD 包含几个核心特征。

---

[1]　https://doi.org/10.1007/978-3-319-46448-0_2［2025-5-21］。

算法的主网络结构是视觉几何组 16 层网络（VGG16），采用多尺度特征融合检测方法，网络中特征图随着不断地卷积与池化等操作后逐渐减小，SSD 结构图如图 2.3.5-2 所示。

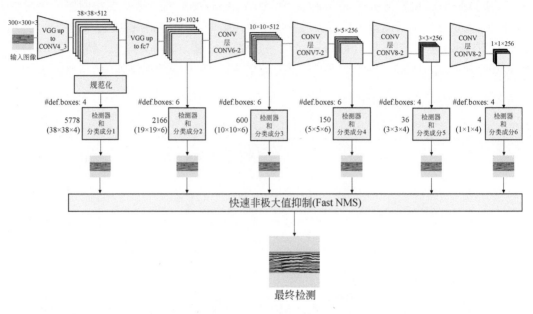

图 2.3.5-2　SSD 结构图

在图 2.3.5-2 中，大概可以看出模型的结构，前半部分是 VGG16 的架构，而 VGG16 后边两层的全连接层（fc6，fc7）变换为卷积层，CONV7 之后的层则是添加的识别层。

在 SSD 中，大尺度特征图检测小目标物体，小尺度特征图检测大目标物体。多尺度计算过程的数学定义公式为

$$T_n = \varphi_n(T_{n-1}) = \varphi_n\{\varphi_{n-1}[\cdots\varphi_1(I)]\} \tag{2.3.5-1}$$

$$R = D[d_n(T_n), d_{n-1}(T_{n-1}), \cdots, d_{n-s}(T_{n-s})] \tag{2.3.5-2}$$

式中，φ_n 为由第 $n-1$ 层特征图 T_{n-1} 得到第 n 层特征图 T_n 的非线性运算；$d_n()$ 为第 n 层特征图上相应尺度范围的检测结果；R 为集合所有中间检测结果得到的最终结果；I 为输入图像；D 为检测结果的融合函数；s 为参与融合的尺度数量。

当网络具有足够深度与足够分辨率的特征图时，SSD 模型可提取到足量的抽象信息以实现目标的特征识别。

此外，SSD 为了聚焦图像中的困难样本还采用了困难样本挖掘技术。困难样本是指被定位或被分类比较困难的候选框。SSD 的困难样本挖掘时，检测器处理特征图时会生成数量为 $n\times n\times 6$ 或 $n\times n\times 4$ 的默认框（default boxes），具体来说，CONV4_3 会生成 $38\times 38\times 4 = 5776$ 个默认框；CONV7 会生成 $19\times 19\times 6 = 2166$ 个默认框；CONV8_2 会生成 $10\times 10\times 6 = 600$ 个默认框；CONV9_2 会生成 $5\times 5\times 6 = 150$ 个默认框；CONV10_2 会生成 $3\times 3\times 4 = 36$ 个默认框；CONV11_2 会生成 $1\times 1\times 4 = 4$ 个默认框，总共是 8732 个结果，SSD 就是在这些结果中找到要识别的对象。将每个默认框与真实数据（ground truth）匹配，使得每个真实数据都有多个对应的默认框。通过计算属于背景类别的损失函数，衡量默认框，最终筛选默认

框，选择损失函数值较大且与交并比小于阈值的样本，同时保证正负比例为 1∶3。

3. 结果验证指标

评估网络模型是网络训练过程中必不可少的工作。通常的评估分类指标包括准确度、精度、召回率和 F1 分数。真阳性是指正确标识为正确的真实标签，用 TP 表示，假阳性是指阴性标签错误地标识为阳性，用 FP 表示，真阴性是指正确标识为阴性的阴性标签，用 TN 表示，假阴性是指阳性标签错误地标识为阴性，用 FN 表示。

分类指标包括准确度、精度、召回率和 F1 分数，分别用公式表示如下。

准确度是真实结果在总数中所占的比例，如式（2.3.5-3）所示：

$$准确度 = \frac{TP+TN}{TP+FP+FN+TN} \tag{2.3.5-3}$$

精度是分类器没有将阴性样本标记为阳性的能力，如式（2.3.5-4）所示：

$$精度 = \frac{TP}{TP+FP} \tag{2.3.5-4}$$

召回率是分类器查找所有阳性样本的能力，如式（2.3.5-5）所示：

$$召回率 = \frac{TP}{TP+FN} \tag{2.3.5-5}$$

精度与召回率两者相互矛盾，一般成反比，为了更好地表示识别效果，则引入平均精度（average precision，AP）作为性能度量，如式（2.3.5-6）所示：

$$AP = \int_0^1 P(R)\,dt \tag{2.3.5-6}$$

式中，P 为精度；R 为召回率。

F1 分数可以解释为精度和召回率的加权平均值，如式（2.3.5-7）所示：

$$F1 = 2 \times \frac{精度 \times 召回率}{精度 + 召回率} \tag{2.3.5-7}$$

也可写为

$$F1 = 2 \times \frac{\frac{TP}{TP+FP} \times \frac{TP}{TP+FN}}{\frac{TP}{TP+FP} + \frac{TP}{TP+FN}} \times 100\% \tag{2.3.5-8}$$

4. YOLOv3 与 SSD 对比

（1）在网络结构方面，SSD 和 YOLOv3 进行类别判断与坐标偏移的结构不同。在每个检测层，YOLOv3 只使用一个分支完成分类置信度、目标置信度与坐标偏移预测，而 SSD 使用两个分支。

（2）在坐标偏移方面，SSD 较 YOLOv3 更好理解，就是真实标注框与预选框之间的偏移，但 YOLOv3 中的偏移不同。

（3）在训练中预选框的匹配策略方面，正样本在 SSD 中是预选框匹配到真实标注框，否则为负样本，一个真实标注框可以被多个预选框匹配到。但在 YOLOv3 中，一个真实标注框只能被一个预选框匹配到，则预选框负责预测这个真实标注框。相较于 SSD 的单阈值匹配，YOLOv3 使用双阈值处理，使得在运算过程中会忽略掉一部分样本。

　　为了综合评估 YOLOv3 算法与 SSD 算法，分别使用模型对地铁隧道衬砌结构空洞病害数据集进行训练和测试，迭代次数设置为 100 训练次数（epoch），实验结果如图 2.3.5-3 ~ 图 2.3.5-6 所示。

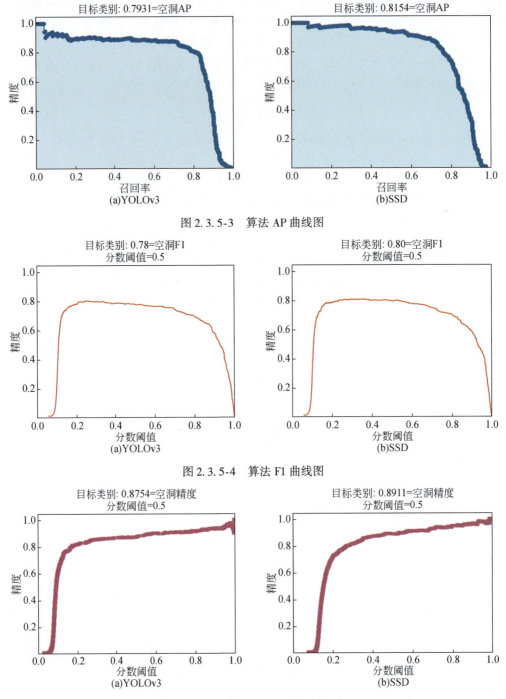

图 2.3.5-3　算法 AP 曲线图

图 2.3.5-4　算法 F1 曲线图

图 2.3.5-5　算法精度曲线图

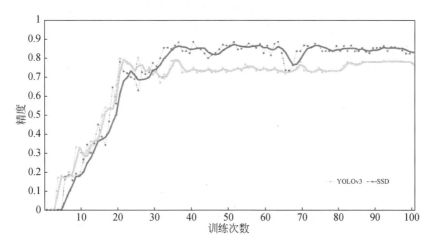

图 2.3.5-6　YOLOv3 算法与 SSD 算法迭代过程中准确率变化图

图 2.3.5-3 反映了 YOLOv3 算法与 SSD 算法在训练过程中空洞 AP 的变化情况，图 2.3.5-4 反映了训练过程中 YOLOv3 算法与 SSD 算法的空洞 F1 变化情况，图 2.3.5-5 反映了训练过程中 YOLOv3 算法与 SSD 算法的精度变化情况，图 2.3.5-6 反映了 YOLOv3 算法与 SSD 算法在迭代过程中准确率变化情况。

表 2.3.5-1　YOLOv3 算法与 SSD 算法的检测精度比较表

算法	AP	F1
YOLOv3	0.7931	0.78
SSD	0.8154	0.80

从图 2.3.5-6 中可以看出，70 个训练周期（epoch）以内，两种算法均能够训练至稳定状态；在 25 个训练次数（epoch）之前，YOLOv3 算法的精度的提升速度略高于 SSD 算法，稳定后 SSD 算法的表现效果最好。

从图 2.3.5-3 中可以看出，SSD 算法的 AP 指标能够稳定到 0.8154，YOLOv3 算法效果次之，AP 指标能够稳定到 0.7931。这是因为 SSD 算法凭借其特殊的特征金字塔网络（FPN），能够获得更高的语义信息，相较 YOLOv3 算法对细节信息的表征能力要好。

F1 是综合精度和召回率之后的新指标，从图 2.3.5-4 中可以看出，SSD 算法的 F1 值比 YOLOv3 高，说明 SSD 算法识别隧道衬砌结构空洞病害的整体效果优于 YOLOv3 算法。

从图 2.3.5-5 中可以看出，YOLOv3 算法的精度指标能够达到 0.8754，而 SSD 算法能够达到 0.8911，说明 SSD 算法对衬砌空洞的识别精度大于 YOLOv3 算法，更加适合隧道雷达数据中的病害检测。

图 2.3.5-7 给出了 YOLOv3 算法与 SSD 算法的预测结果对比。从预测结果对比图中可以看出，两种算法均能够有效识别出隧道衬砌结构雷达图像中的空洞病害信息，置信度都在 0.75 左右。在同时识别图 2.3.5-7 上面一张雷达图像时，可以看出，YOLOv3 算法识别

后的置信度比 SSD 算法高，但关于空洞病害的标注范围并没有 SSD 算法准确。在识别图 2.3.5-7 下面一张雷达图像时，可以看出，YOLOv3 算法与 SSD 算法都识别出了左边两处空洞病害，而在雷达图像右边较小的空洞病害只被 SSD 算法识别出，YOLOv3 算法出现漏检现象，这说明对于小物体的目标检测，YOLOv3 算法的识别效果与 SSD 算法还有一定差距，SSD 算法能够更加全面地识别出雷达图像中的空洞病害，但在识别精度上有进一步提升的空间。

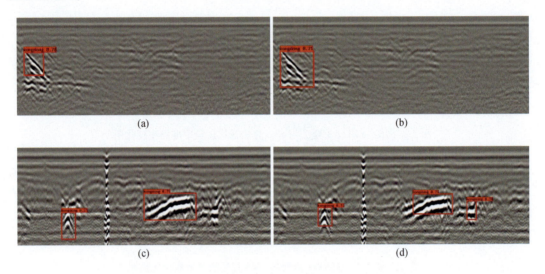

图 2.3.5-7　YOLOv3 算法与 SSD 算法的预测结果对比图
(a)（c）为 YOLOv3 算法预测结果；(b)（d）为 SSD 算法预测结果

综上所述，虽然 YOLOv3 算法在检测速度上占优势，但在处理多尺度窗口问题时，YOLO 算法没有使用类似 Faster R-CNN 算法中的"多参考窗口"的机制，使得其精度不如 SSD 算法，主要体现在对目标的定位精度以及对小物体的检测效果上。

2.3.6　基于 SSD 改进算法研究

SSD 算法是 2016～2019 年应用最为广泛的目标检测算法之一，它的突出特点是采用不同尺度的先验框，并且提取了不同尺度的特征图。这些改进使得 SSD 算法对物体尤其是小目标物体识别更占优势，对目标的定位更加准确。但是在实际应用实验中发现，SSD 算法对小尺寸物体的检测效果仍然需要提高，依旧有易发生过拟合化现象的缺点，由于在 SSD 中，来自不同层的特征网络都是单独输入到分类网络中，所以同一物体容易被不同尺寸的先验框检测出来。综上所述，需要对网络结构进行进一步完善。本节中，分别采用在主干特征提取网络中引入特征提取模块（receptive field block，RFB）、增加反卷积层（deconvolution layers）、使用随机失活（Dropout）方法与早停算法，对 SSD 算法进行改进，使其更加适用于探地雷达数据中空洞病害信息的提取。

1. 特征提取模块

在 SSD 的主干特征提取网络中添加 RFB，即特征提取模块，其目的是提高网络的特征提取能力。采用多分支卷积层与扩张卷积层搭建 RFB，使轻量级卷积神经网络识别深层特征的能力大大增强。

通过多支路采用不相同的卷积核所构成的卷积层被称为多分支卷积层，可以分别进行卷积与池化操作，最后将所有支路的特征融合到一起。其结构采用瓶颈（bottle-neck），降低了训练参数与计算量，同时让网络相较之前更加轻量。将残差网络（ResNet）中的直连架构添加到该模型中，可以在网络过深时遏止梯度发散问题的出现。Res-S 模块卷积核与人类的浅层视网膜模型十分相似，可认为是人类视网膜中较小的感受野，其特点是该卷积核尺寸比之前的小而且分支种数更多。在算法架构中，分类分支和回归分支在 CONV4_3 和 CONV7_fc 之后加入 RFB，同时将 SSD 后加的卷积替换成 RFB。

引入 dilated convolution，即扩张卷积或空洞卷积。扩张卷积之前应用在语义分算法 DeepLab 中，它的作用与可形变的（deformable）卷积有异曲同工之处。在进行图像分割操作时，将所需分割的图像输入到卷积神经网络当中，此时网络会对输入的图像进行卷积和池化操作，这种处理大大减小了原本图像的尺寸大小，并且给操作者带来了较广泛的感受野范围。但不足之处在于采取的图像分割预测是像素级（pixel-wise）的输出，这就使得经过池化后较小尺寸的图像需通过上采样到原始的图像尺寸再执行预测操作。由上述可知，通过卷积神经网络进行图像分割任务有两个步骤，其分别是通过池化操作使图像尺寸减小并且感受野范围增大，和通过上采样使图像尺寸扩大。但在卷积神经网络图像分割中这种将图像的尺寸先减小再增大的操作，无疑会使图像中的部分信息丢失，为了更好地保留原语义信息，一种不经过池化操作同时又能得到较大感受野的操作就出现了，这种操作就是扩张卷积，其原理图如图 2.3.6-1 所示。

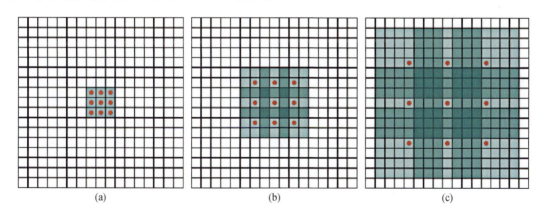

(a)　　　　　　　　　　(b)　　　　　　　　　　(c)

图 2.3.6-1　扩张卷积原理图

普通卷积与扩张卷积的卷积核大小是相同的，即参数数量不变，而扩张率（dilation rate）不同。扩张率是指扩张的大小，而扩张卷积具有更大的感受野。在 RFB 结构中最后会将不同尺寸和扩张率的卷积层输出，然后对其进行堆叠，达到融合不同特征的目的。在图像需要全局信息，需要依赖背景信息的问题中，扩张卷积都能很好地应用。

2. 增加反卷积层

将特征提取主网络由 ResNet-101 替换原 VGG16 网络，由于该残差网络比 VGG16 网络更深并且分类精度更高，替换之后提取的特征就会具有更高的语义信息，从而提高对物体的识别精度，结合 SSD 算法中的目标边框建议策略和边框回归算法，实现重新构建一个端到端的物体识别检测网络。

在 SSD 添加的辅助卷积层后增加反卷积层，利用反卷积模块（deconvolution module）进行预测，连续增加特征层的分辨率，扩展低维度信息并实现深层与浅层特征融合，提升对于对小目标的检测精度，反卷积模块结构图如图 2.3.6-2 所示。

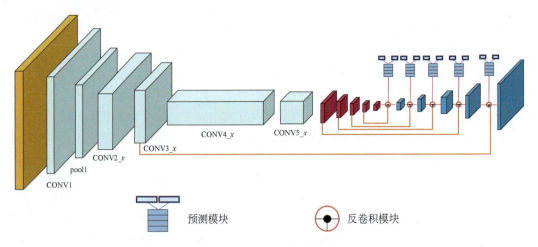

图 2.3.6-2　反卷积模块结构图

原 SSD 算法的特点是直接对特征信息实行区分和定位，而不是经过"中介"即预测模块对其执行预测操作。若残差模块（residual block）在对特征点进行分类回归操作前插入，可得到加强目标检测的精度，引入残差模块可以较好地使得边界框回归和分类任务输入的特征图更突出其特征信息。图 2.3.6-3（a）表示的是 SSD 中用于分类和回归的结构，特征图直接与 1×1 的卷积相连接，分别用作分类和回归操作。图 2.3.6-3（b）~（d）均是将原有结构改成残差模块。图 2.3.6-3（b）表示加入残差模块，旨在增强目标物识别的有效率；图 2.3.6-3（c）将残差模块中直接映射换成了 1×1 卷积；图 2.3.6-3（d）将残差模块进行堆叠。在上述三种将原有结构改成残差模块的图中，分类和回归效果最好的选择是图 2.3.6-3（c）的方式，采用这种方式是为了在执行分类和回归时，能得到更深维度的特征信息来更好地完成此任务，图 2.3.6-3（c）的结构是在执行分类和回归操作之前，反卷积结构之后添加残差模块。逐元素操作（Eltw sum）主要是点和与点积两种，经过实验证明，后者的效果比前者好，点积运算是将深层和浅层的每个元素在其对应位置相乘，实现特征融合。

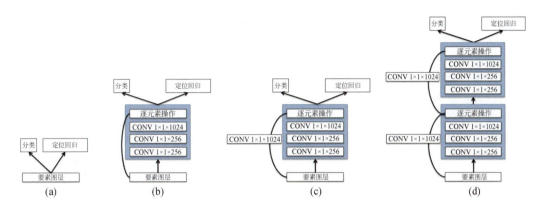

图 2.3.6-3　预测模块的变体图

3. 随机失活

在训练大规模神经网络时，训练时间往往过长，甚至出现过拟合，而随机失活会暂时从网络中丢弃一些神经网络单元，达到防止过拟合并提高训练效率的目的。在实验中，将特征提取主网络改用 ResNet-101，由于该网络较 VGG 网络更深，使得检测速度慢了很多，训练时间变长。

"随机森林"通过设置许多不同参数与网络模型来降低方差。在运算过程中，"随机森林"中每棵树都有输出结果，对这些结果进行加权平均，从而得出最后结果。由于每棵树的训练集与参数均不同，所以不容易发生过拟合现象。但该方法更适用于小型模型以及传统的机器学习算法，当模型很复杂或者数据量很大时，就需要耗费大量训练时间。

随机失活也是借鉴了这种思想，在每一次迭代时随机丢弃神经元，如图 2.3.6-4 所示。从原神经网络中抽取部分节点，组成新的子网络，网络规模变小，训练时间缩短，该子网络相当于是"随机森林"其中一个子树。这样的抽取过程会发生在每次迭代中，每次构造的子网络的差异性保证了最终学习到的特征在结果上差异性，最后将每个迭代学习到的特征进行加权平均后就能得到最终的输出结果。

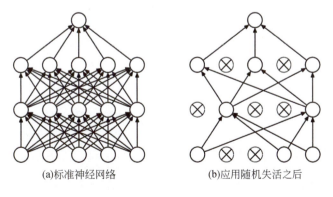

(a)标准神经网络　　　　　(b)应用随机失活之后

图 2.3.6-4　随机失活示意图

4. 软式非极大值抑制

软式非极大值抑制（Soft-NMS）是获得局部最大值的有效方法。

在对目标进行分类之前，需要对通过滑动窗口方式产生的候选框进行特征提取，得到各自的得分，按照得分高低将这些候选框进行排序，得分高的候选框将不断与剩余候选框进行比较，分析其交并比（intersection over union，IoU）。交并比（IoU）表示的是两个候选框的交集与其并集之间的比值，原理如图 2.3.6-5 所示。由于同一个目标，只需要一个候选框即可，期望标注与多余标注示意图如图 2.3.6-6 所示，所以当重合程度大于一定阈值时，得分较低的候选框就会被删除。这种比较过程直到只剩下最后一个候选框结束，否则按照顺序重复之前的操作。

图 2.3.6-5　交并比示意图

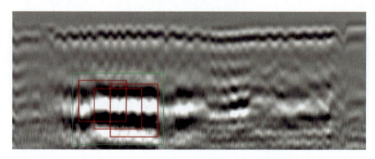

图 2.3.6-6　期望标注与多余标注示意图

但传统非极大值抑制存在两个问题，当两个候选框接近时，分数更低的框就会被删掉。并且阈值需要人为设定，设置小了会漏检，设置大了会误检。因此，实验中对交并比大于阈值的候选框采取降低置信度的方法而不是直接去掉，这就是 Soft-NMS 算法原理，如图 2.3.6-7 所示。

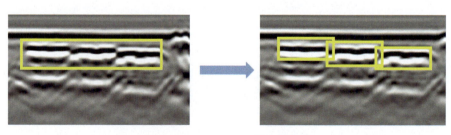

图 2.3.6-7　Soft-NMS 算法原理图

Soft-NMS 可以提高目标识别的准确率且易集成到网络中，所以将 SSD 算法框架中的非极大值抑制部分代码替换成柔性极大值抑制代码。

5. 早停策略

早停（early stopping）策略能够有效提升模型的调优效率。当进行深度学习，训练神经网络的时候，是否能够更好地拟合数据，获得较好的泛化性能是评估算法框架好坏的重要指标。但是当网络在训练集上表现越来越好，错误率越来越低的时候，可能在实际的实验过程中，即网络应用到测试集上的表现却越来越差，这可能是因为神经网络结构已经发生过拟合现象。

当过拟合现象发生时，在验证集上的误差值会随着训练轮次先变小后逐渐增大。那么，如果控制网络训练到误差最小的点就停止，就能得到泛化性较好的网络结构，早停策略就可以实现这一功能。

在训练网络时，常常采用减少模型参数以及降低模型维度规模来解决过拟合问题。其中降低模型维度常用的方式是正则化，包括早停策略与权重衰变等。

应用早停策略时，会计算每个周期在训练集以及验证集上的误差，当误差比上一次训练大时就停止训练，并选取上一个训练周期运行结果中的参数作为模型的最终参数。

2.3.7　网络训练与测试

2.3.6 节中具体介绍了对 SSD 算法的改进方法，本节起，将根据 2.3.6 节的内容，设计实验验证改进后 SSD 算法的识别效果，并与改进前的 SSD 算法进行对比实验。

1. 训练准备

数据扩充之后的病害图像共有 3000 个数据样本。为了在原始图像中标注出目标物体所在位置，需要在训练之前对样本数据进行标注。通过标注之后会生成每张图片相对应的可扩展标记语言（XML）文件，文件中包括病害真实框的坐标信息以及长宽信息，实验中使用的是目前常用的图像标注软件 LabelImg 进行样本数据标签的制作，隧道衬砌空洞病害位置标注图以及 XML 文件示意图如图 2.3.7-1 和图 2.3.7-2 所示。

将得到的 XML 文件用 Python 脚本生成标签 txt 文件，然后运行 Python 脚本按 6∶4 的比例随机生成训练集与测试集文件，分别为 train. txt 和 test. txt，并保存。

2. 实验环境配置与训练参数

本节实验采用 Tensorflow、Keras 深度学习框架，是因为 Tensorflow 的接口十分易用、易上手，同时在模型的速度表现上也极为出色，在读取数据的过程中可以使用 Tensorflow 中相应的模块来对数据进行裁剪以适应网络的输入图片大小，也可以进行数据的标准化处理。Keras 是 Python 编写的高级神经网络应用程序编程接口（API）之一，该框架具有易于学习与建模、与多个后端引擎集成以及支持广泛的生产部署选项等优点。本节采用的其他实验环境配置如表 2.3.7-1 所示。

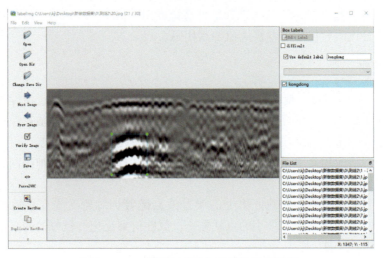

图 2.3.7-1　隧道衬砌空洞病害位置标注图

```
1   <annotation>
2       <folder>photo</folder>
3       <filename>5.jpg</filename>
4       <path>C:\Users\Administrator\Desktop\make_dataset_ssd\photo\5.jpg</path>
5       <source>
6           <database>Unknown</database>
7       </source>
8       <size>
9           <width>1518</width>
10          <height>508</height>
11          <depth>1</depth>
12      </size>
13      <segmented>0</segmented>
14      <object>
15          <name>kongdong</name>
16          <pose>Unspecified</pose>
17          <truncated>0</truncated>
18          <difficult>0</difficult>
19          <bndbox>
20              <xmin>576</xmin>
21              <ymin>187</ymin>
22              <xmax>778</xmax>
23              <ymax>332</ymax>
24          </bndbox>
25      </object>
26  </annotation>
```

图 2.3.7-2　XML 文件示意图

表 2.3.7-1　实验环境配置表

操作系统	Ubuntu
依赖库	CV2，numpy
语言	Python3.6
处理器	Intel ® Xeon ® Gold 5218R
显卡	Tesla V100-SXM2
内存/G	188
硬盘/T	3.6
计算机视觉库	OpenCV

3. 网络训练过程与结果验证

为了综合评估原 SSD 算法与改进后 SSD 算法，分别使用模型对地铁隧道衬砌结构空洞病害数据集进行训练和测试。实验过程中，批次大小（batch_size）设置为 64，训练次数设置为 100，初始学习率（lr）设置为 0.001，且通过大量的调参后将全连接层的随机失活数值设置为 0.5，加载图片数据之后，借助图形处理单元（GPU）使用批量训练的方式来训练网络。网络结构的最后一层分类层选用归一化指数（softmax）分类器，使用交叉熵函数作为损失函数来评估预测值和真实值之间的差距，实验结果如图 2.3.7-3 ~ 图 2.3.7-6 所示。

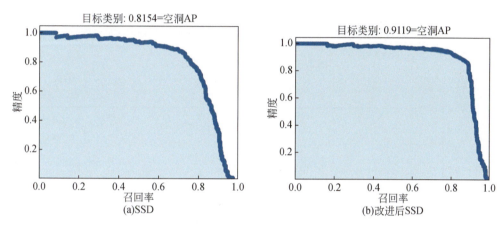

图 2.3.7-3　算法 AP 曲线图

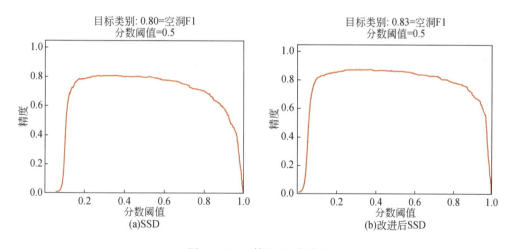

图 2.3.7-4　算法 F1 曲线图

图 2.3.7-3 反映了 SSD 算法与改进后 SSD 算法在训练过程中空洞 AP 的变化情况，图 2.3.7-4 反映了训练过程中 SSD 算法与改进后 SSD 算法的空洞 F1 变化情况，图 2.3.7-5 反映了训练过程中 SSD 算法与改进后 SSD 算法的精度变化情况，图 2.3.7-6 反映了 SSD 算法

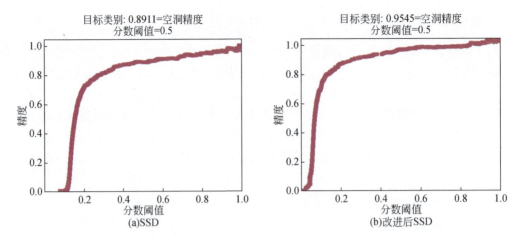

图 2.3.7-5　算法精度曲线图

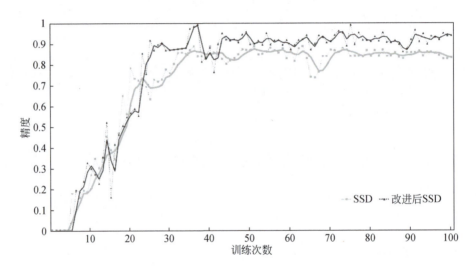

图 2.3.7-6　SSD 算法与改进后 SSD 算法训练过程中准确率变化图

与改进后 SSD 算法训练过程中准确率变化情况。SSD 算法与改进后 SSD 算法的检测精度比较表如表 2.3.7-2 所示。

表 2.3.7-2　SSD 算法与改进后 SSD 算法的检测精度比较表

算法	AP	F1
SSD	0.8154	0.80
改进后 SSD	0.9019	0.83

　　从图 2.3.7-6 中可以看出，两种算法均能够在 70 个训练次数以内训练至稳定，在 25 个训练次数之前，SSD 算法的精度的提升速度高于改进后 SSD 算法，这是因为改进后 SSD 算法的网络结构更加复杂，需要调整训练的参数数量增加，网络需要更长的训练时间才能

达到理想状态,但在两种算法稳定后,改进后 SSD 算法的表现效果更好。

从图 2.3.7-3 中可以看出,SSD 算法的 AP 指标能够稳定到 0.8154,而改进后 SSD 算法的 AP 指标可以达到 0.9019,提升 AP 指标约 0.09,这说明对于 SSD 算法的改进使其更加适合识别隧道衬砌结构中的空洞病害。并且从图 2.3.7-5 中可以看出,对隧道衬砌空洞病害识别的精度上升了约 0.06,证明当前训练出的神经网络模型能够实现精准识别。

F1 是综合精度和召回率之后的新指标,从图 2.3.7-4 中可以看出,改进后 SSD 算法的 F1 比 SSD 算法提升 0.03,说明改进后 SSD 算法识别隧道衬砌结构空洞病害的整体效果优于 SSD 算法。

图 2.3.7-7 给出了 SSD 算法与改进后 SSD 算法的预测结果对比。

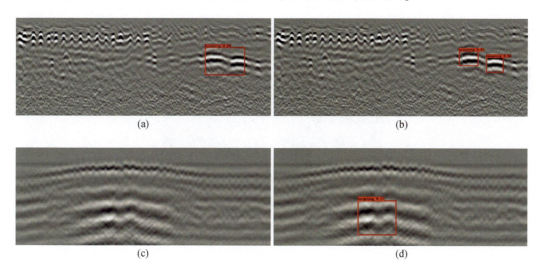

图 2.3.7-7　SSD 算法与改进后 SSD 算法的预测结果对比图
(a)(c) 为 SSD 算法预测结果;(b)(d) 为改进后 SSD 算法预测结果

从预测结果对比图中可以看出,两种算法对隧道衬砌结构雷达图像中的空洞病害信息识别置信度都在 0.75 左右,改进后 SSD 算法识别置信度略高于原 SSD 算法。在同时识别上面一张雷达图像时,可以看出,改进后 SSD 算法比 SSD 算法识别更加细腻,更加关注小目标物体的识别,对于小物体的目标检测更加精确;而在同时识别下面一张雷达图像时,可以看出,SSD 算法并没有识别出有钢筋信号干扰的复杂环境下的空洞病害信息,而改进后 SSD 算法则表现优秀,能够将其准确识别出来,置信度在 0.70 以上,这说明改进后 SSD 算法更加适用于复杂隧道环境中的空洞病害识别。

综上所述,改进后 SSD 算法不仅保持了原有 SSD 算法的检测速度,而且对小目标检测效果有明显提升,更加适用于复杂隧道环境中的空洞病害识别。

2.4　注浆缺陷检测系统设计与开发

本节介绍注浆缺陷检测系统架构,主要由数据同步采集系统和环形支架系统组成。检测系统的核心为雷达天线,TEM 喇叭天线具有体积小、频带宽、方向性好的特点,故利用电磁仿真软件 CST 对影响 TEM 天线性能参数各因素分别进行仿真设计，并结合屏蔽装置改进天线辐射性能与方向性，并以道路检测实验检测天线检测深度。之后研究悬空高度、天线间距和填充吸波材料对天线阵列检测效果的影响，优化天线阵列结构，提升天线阵列的检测效果。

2.4.1　注浆缺陷检测系统架构

注浆缺陷检测系统，主要由两部分组成，即盾构管片注浆缺陷快速实时检测的数据同步采集系统和环形支架。注浆质量检测系统示意图如图 2.4.1-1 所示。

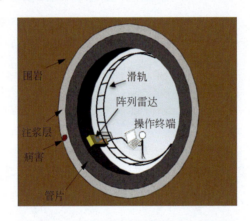

图 2.4.1-1　注浆质量检测系统示意图

数据同步采集系统由 GPR 天线阵列、多通道主机、测距轮和测距编码器组成。测距编码器可以在采集雷达数据的同时同步采集天线阵列的位移信息。

GPR 天线阵列的作用是对隧道管片后的注浆体进行检测，阵列雷达内部装有多通道空气耦合天线及相应的发射机和接收机。

环形支架，由滑轨、驱动装置、升降装置和线槽组成。滑轨主体为金属材料，保证滑轨的稳定性。轨道沿着管片环向安装，并与管片之间留一定距离。将阵列雷达安装在升降机构上，可以利用升降机构调整阵列雷达和管片之间的距离。利用电机驱动可以控制阵列雷达和升降系统整体移动的速度。在利用阵列雷达采集数据时，需要将阵列雷达的移动控制在一个稳定合适的速度。

操作终端配备有与阵列雷达适配的采集系统和滑轨控制模块。采集系统可以对采集参数进行设置。滑轨控制模块可以用来对阵列雷达的检测速度和悬空距离进行设置。

1. 环形支架系统

在实际检测工作中，由于隧道环向表面为环形，接触式探地雷达难以实现检测作业，且在盾构施工过程中，最新安装的一环管片上没有安装附属设施，空气耦合式雷达天线可以在距离目标体一定距离的情况下实现煤岩层位的检测识别，实现非接触式检测，有效适应隧道工作环境。利用空气耦合式地质雷达天线可以满足环境要求，因此设计了环形支架，方便天线阵列悬空检测。环形支架系统主要由滑轨、驱动装置、升降装置和线槽组成。环形支架被固定在盾构机前端平台上，便于工作人员操作。天线阵列放置于升降装置的平台上固定，环形轨道与管片环共圆心，利用升降装置调节天线阵列与管片的距离，保证雷达数据采集过程中，天线阵列的悬空高度不变。利用驱动装置可以调节天线阵列合适的移动速度，并在数据采集过程中保持速度稳定。线槽是放置数据传输线的地方，包括用于连接天线阵列和多通道主机的雷达数据传输线及连接测距编码器的数据传输线，环形支架系统示意图如图 2.4.1-2 所示。目前环形支架只是进行了组装测试，受疫情影响，并未应用到实际隧道检测中，本节暂时采用人工托举天线的方式进行检测实验。

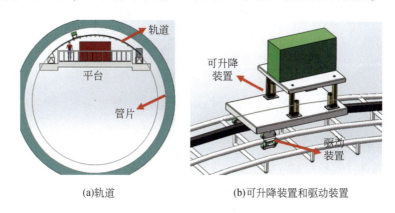

(a)轨道　　　　　　　　　(b)可升降装置和驱动装置

图 2.4.1-2　环形支架系统示意图

2. 数据同步采集系统

数据同步采集系统同步采集多通道雷达数据和天线阵列位移数据，保证注浆缺陷的准确定位。

1）天线阵列位移数据采集

本节选择以测距编码器获取天线阵列在环向上的位移信息，并通过外部接口将位移信息实时同步到多通道主机中，使雷达数据道带有精确的里程信息。测距轮上装有光电编码器，光电编码器是一种基于光电效应原理的传感器，可以将自身的转速、角度等物理量转化为脉冲电信号并传递给测距编码器，天线阵列的里程可以利用光电编码器的脉冲信号数和测距轮转动的角度计算得到。常见的光电编码器按照编码方式分为三种，即绝对式编码器、增量式编码器和混合式编码器。本节使用的是分辨率为 2048 的 DFS60B 增量式编码器，如图 2.4.1-3 所示。

本节通过将测距编码器晶体管-晶体管逻辑电平（TTL）脉冲信号输入多通道主机，使得主机出发天线阵列进行数据采集，且采集的数据道数和 TTL 信号个数相同，同时在采集过程中编码器实时将测距里程信息传递给多通道主机，使天线阵列采集的雷达数据信息具有里程属性。此时，带有真实里程的雷达数据便可以在处理、成像之后，提取注浆体缺陷的位置信息。

图 2.4.1-3　DFS60B 增量式编码器

2）多通道雷达数据采集系统

在喇叭天线设计的基础上，制作多套收发天线，组成天线阵列，并将其集成于多通道数据采集系统，从而在实际检测中实现多通道数据采集。

数据采集系统组成。本节的多通道数据采集系统由上位机、采集板、测距轮、接收机、发射机和收发天线组成。其中上位机与采集板组装在一起，构成多通道主机。多通道数据采集系统整体如图 2.4.1-4 所示。

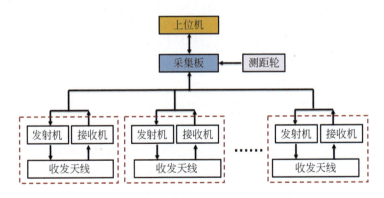

图 2.4.1-4　多通道数据采集系统

（1）上位机的主要作用是将控制命令下达给采集板，控制数据采集的开始和结束。采集过程中对采集板采集到的多通道雷达数据进行实时显示，同时显示测距轮位置信息和检测速度信息。还可以通过多通道采集软件对每个通道进行采集参数设置，如采样频率、时窗、采样点数、叠加次数和数据采集方式等。采集系统采用线性共偏移距扫描方式，可在时间模式下进行数据采集，也可以通过测距论在距离模式进行数据采集。

（2）采集板依据上位机发送的工作模式的命令，得以开始、继续、停止、暂停采集雷达回波数据。在工作时，采集板通过向发射机传递触发脉冲信号，使发射机连续不断地通过发射天线向目标发射高频脉冲电磁波，同时采集板通过向接收机传递的同步触发脉冲信号，使得在电性差异界面反射的电磁波信号被接收天线同步接收，并通过采集板上的模数转换器（AD）模块实现模数转换，之后在采集板上进行等效采样。

（3）测距轮连接到主机上，实时向上位机反馈距离信息，根据距离信息和设置好的空间采样间隔可以同步控制脉冲电磁波的发射和接收，采集的数据道间距恒定，便于注浆体病害的定位。

（4）发射机可以产生高频脉冲电磁波，并通过波导装置传递到天线馈电端口。接收机可以检测来自喇叭天线接收并转换后的导波。

（5）收发天线是波导中的电磁波与自由空间中的电磁波的转换器。本节设计的750MHz 喇叭天线，其发射天线可以将电磁波定向地辐射出去，电磁波在介质中传播，遇到电性界面发生反射，接收天线将测点位置随时间变化的电磁波信号接收，并转换为导波。在实际采集数据过程中，常有来自不同干扰源的噪声也会被接收天线所接收。

综上所述，本次设计的多通道采集系统，为空气耦合式阵列雷达天线。在隧道检测过程中，不会对检测工作面形成破坏性的损伤。在管片壁后注浆完成之后，将采集系统在环向上进行注浆质量检测时，在上位机采集软件中设置好采集参数，开始采集后，采集板控制发射机产生电磁波，通过发射天线向管片背后发射高频电磁波，由其匹配的接收天线进行反射信号同步接收，依次控制某通道天线同步发射和接收电磁波信号，实现多通道数据的采集。为了方便定位，可以将测距轮连接到主机，采用距离方式进行扫描。最后将采集到的三维雷达数据保存在电脑中。雷达数据经过处理之后，雷达波形、振幅变化等可以表达不同的介质的三维信息，即可获取一环管片后介质的三维分布信息，从而提取注浆缺陷位置、大小等信息，对注浆效果进行评价。

采集系统的数据回波形式。探地雷达系统扫描方式主要分为 A-scan、B-scan 和 C-scan，也称 A 扫描、B 扫描和 C 扫描。雷达数据采集时，不同的扫描方式对应不同的雷达数据形式，三种扫描方式分别对应 A-scan 数据、B-scan 数据、C-scan 数据。三种数据根据雷达数据的维数不同，对应一维、二维和三维数据。可以对三种形式的数据进行图像化显示。

A-scan 数据为雷达回波的单道数据。当探地雷达位于固定不变的某一点，通过发射天线向隧道壁后发送电磁脉冲信号，接收天线接收到来自隧道壁及壁后的一系列反射信号，此数据就是单道数据，这是探地雷达中最为简单的数据格式。当雷达天线沿测线（如隧道环向）测完，会采集到多道 A-scan 数据，将 A-scan 数据按照检测顺序拼接起来组成 B-scan 二维数据。B-scan 数据可以显示隧道壁后介质沿测线方向的剖面图。这也是传统探地雷达中最常用的一种扫描方式。多通道数据采集系统以 C-scan 扫描方式进行数据的采集，即系统中多个通道的天线分别沿着多条测线进行数据采集，每条测线对应一个 B-scan 数据，将多个 B-scan 数据按测线位置排列在一起，就构成了 C-scan 数据。C-scan 图像为三维图像，可以显示壁后介质的立体结构，这样可以清晰辨别注浆体及病害的形态、大小和位置信息。

2.4.2　TEM 单天线设计

天线阵列检测系统内部的天线为 TEM 天线，由于 TEM 天线外形与喇叭相似，平时又称为喇叭天线，TEM 天线具有体积小、频带宽、方向性好的特点，可以用来实现地质雷达非接触式检测。本节将根据阵列雷达系统对收发天线的要求，以喇叭天线为基础，对影响天线性能参数各因素分别进行仿真设计，优选天线的参数，并利用屏蔽装置改善其方向性和辐射效率。最后加上三套屏蔽喇叭天线，进行道路检测实验，测试天线的检测深度以及屏蔽装置屏蔽外界干扰信号的有效性。

1. TEM 天线原理

TEM 天线由两块三角形或近似三角形的金属板构成，两金属板之间呈一定的夹角放置，TEM 天线如图 2.4.2-1 所示。

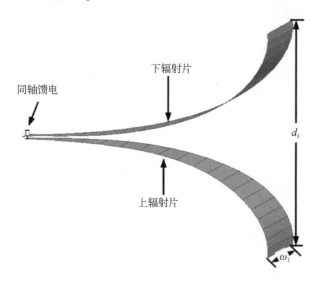

图 2.4.2-1　TEM 天线

近似为电偶极子的喇叭天线可以通过在天线除去喇叭开口面的其他面上加载矩形金属板来减小天线周围的电抗能量，这些金属板是天线的屏蔽装置，两者以合适的方式组合在一起，可以实现较宽的阻抗匹配。喇叭天线口径末端的突然截断会使末端电流有较大的反射，从而引起辐射波形的畸变和低辐射效率。为了减小末端电流，一般通过优化喇叭曲面和口径面形状的方式，提高天线末端阻抗与自由空间波阻抗匹配程度。

2. TEM 天线仿真设计

TEM 天线是一种经常应用于雷达系统中辐射高频脉冲信号的超宽带天线。在实际加工天线前，有必要对其进行一定的仿真模拟研究。为满足本节要求，对影响 TEM 天线性能的结构参数进行研究，分析天线在不同影响因素下的辐射情况，从而确定合适的结构参数，在使天线满足所要求的增益、输入阻抗或驻波比等基本指标情况下，尽可能使天线尺寸小一些。

天线的理论长度与其所设计的中心频率相关，一般认为 TEM 天线长度等于辐射最低频率对应波长的一半，且喇叭口径高度为最低辐射频率对应波长的一半天线时，喇叭天线可以有效地辐射该频率成分。本节所设计天线的中心频率为 750MHz，对应波长为 400mm。传输线理论和实践证明，四分之一波长的开路线相当于一个串联谐振电路，其负载呈纯电阻性，且天线设计频率越低，天线理论尺寸越大，一般天线的发射、接收转换效率在天线的长度取电磁波信号波长的四分之一时达到最大值。在此基础上进行喇叭天线的仿真研究。

本节将影响 TEM 天线的因素分为 4 部分，第一部分是辐射面尺寸，主要包括 4 个影响因素：三角形辐射面长度 L 和宽度 W，矩形波导长度 a 和宽度 b。第二部分考虑辐射面位置，即辐射面之间的夹角 θ 和波导之间的距离 D。第三部分天线的馈电部分，主要分析馈电电阻的阻值 R 对天线性能的影响。第四部分是天线的屏蔽装置。天线性能影响因素见表 2.4.2-1。

表 2.4.2-1　天线性能影响因素

影响因素	变量	符号
辐射面尺寸	辐射面长度	L
	辐射面宽度	W
	波导长度	a
	波导宽度	b
辐射面位置	距离	D
	夹角	θ
馈电	阻值	R

要进行不同天线参数的模拟仿真对比研究，首先对激励脉冲信号进行定义。仿真中采用的激励电压脉冲类型为单极性高斯脉冲，其脉冲半高宽为 1.6ns，峰值功率为 1W，频谱宽度为 0～1.5GHz。由于激励信号中心频率 750MHz 对应的波长为 400mm，所以同轴端口到喇叭口径面的总轴向过渡长度选取中心频率对应的波长，即 400mm。对喇叭天线的仿真设计如下。

1）辐射面尺寸对天线的影响

辐射面尺寸主要影响天线的宽带特性，辐射面尺寸的影响因素主要有：三角形辐射面长度 L，三角形辐射面宽度 W，矩形波导长度 a，矩形波导宽度 b。通过控制单一变量，进行 CST 软件仿真，以此判断各因素对天线宽带特性的影响。

（1）控制改变单一变量长度 L，以之前求算的波长为基础，确定辐射面长度的变化范围为 100～600mm，设计 6 款辐射面尺寸进行仿真模拟。天线采用末端加载的方式，以 $R=200\Omega$ 的固定电阻阻值作为馈电阻值进行仿真分析。具有不同辐射面长度 L 的 6 款天线尺寸见表 2.4.2-2。6 个不同辐射面长度的天线回波损耗如图 2.4.2-2 所示。

表 2.4.2-2　具有不同辐射面长度 L 的 6 款天线尺寸

序号	长度/mm	宽度/mm	张角/（°）	波导长，宽/mm	波导距离/mm	馈电阻值/Ω
1	100	110	20	7.5，15	5	200
2	200	110	20	7.5，15	5	200

序号	长度/mm	宽度/mm	张角/（°）	波导长，宽/mm	波导距离/mm	馈电阻值/Ω
3	300	110	20	7.5, 15	5	200
4	400	110	20	7.5, 15	5	200
5	500	110	20	7.5, 15	5	200
6	600	110	20	7.5, 15	5	200

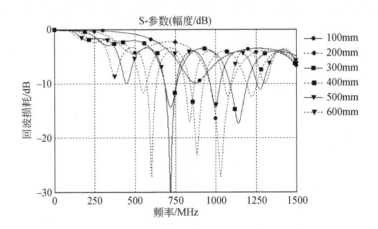

图 2.4.2-2　6 个不同辐射面长度的天线回波损耗

从仿真结果可以发现：在长度 100 ~ 600mm 的变化范围内，长度 L 的变化，主要改变波峰的密度，影响天线的中心频率，长度 L 越长，中心频率越低；长度 L 越短，中心频率越高；且随着长度 L 增加，回波损耗逐渐增大，辐射效率相应减小。

（2）控制单一变量改变辐射面宽度 W，以之前求算的波长为基础，确定天线宽度 W 的变化范围为 75 ~ 400mm，设计 5 款辐射面尺寸进行仿真模拟。天线采用末端加载的方式，同样以 $R = 200\Omega$ 的固定电阻阻值作为馈电阻值进行仿真分析。天线辐射面的长度设置为 400mm，具有不同辐射面宽度 W 的 5 款天线尺寸见表 2.4.2-3。5 个不同辐射面宽度的天线回波损耗如图 2.4.2-3 所示。

表 2.4.2-3　具有不同辐射面宽度 W 的 5 款天线尺寸

序号	长度/mm	宽度/mm	张角/（°）	波导长，宽/mm	波导距离/mm	馈电阻值/Ω
1	400	75	30	7.5, 15	5	200
2	400	175	30	7.5, 15	5	200
3	400	200	30	7.5, 15	5	200
4	400	300	30	7.5, 15	5	200
5	400	400	30	7.5, 15	5	200

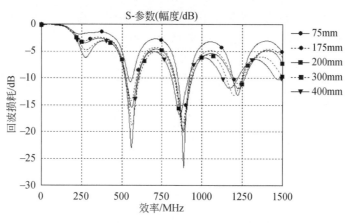

图 2.4.2-3　5 个不同辐射面宽度的天线回波损耗

上述结果可以表明：在辐射面宽度 75 ~ 400mm 的变化范围内，辐射面宽度 W，影响中心频率、回波损耗和辐射效率，不改变天线的中心频率。辐射面宽度 W 越大，低频成分逐渐增加；并且可以发现，当宽度为 75mm 时，天线回波损耗最小，辐射效率最高。

（3）控制单一变量改变波导长度 a，设置波导长度 a 的变化范围为 0 ~ 15mm，并设计 5 款天线进行仿真模拟。天线采用末端加载的方式，以 $R = 200\Omega$ 的固定电阻阻值进行仿真分析。辐射面长度设置为 400mm，辐射面宽度设置为 110mm，具有不同波导长度 a 的 5 款天线尺寸见表 2.4.2-4。5 个不同波导长度的天线回波损耗如图 2.4.2-4 所示。

表 2.4.2-4　具有不同波导长度 a 的 5 款天线尺寸

序号	长度/mm	宽度/mm	张角/ (°)	波导长，宽/mm	波导距离/mm	馈电阻值/Ω
1	400	110	30	0, 15	5	200
2	400	110	30	2.5, 15	5	200
3	400	110	30	5, 15	5	200
4	400	110	30	10, 15	5	200
5	400	110	30	15, 15	5	200

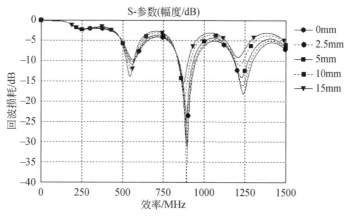

图 2.4.2-4　5 个不同波导长度的天线回波损耗

　　上述结果可以表明：在波导长度 a 为 0~15mm 的变化范围内，矩形波导长度 a 对天线的中心频率影响较弱，喇叭天线的中心频率会随着波导长度的增加而缓慢减小。但是波导长度 a 对辐射效率和回波损耗的影响较为特殊。波导长度 a 小于 2.5mm 时，随着波导长度 a 增加，天线辐射效率整体增加；波导长度 a 大于 2.5mm 时，随着波导长度 a 增加，高频部分的回波损耗逐渐增大，低频部分回波损耗逐渐减小，天线的辐射效率整体减小。

　　（4）控制单一变量改变波导宽度 b，设置波导宽度 b 的变化范围为 5~30mm，设计 5 款辐射面尺寸进行仿真模拟。天线采用末端加载的方式，以 $R=200\Omega$ 的固定电阻阻值进行仿真分析。辐射面长度设置为 400mm，辐射面宽度设置为 110mm，波导长度设置为 2.5mm，具有不同波导宽度 b 的 5 款天线尺寸见表 2.4.2-5。5 个不同波导宽度的天线回波损耗如图 2.4.2-5 所示。

表 2.4.2-5　具有不同波导宽度 b 的 5 款天线尺寸

序号	长度/mm	宽度/mm	张角/(°)	波导长，宽/mm	波导距离/mm	馈电阻值/Ω
1	400	110	30	2.5, 5	5	200
2	400	110	30	2.5, 10	5	200
3	400	110	30	2.5, 15	5	200
4	400	110	30	2.5, 20	5	200
5	400	110	30	2.5, 30	5	200

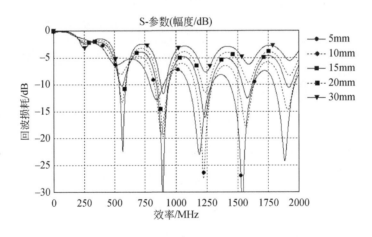

图 2.4.2-5　5 个不同波导宽度的天线回波损耗

　　上述结果可以表明：在波导宽度 b 为 5~30mm 的变化范围内，矩形波导宽度 b 对天线的中心频率影响较强，喇叭天线的中心频率随着波导宽度增加而大幅减小。同时波导宽度 b 对辐射效率和回波损耗也有明显影响。随着波导宽度增加，辐射效率逐渐降低，低频成分增加，高频成分逐渐减小；波导长度 a 小于 15mm 时，随着波导宽度 b 增加，800~900MHz 处的回波损耗逐渐减小；波导宽度 b 大于 15mm 时，随着波导宽度 b 增加，800~900MHz 处的回波损耗逐渐增加。

2) 辐射面张角对天线的影响

辐射面张角主要影响天线的辐射特性，其主要的影响因素主要有：波导距离 D 和辐射面夹角 θ。

（1）控制单一变量波导距离 D，将辐射面长度 L、宽度 W 以及波导长度 a 与宽度 b 设置不变量，仿真实验设置波导距离 D 的变化范围为 2.5～15mm，一共设计 5 款辐射面尺寸进行仿真模拟。天线采用末端加载的方式，以 $R=200\Omega$ 的固定电阻阻值进行仿真分析。辐射面长度设置为 400mm，辐射面宽度设置为 110mm，波导长度设置为 2.5mm，波导宽度设置为 15mm。具有不同波导距离 D 的 5 款天线尺寸见表 2.4.2-6。5 个不同波导距离的天线回波损耗如图 2.4.2-6 所示。

表 2.4.2-6　具有不同波导距离 D 的 5 款天线尺寸

序号	长度/mm	宽度/mm	张角/（°）	波导长，宽/mm	波导距离/mm	馈电阻值/Ω
1	400	110	30	2.5，15	2.5	200
2	400	110	30	2.5，15	5	200
3	400	110	30	2.5，15	7.5	200
4	400	110	30	2.5，15	10	200
5	400	110	30	2.5，15	15	200

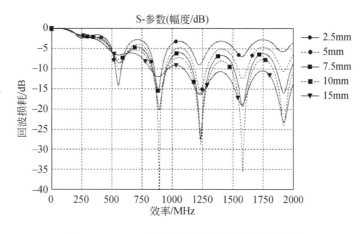

图 2.4.2-6　5 个不同波导距离的天线回波损耗

上述结果可以表明：在波导距离 D 的变化范围为 2.5～15mm，波导距离 D 对中心频率产生明显影响，随着波导距离 D 增加，高频成分增加，中心频率逐渐变大。高频成分的回波损耗减小，辐射效率增加。在 800～900MHz 频率成分处，当波导距离 D 小于 5mm 时，随着波导距离 D 增加，回波损耗减小，辐射效率增加。当波导距离 D 大于 5mm 时，随着波导距离 D 增加，回波损耗增加，辐射效率降低。

（2）控制单一变量辐射面夹角 θ，同样以之前求算的辐射面尺寸为基础，不改变其他变量，确定辐射面夹角 θ 的变化范围为 10°～60°，设计 5 款辐射面尺寸进行仿真模拟。天线末端加载馈电电阻阻值 $R = 200\Omega$ 进行仿真分析。辐射面长度设置为 400mm，辐射面宽度设置为 110mm，波导长度设置为 2.5mm，波导宽度设置为 15mm，波导距离设置为 5mm。具有不同辐射面夹角 θ 的 5 款天线尺寸见表 2.4.2-7。5 个不同辐射面夹角 θ 的天线回波损耗如图 2.4.2-7 所示。

表 2.4.2-7　具有不同辐射面夹角 θ 的 5 款天线尺寸

序号	长度/mm	宽度/mm	张角/（°）	波导长，宽/mm	波导距离/mm	馈电阻值/Ω
1	400	110	10	2.5, 15	5	200
2	400	110	20	2.5, 15	5	200
3	400	110	30	2.5, 15	5	200
4	400	110	45	2.5, 15	5	200
5	400	110	60	2.5, 15	5	200

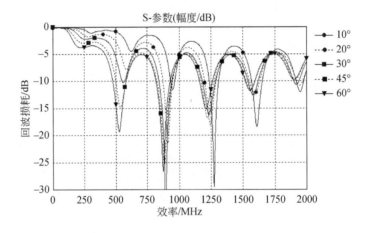

图 2.4.2-7　5 个不同辐射面夹角的天线回波损耗

上述结果可以表明：辐射面夹角 θ 对天线的中心频率有一定影响，当夹角较小时，高频成分增多，中心频率增加，而当夹角在 20°～60°时，天线中心频率会随着夹角的增加而有微小的降低，且随着夹角增大，低频成分增多。当夹角小于 30°时，随着夹角增大，回波损耗降低；当夹角大于 30°时，随着夹角增大，回波损耗增加。当夹角为 30°时，天线的辐射效率最高。

3）馈电方式对天线的影响

馈电方式主要影响天线的电流特性和磁场特性，进而影响辐射效率和回波损耗。其主要的影响因素主要有：电路中的电阻 R。设计实验改变馈电电阻阻值，从 100Ω 改到 350Ω，共设计 6 次实验，辐射面长度设置为 400mm，辐射面宽度设置为 110mm，波导长度设置为 2.5mm，波导宽度设置为 15mm，波导距离设置为 5mm，设置夹角为 30°。具有不同馈电阻值 R 的 6 款天线尺寸见表 2.4.2-8，6 个不同馈电阻值的天线回波损耗如图 2.4.2-8 所示。

表 2.4.2-8　具有不同馈电阻值 R 的 6 款天线尺寸

序号	长度/mm	宽度/mm	张角/（°）	波导长，宽/mm	波导距离/mm	馈电阻值/Ω
1	400	110	30	2.5，15	5	100
2	400	110	30	2.5，15	5	150
3	400	110	30	2.5，15	5	200
4	400	110	30	2.5，15	5	250
5	400	110	30	2.5，15	5	300
6	400	110	30	2.5，15	5	350

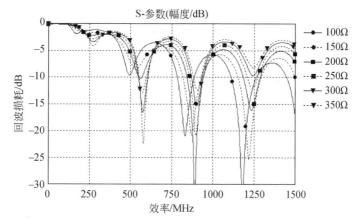

图 2.4.2-8　6 个不同馈电阻值的天线回波损耗

上述结果可以表明：馈电阻值 R 的变化，会改变 S11 回波损耗的高频强度，随着馈电阻值 R 增加，高频成分的回波损耗逐渐增大；随着馈电阻值 R 增加，天线中心频率处的回波损耗先减小后增大，且当馈电阻值在 100～350Ω 变化时，馈电阻值为 200Ω 时，回波损耗达到最小值，辐射效率最强。

综合上述结果，总结 TEM 天线参数的主要影响因素及结论如下：

（1）辐射面长度 L，主要改变波峰的密度，影响中心频率，长度 L 越长，中心频率越高，回波损耗逐渐增大，辐射效率相应减小。

（2）辐射面宽度 W，影响中心频率、回波损耗和辐射效率。宽度 W 越大，低频成分逐渐增加，当宽度为 75mm 时，天线回波损耗最小，辐射效率最高。

（3）矩形波导长度 a，波导长度 a 对天线的中心频率影响较弱，但是对辐射效率和回波损耗的影响较为特殊。波导长度 a 小于 2.5mm 时，随着波导长度 a 增加，天线辐射效率整体增加；波导长度 a 大于 2.5mm 时，随着波导长度 a 增加，高频成分回波损耗逐渐增大，低频成分回波损耗逐渐减小，辐射效率整体减小。

（4）矩形波导宽度 b，对喇叭天线的中心频率影响较强，喇叭天线的中心频率随着波导宽度增加而大幅减小。同时波导宽度 b 对辐射效率和回波损耗也有明显影响。波导长度 a 小于 15mm 时，随着波导宽度 b 增加，回波损耗逐渐减小；波导宽度 b 大于 15mm 时，随着波导宽度 b 增加，回波损耗逐渐增加。

（5）随着波导距离 D 增加，高频成分增加，中心频率逐渐变大。高频成分的回波损耗减小，辐射效率增加。当波导距离 D 小于 5mm 时，随着波导距离 D 增加，回波损耗减小，辐射效率增加。当波导距离 D 大于 5mm 时，随着波导距离 D 增加，回波损耗增加，辐射效率降低。

（6）辐射面夹角 θ 对天线的中心频率有一定影响，当夹角较小时，高频成分增多，中心频率增加，随着夹角增大，低频成分增多。当夹角小于 30° 时，随着夹角增大，回波损耗降低；当夹角大于 30° 时，随着夹角增大，回波损耗增加。

（7）馈电阻值在 100 ~ 350Ω 调节过程中，喇叭天线整体辐射效率先增大后减小，在馈电电阻阻值 200Ω 时辐射效率最高。

4）屏蔽装置结构设计

无论是常用的地面耦合天线还是空气耦合天线，其在工作时都会在接收到外界电磁波的干扰，城市环境中的电磁干扰源很多，如一些金属干扰物，工业电磁干扰等。干扰信号会降低信噪比，导致信号可信度降低，对后期的数据处理和解释造成困难。因此有必要为喇叭天线安装屏蔽装置，减小干扰信号。屏蔽装置的作用有两个，一是屏蔽外界环境中的电磁干扰作用，这一点在电磁环境复杂的地铁隧道中尤为重要，隧道环境中盾构机、管线、轨道等大型金属制装置都会对喇叭天线检测结果产生干扰。通过该装置可以减少外界的非目标信号，同时隔离雷达系统中其他金属的反射干扰信号，从而有效提高采集数据的信噪比。二是屏蔽装置可有效增强喇叭天线在某个方向的辐射性能，使天线朝特定方向辐射。喇叭天线实际对地面的辐射总场，是屏蔽装置的顶面反射电磁波场和天线辐射场二者的叠加。从理论来讲，当屏蔽装置高度为四分之一波长时，喇叭天线辐射能量最大，本章采用 5 面矩形金属长板组成的箱体作为屏蔽装置，并在喇叭天线辐射面与金属板之间添加吸波材料，既可以保持天线形状固定，也可以减少外界噪声对喇叭天线的影响。带有屏蔽装置的喇叭天线如图 2.4.2-9 所示，喇叭天线采用加载屏蔽外壳的方式，顶部开孔方便连接喇叭天线与接收机。

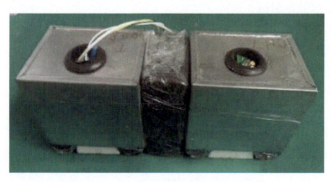

图 2.4.2-9　带有屏蔽装置的喇叭天线

3. TEM 天线性能测试

1）实验概况

根据 2.4.2 节 CST 软件仿真对比的计算结果，制作同尺寸天线及其屏蔽装置，并将其集成于探地雷达采集系统，进行天线测试实验。本实验以测试所设计天线的检测深度和屏蔽效果为目的，利用本章所设计的中心频率为 750MHz 的空气耦合喇叭天线及其屏蔽装置，在已知地下管线位置的实际道路上进行对比检测试验，验证此地质雷达天线的检测深度，及外界干扰对有屏蔽天线和无屏蔽天线的影响。测线布置如图 2.4.2-10 所示。

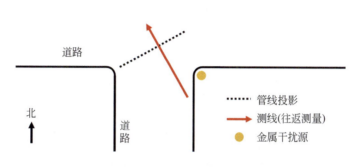

图 2.4.2-10　测线布置

测试路段下方有一地下管线，管线的顶面埋深为 90cm，地下管线半径为 15cm，且此道路路边存在一个杆状金属干扰物，金属干扰物位于测线起点后 0.5m 处，且金属干扰物距离测线垂直距离为 1.5m。为了充分测试天线性能，共加工组装了三套同尺寸的 750MHz 空气耦合喇叭天线，并分别在无屏蔽装置和有屏蔽装置条件下进行实际的道路检测对比实验。测线长 7m，且测线方向垂直于管线方向，每次进行往返测量。

2）采集参数设置

在利用探地雷达检测时，测量参数要与检测目标与仪器设备相配，从而最大程度上满足检测需求并达到期望的检测效果。探地雷达的测量参数主要包括天线中心频率、采样率和时窗等。时窗选择由最大检测深度与电磁波波速决定，其由式（2.4.2-1）估算：

$$w = 1.3(2h_{max}/v) \tag{2.4.2-1}$$

式中，h_{max} 为最大检测深度；v 为电磁波波速。

考虑管线埋深，经过计算，将时窗设置为 30ns 较为合适。

GPR 通过电磁波间接获取地下区域的目标信息。对一频率为 f_c 的简谐波进行采样，时间采样 Δt 和空间采样 Δx 需满足尼奎斯特采样定理：

$$\Delta t \leqslant \frac{1}{2f_c}; \ \Delta x \leqslant \frac{v}{2f_c} \tag{2.4.2-2}$$

对相对带宽为 1 的 GPR 脉冲信号，式（2.4.2-2）变为

$$\Delta t \leqslant \frac{1}{3f_c}; \ \Delta x \leqslant \frac{v}{3f_c} \tag{2.4.2-3}$$

实际工作中，扩展适用性，取理想值的一半：

$$\Delta t \leqslant \frac{1}{6f_c}; \Delta x \leqslant \frac{v}{6f_c} \tag{2.4.2-4}$$

本次对比测试实验共采集了 6 个雷达数据文件，本次天线测试实验参数设置如表

2.4.2-9 所示。

表 2.4.2-9　天线测试实验参数设置

文件号	天线	频率	采样点数	时窗/ns	叠加次数	离地高度/cm	有无屏蔽装置
1	第一套		512	30	3	30	有
2			512	30	3	30	无
3	第二套	750MHz	512	30	3	30	有
4			512	30	3	30	无
5	第三套		512	30	3	30	有
6			512	30	3	30	无

3）数据处理与分析

实验室采集数据处理利用的是中国矿业大学（北京）自主研发的地质雷达（GR）数据处理分析系统，该软件可以实现雷达数据整理、常规处理、成果解释及输出等内容。常规处理部分主要有频谱分析、一维滤波处理、背景去噪、增益控制和滑动平均等，地质雷达数据处理流程如图 2.4.2-11 所示。

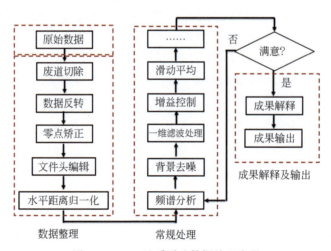

图 2.4.2-11　地质雷达数据处理流程

（1）数据整理

废道切除，即对雷达数据的首尾切除，从而保证测线位置与数据的对应关系。数据反转，为了方便同方向雷达剖面的比对等，可以对不同测线方向的数据进行数据翻转处理。零点校正，采集的数据中有很强的地面反射波和直达波，需要将起跳位置平移到实际零点处。文件头编辑主要包括设置每个标记对应的距离等。

（2）常规处理

频谱分析主要用于分析数据任意范围内的振幅谱情况，可以获取雷达反射波的主频，进而可以确定用于滤波的频率参数。

背景去噪主要去除剖面的背景噪声。背景噪声一部分是由阻抗不匹配产生的驻波干扰信号，一方面来源于外界较为稳定的干扰信号，前者是背景噪声的主要成分，背景噪声会压制有效信号，有必要将噪声去除，从而提取反映介质变化的有效信号，便于解释。由于背景噪声在水平方向具有很强的相关性，因此可以通过对所选取的背景道范围进行求均值运算得到背景噪声，再用原始数据减去背景噪声，即可将之去除。相比原始数据，经过背景噪声后的数据能够显示出噪声之下的更多有效回波信息。

一维滤波处理具有重要作用，采集的数据中存在许多低频漂移和有效频率范围外的信号。一维滤波处理有利于提取目标体的响应特征信号等。在处理过程中需要根据干扰信号存在的位置选定滤波器类型，在雷达数据资料的处理过程中，最常用的是带通滤波器。

增益控制可以进行信号的增益放大，保证不同深度的有效波能量均衡，便于对较深的弱信号进行观察。增益控制的过程是用雷达数据乘以增益权函数。增益权函数随时间变化缓慢，可以保证数据不会发生失真。道间平衡加强属于修饰性处理。其基本原理是，对相邻道进行相关性分析，具有相似性的判定为有效波，不具有相似性的判定为随机干扰并对两者分别加强和削弱。经过道间平衡加强处理，剖面中的连续信号得到增强。

滑动平均进行样点的均值运算。在对雷达资料进行滑动平均时，首先选择低通或高通，低通主要进行平滑滤波，高通是将当前值减去平滑结果。然后通过选择合适的道数平均数（进行一次平滑处理所选用的道数数量）和样点平均数（进行一次平滑处理所选用的样点数量）。经过滑动平均处理后的雷达剖面，其水平信号得到很好的压制。

将三套雷达天线所采集的雷达数据进行整理并作常规处理，结果如图 2.4.2-12 ~ 图 2.4.2-14 所示。

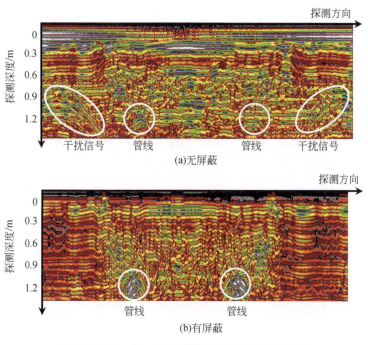

图 2.4.2-12　第一套天线数据处理后的雷达剖面

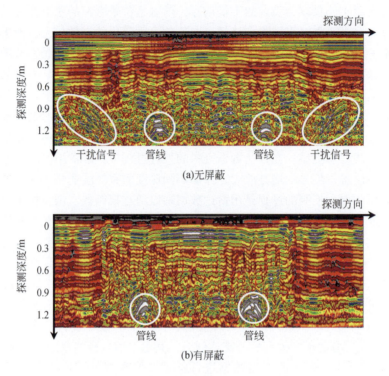

图 2.4.2-13　第二套天线数据处理后的雷达剖面

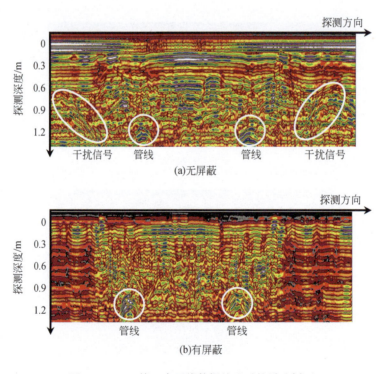

图 2.4.2-14　第三套天线数据处理后的雷达剖面

如图 2.4.2-14 所示，从三组雷达数据来看，地下管线的顶、底面所产生的雷达特征响应均清晰可见。已知地下管线的顶面埋深为 0.9m，底面埋深为 1.2m。因此，本次实际检测实验证明了加工的三组同尺寸的中心频率为 750MHz 的雷达天线检测深度均达 1.2m。本章设计的 750MHz 雷达天线可满足实际注浆质量检测的检测深度要求。

三组天线在无屏蔽条件下所获取的地下数据信息，都可以看到地下管线的特征响应，但天线接收到的噪声较多，掩盖了地下管线的部分响应。且在测线起始处均可见干扰信号，干扰信号强烈且影响的区域大。相比而言，加上屏蔽装置后的三组天线所采集的数据，经过处理后，地下管线响应特别清晰，无太多干扰信号，并且在雷达图像中的测线起始位置处没有金属干扰物反射信号，说明本章的屏蔽装置有效屏蔽了雷达天线周围较大金属物体的电磁干扰。本章设计的屏蔽雷达天线可以适应隧道中复杂的电磁干扰环境，有利于检测管片壁后介质分布，进行注浆质量检测。

综上所述，在无外界干扰的检测环境中，有屏蔽天线和无屏蔽天线都对地下管线检测有显著响应，可以检测到来自深部的异常信号；在有外界干扰的情况下，有屏蔽天线相比无屏蔽天线受到的干扰小，检测效果更好。本实验有力证明了本章设计的雷达天线检测深度达 1.2m 以及屏蔽外壳对周围的干扰信号具有有效的屏蔽作用。

2.4.3　雷达天线阵列优化设计

雷达天线阵列可以实现一次检测整个管片背后整个区域的介质信息，不仅可以获得完整的壁后介质三维信息，且比传统的单通道雷达天线效率更高。但是雷达天线阵列的通道之间存在电磁干扰现象，这会降低阵列天线所采集的三维雷达数据的信噪比，甚至掩盖壁后注浆缺陷反射的异常信号，造成漏判或误判，不利于注浆质量评价。另外天线阵列的悬空高度及通道间距也会影响检测效果，以保证雷达数据的有效、高质量采集。因此，如何在隧道工作条件下，压制阵列天线之间的信号干扰，利用阵列雷达天线在合适悬空高度条件下，进行非接触式管片壁后介质信息检测，保证雷达数据的有效高质量采集，是在隧道中实现空气耦合式阵列雷达天线进行快速实时管片壁后注浆质量检测最主要的问题。

2.4.1 节和 2.4.2 节对注浆检测系统的构架进行了阐述，并通过天线仿真和检测实验证明了单个天线的检测深度和屏蔽装置的有效性。本节针对雷达阵列天线的悬空高度、天线间距和填充吸波材料分别进行对比实验。首先制作出 8 套 750MHz 空气耦合式雷达收发天线，再根据具体的实验要求将收发天线整合于多通道数据采集系统后，在某一个实验道路进行检测对比实验。然后对采集的数据进行处理，并分别分析了雷达天线阵列在不同悬空高度、不同通道间距条件下的检测效果，为了减弱通道之间的电磁干扰，还进行雷达天线阵列通道之间是否填充吸波材料的对比实验，分析两种条件下雷达天线阵列之间相互受到的电磁干扰影响。

1. 雷达天线阵列不同悬空高度对比实验

本实验以找到空气耦合式雷达天线阵列最佳的天线悬空高度为目的。利用本章所设计的雷达天线阵列在某一实验道路进行雷达数据采集，设置其他条件相同。其中，通道数均为 8，然后对比雷达天线阵列在不同悬空高度条件下的检测效果。本实验共设置了三个悬空高度进行对比测试，即 0cm、5cm 和 10cm。本次测试的实验道路是位于中国矿业大学（北京）民族楼北侧一段东西向的道路，实验路段共长 50m，该路段根据路面的介质不同分为两部分，其中西侧部分的路段长 44m，而与之相邻的东侧部分的路段长 6m，且共有三个地下管线垂直穿越该路段。测试过程中，测线均为西东向布置，通过将按指定尺寸切割好的硬泡沫放在天线阵列下方，来控制悬空高度，如图 2.4.3-1 所示。阵列雷达采集系统安装了测距轮，在进行测试时按距离方式进行数据采集，这样便于不同悬空高度条件下所采集数据的对比。

图 2.4.3-1　不同悬空高度的检测实验

在利用雷达天线阵列采集数据前，将八通道天线接入检测系统后，需要在阵列雷达专业采集软件上进行采集参数设置。本次实验的采集参数设置如下。脉冲发射频率设置为 100kHz，2.4.2 节已经证明了设计的 750MHz 单通道雷达天线的检测深度可以达到 1.2m，这个深度满足注浆质量检测的要求，因此时窗根据检测深度要求设置为 30ns，采样点数设置为 512 个采样点，叠加次数设置为 3 次，本次所用型号的测距轮周长为 0.517m，且该测距轮每次转动一圈最多可发射 500 个脉冲信号，并将采样脉冲间隔设置为 10，其中采样脉冲间隔决定了道间距的大小。利用固有的测距轮周长、总脉冲数和设置好的采样脉冲间隔就可以计算出同一测线的道间距为 1.03cm。不同悬空高度条件下的参数设置见表 2.4.3-1。

表 2.4.3-1　不同悬空高度条件下的参数设置

文件号	通道数	高度/cm	时窗/ns	叠加次数	采样点数	采样模式
1	8	0	30	3	512	距离模式
2	8	5	30	3	512	距离模式
3	8	10	30	3	512	距离模式

将采集后的数据进行数据处理，处理方法包括零线校正、背景去噪、水平预测滤波、

带通滤波、滑动平均和增益。其中不同悬空高度条件下第二通道的雷达剖面对比如图2.4.3-2 所示。以第二通道采集的数据为例，进行对比分析。

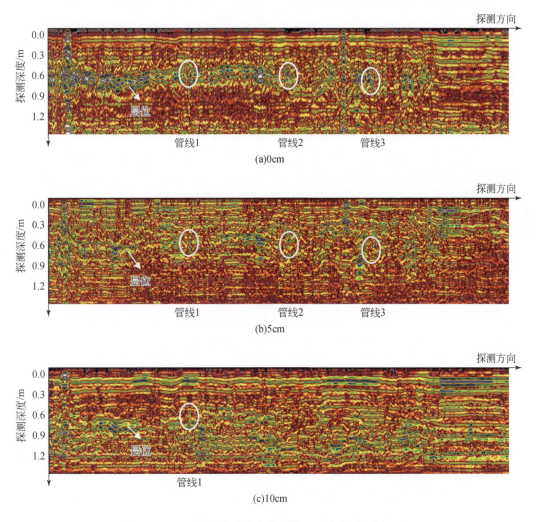

图 2.4.3-2　不同悬空高度条件下第二通道的雷达剖面对比

对比第二通道采集数据经过处理后的雷达剖面。在天线阵列贴地的条件下进行检测，雷达剖面中的层位线非常清晰，三个管线的响应信号强，如图 2.4.3-2（a）所示；在天线阵列悬空高度为 5cm 的条件下进行检测，雷达剖面中的层位线清晰，可以观察到三个管线的响应信号，如图 2.4.3-2（b）所示；在天线阵列悬空高度为 10cm 的条件下进行检测，雷达剖面可以反映一部分层位的位置，无法将所有的层位线刻画出来，即层位线不连续，而且管线产生的响应信号被掩盖，只能观察到管线 1 轻微的响应信号，无法在雷达剖面中找到其他管线的位置，如图 2.4.3-2（c）所示。

综上所述，在三个悬空高度的对比实验中，贴地时的检测效果最好，在进行空气耦合式检测时，阵列天线悬空高度为 5cm 时，相比贴地条件，依然可以清晰地反映层位线和管线位置，相比悬空高度为 10cm 条件下的检测效果更好。因此，将天线阵列的悬空高度设置为 5cm 较为合适。

2. 雷达天线阵列通道间距对比实验

本实验以找到空气耦合式阵列雷达天线较好的通道间距为目的。利用本章所设计的雷达天线阵列在某一实验道路进行雷达数据采集，对比雷达天线阵列在不同通道间距条件下的检测效果。本实验共设置了三个通道间距进行阵列雷达的对比测试，整个阵列雷达的长度为 1.2m，并保持不变，所以通道间距的不同表现为雷达天线阵列通道数的不同。三个通道间距分别对应三个不同的通道数，即设置 4 通道、6 通道和 8 通道，如图 2.4.3-3 所示。本次测试的实验道路与上一实验为同一道路段。在对比测试过程中，测线均为西东向布置。阵列雷达采集系统安装了测距轮，在进行测试时按距离方式进行数据采集，这样便于不同通道数阵列雷达采集数据的对比。

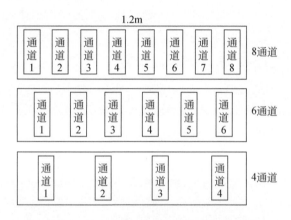

图 2.4.3-3　不同通道数的天线阵列示意图

在利用阵列雷达天线采集数据前，将系统连接好后，需要先在阵列雷达专业采集软件上进行采集参数设置。本次实验的采集参数设置如下。脉冲发射频率设置为 100kHz，时窗设置为 30ns，采样点数设置为 512 个采样点，叠加次数设置为 3 次，并将采样脉冲间隔设置为 10，利用设置好的采样脉冲间隔计算出同一测线的道间距为 1.03cm。不同通道间距条件下的参数设置见表 2.4.3-2。

表 2.4.3-2　不同通道间距条件下的参数设置

文件号	通道数	高度/cm	时窗/ns	叠加次数	采样点数	采样模式
1	4	5	30	3	512	距离模式
2	6	5	30	3	512	距离模式
3	8	5	30	3	512	距离模式

共采集了三个雷达数据文件，将采集后的数据进行常规数据处理，处理方法包括零线校正、背景去噪、水平预测滤波、带通滤波、滑动平均和增益。其中不同通道间距的检测实验如图 2.4.3-4 所示。以第三通道采集的数据为例，进行对比分析。

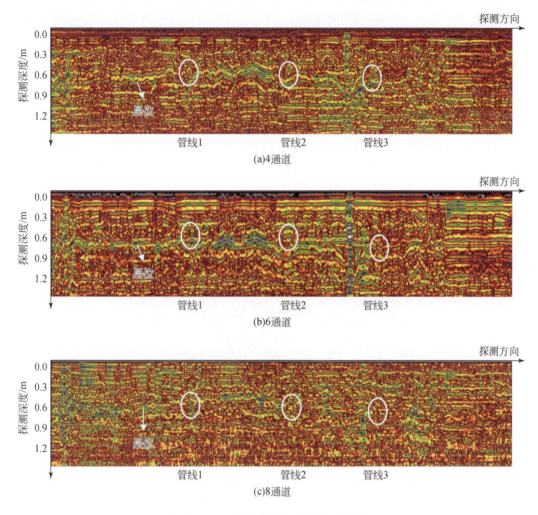

图 2.4.3-4　不同通道间距的检测实验

　　对比第三通道采集数据经过处理后的雷达剖面。在阵列雷达内部放置 4 通道的条件下进行检测，雷达剖面中的层位线非常清晰且连续，可以观测到三个管线响应信号，双曲线完整清晰，如图 2.4.3-4（a）所示；在阵列雷达内部放置 6 通道的条件下进行检测，雷达剖面中的层位线清晰，可以观察到三个管线的响应信号，但是受干扰信号的影响，致使双曲线并不清晰，且第二个管线的响应信号很弱，如图 2.4.3-4（b）所示；在阵列雷达内部放置 8 通道的条件下进行检测，雷达剖面中的层位线和管线的响应信号均可以观测到，但是明显存在水平干扰信号等噪声，噪声掩盖了部分层位线和管线信号。雷达剖面中存在的噪声使得成像变差，可能会使某些异常信号被掩盖，不利于进一步地解释，如图 2.4.3-4（c）所示。

　　综上所述，在三个通道间距的对比实验中，4 通道天线的检测效果最好，随着通道数增加，采集的数据量增加，相应观测到的地下信息更多，在隧道壁后注浆缺陷检测过程中，一方面有利于数据三维成像，另一方面可以使对注浆质量的评价更加充分。但是随着通道数量的增加，干扰信号也逐渐增多，分析可知，由于天线阵列整体长度（检测区域）不变，通道数量的增加会使得通道的间距逐渐减小。由于电磁波对金属等有很强的反射，所以通道间距的减小会使得电磁波的反射信号越来越强，接收天线接收到的干扰信号增加，从而使信噪比降低，数据质量下降。因此，如何保证采集足够的数据，并使得通道间的干扰信号尽量小，是一个值得探讨的问题。下一个实验，将对减小通道之间的干扰信号进行探讨。

3. 雷达天线阵列通道间电磁干扰对比实验

本实验以寻找降低空气耦合式雷达天线阵列通道间的电磁干扰的方法为目的。如图2.4.3-5 所示，利用本章所设计的雷达天线阵列在实验道路进行雷达数据采集，尝试在通道间填充吸波材料的方式来降低阵列雷达通道间的相互电磁干扰。

图 2.4.3-5　填充吸波材料的对比实验

实验过程中采用 8 通道阵列雷达天线进行对比测试，在其他实验条件不变的情况下，如悬空高度设置为 5cm，对比是否填充吸波材料对天线阵列检测效果的影响。首先利用未填充吸波材料的天线阵列进行了雷达数据采集，然后用吸波材料将原来通道间用于支撑的泡沫代替，沿同一路线进行雷达数据采集。本次测试的实验道路与上一实验为同一实验道路段，测试过程中，测线均为西东向布置。阵列雷达采集系统安装了测距轮，在进行测试时按距离方式进行数据采集，便于两个雷达数据间的对比。

先将 8 通道天线集成到阵列雷达系统，然后在利用阵列雷达天线采集数据前，在阵列雷达专业采集软件上进行采集参数设置。本次实验的采集参数设置如下。脉冲发射频率设置为 100kHz，时窗根据检测深度要求设置为 30ns，采样点数设置为 512 个采样点，叠加次数设置为 3 次，将采样脉冲间隔设置为 10，计算出同一测线的道间距为 1.03cm。吸波材料对比实验参数设置见表 2.4.3-3。

表 2.4.3-3　吸波材料对比实验参数设置

文件号	通道数	高度/cm	时窗/ns	叠加次数	采样点数	采样模式	是否填充吸波材料
1	8	5	30	3	512	距离模式	未填充
2	8	5	30	3	512	距离模式	填充

本次对比实验采集两个数据文件。将两次采集后的数据进行数据处理，处理方法包括零线校正、背景去噪、水平预测滤波、带通滤波、滑动平均和增益。以第二通道的数据处理结果为例进行对比，通道 2 采集的雷达数据如图 2.4.3-6 所示。

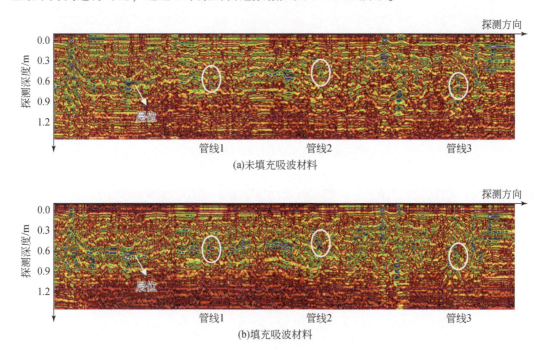

图 2.4.3-6　通道 2 采集的雷达数据

对比通道 2 采集的雷达数据。如图 2.4.3-6（a）所示，在阵列天线通道之间不加吸波材料的条件下进行检测，雷达剖面中的层位线较为连续，可以观察到三个管线的响应信号，但由于通道天线之间的电磁干扰，使得层位界面和管线的反射信号受到压制，降低了信噪比。如图 2.4.3-6（b）所示，在天线阵列通道之间填充吸波材料之后进行检测，其雷达剖面中的层位线更加清晰、连续，相同路段的层位线对比如图 2.4.3-7 所示，且三个管线的响应双曲线信号更强，地下管线响应信号对比如图 2.4.3-8 所示。

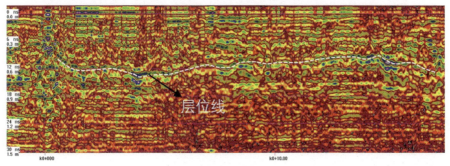

(a)未填充吸波材料

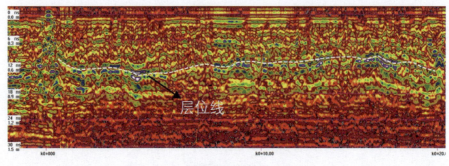

(b)填充吸波材料

图 2.4.3-7　相同路段的层位线对比

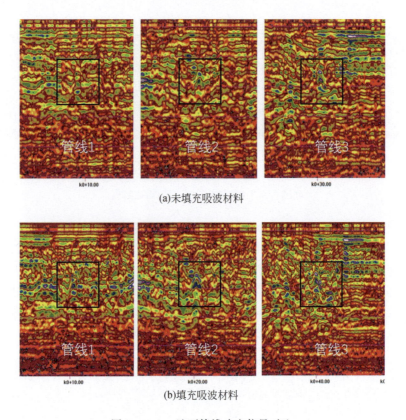

(a)未填充吸波材料

(b)填充吸波材料

图 2.4.3-8　地下管线响应信号对比

　　综上所述，在是否填充吸波材料的对比实验中，通道之间填充吸波材料可以减弱通道天线之间的电磁干扰信号，提高信噪比，从而达到突出层位线，使得地下管线的反射信号更清晰，从整体上提升了天线阵列的检测效果。因此，在 8 通道天线阵列通道之间填充吸波材料是较为合适的。

第 3 章　地铁隧道衬砌表面裂缝检测技术

3.1　地铁隧道表面裂缝检测原理与采集设计

由于我国地铁隧道类型多样，且隧道内环境复杂，普通相机难以适应地铁隧道内的复杂环境，而工业线阵相机与面阵相机由于其在复杂环境中的稳定图像采集性能被广泛应用于各种隧道表面病害检测。在本章节中将介绍我国地铁隧道与裂缝的类型，然后从线阵相机与面阵相机传感器的工作原理开始叙述，随后介绍用于地铁隧道中相机的选型参数，最后介绍用于地铁隧道内复杂环境的裂缝病害检测装置方案设计。

3.1.1　地铁隧道与裂缝的类型

目前，应用在地铁区间内的隧道结构类型可大致分为三种：明挖法矩形结构、盾构法隧道圆形结构以及矿山法马蹄结构，分别在使用明挖法、盾构法以及矿山法修建的地铁区间隧道中得到应用。不同形式的地铁区间设计各具优缺点，图 3.1.1-1 为常见的地铁隧道结构示意图。

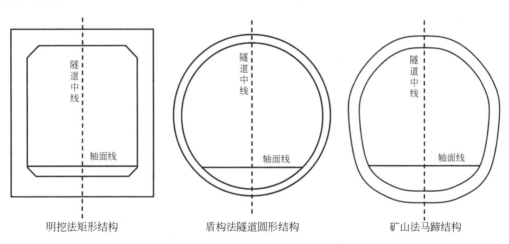

明挖法矩形结构　　　　　盾构法隧道圆形结构　　　　　矿山法马蹄结构

图 3.1.1-1　常见的地铁隧道结构示意图

根据地铁隧道中裂缝的形成机理与裂缝的走向可以将裂缝分为纵向裂缝、环向裂缝、斜向裂缝与网状裂缝 4 种类型。纵向裂缝是沿着地铁隧道轴线方向延伸的裂缝，几乎或完全与地铁隧道轴线平行，如图 3.1.1-2（a）所示；环向裂缝主要是由于地铁隧道内围岩压力变化、温度应力变化等引起的，环向裂缝走向几乎与隧道轴线垂直，如图 3.1.1-2（b）

所示；斜向裂缝也称为结构裂缝，与隧道轴线呈一定的角度相交，如图3.1.1-2（c）所示；网状裂缝是由多条裂缝相交而形成的，如图3.1.1-2（d）所示。

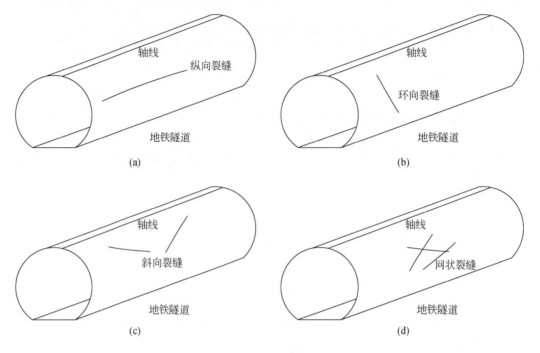

图3.1.1-2　隧道裂缝类型

3.1.2　裂缝图像采集装置设计

1. CCD 传感器的工作原理与工作方式

图像传感器是能够将光学信号转变为电信号的一种电荷耦合器件，主要有电子束摄像管、影像增强管、电荷耦合器件（charge coupled device，CCD）图像传感器与互补金属氧化物半导体器件（complementary metal oxide semiconductor，CMOS）图像传感器等。但是随着现代传感器技术的成熟，电子束摄像管等真空管传感器逐渐被CCD与CMOS图像传感器替代[1]。由于CMOS图像传感器相较于CCD图像传感器分辨率低且采集图像的边缘容易受到噪声干扰，在采集图像相同像素矩阵下，CCD图像传感器相较于CMOS图像传感器的有着更高的灵敏度，因此CCD图像传感器相较于CMOS图像传感器被更多地用于隧道检测中，在本章中主要采用的是CCD图像传感器。

CCD图像传感器是一种特殊的半导体材料，由大量独立的光敏元件组成，这些光敏元件通常是按照矩阵排列，将照射到CCD图像传感器上的光学信号转变为电信号。CCD图像传感器各个元件对电信号进行处理，然后再通过模数转换器（analog to digital converter，ADC）转换器处理后变成数字信号。数字信号经过一定格式压缩后存入缓存装置中，此时就得到一幅图像。CCD图像传感器因为工作方式不同而分为线阵CCD图像传感器与矩阵

CCD 图像传感器，即线阵 CCD 图像传感器与面阵 CCD 图像传感器。

　　线阵 CCD 图像传感器所采集的图像是呈线型的二维图像，而图像的宽度却仅有一到几个像素。线阵 CCD 图像传感器在采集图像时要求被测物体与线阵 CCD 图像传感器发生相对位移时才能采集图像（图 3.1.2-1），每接收一个采集信号线阵 CCD 图像传感器就只采集一道数据。该种相机的分辨率有 1k、2k、4k、8k、12k 与 16k 等，且价格相对低廉，被广泛地应用于隧道检测中，缺点是线阵 CCD 图像传感器需要进行连续采集，将采集的连续多道二维线型图像进行合并处理成二维图像，如图 3.1.2-2 所示。

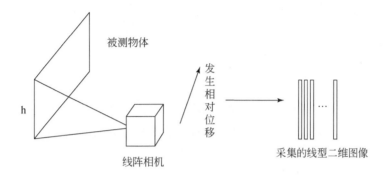

图 3.1.2-1　线阵 CCD 图像传感器工作原理示意图

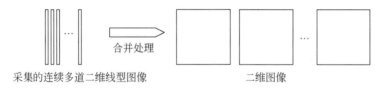

图 3.1.2-2　二维线型图像合并成二维图像

　　面阵 CCD 图像传感器所采集的图像是呈矩形的二维像素矩阵，每接收到一个采集信号就会采集一个像素矩阵，其采集图像的细节是由图像分辨率决定。该种图像传感器的采集图像分辨率常见的有 512×512、795×596、1024×1024、2048×2048、4096×4096、5000×5000，图像中的细节信息受到图像传感器镜头的分辨率直接影响。相较于线阵 CCD 图像传感器，面阵 CCD 图像传感器可以直接获取二维图像信息，采集图像相较线阵 CCD 图像传感器比较直观，如图 3.1.2-3 所示。

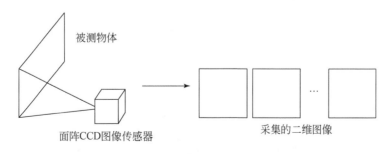

图 3.1.2-3　面阵 CCD 图像传感器工作原理示意图

由于线阵 CCD 图像传感器相较于面阵 CCD 图像传感器具有分辨率高，价格低廉，且适用于动态检测中，因此本章研究采用线阵 CCD 图像传感器。

2. 线阵 CCD 图像传感器选型参数

线阵 CCD 图像传感器虽然能够适应地铁隧道复杂的环境，但是并不是所有的线阵图像传感器都适合地铁隧道，要根据一些参数需求确定线阵图像传感器的型号，如线阵图像传感器的分辨率、物距、采样频率与检测精度、光源等。

线阵图像传感器的采样频率是指相机在一秒内采集数据的次数，是由检测装置的检测速度与相机的检测精度所决定的。假设检测装置的检测速度为 v，检测精度为 d，单位为 mm/s，则频率 f 可由式（3.1.2-1）计算得出：

$$f = \frac{v}{d} \tag{3.1.2-1}$$

为了提高地铁隧道表面裂缝病害的检测效率，使得检测装置一次检测就能覆盖地铁隧道轨道面以上的环向断面，通常会在检测装置中环形布置多个线阵图像传感器，地铁隧道线阵图像传感器检测方案示意图如图 3.1.2-4 所示。式（3.1.2-2）计算的是地铁隧道周长 C，r 是地铁隧道的半径；式（3.1.2-3）计算的是需要地铁隧道轨道面以上被检测区间的弧度，β 是弧度 L 对应的角度。假设线阵图像传感器的分辨率为 α，则检测地铁隧道环向断面所需要的线阵图像传感器 N 可由式（3.1.2-4）计算得出：

$$C = 2\pi r \tag{3.1.2-2}$$

$$L = C \times \frac{\beta}{360} \tag{3.1.2-3}$$

$$N = \frac{L}{\alpha} \tag{3.1.2-4}$$

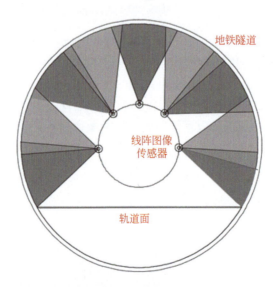

图 3.1.2-4　地铁隧道线阵图像传感器检测方案示意图

由于地铁隧道中光源分布不均，普通的 LED 灯、卤素灯等光源容易受到地铁隧道内照明灯的影响，使采集的图像中出现光照不均的情况，而激光光源由于具有亮度高、能耗低、受其他光源影响较小的优点，适用于地铁隧道表观裂缝检测照明。

3.1.3 裂缝图像采集方案设计

参考国家《地铁设计规范》（GB 50157—2013）技术标准设计适用于地铁隧道的病害检测车，本章中地铁隧道表面裂缝病害检测装置总体设计方案主要分为 4 部分，一是线阵相机的选型，相机能够以较高的分辨率采集地铁隧道内 0.1mm 的裂缝；二是相机支架的设计，相机支架除了能够固定线阵相机外，还能改变线阵相机的安装固定位置，使得线阵相机在不同直径的地铁隧道内依然能以最佳物距采集数据；三是同步采集控制系统设计，实现相机与相机间、相机与激光频闪曝光间的同步控制；四是相机位置信息采集设计，目的是获取采集到的裂缝病害信息的空间位置[2]。

地铁隧道表面病害检测装置示意图如图 3.1.3-1 所示，图中的 A_1、A_2、$\cdots$、A_n 为线阵相机，用于采集地铁隧道表面的病害信息；B_1、B_2、$\cdots$、B_n 为线阵相机主机，主要目的是存储线阵相机采集的图像数据；C 为测距编码器，与轨轮 J 固定连接，目的是将轨轮移动时的机械信号转变为电信号；D 为同步控制装置；E 为相机支架，起支撑固定线阵相机作用；F_1、F_2、$\cdots$、$F_{n/2}$ 为倾角传感器，主要是用于获取采集的地铁隧道图像的角度信息；G_1、G_2、$\cdots$、$G_{n/2}$ 为测距传感器，用于获取线阵相机到采集图像的距离信息；H 为检测装置平台；K 为待检测的地铁隧道环向断面；R 为每两个相邻线阵相机采集图像的重叠区域，其重叠部分占采集图像的 10%，目的是便于后文提取重叠区域的特征对图像进行拼接。

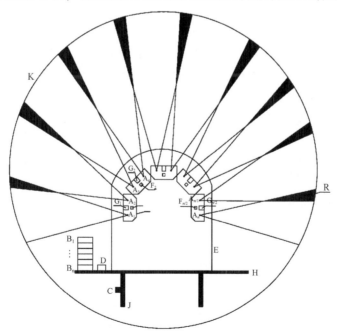

图 3.1.3-1 地铁隧道表面病害检测装置示意图

1. 线阵相机选型

本章中设计检测装置适用于直径为 6m 左右的地铁隧道，最高检测速度为 20km/h，裂缝病害的检测精度为 0.1mm，实现地铁隧道轨道面 300°以上检测区间全覆盖。根据 3.1.2 节所述的选型各项参数与计算公式，选择的线阵相机型号为：Linea™ 16K Camera Link 线阵相机［图 3.1.3-2（a）］，相机的分辨率为 16k，采样频率最大为 48kHz，最佳物距为 2.4m。通过式（3.1.2-2）~式（3.1.2-4）计算可知，采集范围覆盖地铁隧道轨道面以上 300°的范围所需要的线阵相机为 9 台，光源为激光光源。两台线阵相机与一个激光光源密封在一个防水、防尘的保护壳里［图 3.1.3-2（b）］。

(a)线阵相机   (b)线阵相机与激光光源保护壳

图 3.1.3-2 线阵相机与保护壳

2. 相机支架设计

相机支架在地铁隧道病害检测装置中主要是为了固定和支撑线阵相机，使得线阵相机到地铁隧道被测面的距离保持恒定。相机支架示意图如图 3.1.3-3 所示，图 3.1.3-3（a）为支架正面，图 3.1.3-3（b）为支架背面。相机支架高 1550mm，宽 1500mm，在支架的

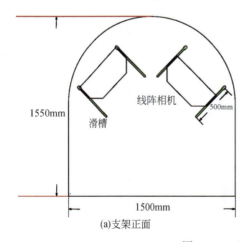
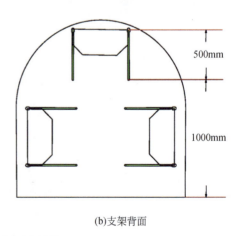

(a)支架正面   (b)支架背面

图 3.1.3-3 相机支架示意图

正面安装固定有两个线阵相机保护壳，在支架的背面装有三个线阵相机保护壳，其中位于支架背面顶部的相机保护壳中只装有一台线阵相机，其余保护壳内分别装有两台相机。每个保护壳固定处都有一对距离滑槽与角度滑槽，距离滑槽的长度为 500mm，能够调节线阵相机的固定位置，使得相机能够适应不同直径的地铁隧道；角度滑槽能够在 5°范围内调节线阵相机的安装角度，微调相机采集图像中的重叠区域。

相机支架安装实物图如图 3.1.3-4 所示，其中图 3.1.3-4（a）为支架正面侧视图，图 3.1.3-4（b）为支架背面测试图，图 3.1.3-4（c）为滑槽。通过相机支架中的距离滑槽与角度滑槽可以根据所要检测隧道区间的直径调整线阵相机的安装固定位置，使得线阵相机距离隧道侧面仍然保持最佳物距。

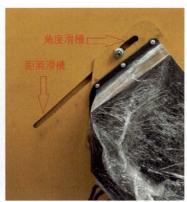

(a)支架正面侧视图　　　　(b)支架背面侧视图　　　　(c)滑槽

图 3.1.3-4　相机支架安装实物图

3. 同步采集控制系统设计

在地铁隧道中，线阵相机由于拍摄角度的限制，单个线阵相机的拍摄范围难以覆盖地铁隧道的整个环向断面，而为了提高地铁隧道病害的检测效率，使得线阵相机的拍摄范围能够较多地覆盖地铁隧道轨道面以上的环向断面，常常在一个检测装置中布置多部线阵相机（图 3.1.2-4），而且本章中所使用的激光光源为了节省能耗，选择的激光光源是频闪曝光，涉及线阵相机与线阵相机间、线阵相机与激光光源频闪曝光间如何做到同步的问题。

本章在地铁隧道裂缝检测装置中安装了 9 部线阵相机，每个相机保护壳内有一台激光光源提供光照。检测装置示意图如图 3.1.3-1 所示，为了控制 9 部线阵相机 A_1、A_2、…、A_n（$n=9$）同步采集以及相机的采集频率与激光的曝光频率一致，通过固定安装在轨轮 J 上的测距编码器 C 与同步控制装置 D 实现 9 部线阵相机的同步采集以及相机与激光间的同步。同步采集控制流程图如图 3.1.3-5 所示，随着轨轮的转动，测距编码器将轨轮移动时的机械信号转变为采集脉冲电信号输入到同步控制装置中，同步控制装置将采集信号分为 5 路，每一路信号控制两台线阵相机与一台激光光源，9 个相机同步采集的数据分别被保存在电脑主机 B_1、B_2、…、B_n（$n=9$）内置存储装置中。

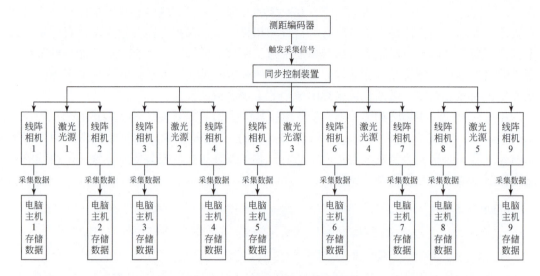

图 3.1.3-5　同步采集控制流程图

相机与激光同步控制装置如图 3.1.3-6 所示，该装置中的接口每两个一组，编号为 A、B、C、D、E 五组，每组中的接口 1′是电源数据线，为线阵相机与激光供电；接口 2′为采集控制线，用于同步控制线阵相机与激光光源。A、B、C、D 四组中的采集控制线分别与两台电脑主机相连，第 E 组的采集控制线只连接一台电脑主机。接口 F 为测距编码器信号输入接口。

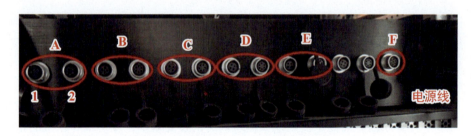

图 3.1.3-6　相机与激光同步控制装置

4. 相机位置信息采集设计

本章中的地铁隧道裂缝检测装置除了能够获取地铁隧道表面的裂缝病害，还能够获取裂缝病害的空间位置信息，便于后期地铁隧道维护人员根据裂缝的定位及时修补裂缝。为实现上述能够定位地铁隧道裂缝病害空间位置信息的功能，在每个线阵相机保护外壳上分别固定安装一个测距传感器与倾角传感器（图 3.1.3-7），测距传感器用于获取线阵相机到被测物体的直线距离，倾角传感器用于获取线阵相机采集时的角度信息，通过对距离与角度的计算获取被测物体中裂缝的位置信息。测距传感器与倾角传感器定位示意图如图 3.1.3-8 所示。

图 3.1.3-7　测距传感器与倾角传感器

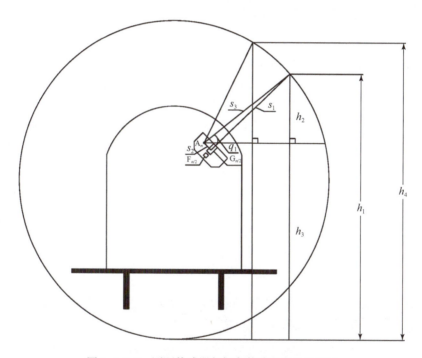

图 3.1.3-8　测距传感器与倾角传感器定位示意图

如图 3.1.3-8 所示，线阵相机 A_n 拍摄图像在地铁隧道行进方向的距离 S 可由式（3.1.3-1）计算得出：

$$S = \Delta F \times d \tag{3.1.3-1}$$

式中，ΔF 为任意一个线阵相机存储一幅图像的总道数；d 为测距轮编码器的脉冲间距，脉冲间距 d 可由式（3.1.3-2）计算得出：

$$d = \frac{Q}{L} \qquad (3.1.3\text{-}2)$$

式中，Q 为测距编码器 C 每转一圈所发射的脉冲数；L 为检测装置轨轮 J 的周长。

线阵相机 A_n 拍摄图像在环向方向的高度 h_1 可由式（3.1.3-3）计算得出：

$$h_1 = h_2 + h_3 \qquad (3.1.3\text{-}3)$$

式中，h_3 为线阵相机 A_n 的安装高度，线阵相机 A_n 到线阵相机图像底边的高度 h_2 可由式（3.1.3-4）计算得出：

$$h_2 = s_3 \times \sin q_1 \qquad (3.1.3\text{-}4)$$

式中，q_1 为线阵相机 A_n 到线阵相机图像底边的连线与水平线之间的夹角，角度信息由倾角仪 $F_{n/2}$ 获取；s_3 为线阵相机 A_n 到线阵相机图像底边的距离，可由式（3.1.3-5）计算得出：

$$s_3 = \sqrt{s_1^2 + s_2^2} \qquad (3.1.3\text{-}5)$$

式中，s_1 为测距仪到线阵相机图像底边的距离；s_2 为线阵相机 A_n 到测距仪的距离。

3.1.4　裂缝图像采集工作方法

本章依托于中国矿业大学（北京）设计研发的地铁隧道安全隐患综合检测车进行隧道衬砌表面图像的采集，实现疏散平台以上的隧道衬砌表面全覆盖图像采集，本章对其工作原理进行介绍。由于地铁隧道尺寸的复杂性会影响裂缝病害的物理尺寸等信息的转换和提取，因此本章对地铁隧道采集的图像进行畸变修正。在本章的图像采集系统中，多台相机之间存在空间距离，需要一种快速的拼接方法对采集图像进行拼接。此外，对于单个相机无法完全拍摄的裂缝，本章采用基于特征点法的精细拼接。

1. 采集图像方法

本章的隧道衬砌裂缝图像采集装置安装在中国矿业大学（北京）设计研发的地铁隧道安全隐患综合检测车上，该装置由三部分组成，分别是 9 台 CCD 线阵相机（附带激光光源）、相机支架以及相机同步控制采集系统，如图 3.1.4-1 所示。

图 3.1.4-1　地铁隧道安全隐患综合检测车现场图像

地铁隧道线阵相机检测方案及线阵相机如图 3.1.4-2 所示，其中数字 1~9 代表 9 台线阵相机各自的编号。该装置工作的流程如下。

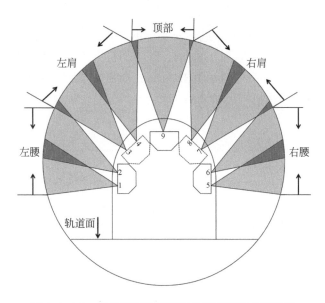

图 3.1.4-2 地铁隧道线阵相机检测方案及线阵相机

在标准圆形盾构隧道中，9 台线阵相机布置于相机支架上，布设的位置为围绕隧道圆心组成一个半圆，每台相机负责拍摄隧道特定部位的图像，当地铁隧道安全检测车的车轮转动时，车轮会联动测距轮编码器发射脉冲信号，即检测车每移动固定的距离，测距轮编码器便发射一个脉冲信号，在相机同步控制系统接收到这个信号后，便立刻向 9 台相机和激光光源同时发送采集图像的信号，激光光源和 9 台相机便会同时工作，实现图像数据采集，即每台相机都同时采集一道数据。

该装置实现的功能有：

（1）适用于直径 5.6m 左右的圆形盾构隧道、马蹄形隧道以及矩形隧道，最高检测的速度为 20km/h，裂缝病害的检测精度为 0.1mm，实现疏散平台以上的隧道衬砌表面全覆盖图像采集。

（2）通过调节相机支架中的距离滑槽和角度，可以根据所要检测的隧道区间直径调整线阵相机的安装固定位置，使得线阵相机与隧道衬砌管壁的距离仍然保持最佳物距。

（3）在相机同步控制采集系统的操控下，每台相机的图像采集频率都与检测车的运动速度保持一致，实现了每台相机采集到的所有照片都连续而且无重叠。

线阵相机、相机支架、同步控制装置分别见图 3.1.3-2、图 3.1.3-4、图 3.1.3-6。

2. 采集图像畸变矫正

在实际应用中，可以通过线阵相机采集的裂缝图像获得裂缝的像素尺寸。然而，为了得到裂缝的实际尺寸，需要知道图像中一个像素点所代表的实际尺寸，也就是物理尺寸。

在得到物理尺寸后，就可以获得裂缝的像素尺寸，乘以通过上述标定过程得到的比例系数即可获得该裂缝的实际尺寸，完成了图像像素尺寸和实际尺寸之间的相互转换。除此之外，由于本章采用的检测装置一共有 9 台线阵相机，在进行图像采集前，需要先对每台相机采集的大致范围进行确定。

因此，本章对地铁隧道采集图像进行畸变矫正。以标准圆形地铁盾构隧道为例，如图 3.1.4-3 所示，圆形地铁直径 $2R$ 为 5600mm，线阵相机并不是在圆形隧道的圆点进行图像采集。事实上，9 台线阵相机是呈半圆形排布的，直径 $2r$ 为 1200mm，且圆心基本与隧道圆心 O 重合，本章采用的相机视场角 θ 为 32°。

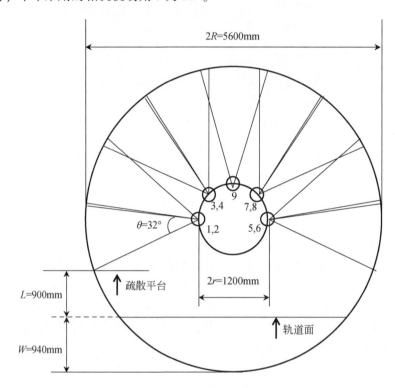

图 3.1.4-3　线阵相机在标准圆形隧道的采集示意图

为实现对疏散平台以上的隧道衬砌表面进行全覆盖采集，以采集隧道左腰部分图像的 1 号相机为例，如图 3.1.4-4 所示，1 号相机理想状况是刚好可以拍摄到隧道的疏散平台，1 号相机实际上的拍摄对象是弯曲的、弧度为 β 的圆弧形状隧道表面，通过几何关系可以得知 $\tan\beta$ 如式（3.1.4-1）所示：

$$\tan\beta = \frac{(R-r)\tan\theta}{R} \tag{3.1.4-1}$$

可知 β 约为 27.2°，即一台相机的拍摄范围可以覆盖弧度为 27.2°的隧道表面，9 台相机最多可覆盖 244.8°的隧道表面，满足对疏散平台以上的隧道衬砌表面进行全覆盖采集的要求。

得知了弧度后，就可以算出单台相机拍摄隧道的弧长，隧道的弧长 $L_{弧}$ 可由式（3.1.4-2）得出：

$$L_{弧} = 2\pi R \frac{\beta}{360°} \tag{3.1.4-2}$$

可知 $L_{弧}$ 为 1329mm，即一台相机采集的图像可以覆盖弧长 $L_{弧}$ 为 1329mm 的隧道表面，

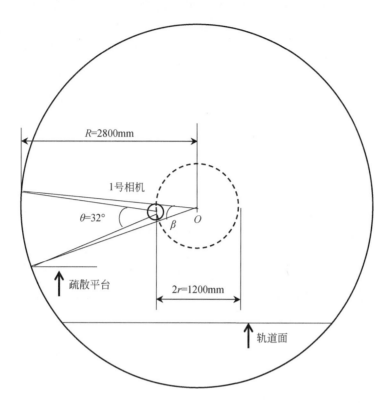

图 3.1.4-4　1 号相机采集示意图

即相机的幅宽 h 为 1329mm，由于线阵相机采集的数据在隧道环向上的分辨率 $f_环$ 为 16380 像素，所以相机的环向检测精度 $k_环$ 可由式（3.1.4-3）得出：

$$k_环 = \frac{h}{f_环} \tag{3.1.4-3}$$

可以得到，相机在标准地铁盾构隧道的环向检测精度 $k_环$ 为 0.078mm/像素，即一个像素点代表 0.0816mm 的长度，由于相机采集一道数据的距离间隔是 0.1015mm，即相机在标准地铁盾构隧道的横向检测精度 $k_横$ 为 0.1015mm/像素，通过以上理论计算，得知相机实际上拍摄的图像是被拉伸了，因此需要对线阵相机采集的图像进行修正，使采集的图像"所见即所得"，将环向检测精度与横向检测精度修正处理，即让 $k_环 = k_横$。

本章采用图像放缩法统一环向检测精度与横向检测精度，即增加或减少图像的像素点，如图 3.1.4-5 所示，假设原图像的分辨率为 $h_0 \cdot d_0$，放缩后的图像分辨率为 $h_1 \cdot d_1$，精度为 k_t，则有式（3.1.4-4）：

$$\begin{cases} h_0 \cdot k_环 = h_1 \cdot k_t \\ d_0 \cdot k_横 = d_1 \cdot k_t \end{cases} \tag{3.1.4-4}$$

本章令 k_t 值为 $k_横$，得到 d_1 为 10000 像素，h_1 为 13096 像素，即需要将相机采集的原图分辨率从原本的 16380 像素压缩为 13096 像素。此时，图像中的一个像素点代表长宽都是 0.1015mm。

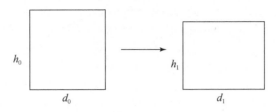

图 3.1.4-5　图像畸变修正

3.2　裂缝图像预处理及多相机图像拼接

由于地铁隧道中的光照环境复杂，采集到的图像中往往会存在光照不均与裂缝对比度较低的情况，若是不对光照不均的区域进行处理，在后续图像处理时，这些光照不均的区域往往会变成干扰噪声，影响裂缝特征的识别。因此本章提出了一种图像预处理算法，目的是降低采集图像中光照不均的影响，增强图像中裂缝的对比度，滤除掉图像中的干扰噪声。该算法主要包括：图像灰度腐蚀、图像分块匀光、图像二值化以及基于图像连通区域滤波。

图像拼接技术是图像处理技术中的一个重要分支，通过提取相邻线阵相机采集的图像重叠部分特征点，依据特征控制点对相邻线阵相机采集的图像进行配准拼接，获得隧道整个断面的全景图像，为以后地铁隧道三维模型的建立提供技术支持。

3.2.1　图像预处理

1. 图像灰度腐蚀

图像灰度腐蚀主要分为两个部分，分别是图像灰度化和图像腐蚀处理。

在地铁隧道中采集的图像是具有红（R）、绿（G）、蓝（B）三通道色素的彩色图像，而后续对图像处理时是不需要图像中的三原色数据信息的，所以要先对线阵相机采集的图像进行灰度化处理，使其从彩色图像转变为灰度图像。

在灰度图像中每个像素坐标点 (x_i, y_i) 的像素值是一个固定值，其像素值的范围在 0 ~ 255，其中 0 表示黑色，255 表示白色。常用的图像灰度化处理方法主要有最大值法、平均值法与加权平均法这三种，在本章中采用的是加权平均法，公式如式（3.2.1-1）所示：

$$A(x,y) = R(x_i,y_i) \times 0.30 + G(x_i,y_i) \times 0.59 + B(x_i,y_i) \times 0.11 \qquad (3.2.1\text{-}1)$$

式中，$A(x, y)$ 为原图像经过灰度变换后的灰度图像；R、G、B 分别为像素点 (x_i, y_i) 坐标处的三通道像素值。

对图像进行腐蚀膨胀操作是典型的图像形态学处理，图像腐蚀处理可以溶解物体的边缘，使得图像中的裂缝纹理变细，能更好地保护图像的细节。图像的腐蚀处理操作是选定一个结构元素矩阵 Se，如 1×1、2×2、3×3、…、n×n 等结构元素矩阵对经过灰度变换后的

图像 $A(x, y)$ 进行遍历运算，去除掉图像中目标体的部分边缘像素。但是需注意选用较大的结构元素时会出现裂缝发生断裂的问题。图像腐蚀处理操作的公式如式（3.2.1-2）所示：

$$G(x,y) = A(x,y) \ominus Se \qquad (3.2.1-2)$$

式中，$G(x, y)$ 为灰度图像 $A(x, y)$ 经过腐蚀处理后的图像；Se 为结构元素；$\ominus$ 为遍历运算，在本章中结构元素选用 5×5 的结构元素，相机采集的含有裂缝的原始图像如图 3.2.1-1 所示，图 3.2.1-2 为原始图像经过灰度腐蚀处理后的图像。

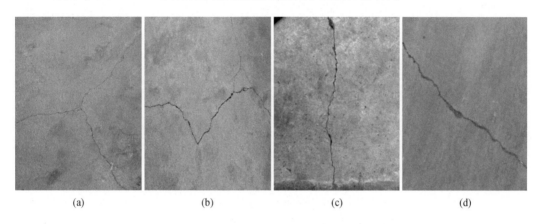

　　(a)　　　　　　　　(b)　　　　　　　　(c)　　　　　　　　(d)

图 3.2.1-1　相机采集的含有裂缝的原始图像

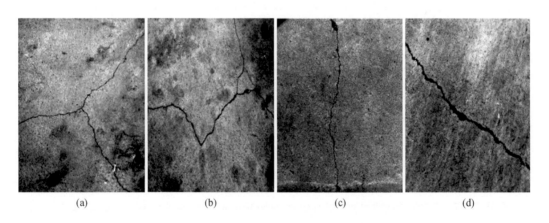

　　(a)　　　　　　　　(b)　　　　　　　　(c)　　　　　　　　(d)

图 3.2.1-2　原始图像经过灰度腐蚀处理后的图像

2. 图像分块匀光

　　由于地铁隧道中光源分布不均，在不同的地铁隧道区间光照差异明显，所采集的图像中通常会存在光照不均的问题，对光照不均的原始图像进行灰度腐蚀处理后往往会在图像中存在黑斑，如灰度腐蚀处理后的图像图 3.2.1-2（a）(b) 中所示的黑斑会对后续图像处理造成影响。

　　常见的图像分块匀光方法是直方图均匀拉伸方法，该方法是对经过灰度腐蚀处理操作后的图像中的灰度值进行变换，使得变换后的图像中的灰度值均匀分布。如图 3.2.1-3 所示的（a）~（d）四幅图像分别是图 3.2.1-2 中对应的灰度腐蚀图像的直方图。

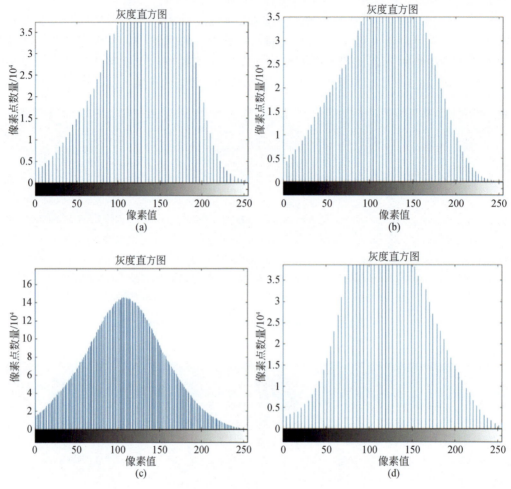

图 3.2.1-3　图像灰度分布直方图

如图 3.2.1-3 所示的图像灰度分布直方图，原始图像图 3.2.1-3（a）~（d）经过灰度腐蚀处理后灰度直方图呈现明显的山峰状，图像灰度值分布较为紧密，且大多集中在 80 ~ 200 内，整幅图像中灰度值分布极为不均。

对灰度腐蚀处理后的图 3.2.1-3 采用直方图均匀拉伸后，图像灰度值分布如图 3.2.1-4 所示。相较于图 3.2.1-3 中所示的图像灰度分布直方图，经过直方图均匀拉伸的灰度值分布较为均匀，但是灰度图像中光照不均的黑斑并没有得到有效平衡，如图 3.2.1-5 所示，这是因为图像直方图拉伸方法是以整幅图像的灰度值进行拉伸，在小尺度范围内这种方法并不能做到有效平衡图像中灰度值。

为能达到在小尺度范围内有效平衡图像中的灰度值，本章采取将原灰度图像进行分块处理，在小图像的基础上采取直方图均匀拉伸的方法，以达到提高裂缝的对比度且能平衡灰度像中光照不均的影响的目的。该方法主要包括图像分块处理、图像灰度值归一化以及

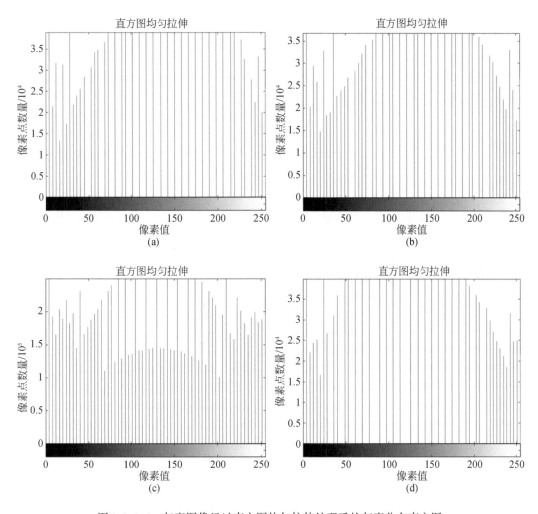

图 3.2.1-4　灰度图像经过直方图均匀拉伸处理后的灰度分布直方图

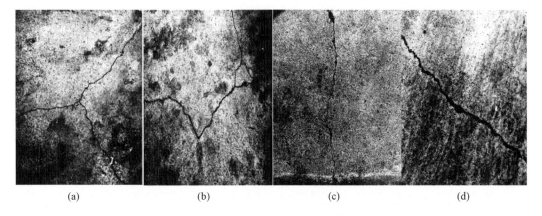

图 3.2.1-5　直方图均匀拉伸后的图像

分块子图像直方图均匀拉伸。

（1）图像分块处理

图像分块处理是将经过灰度腐蚀处理后的图像等分成多个子图像，每个子图像中都包含原灰度图像的部分像素点。图像分块处理操作步骤如下，设分块子图像的高度为 h，宽度为 w，原灰度图像的高度与宽度等分公式如式（3.2.1-3）所示：

$$h_1 = \frac{H}{h}, w_1 = \frac{W}{w} \tag{3.2.1-3}$$

式中，H、W 分别为灰度腐蚀图像的高度与宽度；h_1、w_1 分别为原灰度图像的高度值与宽度值在竖直方向与水平方向所能划分的个数。若计算的子图像的高度 h_1 与宽度 w_1 不为整数，则向上取整，并且将原灰度图像分别按照 $h \cdot h_1$、$w \cdot w_1$ 的方式进行扩充，最后按照式（3.2.1-3）重新计算 h_1、w_1 的值，这样计算的 h_1、w_1 就为整数，且原灰度图像就被划分为 $h_1 \cdot w_1$ 个子图像。

设分块后的子图像为 $U_i(x, y)$，图像分块公式如式（3.2.1-4）所示：

$$\left[G(x,y) = U_1(x,y) + U_2(x,y) + U_3(x,y) + \cdots + U_i(x,y) \mid i = h_1 \cdot w_1 \right] \tag{3.2.1-4}$$

（2）图像灰度值归一化

图像灰度值归一化是通过变换将图像中的灰度值 0~255 以 0~1 表示，目的是避免图像灰度分布不均衡对后续图像处理的影响，减小分块子图像直方图拉伸时的计算量，以及在小尺度范围内保护图像细节，有时也能够提高图像计算的精度。图像灰度值归一化公式如式（3.2.1-5）所示[3]：

$$\left\{ R_i(x,y) = \frac{U_i(x,y) - \min\left[U_i(x,y) \right]}{\max\left[U_i(x,y) \right] - \min\left[U_i(x,y) \right]} \mid i = 1,2,3,\cdots,h_1 \cdot w_1 \right\} \tag{3.2.1-5}$$

式中，$R_i(x, y)$ 为每个分块子图像 $U_i(x, y)$ 计算的归一化值；$\min$、$\max$ 分别为取分块子图像 $U_i(x, y)$ 的灰度值的最小值与最大值。

（3）分块子图像直方图均匀拉伸

分块子图像直方图均匀拉伸是对每一个分块子图像都采用该方法进行处理，在小尺度的范围内平衡每个子图的灰度值，达到平衡光照的目的，公式如式（3.2.1-6）所示：

$$V_i(x,y) = \begin{cases} \dfrac{1}{1 + \left[\dfrac{P_i}{R_i(x,y)} \right]^\omega}, & R_i(x,y) \neq 0 \\ \\ 0, & R_i(x,y) = 0 \end{cases} \tag{3.2.1-6}$$

式中，P_i 为每个子图像 $U_i(x, y)$ 的灰度均值；ω 的值根据实验经验取 2；$V_i(x, y)$ 为每个子图像 $U_i(x, y)$ 经过直方图均匀拉伸处理操作后的结果。

对每个子图像直方图拉伸结果 $V_i(x, y)$ 进行反归一化处理，就能够得到经过直方图拉伸后的灰度值 $L_i(x, y)$，反归一化公式如式（3.2.1-7）所示：

$$L_i(x,y) = V_i(x,y) \cdot 255 \tag{3.2.1-7}$$

将经过反归一化处理操作后的图像进行合并操作，将合并后的图像记为 $M(x, y)$，这样就能够很好地平衡灰度图像中的灰度值，降低光照不均对后续图像处理的影响。分块子图像直方图均匀拉伸效果图如图 3.2.1-6 所示。

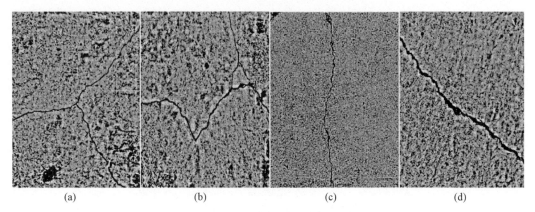

(a)　　　　　　　(b)　　　　　　　(c)　　　　　　　(d)

图 3.2.1-6　分块子图像直方图均匀拉伸效果图

3. 图像二值化

经过图像分块匀光处理操作后的灰度图像 $M(x, y)$，已经降低光照不均对后续图像处理的影响，现对图像 $M(x, y)$ 进行二值化处理。二值图像是指图像中所有像素点的像素值只有黑和白两种颜色。图像二值化处理是指将灰度图像中所有像素点的值都设置为 0 或 1，且此时 0 为白色，1 为黑色。

裂缝图像中通常表现为裂缝区域的灰度值低于其他背景区域，且裂缝边缘存在灰度突变。因此，本章使用基于阈值分割的图像技术对裂缝进行识别，目标是让裂缝的像素值尽可能地为 1，而让图像中的背景像素值为 0。阈值分割形成二值图的过程如式（3.2.1-8）所示[4]：

$$F(x,y)=\begin{cases} 1, & f(x,y) \geqslant T \\ 0, & f(x,y) < T \end{cases} \qquad (3.2.1\text{-}8)$$

式中，$F(x, y)$ 为灰度图像；$f(x, y)$ 为二值化处理后的图像；T 为二值化阈值。

图像二值化可以使得灰度图像变得简单，减少后续图像处理时的计算量，该操作流程是先确定一个阈值，然后将灰度图像中的灰度值大于该阈值的设为 1，小于该阈值的灰度值设为 0。在本章中采用的是最大类间方差法确定图像二值化的阈值。

最大类间方差法，又被称为 Otsu 大津法[5]，是一种自适应阈值确定方法，由日本学者大津提出。该方法是先求取灰度图像中前景区域与背景区域灰度值方差，所选择的方差值越大，前景区域与背景区域分隔也就越大，将方差最大时对应的灰度值作为二值化阈值。由于该方法在实际使用中出错率低，且计算简单，稳定性高，被广泛地应用于图像二值化阈值选择中。

在本章中采用最大类间方差法确定阈值 T，对图像进行二值化处理的公式如式（3.2.1-9）所示：

$$E(x,y)=\begin{cases} 1, & M(x,y) > T \\ 0, & M(x,y) < T \end{cases} \qquad (3.2.1\text{-}9)$$

式中，$E(x, y)$ 为灰度图像 $M(x, y)$ 二值化处理后的图像。图像二值化实例效果图如图 3.2.1-7 所示。

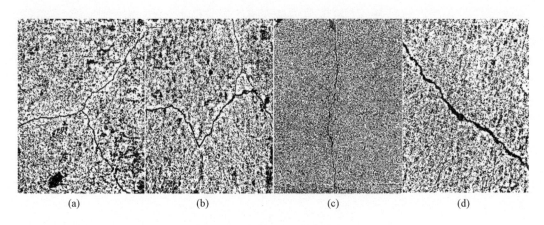

图 3. 2. 1-7　图像二值化实例效果图

4. 基于图像连通区域滤波

采集的隧道衬砌图像中不仅存在裂缝、渗水、缺角掉块等病害，还存在杂讯即噪声，也可以称为噪点。在采集图像中，由于隧道内部的复杂环境、光照不均匀及模拟信号的杂讯（信号随机偏移）等情况，皆有可能制造出噪点。

噪声在灰度图像上呈现为灰度值变化混乱，图像上有斑点。一般来说，噪声在随着图像进行增强操作时随之一起增强，这不利于后续的图像处理步骤。因此，在预处理过程中，需要进行滤波操作，尽可能抑制采集装置、光源以及各种介质带来的负面效应。

按不同的方式进行分类，噪声可以被划分为多个类别。采集的图像中椒盐噪声（salt-and-pepper noise）和高斯噪声（Gaussian noise）数量最多。

椒盐噪声，又称脉冲噪声，产生的原因是传感器（CMOS）接收的数字或模拟信号脉冲强度突然急剧变化。对于灰度图像而言，椒盐噪声就是在图像上随机出现黑色白色的像素。

高斯噪声，是指噪点的分布规律和强度规律都遵循正态分布的噪点集合。对于灰度图像而言，高斯噪声是图像上随机出现的符合正态分布的灰色像素点，这些噪声像素点在强度大小和分布位置上都服从正态分布，即随机、无规律。

泊松噪声，介于椒盐噪声与高斯噪声之间的噪声，当泊松噪点比较多时，近似于高斯噪声，当泊松噪点比较少时，近似于椒盐噪声。常用的图像滤波方法有均值滤波、中值滤波、图像形态学滤波以及基于图像连通区域特征滤波。

均值滤波也称为线性滤波，原理是在整幅图像中按照顺序依次选定一个 $n×n$（n 为整数）的像素矩阵，计算该矩阵中的像素灰度均值，以计算的灰度均值代替像素矩阵内的灰度值。而中值滤波是一种非线性滤波，原理是在整幅图像中按照顺序依次选定一个 $n×n$（n 为整数）的像素矩阵，将矩阵中的像素灰度值从小到大依次排序，选取其中位灰度值代替像素矩阵内的灰度值。这两种滤波方法的效果都受到 n 的大小影响，所选取的 n 越大，滤波效果越明显，但是裂缝越容易发生断裂。

图像形态学滤波主要是对图像进行开运算或闭运算操作，开运算是对图像先进行腐蚀处理再进行膨胀处理，先后两次处理时选用相同的结构元素，该滤波方法主要用于消除小对象物体，平滑较大物体的边缘。闭运算是对图像先进行膨胀处理再进行腐蚀处理，先后两次处理时选择相同的结构元素，该滤波方法主要用于填充目标内的细小空洞，连接断裂的相邻目标。需要注意的是在选用图像形态学滤波时结构元素的选用，结构元素选择的矩阵越大，滤波效果越明显，但是图像中裂缝也容易发生断裂。

如图 3.2.1-8 所示，分别是均值滤波、中值滤波以及图像形态学滤波三种滤波方法实例效果图，这三种滤波方法均没有达到理想的滤波效果，当 $n=10$ 时，采用均值滤波与中值滤波方法的图像中的散点噪声并没有完全滤除掉，且图像中的裂缝已经出现不同程度的

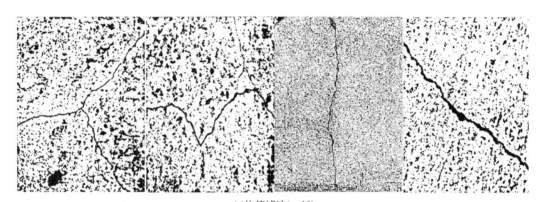
(a)均值滤波($n=10$)

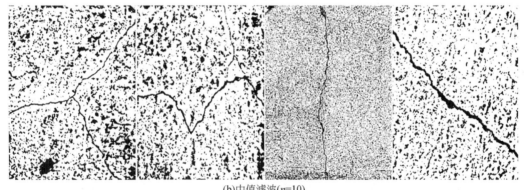
(b)中值滤波($n=10$)

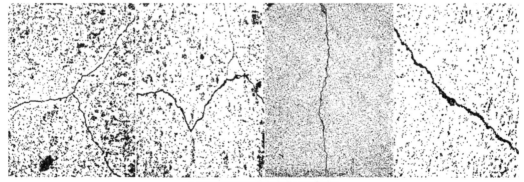
(c)图像形态学滤波(5阶结构元素)

图 3.2.1-8　图像滤波效果图

断裂，若是选择更大的 n 值，裂缝发生断裂的情况会更加明显；在使用图像形态学滤波方法时选用 5 阶结构元素时图像裂缝也是出现断裂情况。因此，为了尽可能保护图像中的裂缝细节，在本章中根据裂缝与噪声的连通区域特征将图像中的干扰噪声滤除掉。

连通区域指的是具有相同的像素值且位置相邻的像素点所组成的区域，有 4 连通区域与 8 连通区域[6]。4 连通区域是指将目标点与目标点相邻的上、下、左、右的像素点作为连通区域，如图 3.2.1-9（a）所示，8 连通区域是指将目标点与目标点相邻的上、下、左、右、左上、右上、左下、右下的像素点作为连通区域，如图 3.2.1-9（b）所示。

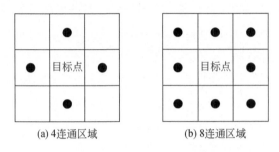

(a) 4连通区域　　　　　　　　　(b) 8连通区域

图 3.2.1-9　连通区域示意图

在二值化图像中，通常情况下以 '0' 像素值表示的是黑色区域，如噪声与裂缝，而 '1' 像素值表示的是白色背景。而连通区域只会统计像素值为 '1' 的点，因此需要对图像的像素值进行取反处理，使 '0' 像素值表示背景，'1' 像素值表示裂缝与噪声，如图 3.2.1-10 所示。

```
0  1  0  1  1  0  1              1  0  1  0  0  1  0

1  1  1  1  0  1  0      取反      0  0  0  0  1  0  1

0  0  1  0  1  1  0      ⟹       1  1  0  1  0  0  1

1  0  0  0  1  0  1              0  1  1  1  0  1  0

1  1  1  1  0  1  0              0  0  0  0  1  0  0

0  1  0  1  1  0  1              1  0  1  0  0  1  0
```

图 3.2.1-10　图像像素值取反处理

提取图像连通区域特征的方法是采用左文明[7]的算法，该算法的流程是先设图像的连通区域为 $L_k(x, y)$，将连通区域的初始值定为已知点，设为 $L_0(x, y)$，然后将结构元素与连通区域 $L_k(x, y)$ 进行膨胀运算，然后与图像 $F(x, y)$ 取交，且每次膨胀后都确保图像在 $F(x, y)$ 范围内。最后不断进行膨胀，连通区域一直生长，当 $L_k(x, y) = L_{k-1}(x, y)$ 时，得到连通区域 $L_k(x, y)$。图像连通区域提取公式如式（3.2.1-10）所示：

$$L_k(x,y) = [L_{k-1}(x,y) \oplus \mathrm{Se}] \cap F(x,y) \quad k=1,2,3,\cdots \quad (3.2.1\text{-}10)$$

式中，⊕为膨胀运算；Se 为结构元素。

在二值图像中比较常见的干扰噪声是散点噪声与块状噪声等，由于这两种噪声与裂缝有着明显的连通区域特征差异，可以根据不同的特征将二值图像中的裂缝与噪声分隔开，滤除掉图像中的噪声。

（1）散点噪声的滤除

散点噪声的特点是彼此之间相互独立，且其连通区域的面积小，而裂缝的连通区域面积则相较散点噪声大，可以利用这一特征滤除掉一些面积较小的散点噪声。上述的连通区域面积并不是真实的面积，而是指连通区域中目标像素的总数，具体滤波步骤如下所示。

首先，统计二值图像中每个连通区域目标裂缝像素点总数，记为 N_1、N_2、$\cdots$、N_n，n 为连通区域的个数；然后确定滤波阈值 T_{n1}；最后将连通区域的目标裂缝像素点总数 N_n 小于阈值的像素值设置为 0，反之则设置为 1。设滤除散点噪声后的图像为 $B(x, y)$，滤除散点噪声如式（3.2.1-11）所示：

$$B(x,y)=\begin{cases}0, & N_n<T_{n1} \\ 1, & \text{其他}\end{cases} \qquad (3.2.1-11)$$

需要注意的是滤波阈值 T_{n1} 的大小，阈值过小，则散点噪声滤除不明显；阈值过大，则会滤除掉一些较细的裂缝。根据多次对采集图像处理结果，本章中阈值 T_{n1} 的确定方法是将获取的所有连通区域的面积 N_1、N_2、N_3、$\cdots$、N_n 从小到大依次排列，选取其中位数的三倍作为阈值 T_{n1}。二值图像散点噪声滤除实例效果图如图 3.2.1-11 所示。

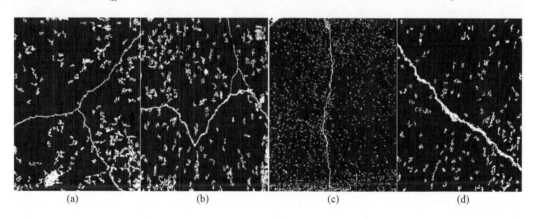

(a)　　　　　　　(b)　　　　　　　(c)　　　　　　　(d)

图 3.2.1-11　二值图像散点噪声滤除实例效果图

（2）大面积块状噪声滤除

通过散点噪声与裂缝连通区域的面积不同特征，可以滤除掉二值图像中的一部分面积较小的散点噪声，但是在图像中依然会保留一些面积较大的块状噪声。对于图像中面积较大的块状噪声，由于裂缝是细长型结构，其连通区域的面积与外接矩形的比值要明显小于块状噪声，可以根据这一特征滤除掉图像中的大面积块状噪声，具体滤波步骤如下所示。

首先，提取图像中每个连通区域的最小坐标（$x_{\min}$, $y_{\min}$）与最大坐标（$x_{\max}$, $y_{\max}$），根据每个连通区域的最小坐标与最大坐标计算每个连通区域的外接矩形的面积 S_i，计算公式如式（3.2.1-12）所示：

$$S_i = (x_{\max}-x_{\min}) \cdot (y_{\max}-y_{\min}) \qquad (3.2.1-12)$$

式中，i 为连通区域的个数。

　　然后，再次获取每个连通区域面积 M_1、$M_2\cdots M_i$，逐个计算每个连通区域的面积 M_1、$M_2\cdots M_i$ 与其外接矩形的面积 S_i 计算比值 C_i，计算公式如式（3.2.1-12）所示：

$$C_i = \frac{M_i}{S_i} \qquad\qquad (3.2.1\text{-}13)$$

　　最后，确定滤波阈值 T_i，将计算的结果比值 C_i 与阈值 T_i 进行对比，若 $C_i > T_i$，则将该连通区域的像素点值全部设置为 0，反之设置为 1。设滤除块状噪声后的图像为 $Z(x, y)$，公式如式（3.2.1-13）所示。根据多次对采集图像的处理结果，块状噪声的滤波阈值 T_i 设为 0.31，图像中大面积块状噪声滤除实例效果图如图 3.2.1-12 所示。

$$Z(x,y)=\begin{cases} 0, & C_i > T_i \\ 1, & \text{其他} \end{cases} \qquad (3.2.1\text{-}14)$$

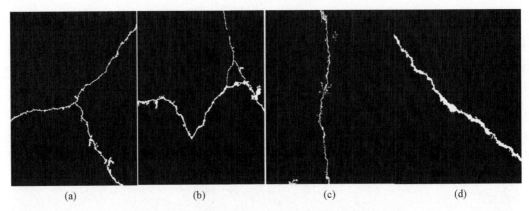

(a)　　　　　　　　(b)　　　　　　　　(c)　　　　　　　　(d)

图 3.2.1-12　　图像中大面积块状噪声滤除实例效果图

3.2.2　多相机图像拼接处理

　　在地铁隧道病害采集中，单个线阵相机的采集范围有限，为了使线阵相机能以更大范围覆盖隧道检测区间，一般会在相机支架中安装多部线阵相机，通过匹配相邻线阵相机采集图像重合区域特征点，对两幅图像进行拼接，可以实现多幅含有重叠信息图像的无缝拼接，得到更大视角的全景图像，为后续地铁隧道三维建模提供技术支持，地铁隧道采集图像拼接主要分为隧道行进方向拼接与隧道环向方向拼接两个部分，如图 3.2.2-1 所示。

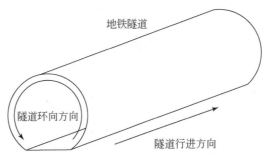

图 3.2.2-1　　地铁隧道环向方向与行进方向示意图

1. 隧道行进方向拼接

对隧道采集图像行进方向拼接是将上文所述的每个环向拼接成单环图像 P_1、P_2、P_3…P_n 拼接成一幅隧道横向拼接图。线阵相机在地铁隧道内采集图像是连续采集，每接收一个采集信号就会采集一道数据，然后将 n 道数据合并一起形成一幅二维图像。对隧道图像行进方向拼接是要把之前每 n 道环向拼接的图像 P_1、P_2、P_3…P_n 再次进行合并处理，形成隧道行进方向拼接示意图，如图 3.2.2-2 所示。

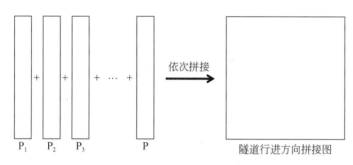

图 3.2.2-2　隧道行进方向拼接示意图

2. 隧道图像环向拼接

地铁隧道环向方向是在地铁隧道横截面处，从左到右的环向方向，如图 3.2.2-1 所示。隧道图像环向拼接主要包括：相邻图像特征点提取，图像特征点匹配以及图像环向拼接三部分。

由于本章的 9 台线阵相机并非安装在相机支架的同一面，而是相机 1、2、5、6、9 号安装在正面，相机 3、4、6、7 号安装在背面，因为相机支架的厚度不可忽略，所以图像的环向拼接并不能直接拼接。

假设当相机支架正面的相机从里程为 0 处开始采集，则背面的相机实际上是从里程为负 x 处开始采集的；当相机采集了 dm 的数据时，正面的相机采集的是里程为 $0 \sim d$ 的隧道图像数据，背面的相机采集的是 $-x \sim d-x$ 的隧道图像数据。基于此，本章需要统一 9 台相机的采集起始里程。做法为取所有相机都拍摄到的里程的并集，即所有相机都只保留里程 $0 \sim d-x$ 的图像数据，如图 3.2.2-3 所示。相邻线阵相机间采集图像重叠区域示意图如图 3.2.2-4 所示。

（1）相邻图像特征点提取

我国地铁隧道表面多是由混凝土加固，线阵相机采集的隧道混凝土图像中含有的颜色信息较少，且检测装置在采集时由于震动会使部分图像中出现形变、扭曲等情况，导致提取相邻线阵相机采集图像特征点比较困难。由于尺度不变特征变换（scale-invariant feature transform，SIFT）算法具有良好的尺度不变性[8]，即使相邻的两幅图像发生旋转、亮度改变等，依然能够稳定提取两幅图像中重叠区域特征点，因此在本章中采用 SIFT 特征提取算法提取相邻线阵相机采集图像重叠区域特征点。

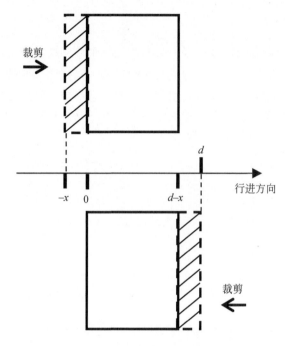

图 3.2.2-3　统一相机里程

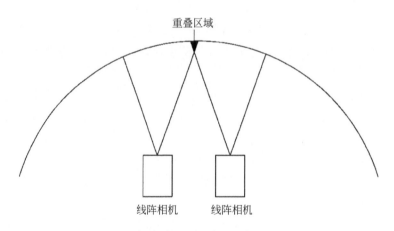

图 3.2.2-4　相邻线阵相机间采集图像重叠区域示意图

SIFT 特征提取算法是洛（Lowe）于 1999 年首次提出[9]，并且在 2004 年对 SIFT 特征提取算法进行完善[10]，该算法的原理是：首先对原图像进行降采样处理，生成多幅不同的降采样图像，随后选用不同维度的高斯卷积核分别对每个降采样图像都进行高斯卷积模糊，形成尺度空间，尺度空间在形式上以高斯金字塔[10]表示，如图 3.2.2-5 所示，公式如式（3.2.2-1）所示；

$$L(x,y,\sigma) = G(x,y,\sigma) * A(x,y) \qquad (3.2.2-1)$$

式中，$L(x, y, \sigma)$ 为原始图像经过不同高斯卷积核卷积运算后形成的尺度空间；$A(x, y)$ 为原始图像；$*$ 为卷积运算；$G(x, y, \sigma)$ 为不同尺度的高斯卷积核，由式（3.2.2-2）

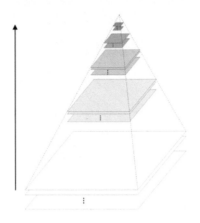

图 3.2.2-5　高斯金字塔[10]

计算得出：

$$G(x,y,\sigma)=\frac{1}{2\pi\sigma^2}\mathrm{e}^{-\frac{\left(x-\frac{m}{2}\right)^2+\left(y-\frac{n}{2}\right)^2}{2\sigma^2}} \tag{3.2.2-2}$$

式中，σ 为尺度空间因子，通过改变 σ 的值改变高斯卷积核的尺度；m、n 为高斯维度模板；(x,y) 为像素点坐标位置。

　　然后在高斯金字塔的每一层，从下往上将不同尺度的图像进行差分处理，如图 3.2.2-6 所示，得到高斯差分（DOG）金字塔，公式如式（3.2.2-3）所示；

$$D(x,y,\sigma)=G(x,y,k\sigma)*I(x,y)-G(x,y,\sigma)*I(x,y) \tag{3.2.2-3}$$

式中，$D(x,y,\sigma)$ 为高斯差分结果；$G(x,y,k\sigma)$ 为高斯卷积核的尺度通过改变 k 值的大小而改变；$I(x,y)$ 为未经高斯模糊的原始图像数据。

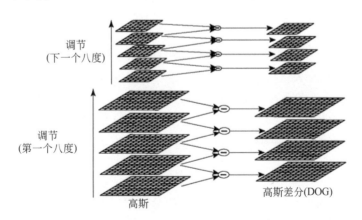

图 3.2.2-6　不同尺度图像差分处理[10]

　　为了判断极值点，在高斯差分金字塔中，每一个像素点不仅需要和它所在的图像进行比较，也要与它相邻的图像像素点进行比较。如图 3.2.2-7 所示，中间图像的目标像素点不仅要与同幅图像中相邻的像素点进行比较，也要与上下两幅图像中相邻的像素点进行比较，如果待比较的目标点是一个极大值点或极小值点，那么该点为一个候选特征点。

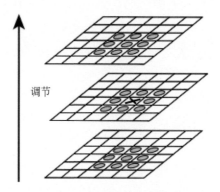

图 3.2.2-7　目标像素点极值比较[10]

候选特征点中会存在一些不准确、不稳定、对比度较低的特征点，需要对这些特征点进行滤除以提高特征点提取的稳定性和准确性[11]。对高斯差分结果 $D(x, y, \sigma)$ 用泰勒公式进行展开，展开式如式（3.2.2-4）所示：

$$D(X)=D(X_0)+\frac{\partial D^{\mathrm{T}}}{\partial X}(X-X_0)+\frac{1}{2}(X-X_0)^{\mathrm{T}}\frac{\partial^2 D^{\mathrm{T}}}{\partial X^2}(X-X_0) \tag{3.2.2-4}$$

式中，$X=(x, y, \sigma)^{\mathrm{T}}$，令 $\hat{X}=X-X_0$；T 为矩阵或向量的转置；X 为位置–尺度向量；X_0 为极值点初始估计位置，式（3.2.2-4）等于零并且求偏导，得到候选特征点的偏移量 $\hat{X}$，如式（3.2.2-5）所示：

$$\hat{X}=-\left(\frac{\partial^2 D}{\partial X^2}\right)^{-1}\frac{\partial D}{\partial X} \tag{3.2.2-5}$$

式中，$\frac{\partial^2 D}{\partial X^2}$ 是海森矩阵；$\frac{\partial D}{\partial X}$ 是梯度向量。

若式（3.2.2-4）计算的候选特征点偏移量 $\hat{X}$ 大于 0.5，说明候选特征点偏移量较大，需要把位置移动到拟合后的新位置，重新进行迭代计算偏移量 $\hat{X}$，若迭代 n 次后，偏移量 $\hat{X}$ 若还是大于 0.5，则舍去该特征候选点；若是在 n 次迭代前有偏移量 $\hat{X}$ 小于 0.5，则保留此特征候选点。Lowe 将最大迭代次数 n 设为 5。

在滤除掉一些不稳定的候选特征点后，需要对剩余保留的特征点计算特征描述子。特征描述子是特征点领域高斯图像梯度统计结果的一种表示，会记录特征点中不会随着外界的改变而改变的信息，如特征点的位置信息、尺度与方向信息等。

一个特征点会有一个主方向以及多个辅方向，对特征点分配主方向可以使得后续对特征点处理时使其具有旋转不变性，特征点主方向分配主要由梯度幅值与梯度方向两个因素决定。梯度幅值 $Q(x, y)$ 计算公式由式（3.2.2-6）所示，梯度方向 $\theta(x, y)$ 的计算公式由式（3.2.2-7）所示：

$$Q(x,y)=\sqrt{[A(x+1,y)-A(x-1,y)]^2+[A(x,y+1)-A(x,y-1)]^2} \tag{3.2.2-6}$$

$$\theta(x,y)=\tan^{-1}\left[\frac{A(x,y+1)-A(x,y-1)}{A(x+1,y)-A(x-1,y)}\right] \tag{3.2.2-7}$$

用梯度直方图统计梯度幅值 $Q(x, y)$，将最高的直方图代表的方向作为特征点主方向，剩余达到最高直方图的 80% 作为特征点的辅方向。特征描述子生成步骤如下所示：将特征点领域分为 4×4 个小区域，每个小区域就是一个种子点，有 8 个方向，每个特征点包含 128 个表征向量。为了使得特征点具有旋转不变性，将特征点作为圆心，建立 XY 坐标系，然后将 X 轴旋转到特征点方向上，逐渐累加每个小区域的方向值，生成关键种子点，最后进行归一化处理生成特征点描述子。

（2）图像重叠区域特征点匹配

通过 SIFT 特征提取算法提取两幅图像中重叠区域稳定的特征点后，需要对特征点进行配准匹配。特征点匹配方法如下所示：首先将两幅图像分别设为基准图像与待拼接图像；随后分别提取出基准图像与待拼接图像重叠区域中稳定特征点的坐标位置信息；然后选定基准图像中的特征点，计算待拼接图像中与特征点相邻的两个特征点间的欧氏距离 L_t；最后设定一个阈值 T，将计算的欧氏距离 L_t 与阈值 T 进行比较，若是 $L_t>T$，则认为这两个特征点不是匹配的特征点，反之若是 $L_t<T$，则认为两个特征点是匹配的特征点。需要注意的是阈值 T 的选择，T 值越大，误匹配的特征点就越多，T 值越小，所匹配的特征点的数量也就越少。

（3）图像环向拼接

根据基准图像与待拼接图像重叠区域匹配的特征点，对基准图像与待拼接图像进行环向拼接。图像环向拼接示意图如图 3.2.2-8 所示，首先对基准图像 A 与待拼接图像 B 匹配的特征点采用随机样本一致（random sample consensus，RANSAC）算法滤除误匹配特征点，保留精匹配特征点；随后选择精匹配特征点中的一点 Q，提取精匹配特征点 Q 的坐标 (x_Q, y_Q)，然后选取基准图像 A 中精匹配特征点 Q 的纵坐标 y_Q 以下部分图像与选取的待拼接图像 B 中精匹配特征点纵坐标 y_Q 以上部分图像进行环向拼接成新的图像 AB；最后将

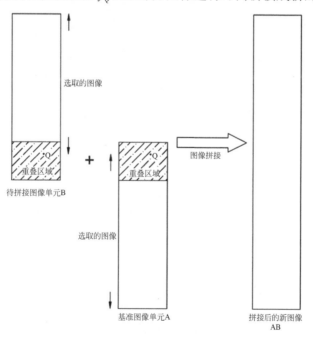

图 3.2.2-8　图像环向拼接示意图

相邻两幅图像拼接而成的图像 AB 作为新的基准图像，选取一个新的相邻待拼接图像 C，重复上述图像环向拼接步骤，直到多个线阵相机采集的单环图像拼接完成，并且将拼接完成的图像记为 P_1。将线阵采集图像中其余环的图像按照 P_1 图像的拼接方式进行环向拼接，记为 P_2、P_3、$\cdots$、P_n。

3. 地铁隧道内实地采集图像拼接实验

为验证图像拼接技术在实际地铁隧道采集图像的拼接效果，本章在北京市某一在建盾构地铁隧道 80m 的区间范围进行了检测实验，对实验采集的图像进行环向方向与行进方向拼接。

在本次实验中，线阵相机、电脑主机、同步控制装置与供电装置等实验装置被搭载在一个隧道平板车上，如图 3.2.2-9（a）所示，平板车主要由人工拖动，线阵相机由一个简易的可伸缩旋转支架固定支撑，如图 3.2.2-9（b）所示，使得线阵相机能够以不同的角度采集图像，线阵相机到隧道表面的距离由激光测距仪标定，如图 3.2.2-9（c）所示，线阵相机采集控制和激光曝光都是由测距编码器触发，线阵相机与测距编码器的参数如表 3.2.2-1 所示。检测开始前在隧道壁上贴上靶纸作为图像拼接时的参照，如图 3.2.2-9（d）所示。在本次实验中，线阵相机每采集 10000 道数据合并成一幅二维图像，共采集了 640 张二维图像，现对这些图像进行隧道环向与行进方向的拼接。

(a)实验装置　　　　　(b)简易相机　　　　(c)激光测距仪标定　　　　(d)靶纸

图 3.2.2-9　实验概况

表 3.2.2-1　线阵相机与测距编码器的参数

设备种类	参数名称	参数数值
测距编码器	单圈输出脉冲数	2000/圈
	脉冲频率	0.1mm/个
线阵相机	分辨率	1.6k
	最佳物距	2.4m
	采样频率	最大 48kHz

在对图像进行隧道环向拼接前，将线阵相机采集的位于轨道面底部的图像作为基准图像 A，与其相邻的图像作为待拼接图像 B，然后采用 SIFT 特征提取算法提取基准图像 A 与

待拼接图像 B 重叠区域的特征点，实测图像重叠区域特征点提取效果图如图 3.2.2-10 所示。

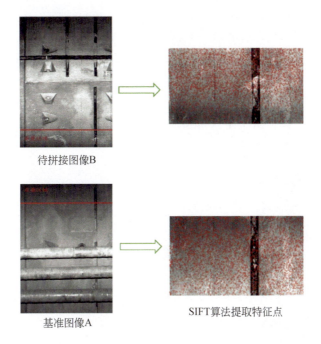

待拼接图像B

基准图像A

SIFT算法提取特征点

图 3.2.2-10　实测图像重叠区域特征点提取效果图

提取出基准图像与待拼接图像重叠区域特征点后，需要对特征点进行匹配。在本章中先是采用 Lowe[9] 的算法粗匹配特征点，特征匹配阈值设为 0.6；然后采用 RANSAC 算法对特征点进行精匹配，滤除一些误匹配特征点。实测图像重叠区域粗匹配特征点与精匹配特征点效果图如图 3.2.2-11 与图 3.2.2-12 所示。

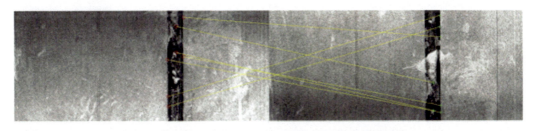

图 3.2.2-11　实测图像重叠区域粗匹配特征点效果图

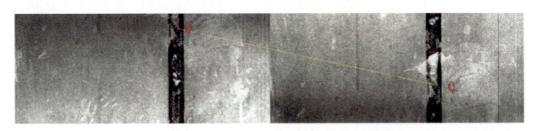

图 3.2.2-12　实测图像重叠区域精匹配特征点效果图

根据精匹配后保留的特征点 $Q(x_Q, y_Q)$ 对基准图像与待拼接图像进行拼接,先截取基准图像中精匹配特征点 Q 纵坐标 y_Q 以下部分图像与待拼接图像中 Q 纵坐标 y_Q 以上部分图像进行拼接,拼接图像设为 AB,效果如图 3.2.2-13(a)所示。然后将拼接图像 AB 作为新的基准图像,将相邻的线阵相机采集图像设为新的待拼接图像,重复上述流程,直到同一环内所有图像完成拼接,将拼接完成图像设为 P_1,单环拼接图像如图 3.2.2-13(b)所示。

对剩余环内的图像采用上述方法拼接成 P_2、P_3、…、P_n,在隧道行进方向对 P_2、P_3、…、P_n 图像进行合并拼接,由于全景拼接展开图像过大,如图 3.2.2-14 所示的图像仅是实地检测隧道部分全景展开图像。

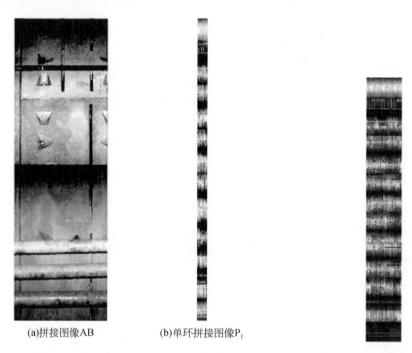

(a)拼接图像AB   (b)单环拼接图像P_1

图 3.2.2-13 实测图像环向拼接效果图   图 3.2.2-14 实地检测隧道
部分全景展开图像

4. 裂缝图像精确拼接

在隧道衬砌表面图像数据采集中可能出现一个裂缝的前半部分和后半部分,它们分别处在两台相机的拍摄范围内,那么要想测出裂缝长宽和相应的属性,就要先对两台相机拍摄的图像进行拼接。

针对跨相机长裂缝的多图像进行拼接的实现方式主要包括三部分,分别是:相邻图像加速鲁棒特征(speed-up robust features,SURF)特征点提取、特征点匹配和图像融合。

SURF 特征点提取是指在两张不同图片中提取特殊的点,并对这些特殊点进行描述,最后找出两张图中位置、描述都匹配的特殊点。

常见的角点检测算法有哈里斯(Harris)角点检测算法、SIFT 角点检测算法以及

SURF 特征点检测算法。

Harris 角点检测算法通过构建滑块算子于灰度图像上迭代，求出每个点上的灰度值发展趋势，并对发展趋势进行量化和比较，以此判定每个点的类型。这种方法的优点是找出的角点准确性高，但其计算流程过长，使得检测效率低下。

SIFT 角点检测算法，它计算特征点尺度和方向上的描述子，具有尺度不变性。

SURF 特征点检测算法，是基于尺度、尺规不变性的改进算法。它使用黑塞（Hessian）矩阵来构建图像特征金字塔，同时简化了高斯二阶微分模板，只需要进行几个简单的加减运算就实现了对图像的滤波，不仅加快了检测效率，也提升了提取到角点的可靠性。因此，本章选择使用基于 SURF 特征点检测算法。

SURF 特征点检测算法原理是通过构建尺度空间来寻找关键点。尺度空间中的图像会与对应尺度的高斯滤波器进行运算，从而得到不同尺度的图像，检测图像不同尺度下的极值点（关键点）。在得到关键点之后，SURF 特征点检测算法会对每个关键点进行方向估计，并计算出该关键点的描述符。描述符是一个向量，它包含了关键点周围区域的信息，可以用于图像匹配和识别。

SURF 特征点检测算法主要特点是快速，基于 SURF 特征点检测算法的图像拼接方法重点步骤有 4 个：特征点提取、特征点描述、特征点匹配及图像融合。

1）特征点提取

特征点提取包括构造尺度空间、获得极值点、特征点过滤三部分。

构造尺度空间即获得 4 种模糊程度不同的图像。图像进行高斯滤波，用不同的尺度因子 σ 对图像进行高斯滤波（加权平均），得到 4 种图像尺寸一样但模糊程度不同的图像。SURF 特征点检测算法采用不同的高斯模板大小得到不同尺度的图像，如图 3.2.2-15 所示。

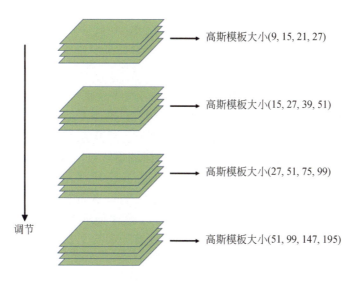

高斯模板大小(9, 15, 21, 27)

高斯模板大小(15, 27, 39, 51)

高斯模板大小(27, 51, 75, 99)

调节

高斯模板大小(51, 99, 147, 195)

图 3.2.2-15　4 种不同大小的高斯模板（单位：像素）

构建黑塞矩阵，获得极值点。黑塞矩阵是对图像 $f(x, y)$ 的偏导数二次求导得来的，

其中 (x, y) 是图像的坐标，$f(x, y)$ 是图像在该点的灰度值。黑塞矩阵描述了图像的局部变化率，能判断灰度图像中像素点的明暗变化程度。

灰度图像的黑塞矩阵公式为

$$H[f(x,y)] = \begin{array}{cc} \dfrac{\partial^2 f}{x^2} & \dfrac{\partial^2 f}{\partial x \partial y} \\[2mm] \dfrac{\partial^2 f}{\partial x \partial y} & \dfrac{\partial^2 f}{\partial y^2} \end{array} \qquad (3.2.2\text{-}8)$$

当黑塞矩阵取得极大值时，则当前点 (x, y) 的图像局部变化率比周围的点都大，此时认为点 (x, y) 是关键点。

特征点过滤，也叫特征点定位，将每个关键点与26个相邻的像素点进行比较，如图 3.2.2-16 所示，这26个像素点为：8个与其同层的相邻点、上一层尺度空间的9个点、下一层尺度空间的9个点，根据设定的阈值（本章设定为0.3，即去除局部变化率小于0.3的关键点），滤除局部变化率比较小的关键点，最后得到每个图像上的特征点（即关键点）。特征点定位示意图如图 3.2.2-16 所示。

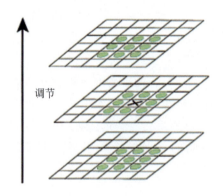

图 3.2.2-16　特征点定位示意图

2）特征点描述

特征点描述：特征点主方向分配，统计特征点圆形邻域内其他像素点的灰度变化情况。即在特征点的圆形邻域内，求出60°扇区内所有点的水平、垂直哈尔（haar）小波特征之和，接着扇区每隔固定的角度（通常是11.465°）就重复记录一次哈尔（haar）波特征总数，在得到特征总数的极大值后，将代表极值的扇区方向设定成该特征点的主方位。SURF 特征点检测算法选取特征点的主方向如图 3.2.2-17 所示。

生成特征点的描述子：沿着特征点的主方向，在特征点周围取 4×4 的矩形邻域，每个矩形邻域的大小为 5×5。统计每个矩形邻域的水平、垂直 haar 小波特征，最终得到 4×4×2 = 32 个特征向量。SURF 特征点检测算法特征点描述算子如图 3.2.2-18 所示。

3）特征点匹配

在找到两张图片之间的特征点后，下一步就是匹配这些特征点，特征点匹配就是在不同的图像中寻找同一个物体的同一个特征，是图像邻域中寻找不同图像间信息关联的重要方法。因为每个特征点都具有唯一标志身份和特点的描述子，所以实际上特征点匹配就是

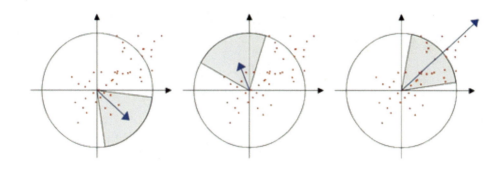

图 3.2.2-17　SURF 特征点检测算法选取特征点的主方向

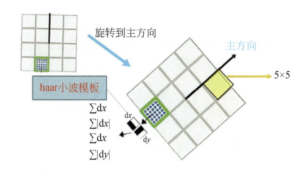

图 3.2.2-18　SURF 特征点检测算法特征点描述算子

在两幅图像中寻找具有相似描述子的两个特征点。

特征点匹配主要有三种方法，暴力匹配法、近似最近邻快速搜索库（fast library for approximate nearest neighbors，FLANN）匹配法和 RANSAC 优化特征点匹配法。本章采用 RANSAC 优化特征点匹配法。

RANSAC 优化特征点匹配法即随机抽样性一致。基本抽样原则为：任意抽取两个特征点集中的点，称为内点，将这两个点连线并延长，设定阈值，若别的特征点与这条直线的距离小于此阈值，则该点也加入内点，并且该连线也会根据加入的新点而调整，通常采用最小二乘法拟合该直线，如此循环迭代，直到点的数量已经足够多时，这时这些内点就是可靠的特征点。

构建一个单应性矩阵 H，大小为 3×3。由于单应性矩阵有 8 个未知参数，至少需要 8 个线性方程求解，对应到点位置信息上，一组点对可以列出两个方程，则至少包含 4 组匹配点对，单应性矩阵的构建公式为

$$s\begin{bmatrix} x' \\ y' \\ 1 \end{bmatrix} = \begin{bmatrix} h_{11} & h_{12} & h_{13} \\ h_{21} & h_{22} & h_{23} \\ h_{31} & h_{32} & h_{33} \end{bmatrix}\begin{bmatrix} x \\ y \\ 1 \end{bmatrix} \tag{3.2.2-9}$$

式中，(x, y) 为目标图像角点位置；(x', y') 为场景图像角点位置；s 为尺度参数；h

为单应性矩阵的未知参数。

选取内点集中任意的 4 对不在同一条直线上的匹配点，求出单应性矩阵，接着用此模型测试所有数据，算出符合模型要求点的个数与投影误差，若此模型为最优解，则对应的代价函数最小为

$$\sum_{i=0}^{n} \left(x'_i - \frac{h_{11}x_i + h_{12}y_i + h_{13}}{h_{31}x_i + h_{32}y_i + h_{33}} \right)^2 + \left(y'_i - \frac{h_{21}x_i + h_{22}y_i + h_{23}}{h_{31}x_i + h_{32}y_i + h_{33}} \right)^2 \tag{3.2.2-10}$$

RANSAC 优化特征点匹配法流程为：

（1）随机抽出 4 个样本（即 4 对匹配点）并保证这 4 个样本之间不共线，计算出单应性矩阵 H；

（2）遍历匹配点，对集合中每对特征点计算单应性矩阵 H 条件下的欧氏距离；

（3）若欧氏距离小于设置的阈值，则该匹配点对为真特征点，反之该匹配点对为假特征点；

（4）统计真特征点的数量，若真特征点总数比之前的单应性矩阵 H 内点数量多，则当前的单应性矩阵 H 为最优解；反之，则回到（1），重复迭代至设定的最大迭代次数。如图 3.2.2-19 所示为裂缝图像特征点匹配示例图。

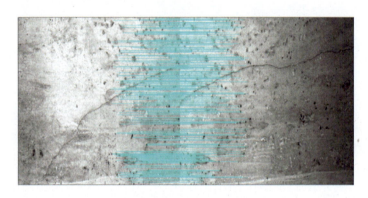

图 3.2.2-19　裂缝图像特征点匹配示例图

4）图像融合

在特征点匹配正确后，需要进行图像融合，把重叠区域中的冗余信息去除，同时解决两幅图像在重叠区域存在差异的问题，图像融合是图像拼接的最终步骤。

图像融合算法：加权平均法对裂缝重叠区域根据灰度值乘以固定的权重，效果一般，在复杂环境下对边界的融合效果欠佳。羽化算法对裂缝重叠区域进行渐变虚化，结果是使得重叠区域清晰度不佳，重合区域会有明显的精度下降。因此，本章选用拉普拉斯金字塔融合算法，提取重叠区域各个尺度的特征，通过多尺度融合来尽可能消除融合后的边界问题。

拉普拉斯金字塔融合过程，是基于多个尺度、多个空间分辨率以及多个分解级别上单独融合的过程，也称为多波段融合（multi-band blending）。多波段融合的思想，是先对待拼接的图像分别构建拉普拉斯金字塔，然后对同一层图像（相同频段）按一定规则融合，如阿尔法（Alpha）融合，对融合后的图像金字塔重建得到融合图像。裂缝拼接结果如图 3.2.2-20 所示。

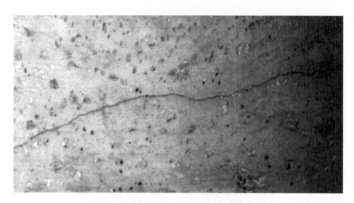

图 3.2.2-20 裂缝拼接结果

拉普拉斯金字塔的生成方式为：

（1）构建高斯金字塔；

（2）用高斯金字塔的第一层减去第二层，以此类推，第 k 层减去第 $k+1$ 层；

（3）生成的差值图像即拉普拉斯金字塔。

3.3　裂缝智能检测算法

经过预处理后的采集图像上存在大量目标（物体），如管线和配电箱等，这些物体容易阻挡周围存在的裂缝，妨碍裂缝的检测。因此，需要采用目标检测算法来判断和定位裂缝等病害的信息，将其与其他区域进行区分。随着深度学习在识别任务中进步显著，本章通过应用目标检测算法领域现今流行的 YOLO 系列中的 YOLOv5 算法，构建隧道裂缝数据集，训练 YOLOv5 模型，实现在预处理后的图像中框选出裂缝目标。后续的裂缝特征提取步骤只需要对检测到裂缝的区域进行操作，显著地优化了裂缝这种目标识别的检测效率和检测精度。

3.3.1　目标检测算法及 YOLOv5 算法原理

1. 目标检测算法原理

目标检测算法就是在图像中框选出目标（物体）[12]，并确定它们的名称、坐标以及外接矩形大小，并且给出这次识别的精准度，即定位目标的位置并识别它的物体类别，目标检测算法可以概括为基于传统机器学习目标检测以及基于深度学习的目标检测，图 3.3.1-1 为目标检测示意图。

随着深度学习理论的发展和计算机算力的提升，基于深度学习的目标检测已逐渐应用于各行各业。如今绝大多数目标检测研究都基于深度学习方向开展。目标检测包括二阶段目标检测器和一阶段目标检测器，代表性的模型分别有 YOLO 系列、Faster R-CNN、SPP-Net 以及 SSD 等。

图 3.3.1-1　目标检测示意图

　　通常，二阶段目标检测器的定位和识别精度较高，检测分为两个阶段。例如，Faster R-CNN、SPP-Net 就是典型的二阶段目标检测器，首先对输入图像进行特征提取，即生成许多候选框（通常为 2000 个左右），每个候选框的尺寸不同，然后将候选框图像拉伸或裁剪成特定的尺寸，通常为 224×224、227×227，最后对所有候选框图像进行分类。

　　二阶段目标检测器计算量较大、部署条件苛刻并且计算效率低，对于图像中的感兴趣区域实际上是做了多次特征提取，存在着大量重复计算，难以满足实时检测任务的要求。

　　因此，需要计算效率更高、部署要求更低的一阶段目标检测器。SSD 和 YOLO 系列是其中最有代表性的算法。

　　SSD 的骨干网络使用 VGG16 提取特征[13]，SSD 不会生成大量的候选框，而是在候选框的基础上计算，SSD 是一个全卷积神经网络，没有全连接层，提高了计算速度，它将目标检测的速度提高到满足实时应用的程度，但牺牲了部分检测准确率，导致检测物体特别是小物体的准确率较低。图 3.3.1-2 展示了 SSD 算法结构图。

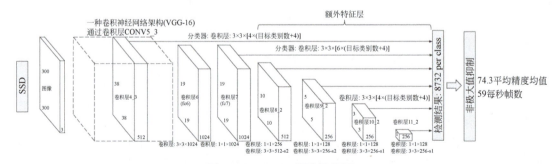

图 3.3.1-2　SSD 算法结构图

　　YOLO 算法经过多次改进，改善了 SSD 的不足[14]。YOLO 算法结构图如图 3.3.1-3 所示。

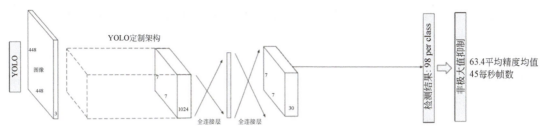

图 3.3.1-3　YOLO 算法结构图

其原理与 SSD 类似，在输入的图片上划分为 $m \times m$ 个单元格（通常为 7×7），这些单元格大小不一，有的负责检测小目标，有的负责检测大目标。每个单元格直接输出物体的类别和预测框坐标和大小。经过若干个卷积层后，最终输出 7×7×30 的张量，其中前 20 个 7×7 的张量是 20 个目标类别的概率，两个为预测边界框的置信度，最后 8 个为两个边界框的坐标即边界框的中心坐标以及边界框的长宽。

YOLO 算法在检测速度和准确率方面与 SSD 相近，但由于每个单元格只有两个边界框且只能预测一个物体，泛化能力较差，对小物体的检测效果欠佳。YOLO 系列经过多次更新，已发展到 YOLOv5 算法。YOLOv5 算法在准确率和检测速度上都得到了显著提高，是 2020～2022 年最为卓越的目标检测算法之一。

2. YOLOv5 算法原理

YOLOv5 算法根据 YOLO 系列以前的不足之处，采用了一系列的技术创新和优化，使得在精度和速度方面都有了明显提升。

综合考量裂缝图像的特点及目标检测算法的性能及精确性，本章选择基于 PyTorch 框架的 YOLOv5 算法对隧道衬砌图像进行目标检测，通过训练 YOLOv5 算法，以此检测出隧道内裂缝病害的位置，YOLOv5 算法结构如图 3.3.1-4 所示。

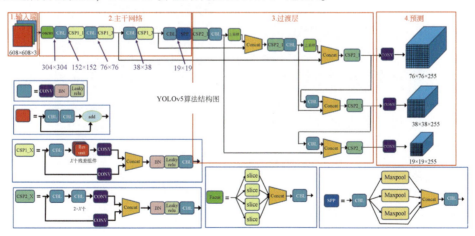

图 3.3.1-4　YOLOv5 算法结构

Resunit-残差单元；Maxpool-最大池化；SPP-空间金字塔池化；BN-批量归一化；Leaky ReLU-一种激活函数；CBL-卷积层、批量归一化和激活函数的组合；Focus-一种结构，通过切片操作将输入图像的信息进行整合；slice-切片；CSPI_X 跨阶段部分 I 结构，I=1，2，X 为残差组件数量，用于跨阶段部分连接，增强梯度传播，减少计算量

YOLO 算法的核心思想就是把目标检测转变成一个回归过程[15]，利用整张图作为网络的输入，通过一个神经网络，得到边界框（bounding box）的位置及其所属的类别。

YOLOv5 算法与 YOLO 算法结构上基本相似，只有网络的深度和特征图的宽度不同，目前是比较先进的目标检测算法，模型更小的特点使得它可以在不同设备上灵活使用。由图 3.3.1-4 可以看出，YOLOv5 算法结构分为输入端（input）、主干网络（backbone）、过渡层（neck）、预测（prediction）4 个部分。

输入端也叫网络输入，将输入的图片平均分成 $n×m$ 个网格。

主干网络即中间层，由若干卷积层和最大池化层（也称为取样层）组成，负责提取图片的抽象特征。

过渡层即全连接层，根据主干网络提供的特征信息，预测目标的位置和类别概率值。

预测即网络输出，根据预测目标的位置和类别概率值，输出预测结果，输出的形式为 $n×m×k$，其中 k 为模型识别类别的数量。

YOLOv5 算法在 YOLO 系列的基础上进行了较有成效的改进，如 Mosaic 数据增强算法、自适应图片缩放、Focus 结构、跨阶段部分网络（CSPNet）结构、广义交并比损失（GIoU Loss）和软性非极大值抑制（Soft NMS）等。

Mosaic 数据增强算法。在输入端，YOLOv5 算法采用了马赛克（Mosaic）数据增强算法。Mosaic 数据增强算法随机从样本库中抽取 4 张图片，对图片重新缩放、裁剪和排布，重新组合成新的图像。该数据增强算法实现了不增加任何后续步骤的计算量，但随机组合排布的特点使得裂缝目标出现在图像上所有坐标的概率相同，有利于算法对于裂缝特征的提取，Mosaic 数据增强算法示意图如图 3.3.1-5 所示。

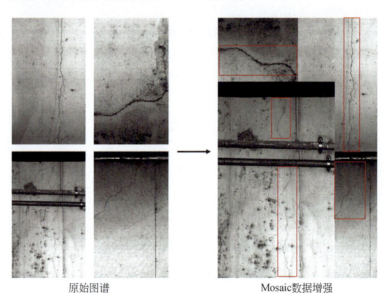

原始图谱　　　　　　　　　　　　　Mosaic数据增强

图 3.3.1-5　Mosaic 数据增强算法示意图

自适应图片缩放。在输入端，YOLOv5 算法采用了自适应图片缩放算法。常用的方式是将原始图片缩放到一个标准尺寸，如 640×640 像素，然后送入检测网络中。然而，这样做可能会造成图片信息的丢失，并导致填充的黑边过大。

为了解决这个问题，YOLOv5 对该算法进行了改进，能够在添加最少的黑边情况下自适应地调整原始图像的尺寸。自适应图片缩放示意图如图 3.3.1-6 所示，改进方法如下。

1920×1080　　　　　640×384

图 3.3.1-6　自适应图片缩放示意图（单位：像素）

第一步：求出压缩比率，即用压缩后图像的尺寸除以原始图像的尺寸，假设原图像的长宽为 1920×1080 像素，需要缩放后的尺寸为 $a×b$ 像素，则计算 $a/1920$、$b/1080$，假设 a、b 都不大于 640，则得到两个缩放系数，分别为 0.333 和 0.593；

第二步：求出压缩后的尺寸，原始图片的长宽将原始图片的长宽乘以两个压缩比率中较小的一个（即 1920×0.333≈640、1080×0.333≈360）；

第三步：求出黑边填充数值，首先用 640 减去 360 为 280（即需要填充的黑边长度最大为 280 像素），然后对 280 进行取余操作，即除以 32（取 32 是因为整个 YOLOv5 网络执行了 5 次下采样操作），280 除以 32 为 8 余 24，则将该边填充至 384（360+24），将填充的区域分散到两边，最终得到图片尺寸 640×384 像素。

Focus 结构被应用于主干网络前，其主要思想是通过切片（slice）操作对输入图片进行裁剪，在不改变计算量的情况下，对图像尽可能多次采样，如图 3.3.1-7 为 Focus 结构图。

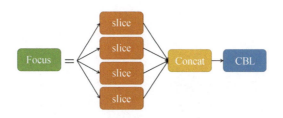

图 3.3.1-7　Focus 结构图

如图 3.3.1-8 所示为 Focus 流程图，假设原始图片尺寸为 608×608，通道数为 3，Focus 结构将原始图像拆分为 4 份，通道数为 12，即图像的尺寸只有原图的四分之一，具体步骤为：取一个 2×2 的矩形模板遍历原始图像的每个通道，分别将每个通道上模板编号为 1、2、3、4 的像素点组成新的图像。这样做可以在后续提取采样时减少计算量，提高运行效率。

CSPNet 结构被应用于主干网络和过渡层，在主干网络中，CSP1_X 结构位于一个卷积层之前，以减小深度学习网络在推理过程中对梯度信息的重复计算。

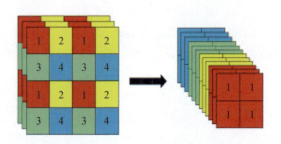

图 3.3.1-8　Focus 流程图

CSPNet 结构通过跨越多个卷积层合并特征图，并将梯度信息经由 Focus 结构和 CSP 结构整合到特征中，减少训练所需参数，同时保证了检测的准确性。YOLOv5 中设计了两种 CSP 结构，CSP1_*X* 和 CSP2_*X*，分别应用于主干网络和过渡层中。

GIoU Loss 是基于交并比损失度（IoU Loss）对于函数损失计算的创新，YOLOv5 中采用 GIoU Loss 做边界框（bounding box）的损失函数。

IoU 即交并比，在目标检测任务中，使用 IoU 来测量锚框（anchor box）与目标框（box）之间的重叠程度。如图 3.3.1-9 所示为 IoU 示意图，IoU 的函数定义为

$$\text{IoU} = \frac{\text{Area of Overlap}}{\text{Area of Union}} \qquad (3.3.1\text{-}1)$$

式中，Area of Overlap 为预测框和实际框之间的重叠区域；Area of Union 为预测框和实际框所占有的总区域。

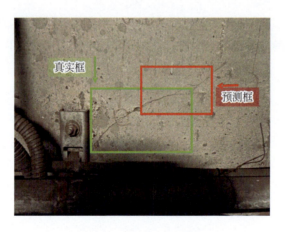

图 3.3.1-9　IoU 示意图

IoU Loss 的定义为

$$\text{IoU Loss} = 1 - \text{IoU} \qquad (3.3.1\text{-}2)$$

IoU Loss，即 1−IoU。IoU Loss 会存在一些问题，具体的问题如图 3.3.1-10 所示，IoU Loss 在图中的三个状态下计算效果不佳，会影响模型的训练效果。

（1）如状态一所示，当预测框和真实框不相交时，IoU 的值为 0，此时无法得知预测框和真实框之间的位置关系，即 IoU Loss 无法评估两者不相交的情况。

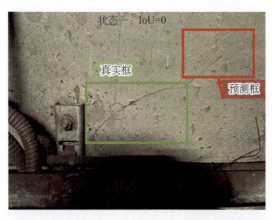

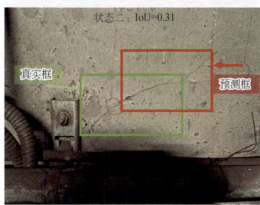

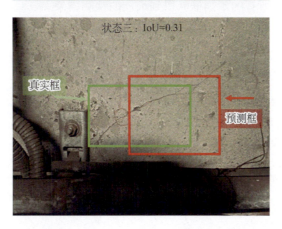

图 3.3.1-10　IoU Loss 存在的问题示意图

（2）如状态二与状态三所示，虽然两个预测框的 IoU 相同，但状态三的预测框显然比状态二的预测更准确，即 IoU Loss 无法区分两者相交的情况。

针对上述情况，YOLOv5 采用 GIoU Loss 做边界框的损失函数，它是现在目标检测中效果最好的损失度（Loss）计算方法。

GIoU Loss 的公式为

$$\text{GIoU Loss} = 1 - \text{GIoU} = 1 - \left(\text{IoU} - \frac{差集 \ C}{最小外接矩形 \ A} \right) \qquad (3.3.1\text{-}3)$$

式中，A 为最小外接矩形的面积；B 为预测框和真实框的并集面积；C 为 A 和 B 的差集面积。GIoU Loss 原理图如图 3.3.1-11 所示。

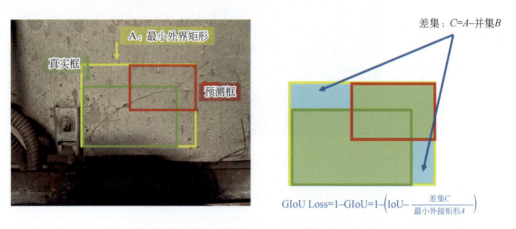

图 3.3.1-11　GIoU Loss 原理图

Soft NMS：本章采用 Soft NMS 做输出图像画出最终的预测结果。

YOLOv5 算法对输入图像进行目标检测时，会输出全部的预测结果，预测框的数量可达几百个，这是因为这些预测框实际上都是对同一个物体的不同预测结果，YOLOv5 算法认为所有预测框都有一定的准确性，会给每个预测框一个置信度得分值 S，此时需要简化这些预测框，综合考虑所有的预测框，得到最佳的预测结果。

Soft NMS 处理过程如图 3.3.1-12 所示，算法的流程为以下几步。

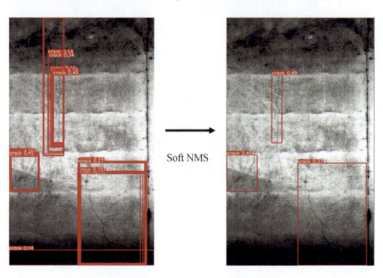

图 3.3.1-12　Soft NMS 处理过程

crack-裂缝

（1）将全部预测框按照置信度得分值从大到小排列，选择置信度最高的候选框，这个候选框符合输出条件即可以保留，且后续的计算不再考虑这个候选框；

（2）对于其余的候选框，则计算这些候选框与刚刚保留的候选框的 GIoU 值，若 GIoU 值大于某个常数（如置信度衰减阈值 $T2$），则将这些候选框的置信度得分值降低，降低的幅度为 1–GIoU，即这些候选框的置信度得分值变为 $S\times$（1–GIoU）；

（3）重复（1）的操作；

（4）对于其余的候选框，如果这些候选框与刚刚保留的候选框的 GIoU 值大于某个常数（删除阈值 $T3$），则将其删除；

（5）重复（3）和（4）的操作，直至没有候选框。

3.3.2　YOLOv5 算法模型训练

本章在 PyTorch 深度学习框架下构建了 YOLOv5 算法模型，用于对预处理后的图像进行目标检测，模型训练主要包括以下三个部分，分别是：裂缝数据集构建，模型评价指标，模型训练结果。

1. 裂缝数据集构建

YOLOv5 算法模型训练需要制作合适的数据集并对图像中的目标进行标注。由于采集图像尺寸较大，本章先对图像进行分割，再进行数据集标注。

1）图像分割

本章采用的隧道图像采集装备采集的图像经过预处理后分辨率为 16380×10000，即每采集 10000 道数据就保存为一张图像，一张原始图像所占用的内存约为 156MB，拍摄范围横向约 1m，环向约 1.2m，本章选择将原始图像分割成 4 份，左上角的部分称为第一部分，同理右上角为第二部分，左下角为第三部分，右下角为第四部分，单张图像的尺寸为 8190×5000，由于 YOLOv5 算法模型在训练过程中对图像分辨率要求并不高（通常是 416×416 或者 640×640），故本章将图片分辨率统一调整为 1638×1000，如图 3.3.2-1 所示为分割示意图。

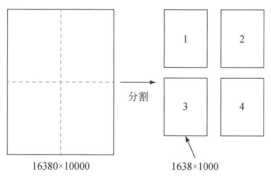

图 3.3.2-1　分割示意图

本章将12294张原始图片通过上述步骤处理，获得了49176张分辨率为1638×1000的图片。结合地铁限界设计图，可知隧道中拍摄到的物体可以分为病害（包括裂缝、渗水、掉块等）和结构件（包括管片拼接接缝、安装螺栓孔、缆线、固定电缆支架、文字标识、照明指示灯、扶手、疏散平台、设备箱等）。

由于隧道内部的管片拼接缝与裂缝存在相似之处，本章在制作数据集时将管片拼接缝也进行了标记，让模型训练的同时提取裂缝和管片拼接缝的特征，尽可能避免训练后的模型将管片拼接缝误检测成裂缝的情况发生。

2）数据集标注

本章使用 LabelImg 软件对49176张图像中的裂缝和管片拼接缝进行标注，在框选目标时，为了训练结果的准确性，最重要的原则是图像中不能存在漏标情况，同时应该保证每个标注框之间不存在重叠，每个标注框只包含一个目标（即不允许标注框内有裂缝的同时还存在管片拼接缝），标注框尽量是目标的最小外接矩形。

标注后会生成的文件如图3.3.2-2中的XML文件内容所示，表示该标签类别为裂缝（crack），crack的标注框在图中所处位置信息为：（116，90，488，819），即标注框左上角的 x 轴坐标为116，左上角的 y 轴坐标为90，标注框宽488，长819。这是标注框在图中的绝对位置信息，在训练YOLOv5算法模型时需要将XML文件中的信息转换为相对位置信息。

在图像标注的过程中，发现在分割操作后，存在将裂缝也分割开的情况，如图3.3.2-3所示，裂缝有可能跨越两张或4张图片。

这不利于让YOLOv5算法在训练时全面地把握裂缝的整体特征。因此，当图3.3.2-3（a）的情况发生时，则将分割图的第一部分和第三部分合并组成一张分辨率为3276×1000的图片，当图3.3.2-3（b）的情况发生时，则将第一、二、三、四部分都进行合并组成一张分辨率为3276×2000的图片，再对合并后的图片进行标注。

最终，本章从49176张图片中筛选出了5000张带有裂缝和管片拼接缝（splice joint）的图片，本章将这5000张图像作为样本库，样本库中绝大部分图片分辨率为1638×1000，本章的部分样本图像标注成果如图3.3.2-4所示。

在训练模型的过程中，将图像和对应的XML标签文件输入到YOLOv5网络模型中进行目标检测的训练和测试。

3）样本库组成

本章构建的样本库，共有5000张地铁隧道实测图像，共标记真实标签框9208个，本章按8∶1∶1的比例随机选取其中的图像作为训练集、验证集和测试集。其中训练集包含图像4000张，真实标签框7161个；验证集包含图像500张，真实标签框799个；测试集包含图像500张，真实标签框1248个，样本库数量和标签数量统计如表3.3.2-1所示。

2. 模型评价指标

目标检测算法通过对图像进行检测，把图像中的目标进行框选并输出种类。各个模型根据当前检测任务的不同，侧重一般不同，所以具有多种指标来评价一个神经网络，其评价指标主要分为三类。

```
<annotation>
        <folder>JPEGImages</folder>
        <filename>0001.bmp</filename>
        <path>D:\裂缝数据集\VOCdevkit\VOC2007\JPEGImages
\0001.bmp</path>
        <source>
                <database>Unknown</database>
        </source>
        <size>
                <width>500</width>
                <height>819</height>
                <depth>1</depth>
        </size>
        <segmented>0</segmented>              类别标签
        <object>
                <name>crack</name>
                <pose>Unspecified</pose>
                <truncated>1</truncated>
                <difficult>0</difficult>
                <bndbox>
                        <xmin>116</xmin>
                        <ymin>90</ymin>
                        <xmax>488</xmax>
                        <ymax>819</ymax>
                </bndbox>
        </object>                              标注框的位置信息
        <object>
                <name>Splice joint</name>
                <pose>Unspecified</pose>
                <truncated>1</truncated>
                <difficult>0</difficult>
                <bndbox>
                        <xmin>83</xmin>
                        <ymin>1</ymin>
                        <xmax>119</xmax>
                        <ymax>819</ymax>
                </bndbox>
        </object>
</annotation>
```

图 3.3.2-2　XML 文件示意图

表 3.3.2-1　样本库数量和标签数量统计

	图片数量	裂缝	管片拼接缝
训练集	4000	5485	1676
验证集	500	519	280
测试集	500	961	287
共计	5000	6965	2243

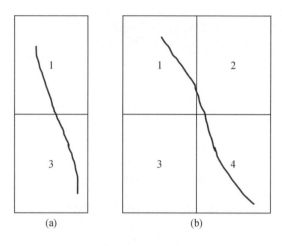

图 3.3.2-3　裂缝跨越多张图片的情况

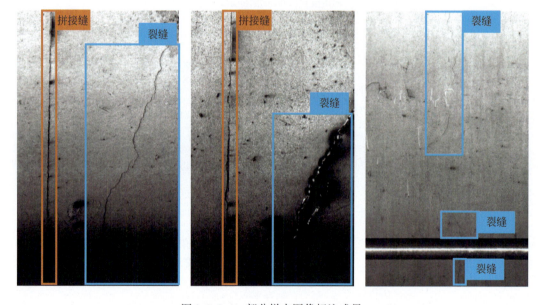

图 3.3.2-4　部分样本图像标注成果

第一类指标统称为混淆矩阵指标，若让 YOLOv5 模型对若干张图片中的 A 类物体和 B 类物体进行目标检测，模型对这些图片检测后会输出检测到的目标类别、目标的置信度以及该目标的最小外接矩形坐标信息（即预测框），这些预测框存在以下 4 种情况。

TP（真正）即 true positive，表示预测框对验证集图片预测正确的次数，如预测框预测为 A 类物体，实际上也确实是 A 类物体。

FP（假正）即 false positive，表示预测框验证集图片预测错误的次数，如预测框预测为 A 类物体，实际上却不是 A 类物体。

FN（假负）即 false negative，表示预测框没有预测到 A 类物体和 B 类物体的次数，如图片某处是 A 类物体，但预测框没有识别出来。

TN（真负）即 true negative，表示预测框没有预测到 A 类物体或 B 类物体，且验证集图片处确实不存在 A 类物体或 B 类物体，在目标检测一般不区分 TN。因为预测框根本没有显示出来，即不存在区分真假的问题。

在以上 4 个指标的基础上，又可推出 4 个指标，即目标检测的第二类指标，分别是精度、召回率和平均精度。

精度，表示预测框检测到某类物体的次数中，确实包含了该类物体的比例，公式如式（3.3.2-1）所示：

$$精度 = \frac{TP}{TP+FP} \tag{3.3.2-1}$$

召回率，表示预测框检测某类物体预测正确的次数，占所有该类物体的比例，召回率高代表着模型可以找到验证集图片中更多的该类物体，公式如式（3.3.2-3）所示：

$$召回率 = \frac{TP}{TP+FN} \tag{3.3.2-2}$$

AP 即 average precision，表示平均精度，是验证集的图像在某一类物体上的平均精度，设验证集一共有 a 张图像，公式如式（3.2.2-3）所示：

$$AP = \frac{\sum 精度}{a} \tag{3.3.2-3}$$

目标检测的第三类指标，即 mAP，表示均值平均精度，是验证集的图像在所有类别物体上的平均精度，设共有 N 个类别，公式如式（3.2.2-4）所示：

$$mAP = \frac{\sum_{i=1}^{N} AP_i}{N} \tag{3.3.2-4}$$

实际上，mAP 可以被认为是"正确的正确率"，即 mAP 越高，则模型预测出来的裂缝和管片拼接缝是正确的可能性就越高。

3. 模型训练结果

在模型训练前，需要选择的训练参数有学习率、时期和批大小等。

学习率即 learning rate，是深度学习中最重要的超参数。在机器学习和统计学中，学习率是优化算法中的调谐参数，该参数可确定每次迭代中的步长，使损失函数收敛到最小值。学习率是一个超参数，开始设置一个初始值，之后学习率设置可以不变或变大变小，学习率的作用就是控制每次根据估计误差对模型权重更新的多少。

在训练模型的时候，希望在网络开始阶段，以一个较小的学习率学习，慢慢变大，直到网络参数的稳定，然后加速训练，到达最优值的附近，这时又需要减小学习率的更新，慢慢接近最优解。对此，本章采用余弦退火算法作为学习率调整策略。

在训练神经网络的过程中，学习率是一个非常重要的参数，它会影响到模型的训练效果和收敛速度。余弦周期调整学习率（cosine annealing LR），是一种优化算法，其核心思想是通过余弦函数来降低学习率，即让学习率像余弦函数一样先慢慢下降，再快速下降，最后慢慢下降。

训练周期（epoch），即将所有训练集中的数据完整训练一次。在神经网络中传递一次完整的数据集是不够的，所以需要将完整的数据集在同样的神经网络中传递多次，从而得到训练效果最好的一次，本章设定时期值为 500。

批次大小（batch-size），即一次训练所选取的样本数，就是一次往 GPU 塞多少张图片，本章设定训练批次为默认值即 16，训练批次越大，则内存占用越多，训练速度越快，同时也直接影响到 GPU 内存的使用情况。训练批次的大小应当与 GPU 内存大小相匹配。

具体的训练参数设置如图 3.3.2-5 所示，预训练权重为 500 张裂缝图片训练 300 个时期生成的权重文件，训练的模型为 YOLOv5s，训练的类别为裂缝和管片拼接缝，训练批次大小为 16，设置图片大小为 640×640，默认采用原始的锚，训练完成后保存最后一次训练结果（即 last.pt 文件）以及最好的一次训练结果（即 best.pt 文件）。

```python
if __name__ == '__main__':
    parser = argparse.ArgumentParser()
    parser.add_argument('--weights', type=str, default='yolov5s (2).pt', help='initial weights path')
    parser.add_argument('--cfg', type=str, default='models/crack.yaml', help='model.yaml path')
    parser.add_argument('--data', type=str, default='data/crack.yaml', help='data.yaml path')
    parser.add_argument('--hyp', type=str, default='data/hyp.scratch.yaml', help='hyperparameters path')
    parser.add_argument('--epochs', type=int, default=500)
    parser.add_argument('--batch-size', type=int, default=16, help='total batch size for all GPUs')
    parser.add_argument('--img-size', nargs='+', type=int, default=[640, 640], help='[train, test] image si
    parser.add_argument('--rect', action='store_true', help='rectangular training')
    parser.add_argument('--resume', nargs='?', const=True, default=False, help='resume most recent training
    parser.add_argument('--nosave', action='store_true', help='only save final checkpoint')
    parser.add_argument('--notest', action='store_true', help='only test final epoch')
    parser.add_argument('--noautoanchor', action='store_true', help='disable autoanchor check')
    parser.add_argument('--evolve', action='store_true', help='evolve hyperparameters')
    parser.add_argument('--bucket', type=str, default='', help='gsutil bucket')
    parser.add_argument('--cache-images', action='store_true', help='cache images for faster training')
    parser.add_argument('--image-weights', action='store_true', help='use weighted image selection for trai
    parser.add_argument('--device', default='0', help='cuda device, i.e. 0 or 0,1,2,3 or cpu')
```

图 3.3.2-5　训练参数设置

本章在模型训练过程中分别设置初始学习率为 0.01、0.0075、0.005、0.0025、0.001，将相应的训练结果进行对比，选择其中最佳的学习率，即该学习率下，精度-召回率（P-R）曲线综合来看，损失较小且趋于收敛，不同学习率下模型训练次数和损失的关系图如图 3.3.2-6 所示。可以看到，模型训练学习率为 0.005 时收敛速度较快，效果最好，因此本章学习率选择为 0.005。

为清楚判断训练出来的 YOLOv5s 模型对裂缝和管片拼接缝的识别效果，本章将 IoU 阈值设定为 0.5，得到裂缝和管片拼接缝在当前召回率下的精度（precision），即 P-R 曲线，如图 3.3.2-7 所示，P-R 曲线反映了精度与召回率之间的关系，是常用的模型评估指标，该曲线与坐标轴围成的面积越大，说明识别效果越好。

在 YOLOv5s 模型训练完成后，运用训练完成后的模型对测试集进行推理，本章对测试集中的全部裂缝图像进行了测试。在实际检测中，检测人员更关注能否尽可能检测到隧道中的裂缝病害。当裂缝的形状为细长条状时，预测框与标注框之间只要稍有偏差，则

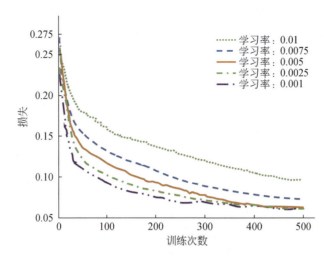

图 3.3.2-6　不同学习率下模型训练次数和损失的关系图

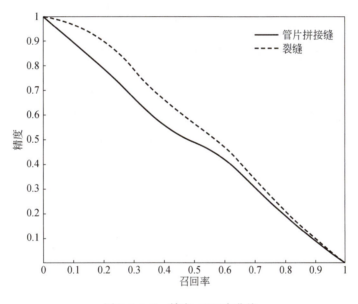

图 3.3.2-7　精度-召回率曲线

IoU 置信度就会显著降低，此时若置信度阈值偏大，细长条状的目标裂缝被忽略的可能性大大增加，漏检率会增加。但若置信度阈值设置过低，则误检出的非裂缝图像占比会增加，误检率会提高。因此，本章选择了置信度阈值为 0.2~0.5，Soft NMS 的阈值设定为0.15，模型推理参数设置如图 3.3.2-8 所示。

　　若 YOLOv5s 算法对测试集图片的预测框与真实框的重叠程度大于置信度阈值，则认为该裂缝被检测出来。在实际检测过程中，本章发现预测框存在三种情况：

　　（1）预测框与裂缝区域重叠且置信度大于设定的置信度。此时，预测框对于裂缝识别是有指导意义的，算法认为裂缝被检测出来，裂缝检测率提高；

```
if __name__ == '__main__':
    parser = argparse.ArgumentParser()
    parser.add_argument('--weights', nargs='+', type=str, default='runs/train/exp12/weights/best.pt', help='
    parser.add_argument('--source', type=str, default='VOCdevkit/images/val', help='source')  # file/folder,
    parser.add_argument('--img-size', type=int, default=640, help='inference size (pixels)')
    parser.add_argument('--conf-thres', type=float, default=0.2, help='object confidence threshold')#置信度阈值
    parser.add_argument('--iou-thres', type=float, default=0.5, help='IOU threshold for NMS')#交并比阈值，越大
    parser.add_argument('--device', default='', help='cuda device, i.e. 0 or 0,1,2,3 or cpu')
    parser.add_argument('--view-img', action='store_true', help='display results',default=True)
    parser.add_argument('--save-txt', action='store_true', help='save results to *.txt',default=True)
    parser.add_argument('--save-conf', action='store_true', help='save confidences in --save-txt labels',def
    parser.add_argument('--nosave', action='store_true', help='do not save images/videos')
    parser.add_argument('--classes', nargs='+', type=int, help='filter by class: --class 0, or --class 0 2 3
    parser.add_argument('--agnostic-nms', action='store_true', help='class-agnostic NMS')
    parser.add_argument('--augment', action='store_true', help='augmented inference')
    parser.add_argument('--update', action='store_true', help='update all models')
    parser.add_argument('--project', default='runs/detect', help='save results to project/name')
    parser.add_argument('--name', default='exp', help='save results to project/name')
    parser.add_argument('--exist-ok', action='store_true', help='existing project/name ok, do not increment'
```

图 3.3.2-8　模型推理参数设置

（2）预测框与裂缝区域重叠但置信度小于设定的置信度，此时，预测框对于裂缝识别同样是有指导意义的，但算法会认为裂缝没有被正确识别出来，裂缝检测率会降低；

（3）预测框与裂缝区域不存在重叠，此时，预测框对于裂缝识别是无指导意义的；本章将这种情况称为误检，定义误检率为误检的预测框数量与所有预测框数量的比值。

通过比较在不同置信度下，YOLOv5算法对裂缝的检测率和误检率，可以得到如表3.3.2-2所示的结果。表3.3.2-2可知，在地铁隧道检测中，为了尽可能全面地检测到裂缝，选择置信度阈值为0.2时，裂缝检测率最高且裂缝误检率并未显著增加。因此，0.2的置信度阈值是最适合地铁隧道检测需求的。

表 3.3.2-2　不同置信度下 YOLOv5 算法对裂缝的检测率和误检率

置信度阈值	0.2	0.3	0.4	0.5
裂缝检测率/%	93.22	87.54	79.33	61.55
裂缝误检率/%	29.88	26.34	21.98	16.20

进行地铁隧道图像裂缝特征识别算法的研究目的是以计算机代替人工识别图像中的裂缝，降低因人的主观意识的影响而造成的裂缝误检。裂缝特征识别算法识别出的裂缝图像已经经过图像预处理操作，其二值图像中已经滤除大部分掉散点噪声与块状噪声。本章通过改进的费里曼（Freeman）链码边界追踪算法、图像细化处理、图像裂缝分支结构去除以及图像裂缝长度与宽度算法识别图像中的裂缝特征，计算裂缝的长度与宽度信息并且简化裂缝数据点信息保存，地铁隧道图像裂缝特征识别算法流程图如图3.3.2-9所示。

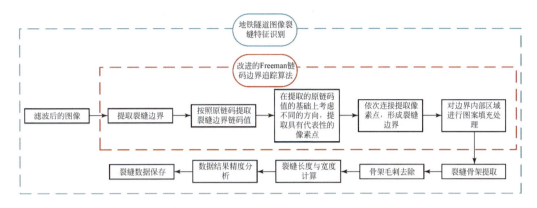

图 3.3.2-9　地铁隧道图像裂缝特征识别算法流程图

3.4　裂缝特征提取和计算

本章对 YOLOv5 目标检测模型检测出的裂缝图像进行特征提取及计算。这些裂缝图像是隧道实际采集图像中的一部分，包含裂缝的最小外接矩形检测框。本章提出了裂缝边界提取算法，裂缝骨架提取算法和裂缝毛刺去除算法，先基于改进后的链码边界追踪算法提取出裂缝的边界，再采用迭代算法提取裂缝边界中的骨架，去除骨架中的毛刺，最后计算裂缝的长度、宽度并判断裂缝类型。

3.4.1　裂缝特征提取处理

1. 裂缝边界提取

在图像中的裂缝像素点数目并不相同，一条短的裂缝像素点数量通常有成百上千个，而一条长的裂缝像素点数量则有上万个，若是对这些像素点直接进行后续处理，一是裂缝数据计算量大，图像处理速度慢；二是裂缝数据占用电脑内存空间大，对电脑配置要求较高。本章基于现有链码的基础上进行改进，通过更改链码追踪裂缝边界的方向，使得极少数像素点就能够代表整条裂缝像素点，能够大大减少后续图像处理时的计算量，实现在同样检测精度条件下有效减少裂缝结果数据点数据量，还能够减少电脑中裂缝数据存储内存占用量，便于电脑保存。

链码又称为 Freeman 链码，常被用于图像中特定目标体边界追踪。Freeman 链码根据目标像素点领域像素点的连接方向不同而分为 4 连通链码与 8 连通链码，4 连通链码是以目标点 P 为中心，包含上、下、左、右 4 个方向［图 3.4.1-1（a）］；8 连通链码是以目标点 P 为中心，包含上、下、左、右、左上、右上、左下、右下 8 个方向[16]［图 3.4.1-2（b）］，图中的数字代表各个方向，比如以 4 连通链码为例，以数字 0 代表的方向为 0°，按照逆时针方向，那么数字 1 代表的方向为 90°，数字 2 代表的方向为 180°，数字 3 代表的方向为270°。

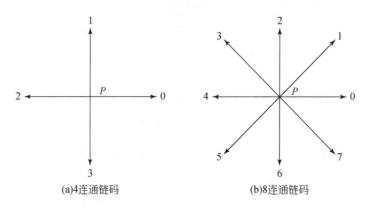

(a)4连通链码　　　　　　　(b)8连通链码

图3.4.1-1　Freeman 链码

原有的链码追踪裂缝边界方法是：首先设定一个初始扫描方向开始扫描，在扫描到第一个像素点后将其作为目标像素点，随后按照逆时针方向将与目标点相邻的像素点进行标记，记录相邻像素点与目标点间的方向数字，然后将标记的像素点作为新的目标点，再按照逆时针方向标记新目标点相邻的像素点，记录此时的数字方向，最后按照初始定的扫描方向重复进行标记扫描直到将整幅图像扫描完成为止，将所有的方向数字记录并且保存，此时得到的一串数字就是追踪的裂缝边界链码。如图3.4.1-2所示为提取的部分裂缝边界，假设以第一个像素点为目标点，此时使用原有8连通链码追踪的裂缝边界链码值为776777。

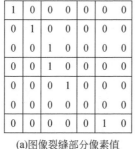 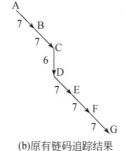

(a)图像裂缝部分像素值　　　　　(b)原有链码追踪结果

图3.4.1-2　裂缝像素与链码值

按照原有的链码追踪裂缝边界有一个问题是链码在选定第一个目标点后，对于整个裂缝边界是对每个像素点进行逐个追踪，如图3.4.1-3（b）所示，在选定第一个目标点 A 后，接下来追踪到 B 点，然后再以 B 点为目标点追踪到 C 点，重复步骤直到追踪到 G 点，此时链码追踪的方向结果为AB、BC、CD、DE、EF 与 FG 一共6个方向数据，这6个方向数据共记录了 A、B、C、D、E、F、G 七个裂缝像素点，但问题是按照原来链码追踪会导致方向数据会被重复记录，如方向数据 AB、BC 与 DE、EF、FG 均是一条直线，可以由方向线段 AC 与 DG 表示，此时仅记录了 A、C、D、G 四个裂缝像素点就能够完全代表 A、

B、C、D、E、F、G 这 7 个裂缝像素点，并且裂缝像素点数据减少了 3 个，使得原裂缝数据点量得到明显减少。因此，本章在原有的链码追踪裂缝边界的基础上进行改进，实现在不改变裂缝形状的前提下可有效减少裂缝边界数据点数据量，提高地铁隧道表面裂缝病害的检测效率。

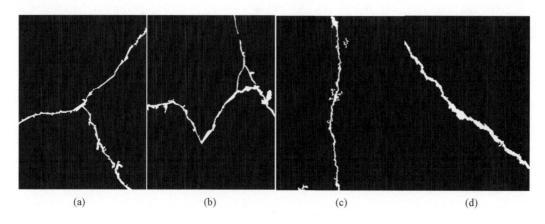

(a)　　　　　　　(b)　　　　　　　(c)　　　　　　　(d)

图 3.4.1-3　改进的链码追踪裂缝边界填充

首先采用原来的链码追踪图像中的裂缝边界，并记录坐标点 (x_{n-1}, y_{n-1}) 到 (x_n, y_n) 的链码值；其次将第一个链码值 m_1 设为基准方向，依次按顺序判断第 i 个（$i=2$、$3\cdots$）链码值代表的方向为第一个链码值的 $(a \times 0)°$、$(b_1 \times 45)°$、$-(b_2 \times 45)°$、$(c_1 \times 90)°$、$-(c_2 \times 90)°$（$a=0$ 或 1，$b_1=0$ 或 1，$b_2=0$ 或 1，$c_1=0$ 或 1，$c_2=0$ 或 1），通过改变 a、b_1、b_2、c_1、c_2 的值改变后续链码所考虑的方向，如不符合判断条件，则记录其坐标值 (x_i, y_i) 与链码值 m_2；最后将 m_2 作为新的基准，判断第 $i+1$、$i+2\cdots$链码值，找到不符合判断条件的像素点链码值 m_3，以 m_3 作为新的方向基准，重复上述判断条件，直到所有坐标点的链码值全部完成判断，并且记录所有不符合判断条件的坐标点，将这些不符合判定条件的坐标点作为代表点按照顺序依次连接形成的线称为裂缝边界，对其进行图案填充所形成的区域即为裂缝。如图 3.4.1-3 所示的改进的链码追踪裂缝边界填充，是采用改进的链码追踪算法追踪的裂缝边界，然后对其进行填充形成的裂缝（此时 $a=1$、$b_1=1$、$b_2=2$、$c_1=1$、$c_2=0$），与原链码追踪的裂缝边界像素点数量相比下降 90% 左右，且仅保留这些具有代表性的裂缝点就可以储存整条裂缝的数据信息，大大减少裂缝数据储存量。

2. 裂缝骨架提取

裂缝骨架是图像原始裂缝的一种压缩表示，它在图像连通性和拓扑结构分布方面与原始图像能够保持一致，能够直观、准确地反映原始裂缝的形状，并且能够有效减少图像中的冗余信息[4]，保留图像中的关键结构信息。裂缝骨架提取是为了后续便于计算裂缝的长度与宽度。提取后的裂缝骨架通常只有一个像素宽，它只保留了连通区域最基本的形态，有助于裂缝评价指标的计算，为方便看清图像，裂缝骨架提取后对二值图像进行了取反处理，即图像中的黑白像素互换。

关于裂缝骨架提取，现存的算法有一千种以上[17]，基本思想都是通过迭代将连通区域一层一层"剥开",常见的并行迭代算法有张一孙(zhang-suen)骨架提取算法,常见的顺序迭代算法有 K3M 算法,对于裂缝这种形状修长的线条图像而言,骨架提取是有意义的,如果是类似圆形、矩形的图像,则并不适合骨架提取。

本章采用迭代算法对图像进行处理,获取裂缝骨架提取算法示意图如图 3.4.1-4 所示,对于连通区域中任一点 P(即 P 的像素值为 1),若 P 为需要删除的点,则其需要满足以下条件。

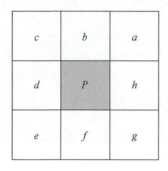

图 3.4.1-4　裂缝骨架提取算法示意图

条件一:P 点周围有 2 ~ 6 个白色像素点;
条件二:b、d、f 点至少有一个黑色像素点;
条件三:d、f、h 点至少有一个黑色像素点。

对图 3.4.1-4 所示的裂缝图像提取的裂缝骨架如图 3.4.1-5 所示,但是在裂缝骨架图中会有细小的分支结构存在,需要后续操作进行滤除。

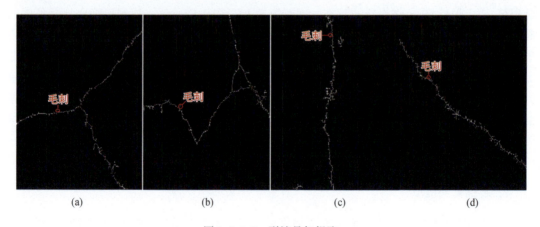

(a)　　　　　　　(b)　　　　　　　(c)　　　　　　　(d)

图 3.4.1-5　裂缝骨架提取

3. 裂缝毛刺去除

裂缝骨架的边缘处常出现小的分支结构,俗称毛刺,毛刺就是骨架的一部分,如果对细长的长方形提取骨架,那么骨架不会有毛刺,出现毛刺的根本原因在于裂缝的形状极其不规则,以至于骨架提取后会产生很多小分叉,会影响裂缝的长度与宽度计算,在计算前需要将这些毛刺去除掉。

在本章中采用的是王要峰[18]的基于 8 个方向链码去除毛刺的方法：先设定一个初始扫描方向开始扫描，在扫描到第一个目标点后将其作为中心像素点，然后按照逆时针方向将与中心点相邻的像素点进行标记，并且将该标记点作为新的目标点，再按照逆时针方向标记与新的目标点相邻的像素点，按照初始规定的扫描方向重复进行标记扫描直到扫描完成为止。

所获取的裂缝骨架图，如果没有毛刺结构，在骨架的端点 8 领域范围内只能有一个像素与其相邻，如图 3.4.1-6（a）所示，若是连续骨架中的一点，其 8 邻域范围内只有两个像素点与其相邻，如图 3.4.1-6（b）所示，若是节点，其 8 邻域范围内至少有三个像素点与其相邻，如图 3.4.1-6（c）所示。

0	0	0
0	目标点	0
0	0	1

(a)

1	0	0
0	目标点	0
0	0	1

(b)

0	1	0
0	目标点	0
1	0	1

(c)

图 3.4.1-6　中心目标点的 8 领域示意图

在扫描到节点后对分支进行跟踪，并用 8 领域链码标记跟踪过的像素点，直到找到端点。分支结构的长度计算公式如式（3.4.1-1）所示：

$$L = A \times N_a + B \times N_b; A = 1, B = \sqrt{2} \tag{3.4.1-1}$$

式中，L 为计算的分支结构长度；N_a 为分支结构中偶数链码值的次数；N_b 为奇数链码值的次数；A 为水平/垂直方向的权重系数；B 为对角线方向的权重系数。通过计算就可以获得裂缝骨架图中小分支结构的长度，然后设定滤除阈值，将计算的分支结构长度 L 小于阈值的去除掉，这样就可以达到去除毛刺的目的。提取图像中的裂缝骨架并且滤除毛刺后，对图像再次进行取反处理，使得黑色像素值 '0' 表示裂缝，白色像素值 '1' 表示背景，裂缝骨架毛刺去除如图 3.4.1-7 所示。

图 3.4.1-7　裂缝骨架毛刺去除

3.4.2　裂缝参数计算

1. 裂缝长度计算

裂缝的长度定义为裂缝的总长，即裂缝骨架的长度，本章基于裂缝骨架模型求裂缝的长度。裂缝骨架模型图如图 3.4.2-1（a）所示，每个像素点的中心与其相邻像素点中心之间的距离只能是 1 像素或 $\sqrt{2}$ 像素，从裂缝骨架最左端的像素点开始，沿着 x 轴正方向（即 $x=0.5$，1.5，2.5，…）和 y 轴正方向（即 $y=0.5$，1.5，2.5，…）遍历每个裂缝骨架像素点的中心，图 3.4.2-1（a）中数字标号代表遍历的顺序，图 3.4.2-1（b）中 8 个数字代表每个像素点可能存在邻点的 8 个方向，对裂缝骨架中任意一个像素点而言，只可能存在以下三种情况。

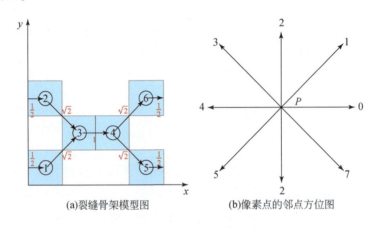

(a)裂缝骨架模型图　　　　(b)像素点的邻点方位图

图 3.4.2-1　裂缝长度计算示意图

（1）若其在 0 或 2 方向上有 1 或 2 个相邻像素点，且其有两个或以上相邻像素点，则该像素点对应的长度分别为 1 或 2 像素；

（2）若其只有一个相邻像素点，则说明此像素点为端点，对应的长度为 $\frac{1}{2}$ 像素；

（3）不符合上述两个条件的像素点，则认为其对应的长度为 $\sqrt{2}$ 像素。

假设在提取出的裂缝骨架图中有 n 个像素点，其中满足条件（1）且距离为 1 的像素点有 m_1 个，满足条件（1）且距离为 2 的像素点有 m_2 个，满足条件（2）的像素点有 m_3 个，则裂缝的长度 l 为

$$l=m_1+2m_2+\frac{1}{2}m_3+\sqrt{2}\left(n-m_1-m_2-m_3\right) \tag{3.4.2-1}$$

2. 裂缝宽度计算

本章认为，裂缝宽度是裂缝面积 s 与裂缝长度 l 的比值，裂缝面积即裂缝连通域的像素点总数，即认为裂缝图像块状噪声滤除后的连通区域像素点的总数为裂缝面积。

图像中裂缝宽度在局部区域是具有差异的，本章采用分割裂缝求裂缝局部区域的平均宽度方法，从裂缝区域图最左端像素点开始，沿着 x 轴正方向逐列遍历裂缝区域图和裂缝骨架图，x 轴每间隔 50 像素，就记录下这 50 个像素区间内的裂缝区域面积 s_i（即连通区域像素点的总数）和裂缝骨架长度 l_i，共分成 N 份，则每一段间隔的裂缝平均宽度 d_i 为

$$d_i = s_i / l_i \tag{3.4.2-2}$$

裂缝总体的平均宽度 d 为

$$d = \frac{\sum\limits_{i=1}^{N} s_i}{\sum\limits_{i=1}^{N} l_i}，\text{其中 } i = 1,2,3,\cdots,N \tag{3.4.2-3}$$

3. 裂缝类型判别

网状裂缝与纵向裂缝、环向裂缝、斜向裂缝等非网状裂缝相比存在多条裂缝相交特征，可以通过这一特征区分网状裂缝与非网状裂缝，具体方法如下所示。

在二值图像中，将图像的行像素设为 y 轴、列像素设为 x 轴，以图像的左顶点为零点建立坐标系，然后沿着 x 轴方向逐列扫描整幅图像，在扫描到裂缝起点时开始记录坐标点的个数。如果是网状裂缝，当从第 m 列开始扫描，在扫描到第 n 列时，所记录的裂缝坐标点的个数会突然增多，如图 3.4.2-2（a）中的 A、B 两点，且 AB 两坐标点之间有一定的距离；在非网状裂缝中，当从 m 列扫描到 n 列时，并不会在同一列出现多个相距很远的坐标点，如图 3.4.2-2（b）所示，可以根据此特征区分网状裂缝与非网状裂缝。

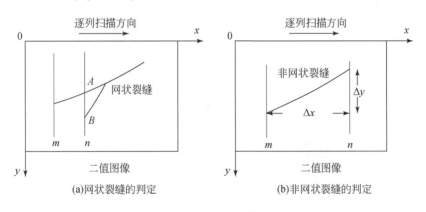

图 3.4.2-2　裂缝种类判定

由于纵向裂缝、环向裂缝与斜向裂缝与地铁隧道轴线有一定的角度关系，可以根据这一特征区分纵向裂缝、环向裂缝与斜向裂缝，区分方法如下所示：如图 3.4.2-2（b）所示，当一条裂缝扫描完成时，记录裂缝起点与终点的横坐标变化量 Δx 与纵坐标变化量 Δy，并且根据式（3.4.2-4）确定裂缝的类型：

$$
\begin{cases}
0°\leqslant \arctan \dfrac{\Delta y}{\Delta x}\leqslant 45° & \text{纵向裂缝} \\[2mm]
45°<\arctan \dfrac{\Delta y}{\Delta x}\leqslant 60° & \text{斜向裂缝} \\[2mm]
60°<\arctan \dfrac{\Delta y}{\Delta x}<90° & \text{环向裂缝}
\end{cases}
\tag{3.4.2-4}
$$

4. 线阵相机采集图像裂缝检测精度验证实验

为了验证线阵相机与裂缝特征识别算法对 0.1mm 的裂缝识别效果，本章在实验中搭建了一个 1∶1 地铁盾构隧道管片模型，并且将带有裂缝的靶纸粘贴在隧道模型壁上，如图 3.4.2-3 所示，其中在靶纸 1 上设有三条横向裂缝，靶纸 2 上设有三条纵向裂缝，裂缝的宽度分别为 0.1mm、0.3mm 与 0.5mm，在靶纸 3 上仅设有一条 0.1mm 的分叉裂缝。

图 3.4.2-3　盾构地铁隧道管片模型

在本次实验中，线阵相机与固定支架被安装在一辆可人工推动的轨道平板车上，如图 3.4.2-4（a）所示，线阵相机到隧道模型壁的距离由激光测距仪进行标定，如图 3.4.2-4（b）所示，使得线阵相机隧道模型始终保持最佳物距，采集触发信号由一个连接在平板车底部的测距编码器触发，如图 3.4.2-4（c）所示，测距编码器的参数见表 3.2.2-1。

(a)轨道平板车　　　　(b)激光测距仪标定距离　　　　　　　(c)测距编码器

图 3.4.2-4　实验详情

在本次验证实验中，线阵相机以每采集 5000 道数据合并成一幅图像，共采集了 10 组数据，部分线阵相机采集图像如图 3.4.2-5 所示。

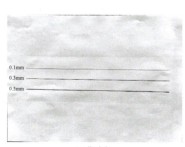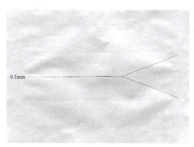

(a)靶纸1　　　　　　　(b)靶纸2　　　　　　　　　(b)靶纸3

图 3.4.2-5　部分线阵相机采集图像

对线阵相机采集的 10 组图像，使用 MATLAB 软件按照第 3.2 节所述的裂缝图像预处理流程进行处理。采集图像经过预处理操作后，图像中只保留有裂缝信息，部分图像预处理效果图如图 3.4.2-6 所示。

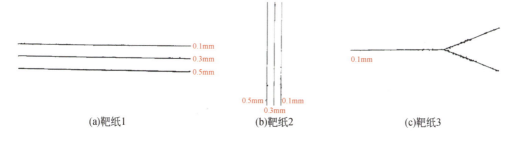

(a)靶纸1　　　　　　　(b)靶纸2　　　　　　　　　(c)靶纸3

图 3.4.2-6　部分图像预处理效果图

对经过预处理操作后的图像，采用本章节所述的裂缝特征识别算法识别图像中的裂缝特征。在采集的 10 组数据中，靶纸 1 与靶纸 2 中的 0.3mm 与 0.5mm 的裂缝均能够识别其特征，如图 3.4.2-7（a）（b）所示，但是在部分图像中 0.1mm 的裂缝发生了断裂情况，如图 3.4.2-7（b）（c）所示。通过分析可知，在本次实验中，由于 0.1mm 的裂缝相较于 0.3mm 与 0.5mm 的裂缝，其在采集图像中所占用的像素很少，极易受到图像中周围环境的影响，在后续处理时容易发生断裂，这在对后续地铁隧道内实验采集的数据进行处理时需要格外注意。

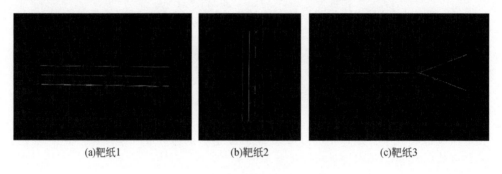

(a)靶纸1　　　　　　　　　　(b)靶纸2　　　　　　　　　　(c)靶纸3

图 3.4.2-7　　部分图像裂缝特征识别

参 考 文 献

[1] 王庆有. CCD 应用技术[M]. 天津:天津大学出版社,2000.

[2] 北京市规划委员会. 地铁设计规范[M]. 北京:中国建筑工业出版社,2014.

[3] 王耀东,余祖俊,白彪,等. 基于图像处理的地铁隧道裂缝识别算法研究[J]. 仪器仪表学报,2014,35(7):1489-1496.

[4] 刁智华,吴贝贝,毋媛媛,等. 基于图像处理的骨架提取算法的应用研究[J]. 计算机科学,2016,43(Z6):232-235.

[5] Ostu N,Nobuyuki O,Otsu N . A threshold selection method from gray-level histogram IEEE transactions on systems[J]. IEEE Transactions on Systems, Man, and Cybernetics,1979,9(1):62-66.

[6] 刘奇琦,龚晓峰. 一种二值图像连通区域标记的新方法[J]. 计算机工程与应用,2012,48(11):178-180,200.

[7] 左文明. 连通区域提取算法研究[J]. 计算机应用与软件,2006,(1):97-98.

[8] 傅卫平,秦川,刘佳,等. 基于 SIFT 算法的图像目标匹配与定位[J]. 仪器仪表学报,2011,32(1):163-169.

[9] Lowe D G. Object recognition from local scale-invariant features[J]. Proc of IEEE International Conference on Computer Vision,1999,2:1150-1157.

[10] Lowe D G. Distinctive image features from scale-invariant keypoints[J]. International Journal of Computer Vision,2004,60(2):91-110.

[11] 朱利成,姚明海. 基于 SIFT 算法的目标匹配和识别[J]. 机电工程,2009,26(12):73-74.

[12] 平昱恺,黄鸿云,江贺,等. 目标检测模型的决策依据与可信度分析[J]. 软件学报,2022,33(9):3391-3406.

[13] 赵亚男,吴黎明,陈琦. 基于多尺度融合 SSD 的小目标检测算法[J]. 计算机工程,2020,46(1):247-254.

［14］邵延华,张铎,楚红雨,等. 基于深度学习的 YOLO 目标检测综述［J］. 电子与信息学报,2022,44(10)：
3697-3708.

［15］段仲静,李少波,胡建军,等. 深度学习目标检测方法及其主流框架综述［J］. 激光与光电子学进展,
2020,57(12):59-74.

［16］王萍,强兆庆,许晋玮,等. 基于链码描述的图像图形特征提取［J］. 计算机应用,2009,29(8):2065-
2067,2115.

［17］Khalid S,Marek T,Mariusz R,et al. K3M：a universal algorithm for image skeletonization and a review of
thinning techniques［J］. International Journal of Applied Mathematics and Computer Science,2010,20(2)：
317-335.

［18］王要峰,崔艳. 基于方向链码去除骨架图像毛刺算法［J］. 计算机应用,2013,33(S1):193-194,198.

第4章 地铁隧道渗漏检测技术

地铁隧道渗漏检测包含隧道表观渗漏水的检测以及隧道衬砌背后的渗漏通道的检测，针对隧道衬砌背后的渗漏通道的检测，主要分为两个阶段：表观渗漏区域的定位以及背后渗漏通道的精确探寻。

4.1 隧道渗漏水成因及类型分析

根据北京地铁渗漏水检测数据分析，隧道渗漏水成因主要有以下三种原因。

（1）人为因素。地铁隧道建设包含运输、拼装、注浆及后期防护等一系列过程，隧道建设和运营周期的维护规范程度，深刻影响着盾构隧道的质量。人员监管、技术水平和器械使用情况都是影响盾构隧道施工质量的重要因素。在隧道项目建设之前，做出详细而又合理的施工组织方案必不可少，防水设计、施工方案和组织规划，任何一个环节的疏漏都会直接或间接影响后续的工作内容，导致管片渗漏水情况的发生。

（2）地质因素。地质环境的变化也影响着隧道管片的自防水体系，伴随着运营时间的增加，隧道在周围基岩的构造压力日积月累的作用下，产生了大量裂隙，导致隧道周围地下水随着隧道裂缝渗出。若土层以软土地基为基础，在频繁动载荷或过大承载压力作用下，就会发生沉降，从而使隧道营片产生上浮或下沉现象，致使接头处产生张开、错台等问题，导致隧道出现渗漏的情况。此外，化工厂所排放的酸性废水等物质会改变土壤酸碱度，从而对管片、止水带等产生腐蚀，从而破坏自防水体系。地震、海啸等不可预知的地质环境因素，一旦发生，后果非常严重。

（3）设计因素。在隧道建设和运营过程中，施工技术是保证其顺利进行的核心内容，隧道的建设相比明控段使用混凝土浇筑而言，更加复杂和精密，止水带粘贴状态、管片拼装精度、同步注浆量多少将会直接影响到管片的防水体系。而在隧道建设过程中，可能存在管片连接处螺栓预紧力不够，从而导致接缝处张开，继而发生管片渗漏水的情况。因此，施工技术是管片渗漏水影响因素研究必须考虑的因素之一，部分地铁隧道防水工艺不到位，主要表现在防水材料使用不当、混凝土振捣不密实、施工缝等部位防水处理不当、混凝土结构出现裂缝等。

隧道渗漏水可以根据其表观现象和对隧道运营产生的影响分为三类。良性渗漏水，隧道表观出现明显的渗漏水，对衬砌结构和其他隧道设施设备影响不大。严重渗漏水，隧道产生持续不断的渗漏水，对衬砌结构和其他隧道设施设备产生间接影响，包括腐蚀、短路等。恶性渗漏水，隧道产生持续不断的渗漏水，对运营产生影响，危害隧道人员和设备安全。

隧道渗漏水还可以根据其表观状态分为：湿渍、渗漏、滴漏、线漏、涌水五大类。还可以根据隧道渗漏水渗漏的部位分为：形变缝渗漏、施工缝渗漏、结构面渗漏、环缝渗漏、管片渗漏等。

4.2　隧道渗漏水综合检测工作原理

4.2.1　基于热红外的隧道表观渗漏水检测原理

红外热成像技术，通过捕捉目标物体发射的红外辐射能量并将其转化为视觉可识别的图像，能够直观反映出物体表面的温度分布。这种技术生成的图像，本质上是目标物体各个区域红外辐射能量的分布图，其细节由物体表面的温差及其发射率的差异决定。红外热成像技术通过利用目标物体自发的热辐射进行成像，有效克服了在夜间或能见度低的环境中进行观察和检测的难题。

红外热成像技术拓宽了人类观察的范围，从传统的可见光区域延伸到红外区域，显著增强了对微小温差的感知能力，提供了一种捕获与热运动相关信息的有效途径。红外热成像技术具有非接触式测量、测温范围、高效的测温能力、温度分辨率高、显示选项多样化、数据存储与计算处理能力便捷等优势。

红外热成像系统主要由以下4个关键组件构成：光学成像与扫描系统、红外线感知模块及其制冷装置、电子信号处理单元和图像显示系统。光学成像与扫描系统主要负责捕捉目标物体发出的红外线，并将其集中到检测器的焦面上。扫描系统在此过程中扮演着至关重要的角色，不仅需要协调光学系统的大视场与检测器的小视场之间的匹配，还需要按照特定的显示格式完成扫描任务。红外线感知模块的主要功能是将聚焦的红外辐射转换为电信号。为了提高检测精度，通常需要制冷器来降低检测器的工作温度，从而减少噪声并提高系统的响应速度和灵敏度。电子信号处理单元主要负责接收检测器输出的电信号，并进行必要的放大和处理，以便生成清晰的热成像图像。这一过程包括信号的调制、滤波、增强等多个步骤，以确保图像的质量和准确性。最终，处理过的信号会被转换成可见光图像，并通过显示器呈现给用户。

按应用领域，红外热成像系统可以分为军用系统与民用系统两大类型。按扫描读出方式，红外热像仪可分为光机扫描热像仪和凝视型热像仪。凝视型热像仪可以同时完成多个平面的扫描，也被称为焦平面热像仪。工作原理与照相机非常相似，如图4.2.1-1所示，即通过镜头将目标物体投射到检测器上，从而实现对物体的精确定位。

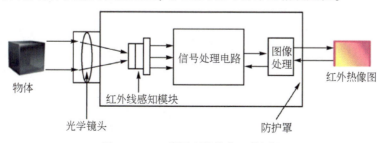

图 4.2.1-1　凝视型热像仪工作原理

此外，凝视型热成像仪还有制冷型和非制冷型之分，由于制冷型热成像仪过于落后，已经被工业所淘汰。非制冷凝视型热成像仪的工作原理是通过接收物体发出的红外辐射，并将其转换为电信号，然后对这些信号进行处理并将其组合成红外热成像图像，从而实现了对物体温度分布的实时监测。非制冷凝视型热成像仪工作原理如图4.2.1-2所示。

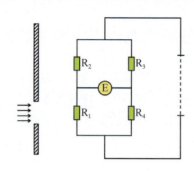

图4.2.1-2　非制冷凝视型热成像仪工作原理

图4.2.1-2中，R_1为内置检测器，R_2为工作检测器，R_3和R_4为标准电阻，E为取样电压信号。当没有检测目标时，整个电路是处于一个稳定状态的，那么此时E为0。而当出现检测目标时，R_1会被挡住，因此不会发生变化，而R_2则会接收来自外部的辐射，从而导致R_2的温度产生波动，并且R_2的值也将相应变化，此时电路的平衡被破坏，就会产生电压信号。

4.2.2　衬砌背后渗漏水病害的三维数值模拟

衬砌背后的富水空洞相对抽象，并不是一个规则的形状，一般地，由地下向隧道渗漏时会受到很多因素的影响而呈现出不规则的形态，比如地下水的流动方式和岩石的孔隙率都可能发生变化，所以衬砌背后富水体模型建立起来难度较大。因此，为便于探究一般规律模，采取理想情况下的一般渗漏进行模拟，即近似矩形的隧道衬砌背后富水空洞。

1. 富水空洞三维模型的建立与预处理

通过使用gprMax软件，建立一个具有富水空洞的三维隧道衬砌模型，以模拟多通道探地雷达检测的过程，从而更好地理解衬砌与围岩的接触带之间的富水空洞，如图4.2.2-1所示。

在保证能够接收到电磁波的绕射及散射信号的前提下，建立尺寸为2.0m×1.4m×0.8m（长×宽×高）的三维模型。模型分为两层，最顶层为衬砌，紧邻衬砌的是围岩层，衬砌主要由混凝土和钢筋组成。其中，混凝土的相对介电常数设置为6.0，电导率设置为0.01S/m，围岩的相对介电常数设置为12.0，电导率设置为0.05S/m。富水空洞设置在围岩层中心，大小为1.0m×0.7m×0.2m，上述尺寸可满足雷达在垂直和水平方向上分辨率的最低要求。在衬砌层设置直径为20mm的理想导电体钢筋网。检测频率设置为900MHz，并将雷克子波作为激励源，检测时窗设置为30ns，检测道间距设置为0.01m。

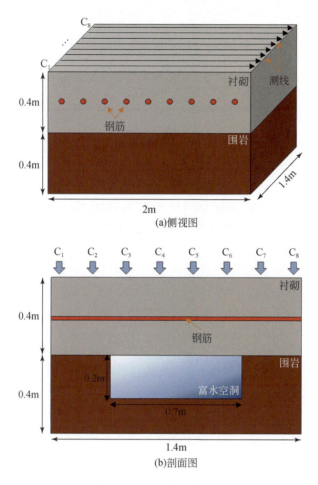

图 4.2.2-1　三维正演模型

每隔 0.2m 设置一条测线，总计 8 条，分别是 $C_1 \sim C_8$。其中，C_1、C_2、C_7 和 C_8 测线没有穿过富水空洞；C_3 和 C_6 测线穿过富水空洞边缘；C_4、C_5 测线穿过富水空洞，模型基本网格尺寸为 0.005m，为了减少模型边界处对电磁波信号的反射，采用了完全匹配层（perfect matched layer）技术来减少模拟结果的误差。为了有效地捕捉到传输到模型边界处的电磁波，本次模拟在模型边界处预留了 0.1m 的范围，以便有效地捕捉到电磁波。此外，为了更好地反映出实际衬砌检测过程中可能出现的天线与衬砌表观耦合不良的情况，电磁波的发射端和接收端之间的间距也被设定为 0.05m，FDTD 正演模拟参数见表 4.2.2-1。

表 4.2.2-1　FDTD 正演模拟参数

参数名称	数值
正演模型尺寸/m	2×1.4×0.8
空间网格步长/m	0.1×0.1×0.1
时窗/ns	30

参数名称	数值
1 通道发射天线起始坐标/m	0.10 0.10 0.08
1 通道接收天线起始坐标/m	0.22 0.10 0.08
测线条数	8
测线间隔/m	0.2
天线步进距离/m	0.02

鉴于介电常数的变化,使得空气和衬砌之间的接触点会产生较大的能量耗损,从而使得电磁波的振幅变得更加剧烈,影响到周围环境的信号传输。为了提高数据的可靠性,对每条测线的数据都做出了统一的预处理,以消除人工介入的影响,提高数据的可靠性。经过精心设计的两步处理流程,即空气层切除与直接信号去除。首先,从 3ns 开头,精确地确定了空气层的位置;然后使用平均抵消法,即把每道电磁回波的信号量累积起来,计算出它们的平均信号,从而去除了不同频率的信号,如式(4.2.2-1)所示,该方法适用于直达波分量在各测点回波信号中的时间和幅度变化较小的工况:

$$W'(t) = W(t) - \sum_{n=1}^{N} W_n \frac{t}{N} \tag{4.2.2-1}$$

式中, $W'(t)$ 为处理后的电磁波信号; $W(t)$ 为原始电磁波信号; N 为电磁波信号数量; t 为时间; W_n 为第 n 道电磁波信号。

通过正演数据处理,从图 4.2.2-2 中可以看出,雷达图像有效抑制了直达波和空气层的干扰,减少了对后续信号的影响,为后续分析提供了更好的条件。

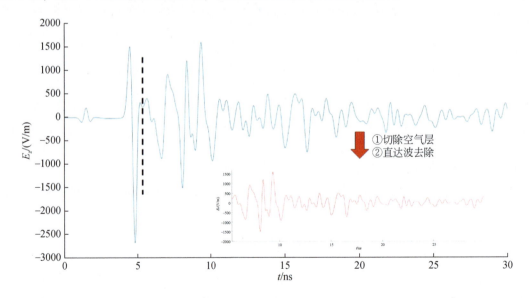

图 4.2.2-2　数据预处理

2. 数值模拟结果

根据图 4.2.2-3，可以清楚地看到，当测线接近富水空洞时，该区域的信号强度会逐渐增强。C_1、C_2、C_7 和 C_8 测线都没有经过富水空洞，但是 C_2 和 C_7 测线在富水空洞层的信号要比其他测线更强，这表明，富水空洞不仅会对该区域的检测产生影响，还会对周边区域的检测结果产生负面影响。通过观察 C_3 测线和 C_4 测线的位置，发现它们在富水空洞中的信号存在一定差异。特别是 $C_2 \sim C_3$ 和 $C_6 \sim C_7$ 测线的信号强度发生了显著的变化。因此，可以通过观察这些变化来确定富水空洞的位置。当 C_4 测线接近富水空洞的中心时，其富水响应会显著增加，而 C_5 测线则表现出最强的富水响应，这是因为它们穿越富水空洞的中心，使得电磁波的传播受到围岩的阻碍最小，而更多的信号则来自富水空洞底部的反射。

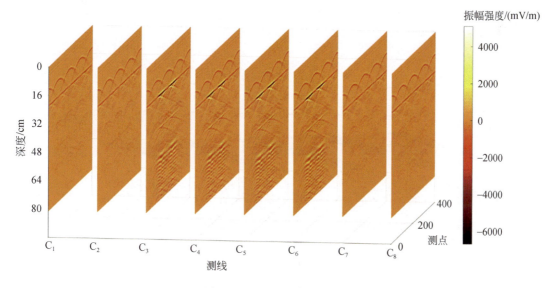

图 4.2.2-3　沿测线方向切片

根据图 4.2.2-4，可以看到，沿测点方向的三维数据体切片表现出类似的规律：第 0 ~ 100 号测点不会穿越富水空洞，而第 100 ~ 300 号测点会穿越富水空洞，而第 200 号测点则会穿越富水空洞的中心。此外，由于切片的方向与钢筋的布置方向一致。因此，在接近富水空洞中心的地方，富水区域的信号强度会有明显的提升，从而使得三维数据体的分析结果更加准确可靠。采用这种方法，可以显著减少钢筋绕射波的干扰，从而确定富水空洞中心在 y 方向的位置。

根据图 4.2.2-5，可以清楚地看到，当三维数据体被水平切割时，初始阶段会有明显的钢筋信号，但随着深度的增加，这些信号的干扰会迅速减弱。同时，富水区域的信号强度也会开始增强，特别是在角点处，信号更加明显。由于受到富水空洞内部电磁波的多次反射的影响，富水区信号的变化并不具有明显的规律性。因此，只能通过这种切割方法来确定脱空物体在 z 方向的大致位置。

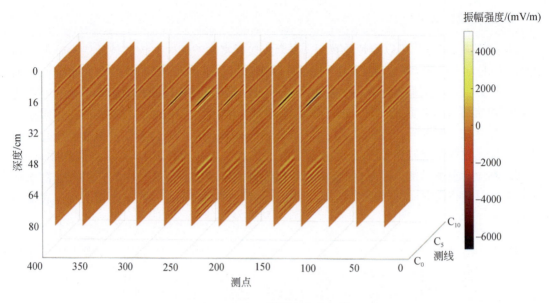

图 4.2.2-4　沿测点方向切片

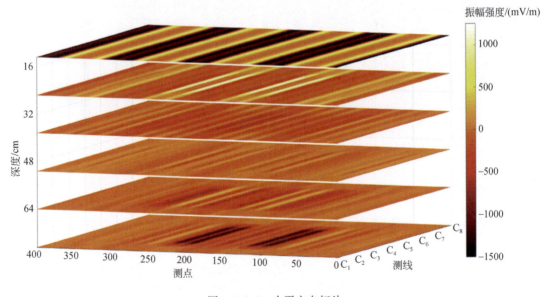

图 4.2.2-5　水平方向切片

4.2.3　基于探地雷达的隧道管片背后富水区检测原理

探地雷达是利用高频电磁波来检测目标体内部介质分布规律的一种物探。因具有高效、无损、实时成像等优点，目前已经被广泛地运用于各种行业，如工业、环境、水文地质调查、考古、军事、生物医学研究。从本质上讲，探地雷达检测技术同其他电磁法

勘探应用原理基本是一致的，在其工作时发射的电磁波在介质中传递服从麦克斯韦方程组，即

$$\begin{cases} \nabla \times E = -\dfrac{\partial B}{\partial t} \\[2mm] \nabla \times H = J + \dfrac{\partial D}{\partial t} \\[2mm] \nabla \cdot B = 0 \\[2mm] \nabla \cdot D = \rho \end{cases} \qquad (4.2.3\text{-}1)$$

式中，E 为电场强度，单位为 V/m；B 为磁感应强度，单位为 T；H 为场强，单位为 A/m；J 为电流密度，单位为 A/m^2；D 为电位移，单位为 C/m^2；t 为时间，单位为 s；ρ 为电荷密度，单位为 C/m^3；$\nabla \times$ 为旋度算子（描述场的旋转特性）；$\nabla \cdot$ 为散度算子（描述场的源汇特性）。

一般情况下，介质体中场量之间存在一定关联，因此在电场和磁场共同作用下，介质体会产生磁化和极化的现象，在地铁隧道中，一般可将衬砌看作是均匀、线性和各向同性的非导电介质，其本构方程如下：

$$\begin{cases} J = \sigma E \\ D = \varepsilon E \\ B = \mu H \end{cases} \qquad (4.2.3\text{-}2)$$

式中，σ 为电导率，单位为 S/m；ε 为介电常数，单位为 F/m；μ 为磁导率，单位为 H/m。

在一般隧道衬砌介质中，$\rho = 0$，$\sigma = 0$，ε、μ 均为常数，结合本构方程，将麦克斯韦方程组简化为限定形式，即

$$\begin{cases} \nabla \times E = -\mu \dfrac{\partial H}{\partial t} \\[2mm] \nabla \times H = \varepsilon \dfrac{\partial E}{\partial t} \\[2mm] \nabla \times H = 0 \\[2mm] \nabla \times E = 0 \end{cases} \qquad (4.2.3\text{-}3)$$

探地雷达在地铁隧道衬砌检测时，由发射天线向衬砌内部发射高频电磁波，当电磁波在衬砌内部传播时遇到电磁特性存在差异的介质，会导致电磁波在临近的两种不同介质分界处的传播路径、强度以及波形产生一定变化。同时，电磁波在地下介质中多次反射和透射后，一部分电磁波会逐步被吸收衰减，另一部分则会返回至接收天线，通过分析和处理天线系统接收到的电磁回波信号，实现对衬砌背后目标体的精准检测，探地雷达示意图如图 4.2.3-1 所示。

根据电磁波的传播特性，其行程走时可以由 $t = \dfrac{\sqrt{4z^2 + x^2}}{v}$ 求得，则被测物体的探深可由式（4.2.3-4）求得

$$z = \frac{\sqrt{tz^2 - x^2}}{2} \qquad (4.2.3\text{-}4)$$

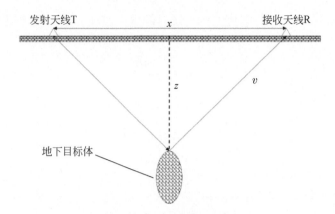

图 4.2.3-1 探地雷达示意图

x-发射天线和接收天线间的相对距离；z-异常体的埋深；v-电磁波在介质中的传播速度

当两个天线之间的距离 x 远小于目标体距天线的距离 z 时，式（4.2.3-4）可简化为 $z = \dfrac{vt}{2}$，用以计算目标体所在的空间位置。

通过对雷达参数的精确调整，发挥出最优的检测结果。因此，必须仔细了解检测区周围的环境，确保没有任何对检测结果产生干扰的因素，并且要精确掌握目标体埋藏深度、尺寸和电磁性质。检测参数包括天线中心频率、时窗和时间采样间隔。

1. 天线中心频率

通过使用式（4.2.3-5），可以确定天线中心频率：

$$f = \frac{150}{x\sqrt{\varepsilon_r}} \tag{4.2.3-5}$$

式中，x 为空间分辨率，单位为 m；ε_r 为介质的相对介电常数；f 为天线中心频率，单位为 MHz。

在选择天线中心频率时，如果检测深度满足检测最低要求，则应考虑选取分辨率较大的天线。天线中心频率越小，则其检测深度就越大，但同时带来的是更低的分辨率；天线中心频率越高，则反之。另外，天线的检测深度也会随周边岩土体介质的变化而发生变化，因此在实际检测时，应根据具体情况来选择天线中心频率。

2. 时窗

检测深度的判断与探地雷达的采样时窗密切相关，它反映了雷达系统在一段特定时间内对电磁回波信号的取样能力，而这个时间段可以通过式（4.2.3-6）来估算：

$$w = 2.6 \times \frac{h_{\max}}{v} \tag{4.2.3-6}$$

式中，w 为采样时窗，单位为 ns；$h_{\max}$ 为可最大测深，单位为 m；v 为电磁波传播速度，单位为 m/ns。

另外，式（4.2.3-6）中的"2.6"是一个重要的参数，它可以帮助雷达检测介质层中的电磁波，并且可以根据目标体的深度变化调整数值大小，以确保雷达能够获取更多的有效信息。

3. 时间采样间隔

时间采样间隔是指在探地雷达扫描地面时，所采集到的每一个数据点之间的时间间隔。通常来说，时间采样间隔越小，探地雷达所获取的数据越精细，因为它能够更准确地检测到地下物体的位置、形状和深度。但是，时间采样间隔也会影响到数据的采集速度和处理效率，因为采集更多的数据点需要更长的时间和更大的存储空间。因此，在选择时间采样间隔时，需要根据具体情况联合考虑数据精度和采集效率之间的平衡。根据 20 世纪 90 年代起的经典奎斯特采样定理的探地雷达天线发射的电磁波能量覆盖的频率范围是中心频率的 0.5~1.5 倍，则最小采样率为天线频率的三倍。而从检测经验角度考虑，为了让回波的波形更加完整，采样率设置为天线中心频率的 6 倍较为合适。表 4.2.3-1 列出了采样间隔与中心频率的对应关系。

表 4.2.3-1　采样间隔与中心频率的对应关系

中心频率/MHz	10.0	25.0	50.0	100.0	500.0
采样间隔/ns	16.7	8.3	3.3	1.67	0.33

如果假定天线中心频率是 f，单位为 MHz，那么可以使用（4.2.3-7）来计算采样率 Δ_t，单位为 ns：

$$\Delta_t = \frac{500}{3f} \tag{4.2.3-7}$$

在均匀介质中电磁波的传播速度 V 是恒定的。所以，利用地质雷达记录上的地面反射波与地下反射波的时间差 ΔT，即可根据式（4.2.3-8）得出地下异常的埋藏深度 H：

$$H = V \cdot \Delta T / 2 \tag{4.2.3-8}$$

V 的大小可以由式（4.2.3-9）表示：

$$V = C / \sqrt{\varepsilon} \tag{4.2.3-9}$$

式中，C 为大气中电磁波的传播速度，约为 $3 \times 10^8 \, \mathrm{m/s}$；$\varepsilon$ 为相对介电常数，取决于地层中组成材料的介电常数。

雷达波反射信号的振幅与其反射系数成正比，在以位移电流为主的低损介质中，反射系数 r 可以表述为

$$r = \frac{\sqrt{\varepsilon_1} - \sqrt{\varepsilon_2}}{\sqrt{\varepsilon_1} + \sqrt{\varepsilon_2}} \tag{4.2.3-10}$$

式中，ε_1、ε_2 分别为界面上、下介质的相对介电常数。

4.2.4　介电常数法求取衬砌背后的富水量

地铁隧道衬砌背后的岩土层是一种固、液、气三相混合体。其介电常数主要受以下几

个因素影响：岩土中各组成部分的介电常数；各组成部分在岩土中所占的体积百分比；各组成部分的几何结构特点和相互作用关系；各组成部分的电化学性质。一般来讲，岩土中的固体颗粒的介电常数为 8 ~ 16，而空气的介电常数为 1，自由水的介电常数为 80，由此可见，隧道衬砌背后岩土体的富水率是影响其介电常数的决定因素。

1. 几种经验模型公式

根据探地雷达检测原理，可以很容易地计算出电磁波在岩土体中的传播的平均速度 v：

$$v = \frac{2\sqrt{d^2 + (0.5x)^2}}{t} \tag{4.2.4-1}$$

式中，x 为发射天线和接收天线的相对距离；d 为反射界面深度；t 为在岩土体中的传播时间。

如果需要获取层速度信息，可运用迪克斯公式将平均速度转换成层速度 v_c：

$$v_c = \sqrt{\frac{t_n v_n^2 - t_{n-1} v_{n-1}^2}{t_n - t_{n-1}}} \tag{4.2.4-2}$$

式中，t_n 和 t_{n-1} 分别为电磁波到达第 n 个反射层和第 $n-1$ 个反射层的双程走时；v_n 和 v_{n-1} 分别为电磁波在到达第 n 层和第 $n-1$ 层以上介质中传播的平均速度。

根据传播速度与介电常数之间的关系式，可计算出岩土体的相对介电常数 ε_r：

$$v = \sqrt{\frac{c}{\varepsilon_r}} \tag{4.2.4-3}$$

为了描述岩土体介电常数和富水率之间的关系，利用土壤相对介电常数 ε 与岩土体富水率 θ 之间的关系计算出岩土体的富水率信息，国内外的学者提出了很多经验模型公式，具体包括托普（Topp）经验公式、罗斯（Roth）公式、赫克尔拉特（Herkelrath）公式以及复折射率模型（CRIM）公式，目前，Topp 经验公式使用得最为广泛。

Topp 公式：

$$\theta = -5.3 \times 10^{-1} + 2.92 \times 10^{-1} \varepsilon - 5.5 \times 10^{-4} \varepsilon^2 + 4.3 \times 10^{-6} \varepsilon^3 \tag{4.2.4-4}$$

Roth 公式：

$$\theta = -7.78 \times 10^{-1} + 4.48 \times 10^{-2} \varepsilon - 1.95 \times 10^{-4} \varepsilon^2 + 3.16 \times 10^{-6} \varepsilon^3 \tag{4.2.4-5}$$

Herkelrath 公式：

$$\theta = \eta_1 + \eta_2 \sqrt{\varepsilon} \tag{4.2.4-6}$$

式中，η_1 和 η_2 为校正系数。

CRIM 公式：

$$\theta = \frac{\sqrt{\varepsilon} - (1-n)\sqrt{\varepsilon_s} - n}{\sqrt{\varepsilon_w} - 1} \tag{4.2.4-7}$$

式中，n 为隧道衬砌背后岩土体的孔隙度；ε_s 为水在液态状态下的相对电导率；ε_w 为岩土体基质的相对电导率。

Topp 公式和时域热反射（TDTR）技术的原理相似，是一个简便易行、适用范围广的建模方程，这是因为其仅仅通过一个参数就可以计算岩土体内的富水量，并且地铁隧洞后方岩土体大部分都是粗粒径沿线混合颗粒，所以 Topp 公式在计算隧洞衬砌背后岩土体内的富水量方面效果较好，因此本章选取 Topp 公式作为衬砌背后富水率计算的理论依据。

2. 等效富水量的计算

通过探地雷达的方法测定的是空气与岩土界面之间的反射系数，空气的介电常数 ε_{air} 为 1，反射系数为 R，反射系数 R 与空气的介电常数 ε_{air} 和衬砌背后岩土的介电常数 ε_{soil} 之间的关系如式（4.2.4-8）所示：

$$R=\frac{\sqrt{\varepsilon_{air}}-\sqrt{\varepsilon_{soil}}}{\sqrt{\varepsilon_{air}}+\sqrt{\varepsilon_{soil}}} \tag{4.2.4-8}$$

同时，反射系数 R 不仅与介质的介电常数有关，还与雷波子波的振幅有关，设 A_r 为测量振幅值，A_m 为测量振幅值相对应的理想振幅值，反射系数 R 与测量振幅值 A_r 和测量振幅值相对应的理想振幅值 A_m 之间的关系如式（4.2.4-9）所示：

$$R=-\frac{A_r}{A_m} \tag{4.2.4-9}$$

衬砌背后岩土的介电常数与测量振幅值 A_r 和测量振幅值相对应的理想振幅值 A_m 之间也存在着如式（4.2.4-10）的关系：

$$\varepsilon_{soil}=\left(\frac{1+\dfrac{A_r}{A_m}}{1-\dfrac{A_r}{A_m}}\right)^2 \tag{4.2.4-10}$$

根据式（4.2.4-10）可计算岩土的介电常数，将其代入式（4.2.4-4）中即计算地铁隧道衬砌背后岩土体的富水率。

根据上述方法，对于不同形状的富水空洞大致可分为以下三种几何模型。

（1）当富水空洞宽度 l 等于最大长度（球体直径）d 时，则认为富水空洞为近似球体模型，其中球体直径为 d，体积 V 由式（4.2.4-11）得到：

$$V=\frac{1}{6}\pi d^3 \tag{4.2.4-11}$$

（2）当富水空洞宽度 l 大于最大长度 d 时，则认为富水空洞为近似横向发育的长方体模型，体积 V 由式（4.2.4-12）得到：

$$V=d^2l \tag{4.2.4-12}$$

（3）当富水空洞宽度 l 小于最大长度 d 时，则认为富水空洞为近似竖向发育的长方体模型，体积 V 由式（4.2.4-13）得到：

$$V=l^2d \tag{4.2.4-13}$$

4.3　隧道渗漏水病害联合检测系统开发与设计

4.3.1　渗漏水病害检测系统框架

作为检测设备的基础部分，硬件对于设备的研发非常重要。在研制设备时，首先需要结合实际应用环境，对设备的功能进行需求分析，然后从经济性、装配方便等方面对设备进行材料选择、尺寸确定、空间布局和功能实现等。

为了快速、高精度地检测地铁隧道衬砌渗漏水病害，开发了隧道衬砌渗漏水病害联合检测系统，包括渗漏水数据采集模块、环境数据采集硬件模块、病害定位硬件模块和软件系统。其中，渗漏水数据采集模块包括非制冷式红外热像仪模组和八通道探地雷达；环境数据采集模块由激光测距传感器和温湿度传感器构成；渗漏水病害定位硬件模块由测距编码器和测角传感器组成；软件系统包括由 C++编写的红外数据采集程序和渗漏水病害红外图像处理程序。

硬件部分，非制冷红外焦平面检测器以固定角度安装在红外检测模组中，红外检测模组表观固定安装测角传感器和激光测距传感器，多通道探地雷达天线系统中各个天线端固定安装有测角传感器和激光测距传感器，测距编码器安装在车轮处从动。地铁隧道渗漏水病害联合检测硬件系统示意图如图 4.3.1-1 所示。

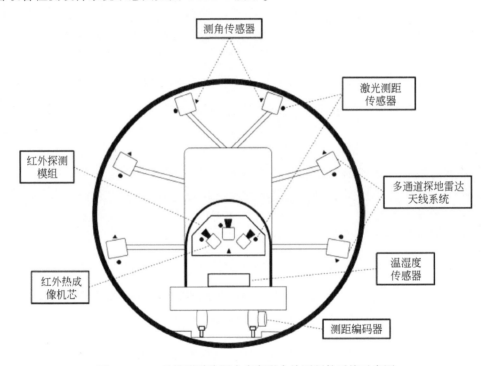

图 4.3.1-1　地铁隧道渗漏水病害联合检测硬件系统示意图

4.3.2　数据采集模块开发

1. 红外热成像采集系统

目前，国际上主流的红外生产商有菲利尔（FLIR）、美国福禄克（FLUKE）公司等厂商，国内有海康威视、高德红外、艾睿、大立等品牌。本章采用的红外热像仪为烟台艾睿光电科技有限公司生产的 Xcore LT384 系列测温型氧化钒非制冷式红外焦平面检测器组件，其测温精度可达±2℃，测温范围为–40 ~ +70℃，机心组件支持多种测温方式，并且可通过上位机获取任意位置的温度信息，能稳定在各种恶劣环境下的正常工作，是具有较高可靠性和性价比的工业级红外产品，满足本章所需的检测要求，该款红外热像仪技术参数如表 4.3.2-1 所示。

表 4.3.2-1　红外热像仪技术参数

项目名称	技术参数
分辨率	384×288
镜头类型/mm	4
聚焦类型	无热化
视场角（水平×垂直）/（°）	90.3×68.7
瞬时视场角/mrad	4.250
像元间距/μm	17
帧频/Hz	50
响应波段/μm	8 ~ 14
测温范围/℃	−20 ~ +150
测温精度	±2℃或读数的±2%（取较大者）
工作温度/℃	−40 ~ +70
湿度/%	5 ~ 95，无冷凝
重量/g	<90
尺寸/mm	45×45×49.85

同时，为满足环向覆盖扫描整个隧道衬砌的检测需求，红外热成像采集组件由三个水平视场角为 90.3°的红外机芯构成，并以一定角度排列，如图 4.3.2-1 所示。

图 4.3.2-1　红外热成像采集组件

2. 探地雷达采集系统

八通道探地雷达数据采集系统包括主机系统、控制单元、天线以及辅助系统 4 个部分，具体如图 4.3.2-2 所示。

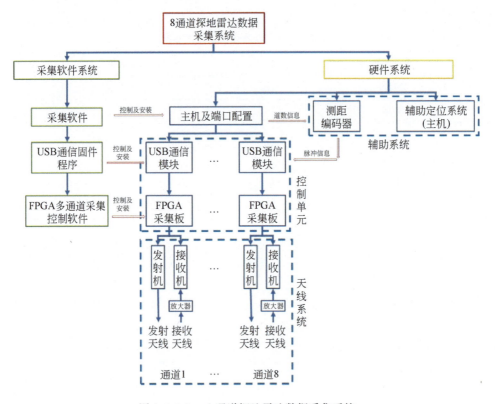

图 4.3.2-2　八通道探地雷达数据采集系统

4.3.3　环境数据采集及定位模块开发

1. 环境数据采集模块开发

在实际地铁隧道渗漏水病害检测中，渗漏区域往往与非渗漏区域温度相差较小，因此还需要对环境数据进行收集，通过获取的环境数据对红外热像仪进行采集补偿，一般地，影响红外精度的因素主要包括环境温度、距离系数、发射率、大气衰减，其中用于精度补偿的包括采集距离、温湿度以及光照度，分别通过激光测距传感器和温湿度传感器进行采集。

激光测距传感器。地铁隧道安全隐患检测车上安装的测距传感器是激光测距传感器，激光测距传感器相比于其他测距传感器体积更小、重量更轻、操作更为简单、精度也更高，根据测距传感器的采集原理可将测距方法分为相位式和脉冲式，基于这两种方法可将激光测距传感器分为相位法测距传感器和脉冲法测距传感器。

其中，相位式激光测距法主要是根据发射光和接收到的反射光在传播过程中的相位差计算激光的传播时间，然后根据传播时间计算得到激光的传播距离，此种测距方法相比于其他方法测量精度更高，相对误差更低，仅在百万分之一之内。利用该方法的测距传感器测量的距离可根据式（4.3.3-1）计算得到：

$$S = c \cdot \frac{t}{2} = c \cdot \frac{\varphi}{4\pi f} \tag{4.3.3-1}$$

式中，c 为光速；t 为激光传播时间；φ 为激光的相位差；f 为激光的调制频率。

脉冲式激光测距法与相位式激光测距法主要区别是发射的激光不同和得到传播时间的方式不同，该方法首先对检测目标发射脉冲激光束，然后采用光电元件接收由检测目标表观反射回来的脉冲激光束，在此过程中由计时器记录激光的传播时间，最后根据传播时间计算得到测量距离 D，具体计算公式如式（4.3.3-2）所示：

$$D = c \cdot \frac{t}{2} \tag{4.3.3-2}$$

式中，c 为光速；t 为激光传播时间。

尽管脉冲法测距传感器的精度不及相位式激光测距法，但它仍可以满足地铁隧道安全隐患检测的要求，而且其成本也相对较低，因此检测车上采用的是脉冲法测距传感器，其技术参数如表 4.3.3-1 所示。

表 4.3.3-1　脉冲法激光测距传感器技术参数

项目名称	技术参数
测量精度（标准差）/mm	±1.0
激光类型/nm	620 ~ 690
激光等级	Ⅱ级，<1mW
单次测量时间/s	0.05 ~ 1
防护等级	IP40
工作温度/℃	−10 ~ +60
重量/g	60
尺寸（长×宽×高）/mm	48×42×18

温湿度传感器。红外热像仪在检测时，其精度易受到环境温度和环境湿度等外界环境因素影响，因此检测车上安装了可同时测量湿度与温度的温湿度传感器。温湿度传感器主要分为三类，分别是模拟量型温湿度传感器、485 型温湿度传感器、网络型温湿度传感器。

网络型温湿度传感器采用设定好的通信网络进行远距离的温湿度数据获取和传输。但在实际检测过程中，隧道内并不具备网络以及通用分组无线服务（GPRS）条件，因此本章不采用网络型温湿度传感器。模拟量型温湿度传感器采用数字化开发电路，可以将周围温度和相对湿度转换成相应的标准信号，并可以连接多种二次仪表，具备实时检测、低误差、高鲁棒性、低耗能等特点；485 型温湿度传感器输出信号类型为 RS485，其特点是同上位机传输时具有较高的稳定性，通信距离远（最大距离可达 1200m），通信协议为

Modbus 协议，并支持二次开发。

因此，在满足采集基本需求的同时，并考虑到成本等其他因素，检测车采用 485 型温湿度传感器，其技术参数如表 4.3.3-2 所示。

表 4.3.3-2　485 型温湿度传感器技术参数

项目名称	技术参数
检测原理	电容式测量
温度测量范围/℃	−40 ~ 125
湿度测量范围	0% ~ 100% RH
温度测量精度	±0.2℃（典型 0 ~ 60℃，最小或最大温度精度范围不超过±1.5）
湿度测量精度	±2% RH（典型 20 ~ 80RH，最小或最大湿度精度不超过±7% RH）
信号输出	RS485 标准 Modbus 协议
工作电压/V	12
工作电流/mA	≤20
尺寸（长×宽×高）/mm	60×60×20.5

注：RH-相对湿度。

为了在实际地铁隧道检测中提高隧道衬砌渗漏水病害的定位精度，及时准确发现病害位置，从而避免造成大量不必要的时间损失和经济损失，本章引入隧道病害定位装置，其中包括测距编码器装置与测角传感器。

2. 病害定位模块开发

1) 测距编码器

根据隧道渗漏水病害联合检测系统的设计思路，本章提出了以测距编码器产生的脉冲信号作为外部信号触发控制红外热成像和八通道探地雷达设备进行同步采集的方法，测距编码器的型号与安装位置都将直接影响各个仪器设备的采样精度，本章将结合测距编码器的特点与地铁隧道安全隐患检测车的实际情况对该方法设计方案进行详细的介绍。

测距编码器是将旋转时所产生的位移转换为信号进行通信、传输和存储的设备。目前，测距编码器可分为增量式与绝对式两种，增量式测距编码器是将位移转换成脉冲信号，以此表示位移大小。绝对式测距编码器的所有输入信息都被精确地设计为不变的，这样就能够根据这些信息准确地估算位移。地铁隧道安全隐患综合检测车上采用的是增量式测距编码器，如图 4.3.3-1（a）所示。

(a)增量式测距编码器

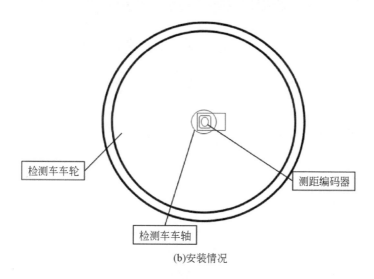

(b)安装情况

图 4.3.3-1　编码器安装示意图

所采用的测距编码器输出的脉冲信号包括顺时针方向脉冲数、逆时针方向脉冲数和总脉冲数，随编码器旋转方向上的脉冲数和总脉冲数不断累加，考虑到编码器的工作方式是靠轴旋转触发的，因此编码器的安装方案为：将测距编码器与检测车车轮同轴安装，车轮旋转将带动编码器旋转，从而产生脉冲信号，安装情况如图 4.3.3-1（b）所示。

测距编码器的型号选择还需要考虑分辨率，即编码器每圈输出脉冲数，选型时，需要满足式（4.3.3-3）：

$$N > \frac{c}{r} \tag{4.3.3-3}$$

式中，N 为测距编码器每圈输出脉冲数；c 为与编码器同轴安装的检测车车轮的周长；r 为采集设备的采样精度。

2）测角传感器

为了测得多通道探地雷达空气耦合天线的辐射朝向和红外热像仪的扫描方向，在雷达天线和红外热像仪上都安装了测角传感器，测角传感器可实时测量倾斜和俯仰角度。测角传感器就是一种运用惯性原理的加速度传感器，当测角传感器静止不做运动时，传感器的侧面和垂直方向上都不存在加速度作用，那么传感器上只存在重力加速度的作用，因此传感器测得的角度即为重力垂直轴与加速度传感器灵敏轴之间的夹角。检测车上所采用的测角传感器技术参数如表 4.3.3-3 所示。

表 4.3.3-3　测角传感器技术参数

项目名称	技术参数
测量精度/（°）	±0.05
测量范围/（°）	±10 ~ ±90
响应时间/s	0.02

项目名称	技术参数
防水等级	IP67
抗冲击	100g@11ms、三轴和同（半正弦波）
抗振动	10g、10~1000Hz
在距离 m 处光斑直径	6mm@10m, 30mm@50m
重量/g	90
尺寸（长×宽×高）/mm	55×37×22
工作温度/℃	−40~+85

4.3.4　采集和处理软件系统开发

本章的地铁隧道衬砌病害采集和处理软件均由 C++语言编写完成，使用 Qt 软件进行编译开发。其主要功能用于地铁隧道衬砌渗漏水病害的采集与渗漏区域的处理分析工作，这解决了传统隧道渗漏水识别方式单一、适应能力差等问题，采集和识别结果为地铁隧道病害检测提供依据。

1. 红外数据采集程序

Qt 软件为地铁隧道衬砌渗漏水病害采集程序，主要用于对三台非制冷凝视型红外热像仪图像的采集，其采集软件工作界面如图 4.3.4-1 所示，其基本功能满足以下几点。

（1）采集参数设置：在开始采集前，可通过此功能设置采集方式、图像保存路径，其中采集方式包括时间采集与测距编码器两种方式。当采集方式采取时间采集方式时，应同时手动设置采集间隔（ms）；图像保存路径可新建或自定义路径进行保存，以便后续处理工作顺利进行。

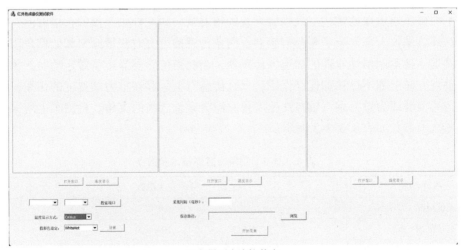

(a)主界面未连接状态

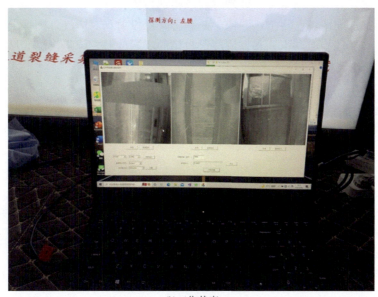

(b)工作状态

图 4.3.4-1　采集软件主界面

（2）端口和摄像标识符（ID）搜索：端口扫描与显示，摄像头 ID 选择。

（3）温度显示方式设定：对温度显示方式进行，包括摄氏温度、开氏、华氏温度三种显示方式。

（4）图像假彩色设定：选定红外图像保存和显示的假彩色，内置颜色板共包含白热（white hot）、黑热（black hot）、蓝热（blue hot）等在内的 10 余种假彩色。

（5）环境变量设置：可设置包括反射温度，大气环境温度、大气透过率、发射率、距离等环境信息。

（6）机心基本信息显示：显示产品编号、产品序列号、阵列规模、产品温度以及检测器温度等相关信息

（7）快门校正：包含手动校正和自动校正两种模式可选，选择此功能可对机心分别进行快门校正。

（8）实时测温点选取：通过鼠标右键可在红外图像显示区域进行实时测温。

2. 地铁隧道渗漏水智能识别软件

地铁隧道渗漏水智能识别软件的开发，处理软件工作界面如图 4.3.4-2 所示。采用 Qt 软件进行开发其主要用于车载 8 通道空气耦合探地雷达与红外数据的融合、分析与处理，实现隧道渗漏水病害的智能识别与提取，并对隧道内渗漏水病害进行分类定级，最终生成病害报表，基本功能满足以下几点。

（1）数据导入与储存：主要包括红外数据的导入导出，储存路径和格式设置；

（2）参数设置：主要是进行图像识别前的基本参数设置；

（3）图像预处理：包括噪声去除、峰值（阈值）标定以及图像拼接等；

（4）雷达数据导入：用于导入处理过后的雷达数据；

（5）坐标加载与矫正：将雷达图像中的病害坐标投射到对应红外图像上；

（6）识别与特征提取：识别和提取隧道衬砌的渗漏区域，标定渗漏区域信息、富水通道、渗漏水类型与级别。

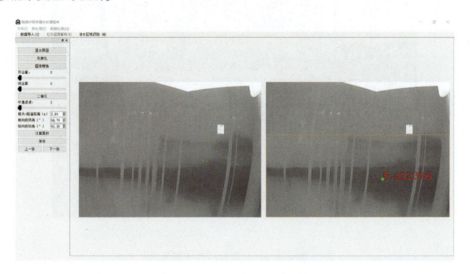

图 4.3.4-2　处理软件工作界面

4.4　隧道衬砌表观渗漏病害智能识别方法

4.4.1　隧道衬砌表观渗漏病害数据识别算法

隧道衬砌表观渗漏病害会导致隧道内部积水、滑坡、冻融损伤等问题，严重影响隧道的使用寿命和安全运营。因此，针对隧道衬砌表观渗漏病害进行数据处理分析，可以快速有效地了解隧道内部的渗漏情况，及时采取措施进行修复和加固，提高隧道的安全性能和使用寿命。具体来说，隧道衬砌渗漏水病害数据处理流程如图 4.4.1-1 所示，本节主要对隧道衬砌表观渗漏区域识别部分着重进行介绍。

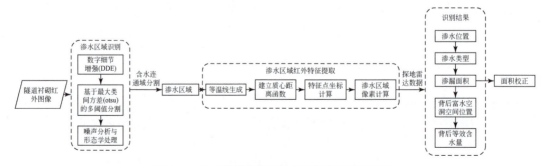

图 4.4.1-1　隧道衬砌渗漏水病害数据处理流程

1. 基于直方图修正法的数字细节增强技术

虽然数字细节增强（DDE）技术在高信噪比的可见光图像中已被证实是图像对比度增强和细节增强的有效手段，但鉴于红外成像原理和成像系统自身的扫描机制，使得获得的红外图像往往存在对比度低、噪声大、清晰度差等缺陷，并且红外图像经过机芯内部的电子芯片和光学元件处理后，灰度级也会有所损失。另外，由于红外图像的非均匀性和噪声影响，实际对红外图像采用的处理算法大多停留在对比度增强处理算法。因此，为了能够更好地进行地铁隧道衬砌表观渗漏水病害识别和处理工作，达到快速准确地提取图像中渗漏水区域，针对红外成像的特点，本章提出了一种基于直方图修正法的红外图像数字细节增强（DDE）技术，通过增强红外场景中目标与背景之间的灰度对比度以及目标自身表观细微结构（如边沿、轮廓、纹理等）的对比度来提高对渗漏区域的目标检测、识别的能力，从而增强对图像内容和关键细节信息理解的准确性。

图像增强技术可以大致划分为两类：空间域法和频率域法。前者涉及灰度变换、直方图修正法、模板卷积、伪彩色管理，这些都可以应用于图片的表观，而后者则涉及转换域，即将变化值转换成更加精细的形状，从而实现更好的视觉效果。如图 4.4.1-2 所示，这两类高新技术都可以提供更高质量的视觉效果。

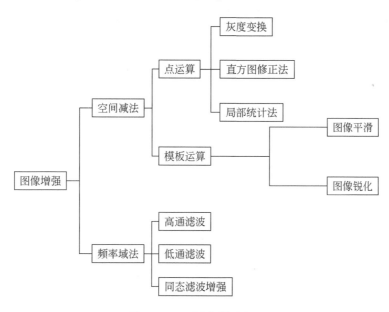

图 4.4.1-2　图像增强方法

其中，直方图修正法是一种传统的空间域图像增强方法，其基本思想是通过对输入图像进行某种处理映射，使得图像像素的灰度值能够均匀地分布在整个灰度区间内，从而实现输出图像的直方图均衡分布，并进一步实现图像增强的目的。通过对图像像素灰度值的运算处理，可使规定化后的灰度图像中的像素点均匀分布在每个灰度级上，从而提高图像的对比度和清晰度。直方图修正法已被广泛应用于图像处理领域，具有普遍应用价值。

对于连续的灰度值，假设 r 表示待处理图像的灰度，值域为 $[0, L-1]$（L 为图像灰度

级的最大取值），则有

$$s = T(r) \tag{4.4.1-1}$$

式中，s 为输出的图像灰度值；$T(r)$ 为灰度变换函数，并且要求：

（1）$T(r)$ 在区间 $0 \leqslant r \leqslant L-1$ 上为单调递增函数。

（2）对于 $0 \leqslant r \leqslant L-1$，有 $0 \leqslant T(r) \leqslant L-1$。

图像的灰度可视为区间 $[0, L-1]$ 内的一个随机变量，令 $p_r(r)$ 和 $p_s(s)$ 分别表示待处理图像和输出图像的概率密度函数（PDF）。$F_s(s)$ 表示 s 的分布函数，根据分布函数的定义有

$$F_s(s) = \int_{-\infty}^{s} p_s(s)\,\mathrm{d}s = \int_{-\infty}^{r} p_r(r)\,\mathrm{d}r \tag{4.4.1-2}$$

两边同时求导可得到：

$$p_s(s) = \frac{\mathrm{d}F_s(s)}{\mathrm{d}s} = \frac{\mathrm{d}\left[\int_{-\infty}^{r} p_r(r)\,\mathrm{d}r\right]}{\mathrm{d}s} = p_r(r)\frac{\mathrm{d}r}{\mathrm{d}s} = p_r(r)\frac{\mathrm{d}r}{\mathrm{d}[T(r)]} \tag{4.4.1-3}$$

通过式（4.4.1-3）可知，通过灰度变换函数 $T(r)$，可以控制图像灰度的概率密度函数 $p_s(s)$，从而改善图像的灰度层次。灰度变换函数确定直方图均衡的最终目的是获得灰度均匀分布的图像，故均衡化后直方图的 $p_s(s)$ 应当是均匀分布的概率密度函数。另一个重要的变换函数为

$$s = T(r) = (L-1)\int_0^r p_r(w)\,\mathrm{d}w \tag{4.4.1-4}$$

式中，w 为一个加积分变量，右侧的积分是随机变量 r 的累积分布函数（CDF）。

根据莱布尼兹积分法则可得

$$\frac{\mathrm{d}s}{\mathrm{d}r} = \frac{\mathrm{d}T(r)}{\mathrm{d}r} = (L-1)\frac{\mathrm{d}\left[\int_0^r p_r(w)\,\mathrm{d}w\right]}{\mathrm{d}r} = (L-1)p_r(r) \tag{4.4.1-5}$$

将结果代入式（4.4.1-5），并且所有概率值皆为正，则有

$$p_s(s) = p_r(r)\frac{\mathrm{d}r}{\mathrm{d}s} = \frac{1}{L-1} \tag{4.4.1-6}$$

由此可知，当灰度变换函数为原图像直方图的累计概率密度函数时，可以实现直方图均衡化的目的。

对于离散值，在数字图像中出现灰度级为 r_k 的概率可描述为

$$p_r(r_k) = \frac{n_k}{N} \tag{4.4.1-7}$$

式中，N 为像素总数；n_k 为原图像中出现第 k 灰度级的像素数。

灰度变换函数的离散形式可以表示为

$$s_k = T(r_k) = (L-1)\sum_{i=0}^{k} p_r(r_i) = \sum_{i=0}^{k} \frac{n_i}{N} \tag{4.4.1-8}$$

式中，$0 \leqslant r_k \leqslant L-1$（$k=0, 1, 2, \cdots, L-1$），$r_k = \frac{k}{L-1}$；$L$ 为图像中可能的灰度级数（例如，8 比特图像为 256 级）；n_i 为图像中出现第 i 灰度级的像素数。

因此，再通过式（4.4.1-8）将输入图像中灰度级为r_k的每个像素映射为输出图像中灰度级为s_k的对应像素，则可得到对应的输出图像，北京地铁某隧道渗漏水红外图像增强前后对比如图4.4.1-3所示。

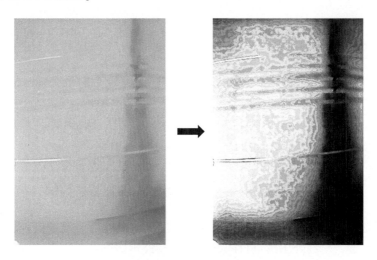

图4.4.1-3　北京地铁某隧道渗漏水红外图像增强前后对比

2. 改进的基于 Otsu 的多温度阈值图像分割方法

由于地铁隧道处于数米乃至几十米的地下，在周边围岩的隔绝作用下整个隧道内温度基本处于一种恒定状态。由于水的比热容远远大于混凝土材质的隧道衬砌，因此它的温度不太容易受到外界环境的影响。而且，当水分蒸发时，也会带来一定的热量损失。因此，隧道内的渗漏区域的温度要远低于周围的衬砌，从而在红外图像中显示出一个低温区，如图4.4.1-4所示。

图4.4.1-4　渗漏区域红外原始图像

　　将图 4.4.1-4 中的像素值映射到三维空间中，渗漏区域像素值三维映射如图 4.4.1-5 所示。

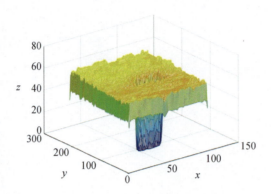

图 4.4.1-5　渗漏区域像素值三维映射

　　可以明显地看出，渗漏区域的像素值相对于隧道衬砌和管线来说要小。因此，本章采用最大类间方差法，对红外图像进行阈值分割，其公式如下：

$$g(t) = P_1(m_1 - m)^2 \cdot P_2(m_2 - m)^2 \tag{4.4.1-9}$$

式中，P_1 和 P_2 为选取阈值 t 时，分割图像得到的前景点和背景点所占的概率；m_1 和 m_2 分别为前景和背景的均值；m 为整幅图像的均值；$g(t)$ 为计算得到的类间方差值。

　　但在实际热红外影像中，可能会有两个或更多的渗漏区域，由于这些渗漏区域的面积和流速等各不相同，因此它们的温度也会有所差异。单一阈值处理方式易导致图像的过分割或欠分割现象。为此要求在全局图像中开展多局域目标的背景分离研究，通过渗漏区域红外热像进行多阈值分割与还原重构，实现渗漏区域红外热成像温度场多感兴趣区域（region of interest，ROI）的分割与重构，其方法如下。

　　用 $n-1$ 个阈值 k_1，k_2，$\cdots$，k_{n-1} 将包含 L 个不同的整数灰度级 0，1，2$\cdots$，$L-1$ 的红外热成像图像所有像素分为 n 类，分别为 C_1，C_2，$\cdots$，C_n，这 n 类像素各自均值为 m_1，m_2，$\cdots$，m_n，则可求得最优阈值 k_1^*，k_2^*，$\cdots$，k_{n-1}^*，满足：

$$\sigma_{\rm B}^2(k_1^*, k_2^*, \cdots, k_{n-1}^*) = \max_{0 < k_1 < k_2 < \cdots < k_{n-1} < L-1} \sigma_{\rm B}^2(k_1, k_2, \cdots, k_{n-1}) \tag{4.4.1-10}$$

其中类间方差 $\sigma_{\rm B}^2$ 的计算公式为

$$\sigma_{\rm B}^2 = \sum_{n=1}^n P_n(m_n - m_{\rm G})^2 \tag{4.4.1-11}$$

　　像素被分配给 C_n 的概率 $P_n = \sum_{i \in C_k} P_i$，其中图像的全局均值 $m_{\rm G}$ 可由式（4.4.1-12）计算得到：

$$m_{\rm G} = \sum_{i=0}^{L-1} i P_i \tag{4.4.1-12}$$

式中，P_n 为第 n 类像素的概率；$m_{\rm G}$ 为图像的全局平均灰度值。

　　C_n 类的像素均值 m_n 计算方式如下：

$$m_n = \frac{1}{P_n} \sum_{i \in C_n} i P_i \tag{4.4.1-13}$$

多阈值分割后的二值图如图 4.4.1-6 所示。

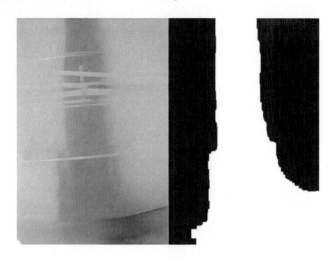

图 4.4.1-6　多阈值分割后的二值图

3. 红外图像噪声特性分析与降噪方法

由于红外检测设备的信号强度较差，以及较高的信噪比，从而导致收获的图像中出现少量的噪声，这些噪声可以将其划分为低温噪声和高温噪声两类，如图 4.4.1-7 所示。低温噪声的像素容易被错误地划归为渗漏类，高温噪声的像素则容易被错误地划归为不渗漏类，这些杂乱的噪声都会出现，从而对隧道衬砌表观渗漏区域的辨认和提取造成极大的困难。

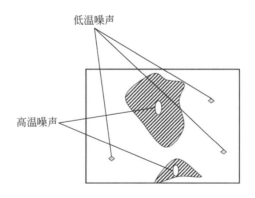

图 4.4.1-7　噪声分析

在数字形态学操作中，腐蚀和膨胀是两个互为对偶的运算，在数字图像处理中，往往通过腐蚀与膨胀操作对图像区域进行收缩或扩张处理。腐蚀作为一种技术，能够将微观尺寸的物体从原始状态变为宏观状态，从而改变其形状和性质。它能够将微观尺寸的变化转化为宏观的形态，从而改变其形状和性质。在计算小窗时，需要考虑到微观尺寸，并确定一个合适的尺寸，从而实现对微观尺寸的改变。根据需要，可以选择不同的结构元素，如圆、矩形、椭圆或者更复杂的多边形，如图 4.4.1-8 所示的矩形和三角形。这些元素会导致细微的连通性被消除。此外，还会对目标区域进行膨胀，即把相邻的部分合在一起，让它们的边缘朝着更大的方向延伸。通过扩展，能够修复目标地带的一些缺陷，同时还能够抑制周围环境中的微细杂音。

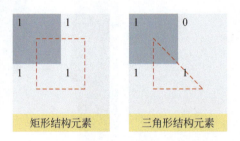

图 4.4.1-8　结构元素示意图

1）腐蚀操作

在前景物体为"1"、背景为"0"的二值图像上，使用一个结构元素（如矩形、圆形或自定义多边形），使其原点在图像上逐个进行移动，每移动一个位置，判断对应位置是否与结构元素完全相同，如果相同，则将结构元素的原点位置对应的二值图像位置的值赋值为"1"。否则，原点对应的原二值图像位置赋值为"0"（这里的结构元素都是奇数，因为要取其原点，然后对原点周边的像素进行减法），图像腐蚀示意图如图 4.4.1-9 所示。

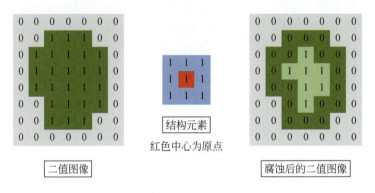

图 4.4.1-9　图像腐蚀示意图

因此，腐蚀操作是对所选区域进行收缩的一种操作，可以用于消除边缘和杂点。腐蚀区域的大小与结构元素的大小和形状有关。通过腐蚀处理，图像的边界有望恢复光洁，而且每块的像素值也有所降低，即使有些元素被切割，整体上也依旧保持着原有的结构。

2）膨胀操作

在前景物体为"1"、背景为"0"的二值图像上，使用一个结构元素（如矩形、圆形或自定义多边形），用其原点在二值图像上逐个进行移动，每移动一个位置，判断映射后的结构元素与所覆盖的二值图像是否有重叠部分，如果存在重叠部分，则结构元素原点对应的二值图像位置赋值为"1"。否则，二值图像不进行任何改变。即用原点逐个放在有

"1"的位置，然后在当前"1"的周围变成和结构元素相同的"1"，图像膨胀示意图如图 4.4.1-10 所示。

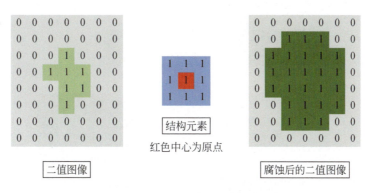

图 4.4.1-10　图像膨胀示意图

通过膨胀操作，图像区域的边缘可以变得更加光滑，像素数量也会有所增加，而且原本不相连的部分也可以被有效地连接起来，这与腐蚀操作形成了鲜明的对比。即使如此，原本不相连的区域仍然属于各自区域，不会因为像素重叠就发生合并，如图 4.4.1-10 所示。

而开闭运算则是上述腐蚀和膨胀操作的结合，具体表示为结构元 B 对图像 A 的开运算为：首先结构元 B 对图像 A 腐蚀，然后结构元 B 对腐蚀结果膨胀，开运算示意图如图 4.4.1-11 所示。结构元 B 对图像 A 的闭运算为：首先结构元 B 对图像 A 膨胀，然后结构元 B 对腐蚀结果腐蚀，闭运算示意图如图 4.4.1-12 所示。

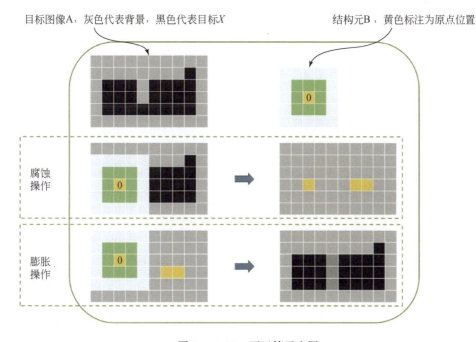

图 4.4.1-11　开运算示意图

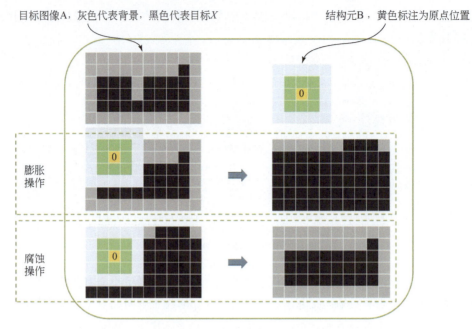

图 4.4.1-12　闭运算示意图

3) 中值滤波

在执行了开闭运算后，红外图像在获取、传输和记录的过程中仍可能遭遇各种噪声干扰，如椒盐噪声和高斯噪声等。为了提升图像质量，噪声消除处理是必不可少的，而其中一种常用的技术便是中值滤波。

中值滤波（图 4.4.1-13）是一种非线性的平滑滤波手段，特别适合于防止因线性滤波导致的图像细节损失，尤其是对于椒盐噪声有显著的去除效果。滤波在这里指的是噪声去除过程，而中值二字是该方法的核心，中值简单来说就是一组数值中的中间值，即中央趋势的代表。

55	85	22	55	22	60	168	162	232
123	17	66	33	77	68	14	74	67
47	22	97	95	94	25	14	5	76
68	66	93	78	90	171	82	78	65
69	99	66	91	101	200	192	59	74
98	88	88	45	36	119	47	28	5
88	158	3	88	69	211	234	192	120
77	148	25	45	77	173	226	146	213
42	125	135	58	44	51	79	66	3

55	58	22	55	22	60	168	162	232
123	17	66	33	77	68	14	74	67
47	22	97	95	94	25	14	5	76
68	66	93	93	90	171	82	78	65
69	99	66	91	101	200	192	59	74
98	88	88	45	36	119	47	28	5
88	158	3	88	69	211	234	192	120
77	148	25	45	77	173	226	146	213
42	125	135	58	44	51	79	66	3

图 4.4.1-13　中值滤波

中值滤波一般使用二维模板，一般窗口为奇数区域，如 3×3，5×5 等，其计算公式如下：

$$g(x,y) = \text{med}\left[f(x-m, y-n) ; (m, n \epsilon w) \right] \tag{4.4.1-14}$$

式中，$f(x, y)$ 为原始的图像；$g(x, y)$ 为处理后的图像；med 为中值运算符，取窗口内所有像素值的中间值；m，n 为窗口内偏移量；w 为滤波窗口。

4.4.2　隧道表观渗漏区域信息的快速提取

1. 基于两步法（Two-pass）算法的富水连通域分割

经过上述处理步骤，为了更好地满足实际应用的要求，本章采用了基于两步法（Two-pass）算法的富水连通域分割技术，以精确地识别出单幅红外图像中的渗漏区域，从而有效地确定和提取出渗漏区域。

该算法的核心概念是，从二值化图像 B 的前提元素（像素值=1）到背景元素（像素值=0），采用逐一搜索的方式，第一次搜索时，给出每个图像的一个标签（label），而当搜索到一个相似的图像时，就把该图像的其他元素的值也一起加入，以便更好地完成搜索任务。第二次扫描的目的在于确定等值标签（equal_labels）中每个元素的值，以确保其与其他元素的差异不大，从而形成一个完整的图表。这样，可以更准确地确定图表中每个元素的值，从而更好地理解图表中的信息。经过两次检查，能够准确地定位到图片上的每一个相关部分，并且进行相应的标注。

以下是 Two-pass 算法的详细步骤。

1）第一次扫描

访问当前像素 $B(x, y)$，如果 $B(x, y) = 1$，$B(x, y)$ 相邻区域的像素值都为 0，则将一个新的 label 赋予当前像素 $B(x, y)$，即 label+=1，$B(x, y) =$ label；

如果 $B(x, y)$ 的相邻区域内有像素值大于 1 的邻域像素，则将邻域像素中的最小值赋予给 $B(x, y)$，即 $B(x, y) = \min$ {邻域像素}，同时记录邻域像素中各个值（或 label）之间的相等关系；

2）第二次扫描

访问当前像素 $B(x, y)$，如果 $B(x, y) > 1$，找到与 label=$B(x, y)$ 同属相等关系的一个 label 最小值，并将其赋给 $B(x, y)$，完成扫描后，图像中具有相同 label 值的像素就组成了同一个连通区域。Two-pass 算法如图 4.4.2-1 所示。

图 4.4.2-1　Two-Pass 算法

2. 渗漏形态类型划分

由于不同类型渗漏水的生成原因、位置和扩散方式各不相同，它们的温度分布特征也存在较大差异。这些差异体现在它们的等温线轮廓形态上。例如，"点渗漏"类型渗漏的最低等温线近似为圆形，而外层等温线可以用二次曲线表示。相比之下，"竖缝式"类型渗漏的等温线形态可以用椭圆表示，而"横缝式"和"斜缝式"类型渗漏的等温线形态则近似为矩形和梯形。对于"混合式"类型渗漏，其等温线形态则是以上几种类型渗漏等温线形态的组合。本章采用质心距离函数模型来表达渗漏水等温线形态，首先选取某一温度间隔值，将各像素归化到相应温度区间内，得到等温线图。然后选取最低值等温线，计算其质心坐标，计算公式为

$$X_{\text{center}} = \frac{1}{n} \sum_{i=1}^{n} X_i \qquad (4.4.2\text{-}1)$$

$$Y_{\text{center}} = \frac{1}{n} \sum_{i=1}^{n} Y_i \qquad (4.4.2\text{-}2)$$

式中，X_{center}，Y_{center} 为质心横纵坐标；n 为等温线上采样点个数；X_i，Y_i 分别为采样点横纵坐标，不同类型的渗漏水温度轮廓图如图 4.4.2-2 所示。

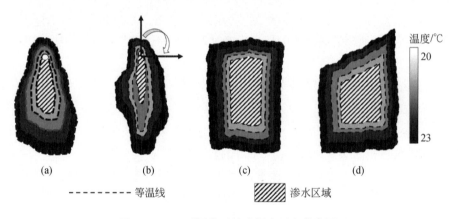

图 4.4.2-2　不同类型的渗漏水温度轮廓图

按照顺时针的顺序，计算出质心间距 d，从而构建出等温线质心间距表达模型，外轮廓质心函数如图 4.4.2-3 所示。其纵坐标为质心间距 d，横坐标为采样点数 k。通过对质心间距函数进行研究和分析，从而判断出渗漏区域外轮廓类型。

3. 渗漏位置与渗漏走向

通过采用等温质心间距函数，可准确得到各特征点的横纵坐标，从而精准预测出渗漏的位置和渗流方向。其中"点式"渗漏水，渗漏位置可用其等温线最低值代表。如图 4.4.2-4 (a) 所示，"竖缝式"渗漏水的渗漏位置可用图 4.4.2-3 (b) 中相邻曲线峰点代表渗漏区域上下端点，其渗漏位置与走向可通过计算其特征点坐标得到。同样地，如图 4.4.2-4 (b) 所示，对于"横缝式"渗漏水，其横缝位置及走向信息可通过图 4.4.2-3

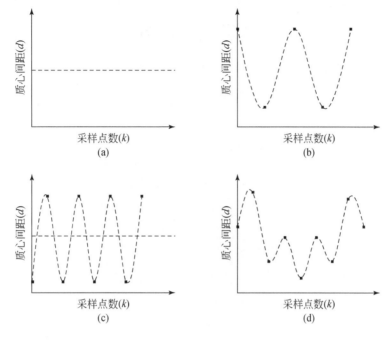

图 4.4.2-3　外轮廓质心函数

（c）中函数相邻曲线峰点坐标得到。对于"45°斜缝式"渗漏水，图 4.4.2-3（d）中函数上首尾曲线峰值分别为斜缝处的左右顶点，如图 4.4.2-4（c）所示。

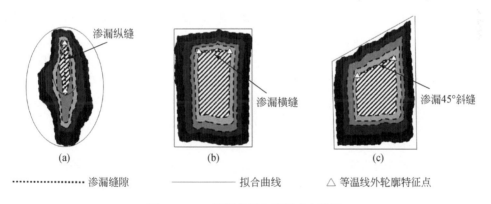

图 4.4.2-4　渗漏位置与渗漏走向确定

4. 低温渗漏区域提取算法优化

以上常规渗漏水区域提取算法已经可以解决常规地铁隧道衬砌表观的渗漏区域提取，尤其是渗漏区域温度与隧道衬砌表面温度温差超过 5℃的渗漏情况，但常规的办法对渗漏区域温度与隧道衬砌表面温度温差小于 5℃的渗漏情况的提取能力效果很差，渗漏区域与隧道衬砌表面温度温差小于 5℃的情况多发于常年渗漏以及埋藏较深的地铁隧道中，如果不及时处理此类渗漏问题，可能给地铁的长期运营带来不小的隐患，因此解决这一部分渗漏区域的提取也相当重要。

低温差红外渗漏图中渗漏区域不清晰跟可见光采集的图像上的雾气一样（图4.4.2-5），因此本章考虑将可见光图像除雾算法引入红外渗漏水提取算法之中。本章采用的可见光图像除雾算法是基于暗通道原理的除雾算法，由何恺明博士等提出。该算法的核心在于通过估算参数反演退化过程，得到退化前的清晰场景图像。雾区中的雾霾颗粒会强烈地散射和吸收场景目标的反射光，影响光线到达检测器的强度，在图片上形成雾化的效果。

图4.4.2-5　低温差红外渗漏图

在诸多非天空的局部图像区域内，至少有一个颜色分量的像素值显著偏低。这表明这些区域的光照强度往往接近最低限度。暗通道的数学表述如下，针对任意输入图像 J，可以用式（4.4.2-3）的数学形式来描述暗通道：

$$J^{\text{dark}}(x) = \min_{y \in \Omega(x)} \left[\min_{c \in (r,g,b)} J^c(y) \right] \tag{4.4.2-3}$$

式中，$J^{\text{dark}}(x)$ 为像素 x 的暗通道值；J^c 为采集图像中的所有图形通道；$\Omega(x)$ 为以像素 x 为中心的一个窗口。式（4.4.2-3）的含义用编程代码实现时，首先遍历图像中的每个像素，然后找出图片中每个像素三原色分量中的最小值，并将最小值储存入到一幅和原始图像大小相同的灰度图中，接着对这幅灰度图进行最小值滤波，滤波的半径依据窗口大小决定，通常有窗口尺寸=2×半径+1°；暗通道先验理论指出：

$$J^{\text{dark}} \longrightarrow 0 \tag{4.4.2-4}$$

根据上述暗通道先验理论，可以用式（4.4.2-5）来对含雾图形进行建模：

$$\frac{I^c(x)}{A^c} = t(x)\frac{J^c(x)}{A^c} + 1 - t(x) \tag{4.4.2-5}$$

式中，$I^c(x)$ 为观测到的有雾图像在通道 c 和像素 x 处的值；A^c 为大气光强度（全局光照参数），通常取雾图中最亮的前0.1%像素的均值；$t(x)$ 为透射率，表示光线到达相机的比例，$t(x) \in [0, 1]$。

首先，初始化一个特定的除雾参数于基础代码中，接着依照数学模型估算出透射率。其次，应用导向滤波技术来优化处理。此过程中，选取原图像的一个通道充当引导图像，以提升透射率图像的精确性。为了提升运算效率，本章选择使用盒子滤波器，它通过下采样像素点减小计算量，之后再上采样回原始尺寸。假定在每个窗口内，透射率 $t(x)$ 保持恒定，记作 $\tilde{t}(x)$，同时已知 A 的值，通过两次最小值运算，可以得到式（4.4.2-6）的数

学形式:

$$\min_{y \in \Omega(x)} \left[\min_c \frac{I^c(y)}{A^c} \right] = \tilde{t}(x) \min_{y \in \Omega(x)} \left[\min_c \frac{J^c(y)}{A^c} \right] + 1 - \tilde{t}(x) \qquad (4.4.2\text{-}6)$$

J 是待求的没有雾的图像,根据式 (4.4.2-4) 的暗通道先验理论有

$$J^{\text{dark}}(x) = \min_{y \in \Omega(x)} \left[\min_c J^c(y) \right] = 0 \qquad (4.4.2\text{-}7)$$

可得

$$\min_{y \in \Omega(x)} \left[\min_c \frac{J^c(y)}{A^c} \right] = 0 \qquad (4.4.2\text{-}8)$$

则透射率 $\tilde{t}$ (x) 的预估值:

$$\tilde{t}(x) = 1 - \min_{y \in \Omega(x)} \left[\min_c \frac{I^c(y)}{A^c} \right] \qquad (4.4.2\text{-}9)$$

在实际运算过程中,A 值通常被视为未知数。可以利用暗通道图像来估算这个值,以处理有雾图像。以下是执行此操作的详细流程:

(1) 首先,从暗通道图像中挑选出亮度最高的 0.1% 像素。

(2) 然后,在原始雾天图像 I 中,对应这些高亮度像素的位置,选取亮度最大的像素值,以此作为 A 的估计值。

在上述计算的式 (4.4.2-9) 中,每个通道的数据都需要除以对应的 A 值进行归一化操作,以获得更好的除雾高对比度图像。但是归一化可能会导致 t 的值小于 0,为了解决这个问题,就可以把 t 的值直接设置为 0。

根据前面的计算步骤,I、A 以及 t 的参数已逐一确定,接下来着手计算 J 的值。值得注意的是,当 t 的投影图呈现出极小的数值时,会直接导致 J 的数值偏大,这可能导致图像整体趋向于白色区域。为了纠正这一现象,通常会选择一个特定的阈值 T_0,以限制这种过度变化。本书中将这个阈值设定为 $T_0 = 0.1$,作为所有结果展示的基准。因此,为了确保恢复过程的精确性,最终的调整公式如式 (4.4.2-10) 所示:

$$J(x) = \frac{I(x) - A}{\max[t(x), t_0]} + A \qquad (4.4.2\text{-}10)$$

综上所述,除雾算法效果图如图 4.4.2-6 所示。

图 4.4.2-6　除雾算法效果图

4.4.3　渗漏区域面积计算与面积校正方法

1. 渗漏区域面积计算

渗漏区面积计算方法：首先遍历出图像中低温区域的像素个数，然后计算出低温区像素个数与整幅图像像素总数的比值，进而求出渗漏区域的面积值。根据红外热像仪检测范围，如图 4.4.3-1 所示，红外热像仪视场面积 A_1 可表示为式（4.4.3-1）：

$$A_1 = W_1 H_1 \tag{4.4.3-1}$$

其中：

$$\tan\frac{\alpha}{2} = \frac{W_1}{2d} \tag{4.4.3-2}$$

$$\tan\frac{\beta}{2} = \frac{H_1}{2d} \tag{4.4.3-3}$$

式中，α 为热像仪纵向方向视场角；β 为红外热像仪横向方向视场角；d 为镜头到隧道表观的距离；W_1 为测量宽度；H_1 为测量高度。

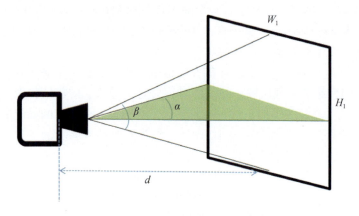

图 4.4.3-1　红外热像仪检测范围

由式（4.4.3-3）易推导出理论上渗漏区域面积 S_L 计算公式：

$$S_L = 2d H_1 \tan\frac{\alpha}{2} \tag{4.4.3-4}$$

其中：

$$H_1 = 2d\tan\frac{\beta}{2} \tag{4.4.3-5}$$

2. 渗漏面积校正方法

在实际检测中，由于隧道管片表观并非标准的平面，而是弧形面，红外热像仪在隧道的实测范围如图 4.4.3-2 所示。采用平面计算方法来估算渗漏区域的视场面积是有一定偏差的。为此，还需要通过调整误差修正系数 δ 来纠正估算偏差，从而获取更加准确的渗漏

区域的视场面积 S_s。具体的计算方法为式（4.4.3-6）：

$$S_s = 2d\,L_0\tan\frac{\alpha}{2} \tag{4.4.3-6}$$

式中，L_0 为纵向实际视场范围，可由 $L_0 = \dfrac{2\pi d\beta}{360}$ 计算得到。

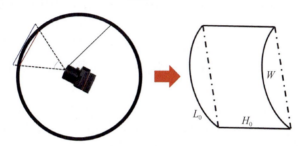

图 4.4.3-2　红外热像仪在隧道的实测范围

通过式（4.4.3-4）～式（4.4.3-6）容易得到误差修正系数 δ，通过引入误差修正系数对计算误差进行修正，计算公式如式（4.4.3-7）：

$$\delta = \frac{S_S}{S_L} = \frac{\pi\beta}{360\tan(\beta/2)} \tag{4.4.3-7}$$

通过本修正方法可知，在地铁隧道衬砌渗漏水实际检测过程中，应使红外热像仪的高度位于隧道中轴线的位置，以保证检测精度。

4.4.4　相机畸变矫正

1. 相机畸变

相机畸变是指相机在采集图像成像过程中，直线投影出现的偏移现象。理想情况下，直线在场景中的投影应保持为一条直线，然而在实际成像中，由于光学系统的特性（如畸变），这种几何对应关系无法严格保持，即发生了畸变现象。通常，这种畸变主要是摄像机镜头的自带特性引起。畸变可分为两类：径向畸变和切向畸变。径向畸变源自相机透镜形状的不规则性，而切向畸变则来自整个摄像机装配过程中的误差。除了这两种主要类型外，还存在其他类型的畸变，如桶形畸变：

$$\hat{x} = x(1 + k_1 r^2 + k_2 r^4 + k_3 r^6)$$
$$\hat{y} = y(1 + k_1 r^2 + k_2 r^4 + k_3 r^6) \tag{4.4.4-1}$$

式中，$\hat{x}$，$\hat{y}$ 为校正后的图像坐标；x，y 为原始图像坐标（畸变像素点的位置）；k_1，k_2，k_3 为径向畸变系数（由相机标定得到）；r 为像素点到图像中心（光心）的归一化距离。

在实际相机采集过程中，径向畸变和切向畸变是出现最多也是最显著的两种类型。

2. 相机标定的原理

在图像视觉测量和计算机视觉领域中，确定实物表面特定点的三维几何坐标与该点在图像映射点间的联系是核心任务。为了实现这一目标，必须了解相机成像的机理和建立相机成像的几何模型，并通过实验和计算来确定相机的内、外参数，这个过程就是相机标定的过程。相机标定的主要目的是求解相机的内、外参数以及畸变参数。通过相机标定，能够校正镜头的失真，计算出的校正因子可用于生成校正过的图像。同时，这些图像数据可进一步用于三维场景的重建。针孔相机的成像机制本质是运用投影原理，将现实世界的三维坐标映射到二维的相机坐标系中。

在世界坐标中一条直线上的点在相机上只呈现出了一个点，其中发生了非常大的变化，同时也损失很多重要的信息，这正是目前三维重建、目标检测与识别领域的重点和难点。

3. 求解相机的参数

相机标定过程的本质是求解相机的内参和外参，图像采集的本质是将现实世界的三维物体投影到二维平面上（图 4.4.4-1）。在针孔相机模型中，现实世界的物体经过多次投影变换到最终的成像位置，涉及 4 种坐标系之间的转换（图 4.4.4-2）。分别是，世界坐标系（O_w，X_w，Y_w，Z_w）：该坐标系以红外热像仪的镜头所在空间位置为基准。其中，原点 O_w 位于镜头垂直正下方至水平面的交点，Y_w 轴为垂线所在方向；顺着隧道内地铁轨道方向延伸为 X 轴正方向；垂直于地铁轨道的水平面上的方向为 Y 轴；相机坐标系（o_c，x，y，z）：很显然，小孔成像原理同样适用于相机坐标系，相机镜头光轴所在方向为 z 轴，与相机成像平面横轴平行方向为 x 轴，与成像平面纵轴平行方向为 y 轴；图像坐标系：代表红外相机拍摄图像的坐标系，原点为红外相机光轴与成像平面的交点，是图像的中心点，坐标系用 X，Y 表示；采集的隧道衬砌表观渗漏水图像坐标（u，v）：在图像采集过程中，像素矩阵的结构中，v 代表水平方向上从左到右的列数，而 u 则表示垂直方向上从上到下的行数。假设隧道衬砌表观渗漏水图片中渗漏水区域的质心 P 在世界坐标系中的坐标为（X_w，Y_w，Z_w）在相机坐标系中的坐标为（X_c，Y_c，Z_c），在像素坐标系中的坐标为（u，v），p（x，y）为 P 在图像坐标系中的投影点，f 代表红外相机的焦距。

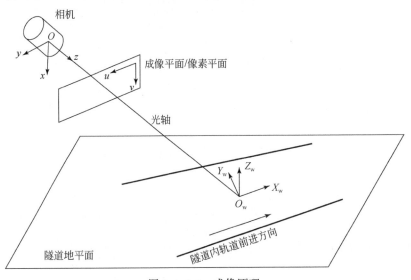

图 4.4.4-1　成像原理

图 4.4.4-2　成像过程中的坐标系转换

真实世界的世界坐标系与相机坐标系均为三维坐标系，所以利用刚体变换的方式，这两个坐标系可以通过旋转和平移来转换，设 R 为 3×3 的旋转矩阵，可分解为三个矩阵的乘积，分别表示空间点绕 x 轴、y 轴和 z 轴的旋转角度为 Ψ，Φ，θ。T 表示三维平移向量。

所以 x，y，z 的旋转矩阵分别为 $Rx(\Psi)$，$Ry(\Phi)$，$Rz(\theta)$：

$$R_x(\psi) = \begin{bmatrix} 1 & 0 & 0 \\ 0 & \cos\psi & \sin\psi \\ 0 & -\sin\psi & \cos\psi \end{bmatrix} \tag{4.4.4-2}$$

$$R_y(\varphi) = \begin{bmatrix} \cos\varphi & 0 & -\sin\varphi \\ 0 & 1 & 0 \\ \sin\varphi & 0 & \cos\varphi \end{bmatrix} \tag{4.4.4-3}$$

$$R_z(\theta) = \begin{bmatrix} \cos\theta & \sin\theta & 0 \\ -\sin\theta & \cos\theta & 0 \\ 0 & 0 & 1 \end{bmatrix} \tag{4.4.4-4}$$

$$R = R_x(\psi) R_y(\varphi) R_z(\theta) \tag{4.4.4-5}$$

世界坐标系原点通过平移转化到相机坐标系原点：

$$\vec{T} = O_w - o_c \tag{4.4.4-6}$$

其中 R 和 T 被称为相机的外部参数。综上所述，世界坐标系与相机坐标系之间的转换关系就是

$$\begin{bmatrix} X_c \\ Y_c \\ Z_c \end{bmatrix} = \begin{bmatrix} R & \vec{T} \\ \vec{0} & 1 \end{bmatrix} \begin{bmatrix} X_w \\ Y_w \\ Z_w \\ 1 \end{bmatrix} = M \begin{bmatrix} X_w \\ Y_w \\ Z_w \\ 1 \end{bmatrix} \tag{4.4.4-7}$$

根据三角几何原理，点 P 在相机坐标系中的坐标 $P(X_c, Y_c, Z_c)$ 与其在图像坐标系中 $p(u, v)$ 的关系，可用式 (4.4.4-8) 表示：

$$Z_c \begin{bmatrix} u \\ v \\ 1 \end{bmatrix} = \begin{bmatrix} f & 0 & 0 & 0 \\ 0 & f & 0 & 0 \\ 0 & 0 & 1 & 0 \end{bmatrix} \begin{bmatrix} X_c \\ Y_c \\ Z_c \\ 1 \end{bmatrix} \tag{4.4.4-8}$$

如已知相机传感器上单个像元的物理尺寸（dx，dy）和光心坐标 $O_1(u_0, v_0)$（图 4.4.4-3），则可以得到在图像坐标系中像点坐标 $p_1(i, j)$。

$$u = \frac{x}{d_x} + u_0,$$

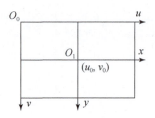

图 4.4.4-3　像素坐标系

$$\nu = \frac{y}{d_y} + v_0 \tag{4.4.4-9}$$

经过上述计算，可以求得图像坐标系的转换公式为

$$Z_c \begin{bmatrix} i \\ j \\ 1 \end{bmatrix} = \begin{bmatrix} \dfrac{1}{d_x} & 0 & u_0 \\ 0 & \dfrac{1}{d_y} & v_0 \\ 0 & 0 & 1 \end{bmatrix} \cdot \begin{bmatrix} f & 0 & 0 & 0 \\ 0 & f & 0 & 0 \\ 0 & 0 & 1 & 0 \end{bmatrix} \begin{bmatrix} X_c \\ Y_c \\ Z_c \\ 1 \end{bmatrix} \tag{4.4.4-10}$$

4. 红外热像仪标定试验

在对常用的可见光相机进行矫正时，常用 9×7 黑白间隔大小相同的棋盘作为确定位置的标靶进行相机标定。但是用红外热像仪对传统的 9×7 黑白间隔棋盘无法进行识别（图 4.4.4-4），这是因为红外热像仪只反映物体的温度，因此本章利用这个特征，制作了一个 9×7 干湿分离大小相同的标靶，利用水温和一般纸片的温度差异可以在红外热像仪的作用下，呈现出与可见光相机类似的黑白棋盘格。随后利用这个干湿分离标靶，通过红外热像仪采集，将图片中的纸片角点一一对应，可以满足本章对红外热像仪的标定需求，自制标定板采集画面如图 4.4.4-5 所示。

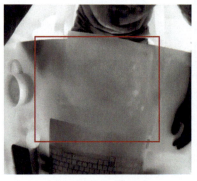 

图 4.4.4-4　常规标定板采集画面

图 4.4.4-5 中标定板都由 10cm×10cm 的湿纸片组成，间隔排列成 9×7 的黑白标定板，底部由 5cm 厚的纸板刻画。自制标定板对应的可见光和红外采集图像如图 4.4.4-5 所示。

图 4.4.4-5　自制标定板采集画面

可以看出，干湿分离标靶采集图像中有明显的棋盘格黑、白色块，且角点清晰，满足相机标定的需求。

红外热像仪标定可以确定热像仪的内参数，包括热像仪的内参、切向畸变和径向畸变参数以及旋转、平移矩阵参数，红外热像仪标定结果如表 4.4.4-1 所示。

表 4.4.4-1　红外热像仪标定结果

热像仪内参	$\begin{bmatrix} 326.2433 & 0 & 551.1560 \\ 0 & 328.5111 & 391.0097 \\ 0 & 0 & 1 \end{bmatrix}$
径向畸变	$[\,0.0109 \quad -0.0020 \quad -0.0091\,]$
切向畸变	$[\,0.0003 \ -0.0009\,]$
旋转矩阵	$\begin{bmatrix} 0.9999 & 0.0099 & -0.0077 \\ -0.0099 & 0.9999 & -0.0062 \\ 0.0076 & 0.0063 & 1.0000 \end{bmatrix}$
平移矩阵	$[\,-7.5561 \quad -1.3117 \quad 6.1078\,]$

根据计算出的畸变系数和矫正系数对红外采集图像进行矫正，标定矫正效果图如图 4.4.4-6 所示。

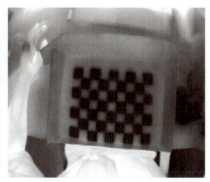

图 4.4.4-6　标定矫正效果图

4.5　地铁隧道渗漏通道检测

本书以北京地铁 9 号线丰台南路—丰台东大街区间为例，开展了实地检测和验证工作。检测区段采用矿山法施工，马蹄形断面，高 6.5m，宽 6.2m，初期支护采用 C20 湿喷混凝土，二衬采用 C40 防水混凝土，初期支护厚 250mm，二衬厚 300mm。在检测工作开始前，对地铁隧道检测车进行了联合调试，确保所有硬件和软件系统可以正常工作。同时搜索查阅了北京地铁 9 号线的相关资料，并且进行了实地人工勘查，对检测区域的地层岩性、水文地质概况以及周边情况有一定的了解。

4.5.1　渗漏水数据处理与分析

1. 渗漏水病害空间位置确定

隧道内检测的最终目的是识别病害，并找出其在隧道内的具体位置，为后续隧道的运行和维护提供重要支撑依据。因此本章隧道联合检测技术的定位极为重要。如若定位误差过大，则无法找到渗漏水病害所对应隧道内的准确位置，采集的数据将失去意义。

1）隧道行进向定位

本章的渗漏水病害定位技术主要包含两个部分，分别是隧道环向定位与隧道行进向定位。其中隧道行进向依赖于上文提到的测距编码器来实现，其在隧道行进向距离 Y 的解算方法为

$$Y = X \cdot \Delta d \tag{4.5.1-1}$$

式中，Δd 为雷达数据道间距可根据 $\Delta d = \Delta t \cdot \dfrac{C}{N}$ 计算得到；X 为探地雷达采集道数（或红外采集间隔）；Δt 为雷达数据脉冲信号采样间隔；C 为安装测距编码器车轮的周长；N 为编码器单圈脉冲信号数量。

虽然红外热成像模块与多通道探地雷达共用同一个测距编码器，但考虑到红外视场角范围，确保镜头无遮挡，因此将红外热像仪安装在地铁隧道检测车车头位置，以便完整地采集渗漏水红外数据。这就导致红外热像仪和多通道探地雷达位置并不重叠，二者之间还存在一定距离，探地雷达和红外热像仪安装位置如图 4.5.1-1 所示。因此，在实际检测过程中使二者行进方向坐标统一，消除因人为误差带来的影响非常重要。

具体做法为以环向排列的多通道探地雷达为基点，当车辆正向行驶时，红外数据真实里程 S_I 由式（4.5.1-2）表示，反之则由式（4.5.1-3）表示：

$$S_I = S_G - T \tag{4.5.1-2}$$

$$S_I = S_G + T \tag{4.5.1-3}$$

式中，S_G 为探地雷达里程（即测距编码器所测数值）；T 为红外热像仪和探地雷达间距。

2）隧道环向定位

红外热像仪的隧道环向定位是根据多通道探地雷达解算，红外机芯以固定角度安装在

图 4.5.1-1 探地雷达和红外热像仪安装位置

保护壳内，其中 1 号红外热像仪机芯对应第 2、3 通道雷达所扫描的衬砌位置；2 号红外热像仪机芯对应第 4、5 通道雷达所扫描的衬砌位置；3 号红外热像仪机芯对应第 6、7 通道雷达所扫描的衬砌位置。也就是说，获得探地雷达数据在隧道环的向位置，便可知道红外数据在隧道内的环向位置。

探地雷达的隧道环向位置的解算方法为，首先确定第 X 道衬砌渗漏水病害雷达数据检测所用的雷达天线编号（通道 1~8），然后得到第 X 道衬砌渗漏水病害雷达数据相匹配的，安装在该天线上的测角传感器和激光测距传感器数据道号 Z，公式表达如下：

$$Z = \frac{X}{\Delta n} \tag{4.5.1-4}$$

式中，Δn 为测角仪和测距仪数据道间距，道间距 Δn 可根据式（4.5.1-5）计算得到：

$$\Delta n = \Delta \alpha \cdot \frac{C}{N} \tag{4.5.1-5}$$

式中，$\Delta \alpha$ 为测角仪和测距仪脉冲信号采样间隔；C 为安装测距编码器车轮的周长；N 为编码器单圈脉冲信号数量。

根据道号 Z 可得到相匹配的角度值和距离值，通过角度值可确定雷达天线的辐射朝向，通过距离值可确定雷达天线距隧道表观的距离，从而计算得到第 X 道衬砌渗漏水病害雷达数据在隧道环向的位置。

2. 衬砌表观渗漏水数据处理结果

对于红外数据，本章采用开发的隧道表观渗漏水病害处理软件进行处理，红外数据处理流程如图 4.5.1-2 所示。

通过对红外热成像采集回来的温度数据进行处理与分析，判定本次检测区段存在 132 处表观渗漏区域，渗漏区域面积为 $0.09 \sim 11.2 m^2$，通过对比渗漏水区域与外轮廓模型，判断出渗漏类型主要以点式为主，其次为竖缝式和多种方式混合的混合式。部分表观渗漏水检测结果如表 4.5.1-1 所示。

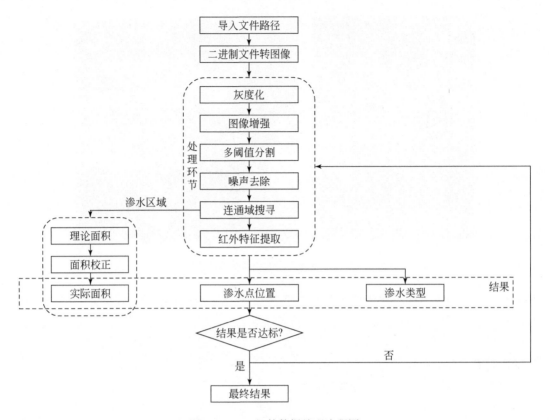

图 4.5.1-2　红外数据处理流程图

表 4.5.1-1　部分表观渗漏水检测结果

序号	起始里程/m	面积/m²	渗漏类型
1	K3+929.6	0.09	点式
2	K3+1023.2	1.7	竖缝式
3	K4+102.4	0.9	点式
4	K4+332.8	1.65	点式
5	K4+385.6	0.8	点式
6	K4+416.8	3.91	竖缝式
7	K4+440.8	2.29	竖缝式
8	K4+448	0.2	点式
9	K4+472	1.23	点式
10	K4+479.2	1.53	点式
11	K4+488.8	3.25	点式
12	K4+491.2	2.73	点式
13	K4+496	7.56	混合式
14	K4+498.4	1.64	点式

续表

序号	起始里程/m	面积/m²	渗漏类型
15	K4+508	2.52	竖缝式
16	K4+510.4	1.81	点式
17	K4+515.2	1.81	竖缝式
18	K4+529.6	1.09	竖缝式
19	K4+532	1.07	点式
20	K4+534.4	1.06	竖缝式
21	K4+541.6	0.91	竖缝式
22	K4+544	1.15	点式
23	K4+548.8	1.19	点式
24	K4+553.6	2.22	竖缝式
25	K4+560.8	3.75	点式
26	K4+563.2	4.13	点式
27	K4+565.6	3.64	混合式
28	K4+568	2.17	竖缝式

3. 衬砌内部富水雷达数据处理结果

本次探地雷达数据处理使用的平台是中国矿业大学（北京）编制的 GR 雷达数据处理分析系统 V3.2，探地雷达数据处理流程图如图 4.5.1-3 所示。

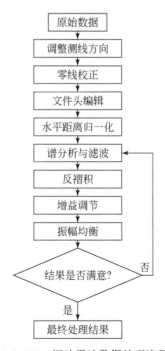

图 4.5.1-3　探地雷达数据处理流程图

　　根据普查分析结果，应该进行实地的雷达详细调查，在对数据进行分析的同时，还要对检测结果和可能出现的干扰因子之间的相互关系进行全面研究，充分考虑对地球物理方法的多解性而产生的各种干扰异常，以便对异常进行准确有效的识别。对地质雷达图谱异常体特征的识别，应从地球物理特征、波组形态、振幅和相位特性、吸收衰减特性等方面进行识别判定。本次检测主要针对衬砌背后的富水空洞，其可以理解为土体中富水量高于周边土体的区域，雷达图谱表现为顶面反射信号能量较强、下部信号衰减较明显，同相轴较连续、频率变低，富水病害雷达图谱如图4.5.1-4所示。

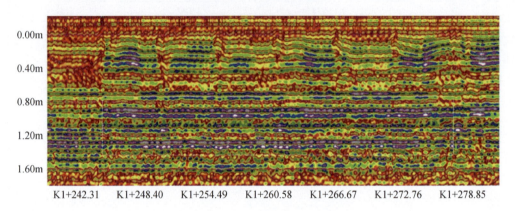

图 4.5.1-4　富水病害雷达图谱

　　部分富水病害检测结果如表4.5.1-2所示。

表4.5.1-2　部分富水病害检测结果

序号	天线位置	起始里程/m	终止里程/m	起始深度/m	终止深度/m
1	右腰	K3+642.92	K3+646.32	1.12	1.75
2	右腰	K3+648.52	K3+654.42	1.08	1.83
3	右腰	K3+684.12	K3+701.52	0.84	1.75
4	右腰	K3+933.32	K3+964.72	0.27	0.83
5	左腰	K4+447.32	K4+454.12	1.86	2.36
6	左腰	K4+554.92	K4+557.42	1.45	2.09
7	左腰	K4+625.62	K4+630.82	1.16	1.92
8	左肩	K4+115.62	K4+123.22	0.42	0.88
9	左肩	K4+677.62	K4+683.42	0.43	0.86
10	左顶	K4+164.02	K4+169.32	0.27	0.54

4.5.2　探地雷达红外与红外数据的联合解释

　　渗漏通道相对于周围介质电导率呈现较高值，因此当存在渗漏通道时，渗漏通道相对于周围的介质，会存在明显的电性和波阻抗差异。根据此特征来识别检测土体的含水情况，从而判定是否存在渗漏隐患。在含水的围岩中，雷达电磁波会出现较大衰减，反射波频率降低，振幅变大。

以 K3+648.52～K3+701.52 区段右腰衬砌渗漏水为例，通过对该区段的多通道探地雷达检测结果进行切片分析，同时结合现场的实际情况，最终推测出渗漏通道平面示意图，如图 4.5.2-1 所示。

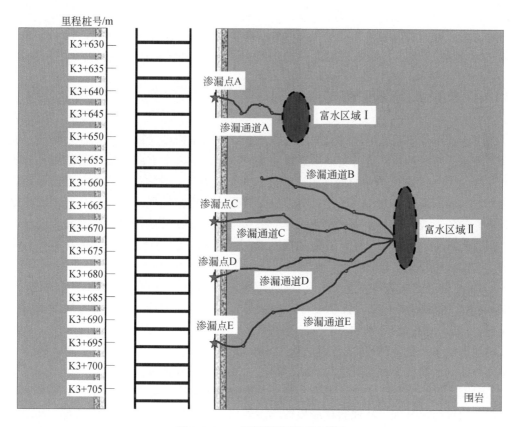

图 4.5.2-1　渗漏通道平面示意图

其中，渗漏通道 A、渗漏通道 C、渗漏通道 D、渗漏通道 E 为剖面可能性较大渗漏点的主要串联线，从隧道俯视角度看，该区段共含有两处富水区域，分别位于 K3+645 和 K3+668 处，富水区域 I 经由渗漏通道 A 渗漏至渗漏点 A，造成表观渗漏。同理，富水区域 II 经由渗漏通道 C、D、E 分别渗漏至对应表观渗漏点，渗漏通道 B 由于地质构造以及水文等原因并未渗漏至表观。

通过对比表 4.5.1-1 和表 4.5.1-2 可以发现，渗漏水病害主要可分为三种情况，分别是衬砌背后含有富水空洞的渗漏水、衬砌背后无富水空洞的渗漏水以及衬砌背后含有富水空洞而表观未发生渗漏。具体解释如下：

（1）衬砌背后含有富水空洞的渗漏水。这种情况最为常见，雷达图像显示衬砌背后含有富水空洞，同时分别在附近位置的红外图像上发现衬砌表观有对应的衬砌表观渗漏水。

（2）衬砌背后无富水空洞的渗漏水。在红外图像上发现衬砌表观有对应的渗漏痕迹和渗漏面积，但是渗漏形式不符合任何一种外轮廓模型，无法计算出其渗漏点，并且在其前后一定范围内的雷达图像均未发现衬砌背后含有富水空洞，可判断其为假性渗漏。

（3）衬砌背后含有富水空洞而表观未发生渗漏。在雷达图像顶面反射信号能量较强、下部信号衰减较明显，同相轴较连续、频率变低，显示衬砌背后含有富水空洞，但在其附近的红外检测数据中并未发现明显的渗漏痕迹，则判定其为具有一定渗漏风险的富水空洞。

经过地铁养护部门的运维资料和现场人工勘察验证，共发现实际渗漏区域 125 处，另外有三处为股状射流的渗漏水迸溅形成、4 处为漏采，表观渗漏水识别准确率达 95%。

4.5.3 渗漏通道识别模型

为了弥补对渗漏通道形成过程的探地雷达和红外采集数据特征的研究匮乏问题，通过地面渗漏通道实验和地铁隧道实地渗漏通道实验，分别从多个方向采集渗漏通道，分析渗漏形成过程中（通道较大）的探地雷达特征，并据此提出一种通过表观渗漏点还原地铁隧道衬砌内部渗漏通道的办法。通过对隧道渗漏数据的分析，发现部分因素会直接或间接影响隧道渗漏的形成，因此本章在模型构建中引入了 Adaboost 算法构建隧道渗漏通道（通道较小）预测模型，Adaboost 是最优秀的强化学习（Boosting）算法之一，有着坚实的理论基础，在实践中得到了很好的推广和应用。

Boosting 算法是近年来兴起的一项新的综合学习方法，它可以把只高于随机猜测的"弱学习者"提高到具有高"强学习者"的能力。本书将从理论上解决现有模型难以构建的问题，提出一种新的高效学习算法，并将其推广到现有的各种机器学习算法中，从而提高其对现有的各种机器学习算法的性能。Adaboost 算法被提出以来，近十年来，吸引了众多国内外著名的研究人员对其进行深入的研究，奠定了良好的理论基础。

Adaboost 算法是一种连续的迭代算法，它集成多个弱决策器进行决策。在每次学习结束后对权值进行再分配，从而获得最后的学习效果。通过训练得到的良好数据，其加权系数减小，而训练不良的数据则会增大。这就可以将注意力集中在不合适的数据上，使后续模型在训练中不断集中在不良数据中。最终，把每一个弱回归值的结果整合起来，得到一个误差很小的强预测器。该算法具有较快的检测速率但是需要较大的样本集，因此该模型需要通过大量实测的隧道数据来构建隧道渗漏通道预测模型的数据集。

1. 数据集概况

为了构建本章的渗漏通道，预测模型的数据集，以北京地铁为主要采集对象，开展了两次实地检测和验证工作，分别是北京地铁首都机场线 2 号航站楼站与 3 号航站楼站区间和北京地铁 16 号线丰台站和丰台南路站区间。

通过对红外热成像和探地雷达采集回来的数据进行处理与分析，判定本次数据采集检测区段存在 2132 处可疑区域，其中渗漏面积为 $0.09 \sim 11.2 \mathrm{m}^2$，通过对比渗漏水区域与外轮廓模型，判断出渗漏类型主要以点式为主，其次为竖缝式和多种方式混合的混合式。部分渗漏数据和部分雷达数据图谱见图4.5.3-1和图4.5.3-2。地铁16号线富水病害统计结果如表4.5.3-1和表4.5.3-2所示。

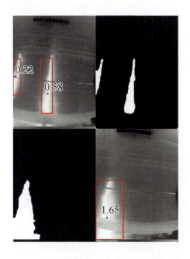

图4.5.3-1　部分渗漏数据（单位：m²）

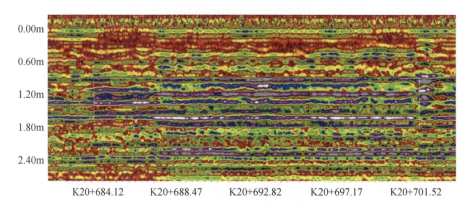

图4.5.3-2　部分雷达数据图谱

表4.5.3-1　地铁16号线富水病害统计结果一

渗漏编号	起始里程/m	所在位置	面积/m²	渗漏类型
8	K3+646.78	右腰	2.06	混合式
20	K3+791.28	右腰	1.48	竖缝式
27	K3+822.98	右腰	1.67	竖缝式
37	K3+896.16	右腰	0.35	点式
48	K4+11.4	右腰	0.75	点式
61	K4+153.87	右腰	2.02	混合式

表 4.5.3-2　地铁 16 号线富水病害统计结果二

序号	检测方向	天线所在位置	起始里程/m	终止里程/m	起始深度/m	终止深度/m	判定结果
1	丰台站—丰台南路站	右腰	K20+642.92	K20+646.32	1.12	1.75	富水
2	丰台站—丰台南路站	右腰	K20+648.52	K20+654.42	1.08	1.83	富水
3	丰台站—丰台南路站	右腰	K20+684.12	K20+701.52	0.84	1.75	富水
4	丰台站—丰台南路站	右腰	K20+933.32	K20+964.72	0.23	0.33	富水
5	丰台站—丰台南路站	右腰	K20+915.56	K21+78.89	0.27	0.83	富水
6	丰台站—丰台南路站	右腰	K21+33.22	K21+64.72	0.73	0.81	富水
7	丰台站—丰台南路站	右腰	K21+122.32	K21+164.72	0.46	0.56	富水
8	丰台站—丰台南路站	右腰	K21+233.32	K21+284.65	0.12	0.37	富水
9	丰台站—丰台南路站	右腰	K21+522.78	K21+564.72	0.56	0.66	富水
10	丰台站—丰台南路站	右腰	K21+886.32	K21+964.76	0.45	0.56	富水
11	丰台站—丰台南路站	右腰	K21+933.15	K21+972.35	0.35	0.47	富水
12	丰台站—丰台南路站	右腰	K21+954.97	K21+964.76	0.56	0.72	富水
13	丰台站—丰台南路站	右腰	K22+56.43	K22+64.73	0.76	0.81	富水
14	丰台站—丰台南路站	右腰	K22+89.66	K22+164.29	0.47	0.52	富水
15	丰台站—丰台南路站	右腰	K22+158.32	K22+164.39	0.47	0.83	富水
16	丰台站—丰台南路站	右腰	K22+285.43	K22+294.72	0.48	0.49	富水
17	丰台站—丰台南路站	右腰	K22+486.32	K22+587.73	0.38	0.86	富水

2. 预测模型构建

考虑到地铁隧道衬砌渗漏水影响因素众多，预测模型选取"背后含水量""富水区域距离表面距离""防水工艺""隧道运营年份""单位面积内裂缝数量""位于隧道的位置""隧道施工方法"等 16 种变量作为模型特征参数输入，将渗漏口距富水区域的距离作为模型输出进行建模，为了保证特征参数的有效性，通过分析结果删除显著性低和相关性差和特征，完成特征的筛选。

为了验证此 Adaboost 预测模型的稳定性和可靠性，本章引入两个指标，分别是均方根误差 RMSE 和决定系数 R^2：

$$\text{RMSE} = \sqrt{\frac{1}{n}\sum_{i=1}^{n}(d'_i - d_i)^2} \qquad (4.5.3\text{-}1)$$

$$R^2 = 1 - \frac{\sum_{i=1}^{n}(d_i - d'_i)^2}{\sum_{i=1}^{n}(d'_i - \bar{d}_i)^2} \qquad (4.5.3\text{-}2)$$

式中，d_i 为第 i（= 1，2，3，⋯，n）个渗漏口距离富水区域的距离；d'_i 为第 i（= 1，2，3，⋯，n）个水口距离富水区域的距离预测值；n 为渗漏口数目。其中，R^2 代表预测值与真实值之间的线性相关程度，R^2 越接近 1，则表示预测值越接近真实值，模型性能越好。

RMSE 表示预测值与测试值之间的偏差。

对于数据集中的 2000 个数据，本章按照 9∶1 的原则，将 1800 个数据用于训练集，剩下的 200 个数据用于测试集，训练集的线性关系和测试集的线性关系如图 4.5.3-3 和图 4.5.3-4 所示。

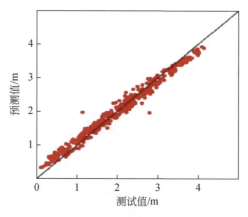

图 4.5.3-3　训练集的线性关系

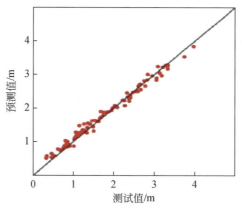

图 4.5.3-4　测试集的线性关系

通过分别计算测试集和训练集的评价指标可以得到表 4.5.3-3。不管是训练集还是测试集，R^2 都非常接近 1，这表明预测值和测试值非常接近。RMSE 表明预测值与实际值的偏差均在 0.35 以内，具有较高的可靠性。

表 4.5.3-3　数据集的评价指标分析

数据集	评价指标	
	RMSE/m	R^2
训练集	0.25	0.992
测试集	0.32	0.975

4.5.4　渗漏通道的解析

1. 渗漏通道的解析

在雷达数据中，由于水的介电常数明显高于隧道围岩，渗漏通道相对于周围介质电导率呈现较高值，因此在雷达图谱中，富水区域会明显区分于周围的岩石和其他物质。根据此特征来识别检测隧道背后的含水情况，并通过所有富水类型的分类和总结，判定是否存在渗漏隐患。在含水围岩中，雷达电磁波会出现较大衰减，反射波频率降低，振幅变大。

以 K3+648.52～K3+701.52 区段右腰衬砌渗漏水为例，通过对该区段的多通道探地雷达检测结果进行切片分析，同时结合现场实际情况，最终推测出渗漏通道的分布示意图，如图 4.5.4-1 所示。

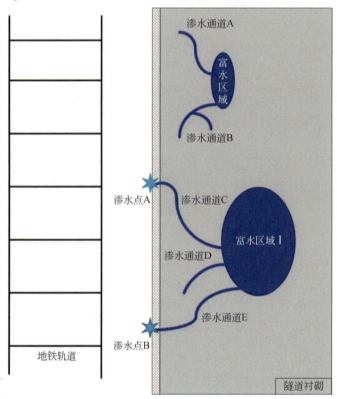

图 4.5.4-1　渗漏通道的分布示意图

其中，渗漏通道 A、渗漏通道 C、渗漏通道 D、渗漏通道 E 为剖面可能性较大渗漏点的主要串联线，从隧道俯视角度看，该区段共含有两处富水区域，分别位于 K20+645 和 K20+668 处，富水区域 I 经由渗漏通道 C 渗漏至渗漏点 A，造成表观渗漏，利用上文介绍的渗漏通道预测模型，解析出富水区域 I 经由渗漏通道 E 渗漏至对应表观渗漏点 B，渗漏通道 A、B、D 由于地质构造以及水文等原因并未渗漏至表观。

2. 探地雷达与红外解析渗漏通道的方法

第一步，利用高效的隧道衬砌渗漏水快速检测车对病害区域进行初步检查，快速采集表观渗漏水的相关数据。随后，应用优化后的渗漏区域提取算法分析这些数据，不仅可以判断渗漏水的类型，还能通过分析渗漏区域的温度梯度图，精确确定渗漏点的具体位置。

第二步，可以采用"十字交叉法"（图 4.5.4-2）利用探地雷达来找寻准确的隧道衬砌背后的渗漏通道，基于初步定位到的渗漏点，在水平面方向（x 轴）和垂直水平面方向（y 轴）布置两条测线（图 4.5.4-2 中的测线 1 和测线 3），测线的长度根据渗漏量的多少而设定，本书中设定长度为 5m。通过分析这两条测线的探地雷达数据，能够识别出含水量较高的区域，这些区域被认为是渗漏通道可能存在的位置。随后，以这些含水量较高的区域为新的参考点，采用"十字交叉法"再次布置新的测线（即图 4.5.4-2 中的测线 2、测线 4 和测线 5），并重复之前的分析过程。这一循环继续进行，直到该区域内的所有渗漏区域都被彻底检测完毕（即图 4.5.4-2 中的测线 6）。最终，通过对所有富水区域进行几何连线，可以精确地还原隧道衬砌背后的渗漏通道。

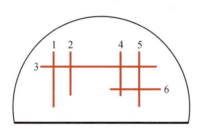

图 4.5.4-2　渗漏通道找寻方法

4.6　试　验　分　析

4.6.1　渗漏模型试验设计

目前，国内外对渗漏水红外辐射特征的试验研究相对匮乏。为此，本章前期在室外进行了隧道衬砌渗漏水模拟预试验，如图 4.6.1-1 所示，发现渗漏流量会对其红外特征产生重要的影响。然而，由于室外温度、湿度、光照度、风速的不可控性，以及早晚温度的剧烈变化，使得不同时间采集的数据受温度的影响更加明显，地表温度与空气温度的差异也会导致背景温度场的混乱，从而使得试验变量的控制变得困难，导致室外模型试验环境可能会对试验结果产生一定的不良影响。另外隧道实际条件十分复杂，渗漏水的红外辐射特征受到多种因素和指标的影响。例如，渗漏点的形状、渗漏水的流量、采集距离、隧道的通风速度以及空气的湿度等，这些因素的联合作用使得无法仅凭检测结果就能准确地判断隧道的渗漏情况。因此，进行室内定量化试验以研究这些因素对渗漏水红外辐射特征的影响显得尤为重要。

图 4.6.1-1　室外隧道衬砌渗漏水模拟预试验

本章采用混凝土试验板来模拟隧道衬砌表观，对隧道中常见的多种形式的渗漏水病害进行室内模拟试验，通过改变渗漏流速、缺陷形式以及采集距离，分析渗漏区域温度以及外轮廓变化规律，总结渗漏区域红外特征的变化。

1. 室内试验模型制作

在本次隧道衬砌渗漏水模拟试验中，专门针对隧道内常见的孔式和裂缝式渗漏水问题进行了深入研究。试验采用了定制的混凝土试验板，并选择了抗压强度为 C30 的混凝土作为试验材料，以便更好地模拟隧道内的真实情况。混凝土试验板制作流程如图 4.6.1-2 所示：首先，将调配好的水泥倒入模具中，模具尺寸为 400mm×200mm×20mm，经过烘干后，将其固化，然后在模具的背面钻取直径为 4mm 的注水孔洞。接着，根据缺陷的形式，在另一端分别人工钻取单孔式（直径为 4mm）、竖缝式（5mm×80mm）、45°斜缝式（5mm×80mm）以及横缝式（5mm×80mm）缺陷，最终完成混凝土试验板的制作。通过精心设计，制作了多种不同类型的混凝土试验板，混凝土试验板示意图如图 4.6.1-3 所示。

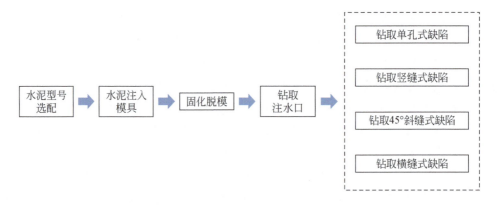

图 4.6.1-2　混凝土试验板制作流程

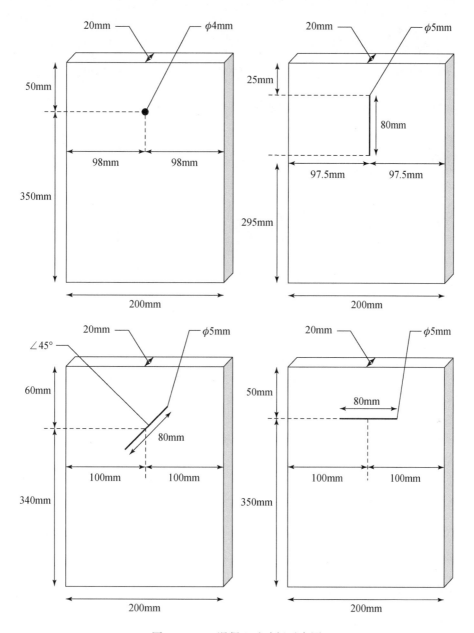

图 4.6.1-3　混凝土试验板示意图

2. 试验平台搭建

本次隧道衬砌渗漏水模拟试验平台主要由以下 6 个组成部分构成：试验板支架、水循环系统、空调系统、供电模块、环境数据采集系统以及红外数据采集系统，地铁隧道衬砌渗漏水室内模拟平台示意图如图 4.6.1-4 所示。

其中试验板支架为自行制作的木制支架；水循环系统由水槽、工业水泵、流量控制仪以及注水管构成；为了完全模拟阴暗潮湿的隧道真实环境，整个试验完全在密闭阴暗

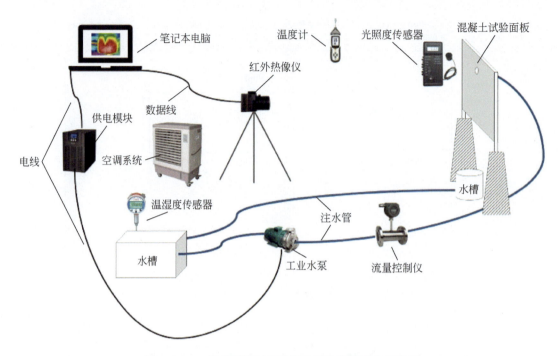

图 4.6.1-4　地铁隧道衬砌渗漏水室内模拟平台示意图

的房间内进行，并配以空调系统调整室内温度以及湿度；通过环境数据采集系统来获取室内光照度、温度以及湿度等环境指标，系统包括光照度传感器、温度计；红外数据采集系统由笔记本电脑和红外热像仪构成。在试验过程中，供电模块负责提供电力，而工业水泵则将水抽取，并通过流量控制仪调节流量，随后通过注水管输送至混凝土试验面板，最终经过混凝土缺陷处，再次流回水槽，从而实现水循环。为了避免工业水泵在作业时产生的热量加热流经水体，影响试验结果，所以在水槽内安装温度传感器，以保证水温始终保持恒定。

3. 试验分组及试验过程

本次试验通过控制变量的方法，分别针对渗漏流速、缺陷形式、采集距离共计三个影响因素开展渗漏实验，整个试验分为三组。

第一组针对渗漏流速的渗漏试验分别采用不同流速进行，室外衬砌渗漏水模拟试验表明，当渗漏流速低于 200ml/min 时水流难以渗出缺陷，而当流速高于 1000ml/min 时渗漏水将穿透混凝土试验板上的缺陷，变为股式射流，故本组试验将流速控制在 200～1000ml/min，分别选取 200ml/min、600ml/min、1000ml/min 三种不同流速进行；

第二组针对缺陷形式的渗漏试验分别采用单孔式（直径为 4mm）、竖缝式（5mm×80mm）、45°斜缝式（5mm×80mm）以及横缝式（5mm×80mm）4 种缺陷进行；

第三组针对采集距离的渗漏试验分别采用 1m、2m、3m、4m、5m、6m、7m 的采集距离进行；

为了保证试验的科学性，因此每组仅设置一个变量，即当进行第一组试验时，缺陷形式和采集距离保持不变，其中缺陷形式设置为典型的单孔式，采集距离设置为 1m；进行第二组试验时，渗漏流速和采集距离保持不变，渗漏流速设置为 200ml/min，采集距离设置为 1m；进行第三组试验时，渗漏流速和缺陷形式保持不变，渗漏流速设置为 200ml/min，缺陷形式设置为单孔式。

由于地铁隧道的环境温度处于 18~28℃，本次试验将采用室温（23℃左右），以便更好地研究渗漏区域的温度变化情况。因此，在每次试验开始之前，必须使用温度计测量混凝土试块的初始温度和试验用水的水温，并将其记录下来。

试验过程中，将一定渗漏缺陷形式的混凝土试验面板放置在试验台上的固定支架，然后调节热像仪高度使热像仪对准混凝土试块的渗漏位置并使整个混凝土试验板位于画面中央，调节热像仪焦距至画面清晰，使用测距仪测量此时热像仪与混凝土试验板之间的距离。随后开启注水循环装置，调节流量控制计至特定的流量。与此同时，开始对红外图像数据进行采集，图 4.6.1-5 为渗漏试验现场。

(a)试验中的混凝土试验面板

(b)红外数据采集

图 4.6.1-5　渗漏试验现场

4.6.2　试验结果分析

1. 不同流速的渗漏水几何特征分析

如图 4.6.2-1 所示，可以清楚地看到，4mm 单孔式缺陷的混凝土试件在不同流速条件下呈对称分布，其中山峰形态的出水口顶端处的横向宽带也会随着流速的增加而变得更宽，最终形成峰顶钝化的瓶状结构。

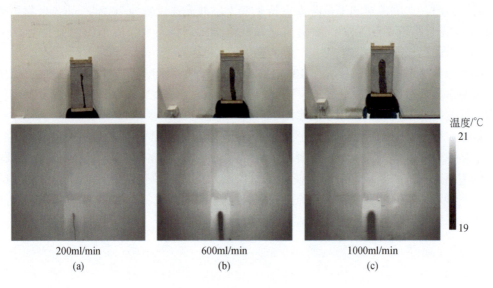

图 4.6.2-1　单孔式缺陷试验板红外热像图

对于含有横缝式（5mm×80mm）缺陷的混凝土试件在不同流速下的渗漏水红外热像图如图 4.6.2-2 所示。可以看到，随着流速的不断增加，渗漏区域整体上呈现出缺陷形式相似的形态，当流速为 200～600ml/min 时，随着水流流速的增加，渗漏区域呈略微膨胀趋势，当流速达 1000ml/min 时，图像出现明显扩张，水平状裂缝缺陷整体呈梯形形态。

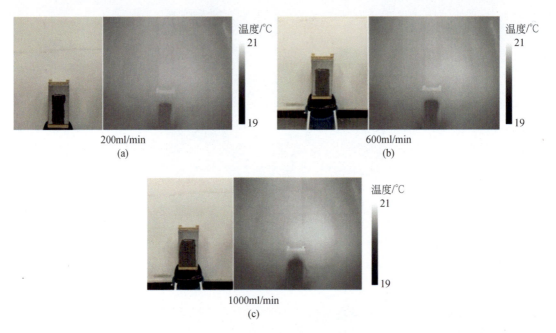

图 4.6.2-2　横缝式缺陷试验板红外热像图

对于竖缝式（5mm×80mm）缺陷的混凝土试件在不同流速下的渗漏水红外热像图如图 4.6.2-3 所示。同样可看出，随着渗漏流速的不断增加，渗漏区的形态发生了显著变化，从原本狭窄的长条状逐渐变成了近似三角形，而且顶部锥形的宽度也在不断增大。

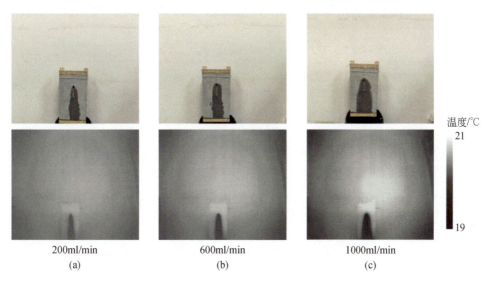

图 4.6.2-3　竖缝式缺陷试验板红外热像图

对于 45°斜缝式缺陷试验板红外热像图如图 4.6.2-4 所示。在 45°斜缝中，渗漏水的分布大致是不均匀的，在 200ml/min 的情况下，图像的顶部出现了一个大小和斜裂缝的差不多的平坦表观；流量继续增加，渗漏的液体会慢慢填补裂缝，最终使得图像的外观出现了一个近乎梯形的形态。

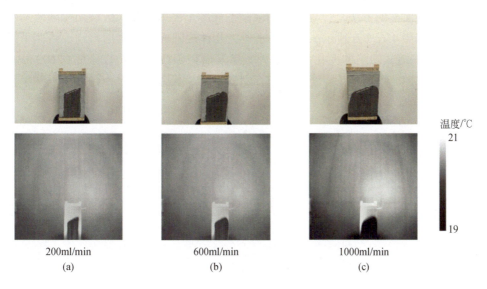

图 4.6.2-4　45°斜缝式缺陷试验板红外热像图

通过对单孔式缺陷的研究，因为混凝土试件表观温度高于水温，同时由于混凝土试件和水之间存在热传导，所以在水流横断面中部位置为相对低温区域，随着水流速度的不断增加，其渗漏区域边缘的温度基本保持稳定，但其覆盖范围逐渐扩散，同时呈现出覆盖趋势，且温度随着水流速度的增加而减小，不同流速下相同横断面的红外辐射温度值分布如图 4.6.2-5 所示。

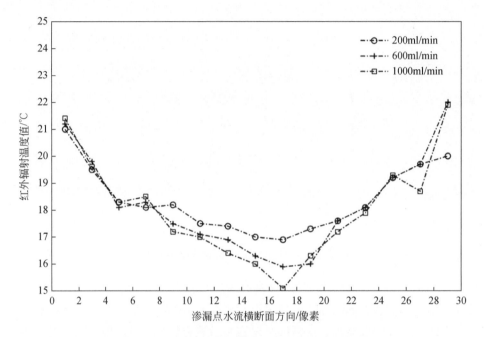

图 4.6.2-5 不同流速下相同横断面的红外辐射温度值分布

另外，利用前文的方法，计算出不同缺陷下混凝土表观渗漏水区域面积随渗漏水流速的变化规律，如图 4.6.2-6 所示。从整体上看，几种缺陷的渗漏水面积均随流速呈线性增长。其中，45°斜缝式缺陷的变化斜率最大，渗漏面积随流速的增长速度在 600ml/min 之前最快。在这之前，渗漏水位置主要集中在斜缝下端，其渗漏水面积接近于点状渗漏，其

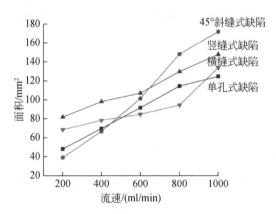

图 4.6.2-6 不同流速下渗漏面积的变化

初始值和斜率都与点状缺陷接近。从 600ml/min 起，渗漏水位置充满整条裂缝，面积流速曲线的斜率呈降低趋势。竖缝式缺陷和单孔式缺陷的斜率相对平缓，增长速率相近。横缝式缺陷中，横裂缝在 800ml/min 以下面积变化不大，而在 800ml/min 以上，斜率开始增长，其渗漏水面积增大规律与其他缺陷类型一致。

2. 不同缺陷的渗漏水几何特征分析

不同缺陷形式试件在流速为 200ml/min 条件下的渗漏水红外热像图分别如图 4.6.2-1（a）、图 4.6.2-2（a）、图 4.6.2-3（a）和图 4.6.2-4（a）所示。其中，图 4.6.2-1（a）为直径 4mm 的单孔式缺陷渗漏水红外热像图，渗漏位置为光滑的半圆形；图 4.6.2-2（a）为横缝式缺陷，渗漏位置红外热像图和缺陷趋势大致相同，整体形态近似于矩形；图 4.6.2-3（a）为竖缝式缺陷渗漏水红外热像图，渗漏位置呈尖锐状和缺陷方向走势基本一致；图 4.6.2-4（a）为 45°斜缝缺陷渗漏水红外热像图，渗漏位置为上部是尖锐状形态、下部较为规则的图形。

同样，流速为 600ml/min 条件下的渗漏水红外热像图如图 4.6.2-1（b）、图 4.6.2-2（b）、图 4.6.2-3（b）和图 4.6.2-4（b）所示。由此可知，缺陷形式对渗漏水几何特征的影响具有相似的规律。

如图 4.6.2-7 所示，为不同缺陷形式在相同流速下的渗漏点水流横断面方向红外辐射温度值分布，可以明显地看到，整体呈现单峰曲线状，波峰的位置与缺陷的位置相对应。在水流面积较大的情况下，横缝式和斜缝式的波峰位置相对较平坦。然而，竖缝式、单孔式则呈现温度包围趋势。这些裂缝的峰值覆盖面积随着横断面宽度的增加而增加。

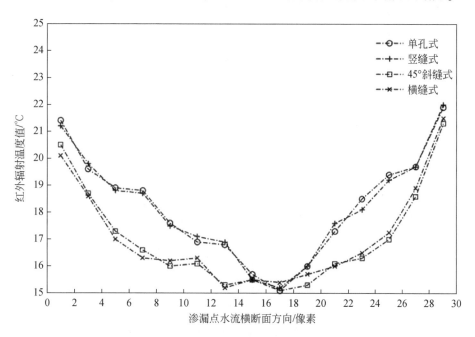

图 4.6.2-7　不同缺陷形式在相同流速下的渗漏点水流横断面方向红外辐射温度值分布

3. 不同采集距离的渗漏水面积采集精度分析

由于受到室内空间大小的限制，故针对不同采集距离对渗漏水面积采集精度的试验在室外进行，考虑到室外温度、湿度、风速以及光照度等不稳定因素的影响，本组试验在统一时间范围内完成，以消除环境参数不同对试验产生的负面影响，不同采集距离的红外图像如图 4.6.2-8 所示，以单孔式缺陷为例，采集距离分别为 1m、2m、3m、4m、5m、6m、7m。不同采集距离的实测面积如表 4.6.2-1 所示。

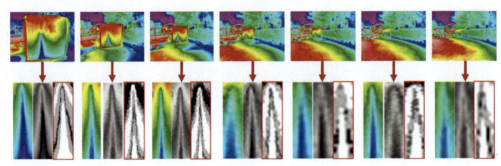

图 4.6.2-8　不同采集距离的红外图像

表 4.6.2-1　不同采集距离的实测面积

采集距离/m	1	2	3	4	5	6	7
实测面积/cm^2	492.78	450.63	421.55	407.12	397.83	254.98	227.36

如表 4.6.2-1 所示，对不同采集距离的红外数据进行了处理，以确定渗漏区域的面积。本书还对实际的渗漏区域进行了网格化测量，结果显示，它的面积为 479.61cm^2，不同采集距离的渗漏面积误差如图 4.6.2-9 所示。

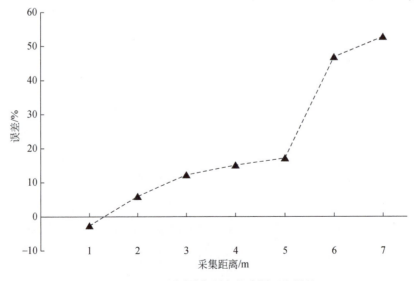

图 4.6.2-9　不同采集距离的渗漏面积误差

4.6.3　地面渗漏通道试验

1. 渗漏模型制作

在本次隧道衬砌渗漏通道模拟试验中，专门针对隧道内常见的孔式渗漏水问题进行研究。整体模型尺寸为 150cm×150cm×120cm（图 4.6.3-1），为更好地模拟地铁隧道渗漏情况，本章采用隧道常见的混凝土 C40 为试验材料，其尺寸为 150cm×150cm×120cm，其中渗漏出口的小孔（直径为 4mm）安置在距地面 65cm 的正中间位置（图 4.6.3-2）。

图 4.6.3-1　渗漏通道模型

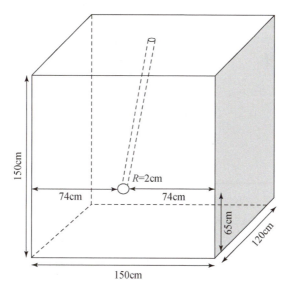

图 4.6.3-2　渗漏通道小孔

本章选择隧道常见的细沙进行模型内部填充，根据探地雷达的检测特征，填充物的要求是干燥和密实。渗漏通道模型内部见图 4.6.3-3。

图 4.6.3-3　渗漏通道模型内部

除了模拟隧道衬砌环境，本章还需要模拟衬砌背后的含水区域，根据探地雷达的采集特性，本章选择对探地雷达采集没有影响的聚氯乙稀（PVC）材料的水箱，内部尺寸为45cm×33.5cm×29.5cm，在试验模型布置前期将这个 PVC 箱子空着放进沙子填充物中，模拟隧道衬砌背后的空洞现象，将 PVC 箱子灌满水放进沙子填充物中，模拟隧道衬砌背后的含水区域。内部渗漏区域模型图如图 4.6.3-4 所示。

图 4.6.3-4　内部渗漏区域模型图

2. 试验设计

本次试验的步骤主要分为三个阶段：隧道衬砌背后健康无病害阶段、隧道衬砌背后空洞形成的阶段、隧道衬砌背后渗漏通道形成阶段。

根据第 4.6.2 节的试验，已经计算出了红外采集的最佳距离，因此在该实验中将红外热像仪放在距离出水口 1m 的位置（图 4.6.3-5）。

探地雷达采用中国矿业大学（北京）自研的 750MHz 天线（图 4.6.3-6），探地雷达的测线本章布置三条（图 4.6.3-7），分别是左侧由下到上、正上方由后到前、正面由左到右，全面覆盖检测渗漏通道的形成过程，旨在模拟实际检测时检测到的渗漏通道不同形态和位姿。

图 4.6.3-5　试验采集画面

图 4.6.3-6　探地雷达 750MHz 天线

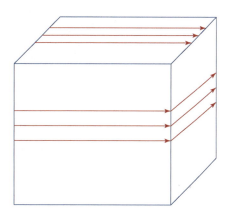

图 4.6.3-7　雷达测线布置

在本书中，该试验通过模拟不同阶段的隧道衬砌背后情况来深入探究渗漏水问题。首先，在隧道衬砌背后健康无病害阶段，本章采用足够干燥的沙子填充模型，以模拟密实无病害的情况。其次，在隧道衬砌背后空洞形成阶段，本试验选择使用空 PVC 箱，并将其放置在模型的中心，以模拟渗漏前期空洞的形成情况。随后，在隧道衬砌背后渗漏通道形成阶段，通过向模型中央的 PVC 箱注水，模拟了渗漏区域的形成过程。同时，本次试验利用引流管将 PVC 箱与混凝土出水口连接，通过持续注水的方式，引导 PVC 箱中的水从混凝土出水小孔中流出，模拟了隧道衬砌渗漏水析出的情况。

这一系列试验设计旨在模拟隧道衬砌背后不同阶段的情况，从而全面地了解渗漏水问题的产生机理和发展过程。通过模拟试验，可以观察到隧道衬砌在渗漏不同状态下探地雷达和红外热像仪数据的变化情况，为进一步研究提供了重要的试验数据和参考。

为了在试验中完全模拟阴暗潮湿的隧道真实环境，本次试验选择在温度变化较小的半夜进行。在试验过程中，利用测温枪、测光仪等传感器来实时监测光照度、温度和湿度等环境指标，以确保试验环境的稳定性和准确性。

红外数据采集系统由笔记本电脑和红外热像仪构成，用于捕获隧道内部的热分布情况。同时，为了保证试验的顺利进行，本次试验配备了供电箱来提供必要的电力，并采用工业水泵将水抽取到试验系统中。通过流量控制仪，可以灵活地调节水流量，确保水流的稳定性和可控性。随后，水被输送至预置在模型中心的 PVC 箱中。最终，通过引流管设计，将水从混凝土出水小孔中流出，模拟隧道渗漏水的真实情况。为了避免试验用水温度不一致导致的误差，本次试验中在水槽中安置了测温仪，以确保试验用水的温度唯一性和准确性。

3. 试验结果及分析

在本次试验数据处理中，地质雷达数据处理使用的平台是中国矿业大学（北京）编制的 GR 雷达数据处理分析系统 V3.2。地质雷达数据处理流程如图 4.6.3-8 所示。

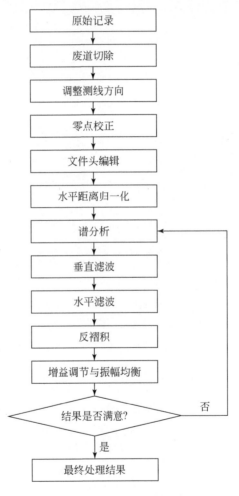

图 4.6.3-8　地质雷达数据处理流程图

雷达数据的处理是地下隧道勘探中至关重要的一环。在数据采集完成后，原始数据需要进行一系列处理步骤以确保数据的准确性和可用性。首先，通过数据对比进行废道切除，即去除雷达数据在雷达未移动时候采集的数据，该数据通常位于数据的首尾部分，这一步的目的是确保测线位置与数据的对应关系。其次，数据按照里程从小到大的原则调整测线方向，以方便后续资料处理和比对。然后，进行零点校正，将雷达影像剖面的零点位置平移为实际的零点，以确保数据的准确性。随后，执行文件头编辑，包括将实际零点对应的时间改为 0，设定每个标记对应的间距，设置每秒钟扫描的雷达波通道数量，并且插入测线的里程数据。紧接着，进行水平距离归一化，以消除由于速度不一致导致的距离不一致问题。然后，进行谱分析与滤波，包括垂直滤波和水平滤波，以消除杂散波干扰和雷达仪器本身产生的干扰。接着，进行反褶积处理，以突出反射波并消除噪声干扰。最后，进行增益调节与振幅均衡，以提升雷达图像目标的清晰度和可辨识性。这些处理步骤有效保障了雷达数据的质量，为后续深入的数据分析和解释提供了可靠的基础。

红外热像仪数据处理采用上文介绍的引入矫正系数和除雾算法之后的渗漏水区域提取算法，渗漏区域提取流程如图 4.6.3-9 所示。

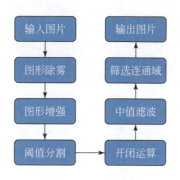

图 4.6.3-9　渗漏区域提取流程

隧道衬砌背后健康无病害阶段，渗漏水并未从混凝土板块渗漏小孔中析出，因此此阶段只需要考虑探地雷达的数据，无病害阶段雷达图谱如图 4.6.3-10 所示。模型中干燥细沙密实填充，从雷达数据中可以看出，雷达反射信号能量无变化，同相轴连续，波形结构规则，无杂乱，见图 4.6.3-10。

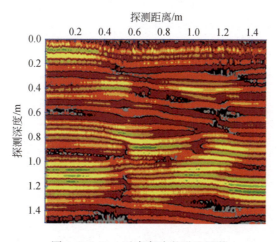

图 4.6.3-10　无病害阶段雷达图谱

　　隧道衬砌背后空洞形成阶段，渗漏水并未从混凝土板块渗漏小孔中析出，因此此阶段只需要考虑探地雷达的数据，空洞形成的阶段雷达图谱如图4.6.3-11所示。模型中放置空的PVC箱，从雷达数据中可以看出反射信号能量强，反射信号的频率、振幅、相位变化异常明显，下部多次反射波明显，边界伴随绕射现象，见图4.6.3-11。

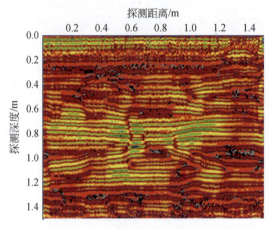

图4.6.3-11　空洞形成的阶段雷达图谱

　　隧道衬砌背后渗漏通道形成阶段，渗漏水已经从混凝土板块渗漏小孔中析出，因此此阶段既需要考虑探地雷达的数据，也需要考虑红外热成像采集的数据。渗漏通道形成阶段雷达图谱如图4.6.3-12所示。模型中放置注满了水的PVC箱，从雷达数据中可以看出顶面反射信号能量较强、下部信号衰减较明显；同相轴较连续、频率变低。并且随着水流顺着引流管从PVC箱到混凝土出水口，左侧测线和上部测线的雷达图谱变化明显，以左侧测线为例的渗漏区域由小变大，不断延伸直到出水口为止。

　　在红外热成像数据中，观察到渗漏形成的特征呈现出一种独特的山峰形态。这种形态起源于渗漏从出水口顶端开始流出，逐渐形成横向宽带，其宽度随着流速增加而扩展，最终呈现峰顶钝化的瓶状结构。这一现象的形成是由于混凝土板表面的观测温度高于水温，同时混凝土试件和水之间存在热传导的影响。

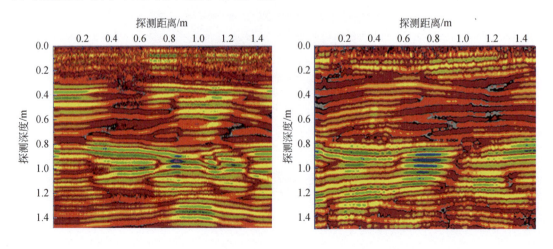

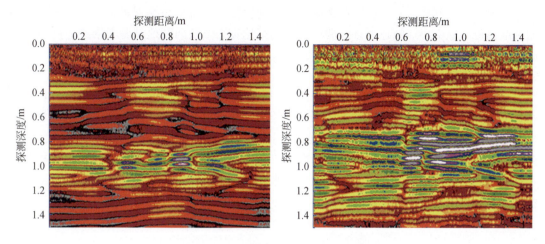

图 4.6.3-12　渗漏通道形成阶段雷达图谱

在渗漏横断面的中部位置，发现了相对低温区域，这是水流速度增加导致的结果。然而，随着水流速度的增加，可以注意到渗漏区域边缘的温度基本保持稳定，这可能是由于热传导效应的影响。与此同时，随着时间的推移，观察到渗漏水面积呈指数性增长，其覆盖范围不断扩散。渗漏通道形成过程中红外渗漏过程如图 4.6.3-13 所示。

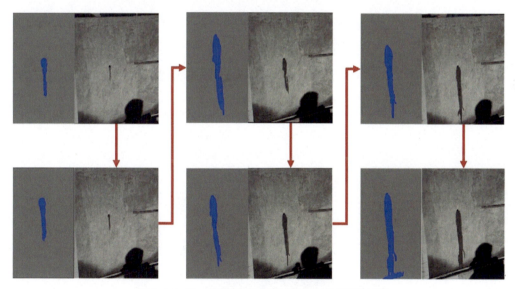

图 4.6.3-13　渗漏通道形成过程中红外渗漏过程

4.6.4　实地隧道渗漏通道试验

1. 渗漏模型制作

为了进一步探寻在实际地铁隧道中渗漏通道形成过程中探地雷达数据的变化，本节在实地地铁隧道中制作了一个实际的渗漏通道物理模型，设置的渗漏通道比 4.6.3 节中的地面渗漏通道试验更小。隧道物理试验模型采用暗挖施工方法向新建试验段推进。隧道进洞后的 8m 为过渡段，过渡段采用深孔注浆加固。随后的 42m 为标准段，断面宽 6.68m，高 6.82m，初衬厚 300mm，二衬厚 350mm。

地铁隧道渗漏水病害模型（图 4.6.4-1、图 4.6.4-2）分为 4 个部分：分为注水口、输水管道、背后水箱、出水口。相互关系及功能为：注水口是供水通道的起点；通过水泵将外部水沿供水通道供给水箱；供水通道的作用是连接供水口和水箱，将水输送进背后水箱；背后水箱主要用于盛水，模拟渗漏源；出水通道连接背后水箱和出水口，将水从背后水箱输送到出水口，出水通道上单独设置出水阀门用于控制每个出水口独立出水；出水口作为出水通道的终点，位于隧道表面。

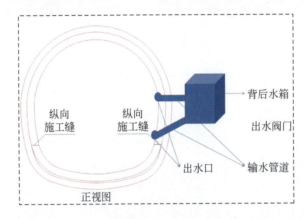

图 4.6.4-1　地铁隧道渗漏水病害模型（正视图）

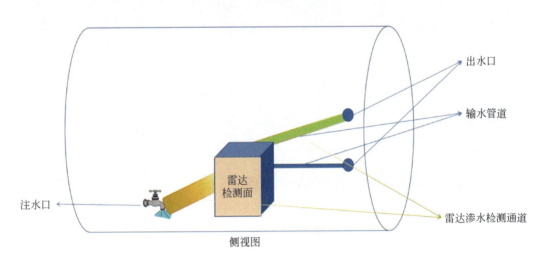

图 4.6.4-2　地铁隧道渗漏水病害模型（侧视图）

2. 实验设计

本次实验分为两个阶段，分别是水箱不注水和水箱注水两个阶段，分别用雷达和红外热像仪对内部和表观数据进行采集。

考虑到水箱埋设的深度，为了确保本次实验数据的合理性，本章采用的地质雷达中心频率是 750MHz，探地雷达的测线覆盖整个模型，分别由下到上、由左到右，全面覆盖检测渗漏通道的形成过程，旨在模拟实际检测时检测到渗漏通道的不同形态和位姿。雷达数据采集如图 4.6.4-3 所示。

图 4.6.4-3　雷达数据采集

在本次实验，通过模拟不同阶段的隧道衬砌背后情况来深入探究渗漏水问题。首先，在隧道衬砌空洞形成阶段，该实验通过预埋空的塑料水箱和塑胶空心水管，以模拟空洞形成的情况。其次，在隧道衬砌背后渗漏沿渗漏管道渗出阶段，缓慢地通过输水管道往水箱注水，随着水箱的水溢出，水流就会顺着出水管道缓慢渗出，以模拟隧道衬砌渗漏形成的情况。

在实验过程中，利用测温枪、测光仪等传感器来实时监测光照度、温度和湿度等环境指标，以确保实验环境的稳定性和准确性。红外数据采集系统由笔记本电脑和红外热像仪构成，用于捕获隧道内部的热分布情况。

3. 实验结果及分析

本次实验的数据处理步骤和图 4.6.3-8 的地质雷达数据处理流程一样。隧道衬砌空洞形成阶段，渗漏水并未从隧道衬砌表面析出，因此此阶段只需要考虑探地雷达的数据。模型中放置空的塑料水箱，从雷达数据中可以看出反射信号能量强，反射信号的频率、振幅、相位变化异常明显，下部多次反射波明显，边界伴随绕射现象，水箱不注水雷达图谱如图 4.6.4-4 所示。

隧道衬砌背后渗漏沿渗漏管道渗出阶段，随着水流缓慢地从注水口注入，渗漏缓慢地从隧道衬砌表面析出，因此此阶段既需要考虑探地雷达的数据，也需要考虑红外热成像采集的数据。模型中的水箱和出水通道被渗漏填充注满。从雷达数据中可以看出，顶面反射信号能量较强、下部信号衰减较明显；同相轴较连续、频率变低，水箱注满水雷达图谱如

图4.6.4-5所示。随着水流顺着出水通道从水箱到隧道衬砌表面，雷达图谱变化明显，以左侧测线为例，渗漏区域由小变大，不断延伸直到渗漏口为止。

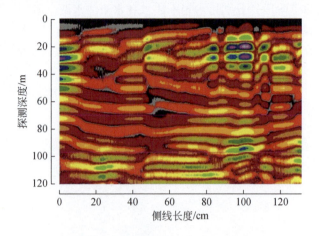

图4.6.4-4　水箱不注水雷达图谱

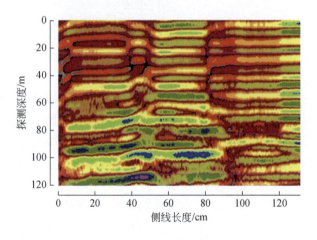

图4.6.4-5　水箱注满水雷达图谱

　　在红外热成像数据中，发现从水流析出阶段到渗漏区域稳定，红外数据采集都十分明显，并且随着渗漏的析出，与渗漏区域重叠的隧道衬砌表面的温度缓慢降低，最终稳定到和水流温度达成一致。

　　通过对比可以发现当渗漏通道规模缩小，其在雷达图谱上的响应特征也逐渐变得不够明显，因此必须提出一种新的办法来解析较小的渗漏通道。

第5章　地铁隧道形变及错台病害检测技术

5.1　地铁隧道三维空间信息采集系统设计

5.1.1　地铁隧道安全隐患综合检测车

传统的监测方法依赖于人工测量，但是检查人员只能在有限的时窗内进行检查，平均检测时间为 2～2.5h/d。由于时间的限制，检查人员只能集中在形变易发区域，容易导致漏检。此外，由于隧道内部环境昏暗容易导致记录不准确。因此，该方法整体检测效率不高。移动激光扫描技术具有无接触、不需要外部光源的优点，比传统方法具有更高的精度和效率。这些特点使得移动激光扫描技术被许多机构和研究者广泛推荐和采用于检测隧道结构病害。移动式和静止式三维激光扫描数据采集方法存在明显区别[1]。移动式三维激光扫描技术是在轨道上运动，能够持续地获取巷道内的点云信息，通过横向转动静止扫描头，将激光发射头置于竖直面上，配合轨道车前进，获得的点云为螺旋曲线；而静止式三维激光扫描则是在固定位置进行，需要对多个站台逐个进行数据采集和拼接，才能得到全部的数据，该方法采用360°环向点云获取，即同步进行横向和纵向两个方向的观测，获取的观测数据集中在站点上。随着观测站点距离的增加，观测数据将会变少，因此仅依靠站台间的数据进行拼接，无法获取全部的隧道数据，从而造成拼接错误的累积[2]。相较于静止式三维激光扫描技术，移动式三维激光扫描技术更具优势，它可以快速地获取现实环境的三维信息，且可以在不同位置进行扫描，能够获取更多的数据点；而静止式三维激光扫描技术需要在一个固定位置进行扫描，仅能扫描一个固定区域，速度较慢，且由于位置固定，可能会漏掉一些细节，精确性相对较低。

目前，国内外已开始研发多种隧道多功能检测装备用于对隧道病害的检测和监测，能够对隧道结构的各个方面进行测试和评估，如隧道壁面的裂缝、形变、渗漏等问题，其可以用于隧道的建设和维护过程中，帮助工程师和技术人员监测隧道结构的安全和稳定性，发现和解决可能存在的问题。此外，它还可以用于隧道的日常维护和保养，对隧道进行定期检查和维护，保证其长期运行的可靠性和安全性。隧道多功能检测装备通常包括各种传感器、测量仪器和数据采集系统，可以自动记录数据、分析数据并生成报告。它们还可以通过无线或有线网络连接到中央控制系统，以便进行远程监测和管理。

在参考国内外已有隧道多功能检测装备的基础上，为了能够达到一次完成隧道各部分信息的快速采集和高精度检测的目的，获取隧道表观病害以及隧道背后 3m 深度范围内的健康安全状况，中国矿业大学（北京）研发出地铁隧道安全隐患综合检测车如图 5.1.1-1

所示。

图 5.1.1-1　地铁隧道安全隐患综合检测车

地铁隧道安全隐患综合检测车是一种专门用于检测地铁隧道安全隐患的车辆。它配备有多种检测设备，如激光扫描仪、照相机、温度计、振动传感器等，可以对隧道内的地质结构、管片安装质量、隧道形变等情况进行全面、快速地检测和评估。在地铁隧道的运营和维护中，地铁隧道安全隐患综合检测车发挥重要作用，可以及时发现和解决隧道安全隐患，保证地铁的安全运营。地铁隧道安全隐患综合检测车的检测内容有隧道形变、表面裂缝等，能高效获取信息，实现对隧道安全隐患的综合检测。为了达到以上的检测目标，将检测车中的功能分为三个检测系统进行设计，其中多通道探地雷达检测系统的功能可以识别隧道衬砌背后的脱空、富水等病害，地铁隧道裂缝检测系统的功能为识别隧道表面裂缝，隧道三维空间信息采集系统的功能是可以对隧道管片形变和错台进行检测。本章基于隧道形变检测分析研究地铁隧道三维空间信息采集系统，采用车载三维激光扫描仪的方式实现以 10km/h 快速获取地铁隧道表面点云，并将采集的点云数据经处理后进行形变信息的提取与分析。

地铁隧道安全隐患综合检测车上的各个检测系统成分复杂，包括很多的仪器设备，每一个仪器设备的采集原理以及采集方式都有其自身不同的特点。下面就以地铁隧道三维空间信息采集系统为基础，针对隧道形变的检测对象，详细介绍该系统中的三维激光扫描仪和编码器的采集原理，并将二者集成于地铁隧道安全隐患检测车平台上对其采集方式进行阐述并根据各自特点设计其安装位置。

5.1.2　地铁隧道三维空间信息采集系统设计

1. 三维激光扫描仪布置方案

三维激光扫描技术在隧道施工和检测中主要应用包括创建高精度、详细的隧道系统地图用于规划隧道维护和维修工作；检查隧道的结构缺陷，并监测实时变化以识别潜在的安全隐患；监测隧道施工期间的状况，并检查现有隧道是否有磨损和损坏的迹象，确保隧道安全可靠地使用。总体而言，三维激光扫描技术已被证明是隧道施工、检查和维护的极有价值的工具，可提高安全性、降低成本和优化隧道运营。

　　三维激光扫描仪的工作原理是通过发射激光束，照射到物体表面，然后测量激光束在物体表面反射的时间和位置来计算表面上每个点的三维坐标。具体来说，三维激光扫描仪发射出一束激光束，该激光束会照射在目标物体表面上，然后被物体表面反射或散射回激光扫描仪。三维激光扫描仪测量反射或散射的激光束时间差和相位差，从而确定激光束的位置和方向。通过这种方式，三维激光扫描仪可以在不同角度和位置扫描物体表面，并生成点云数据。此外，接收器还可以测量激光束强度和角度等信息，通过扫描物体表面的多个点，可以得到物体表面的三维数据模型。通过多次重复这一过程，三维激光扫描仪可以捕获物体或环境的形状和大小数据。在地铁隧道内三维激光扫描仪工作时，三维激光扫描仪垂直于隧道进行 360° 连续旋转测量，螺旋三维视图如图 5.1.2-1 所示。

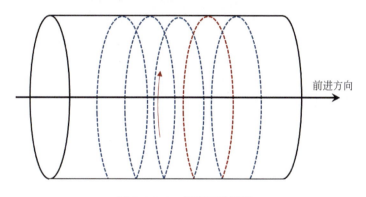

图 5.1.2-1 　 螺旋三维视图

　　本章选择德国 Zoller+Fröhlich 公司生产的 Z+F PROFILER 9012 激光扫描仪，由该扫描仪不断获取隧道内壁点云信息作为形变信息提取的原始数据。Z+F PROFILER 9012 激光扫描仪是一种高精度激光扫描仪，具备出色的扫描精度和快速的数据采集能力，扫描精度可达毫米级别，能够提供高精度的测量结果，并覆盖大范围的扫描区域，同时适用于室内空间与室外环境。它可以快速、准确地捕捉大范围的数据，并生成高精度的点云模型。该扫描仪激光器功率高，能够扫描大范围的场景，在较短时间内完成扫描任务且可以实现多种扫描模式，如全景扫描、面扫描和线扫描等，并采用先进的扫描技术，能够快速生成高精度的点云模型，同时支持多种输出格式，如 LAS、PTS 和 PLY 等。该扫描仪采用光学扫描技术，通过快速移动的激光束对目标物体进行扫描，然后通过内置软件将扫描的数据处理成点云。该扫描仪拥有快速的数据采集速度，可以在短时间内完成大范围场景的扫描，提高工作效率，实际能达到每秒一百万点以上的扫描量，每秒二百圈的转速，即使在快速运动时，也能保持极小的线段间隔，不需要与目标有任何接触，即可达到极强的高精度扫描。Z+F PROFILER 9012 激光扫描仪技术参数如表 5.1.2-1 所示。

表 5.1.2-1　Z+F PROFILER 9012 激光扫描仪技术参数

项目	技术指标
扫描方式	相位式
测程/m	119
激光等级	1 级
旋转速度/（r/s）	200
角分辨率	0.0088°（40960 像素/360°）
点扫描速率/（点/s）	1016000
功耗	150W/24V/6.3A

　　Z+F PROFILER 9012 激光扫描仪采用激光扫描技术，通过发射高频激光脉冲并接收反射信号来测量物体表面，在设置完扫描参数（如扫描范围、分辨率、扫描速度等）后，以旋转扫描方式获取隧道二维断面点云，二维断面点云的方向为竖直指向隧道方向和水平指向隧道方向，而对于三维的隧道来说还需要行进里程值提供第三维度的坐标信息，因此需结合编码器发射脉冲信号提供里程值，并将里程值与由激光扫描得到的二维数据进行实时同步，从而实现将二维断面点云坐标转化成三维立体坐标。Z+F PROFILER 9012 激光扫描仪经由外部接口向其输出即时的外界脉冲信号，以便算出被扫描的隧道点云数据的实际定位。Z+F PROFILER 9012 激光扫描仪接口示意图如图 5.1.2-2 所示。表 5.1.2-2 为 Z+F PROFILER 9012 激光扫描仪接口定义。

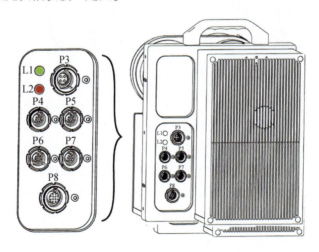

图 5.1.2-2　Z+F PROFILER 9012 接口示意图

表 5.1.2-2　Z+F PROFILER 9012 激光扫描仪接口定义

接口名称	定义
P3 接口	电源（power）
P4 接口	远程盒（remote-box）
P5 接口	以太网到 RJ45（ethernet to RJ45）

续表

接口名称	定义
P6 接口	编码器里程计（encoder odometrie）
P7 接口	主/从同步编码器接口（master-/slave-sync-encoder）
P8 接口	全球定位系统（GPS）/秒脉冲信号（PPS）/线性同步信号（LineSync）/外部触发信号（trigger）

　　P6 和 P8 两个接口都可以用作外界信号的输入，其选择视不同的信号来源而定：P8 上的脉冲计数器输入通道 Counter2 输入（pin4）记录 5V 脉冲；P6 上的 CounterL 接收 RS422 信号，该 RS422 信号供高频编码器输入使用。本节选用 P6 接口，将编码器 TTL 信号转换为 RS422 信号，在采集过程中实时将测距里程信息传输至三维激光扫描仪中，使扫描仪采集的断面点云数据中具有里程属性。

　　基于三维激光扫描仪的优势，将其应用于地铁隧道安全隐患综合检测车上可高效、准确地获得隧道的三维空间结构信息。从三维激光扫描仪的工作原理可以看出，在进行数据采集时，是依靠扫描镜头不停地转动来发出和接收激光的，所以当扫描镜头转动时，不能有妨碍其扫描视野的东西存在，因此将三维激光扫描仪安装在检测车的后部，三维激光扫描仪安装情况图如图 5.1.2-3 所示。

图 5.1.2-3　三维激光扫描仪安装情况图

2. 测距编码器布置方案

　　测距编码器是一种将旋转运动或直线运动转化为数字信号的设备。它可以测量物体的线性位移或旋转角度，并将其转换为数字编码信号输出。测距编码器通常由一个光学或磁学传感器和一个刻有编码规律的码盘组成，当物体运动时，传感器读取码盘上的编码信号，将其转换为数字信号输出给计算机或其他控制设备，用于实时监测和控制物体的运动状态。它可以用于测量物体的距离、位置等信息，实现高精度的距离测量，且具有快速响应、稳定性好、抗干扰能力强等优点，适用于各种环境下的距离测量和位置控制。测距编码器主要包括两个部分：发射器和接收器。发射器通常使用激光或红外线等光源向目标物体发出光线，光线经过反射或散射后被接收器接收，并将接收到的信号转换为数字信号输出，其工作原理为通过测量光线经过物体反射或散射后的时间差来计算物体与传感器之间的距离，具体实现方式有时间差测量法、相位差测量法、光栅式测距等多种类型。

根据位置信息编码方式的不同，大致可以将编码器分为增量式和绝对式。增量式编码器通常使用旋转编码盘和感应器，将旋转的角度转换为脉冲信号，每个脉冲信号表示旋转的小段距离，因此可以用脉冲信号确定位移大小。绝对式编码器的编码盘上包含有关物体位置的绝对信息，当物体旋转或移动时，编码盘上的编码规律被传感器读取并解码，以确定物体的准确位置[3]。在实际应用中，编码器的型号和布置方案可以直接影响三维激光扫描仪获取的点云数据采样精度。结合测距编码器的特点以及地铁隧道安全隐患综合检测车的实际情况，需对测距编码器进行型号选择与安装方案设计。

与绝对式编码器相比，增量式编码器具有成本低、精度高、响应速度快等优点，它包含两个输出信号 A、B，以及一个 Z 信号（也称为指针脉冲或标志脉冲）。A、B 两个信号相位差 90°，可以用来判断转动方向和转动角度大小，Z 信号一般用于确定参考点或标记位置。地铁隧道安全隐患综合检测车上选用 DFS60B 增量式编码器（图 5.1.2-4），该型号采用全金属外壳，具有良好的耐震、抗干扰性能，适用于工作环境恶劣、振动大的场合，该编码器采用光电扫描技术，将旋转角度转换成数字信号输出，具有高精度、高分辨率、高速度等特点，通过获得检测车前进的里程值。该编码器的分辨率为 26000 脉冲/转，可以满足高精度测量的需求，安装简便，可直接安装在电机或传动轴上，与控制系统连接简单，使用方便。

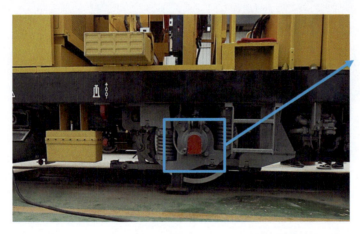

图 5.1.2-4　DFS60B 增量式编码器

所使用的测距编码器输出的脉冲信号，具体包含了顺、逆时针两个方向的脉冲数以及这两个方向上的总脉冲数并根据旋转不断累加，根据编码器靠轴旋转驱动的工作原理，将测距编码器与地铁隧道安全隐患综合检测车车轮同轴安装，见图 5.1.2-4，实现车轮旋转带动编码器旋转，从而产生脉冲信号得到里程信息，测距编码安装示意图如图 5.1.2-5 所示。

测距编码器的型号选择需要考虑分辨率，分辨率越高，测距编码器的精度也就越高，在选择测距编码器时需要根据具体的应用需求来确定需要的分辨率。分辨率指的是编码器每圈输出脉冲数，需要满足：

图 5.1.2-5 　 测距编码器安装示意图

$$M > \frac{C}{r} \tag{5.1.2-1}$$

式中，M 为测距编码器在工作时每圈输出的脉冲数；C 为检测车车轮的周长；r 为三维激光扫描仪的采样精度。

在采集过程中，地铁隧道安全隐患综合检测车车轮驱动编码器旋转生成的脉冲信号被传输给测距编码器，再将其转化成差分的脉冲传输给三维激光扫描仪，三维激光扫描仪在接收到对应的脉冲信号后，采用持续的同步收集和储存方式对其进行收集和储存，收集到的数据均包含了测距编码器的脉冲信号，并根据这些脉冲信号将各数据之间的位置关系联系起来，最终获得隧道表面的坐标。

脉冲总数表示为编码器滚轮的周长，脉冲信号与扫描仪实际位移 S 可根据式（5.1.2-2）计算得到：

$$S = A \cdot \frac{C}{M} \tag{5.1.2-2}$$

式中，A 为脉冲数增量累计值。

3. 点云数据采集及其坐标解算方法

采集系统的主体是三维激光扫描仪，在实际工作中，高速旋转的电机带动三维激光扫描仪的扫描头，同时发出激光束，随后激光被隧道表面反射，并被激光接收器接收。基于激光测距原理通过对激光的反射，得到激光射线的水平角度 α、垂直角度 β、激光发射时间 t、信号强度等信息。利用三维激光扫描仪自身的空间定位，实现对被测对象的空间定位以及被测对象的反射强度的反演。三维激光扫描仪原理图如图 5.1.2-6 所示。

根据上述三维激光扫描仪的工作原理，在三维激光扫描仪坐标系（l 系）中目标物体坐标（x，y，z）的计算公式如下：

$$x^l = \begin{bmatrix} x \\ y \\ z \end{bmatrix} = \begin{bmatrix} L\cos\beta\cos\alpha \\ L\cos\beta\sin\alpha \\ L\sin\beta \end{bmatrix} \tag{5.1.2-3}$$

式中，L 为原始点云数据距离。

当水平扫描角为 0° 时，即只进行垂直方向上的扫描，则三维激光扫描仪射出的激光可

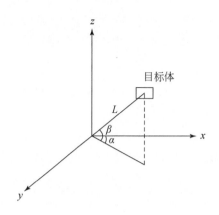

图 5.1.2-6　　三维激光扫描仪原理图

得一个二维的激光测量模型：

$$x^l = \begin{bmatrix} x \\ z \end{bmatrix} = \begin{bmatrix} L\cos\beta \\ L\sin\beta \end{bmatrix} \tag{5.1.2-4}$$

根据上述工作原理可知，三维激光扫描仪所采集的点云数据直接具有三个方向上的坐标信息（行进方向、竖直向上方向、水平方向），但是点云数据的坐标系原点为激光发射中心，为了便于后续对点云数据的形变分析，需对检测车上各仪器的数据进行坐标融合统一，即需要将扫描仪坐标系转换至以隧道截面圆心为原点的统一坐标系中（图 5.1.2-7）。由三维激光扫描仪在检测车上的布置方案可知，其与隧道截面圆心之间的距离是相对固定的，因此若要将点云数据的原点从三维激光扫描仪的激光发射中心转换至扫描时该点所在位置的隧道横截面的中心，只要根据三维激光扫描仪与隧道截面圆心的位置关系进行简单的数学运算，即可完成点云数据从三维激光扫描仪坐标系下转换到统一坐标系下。

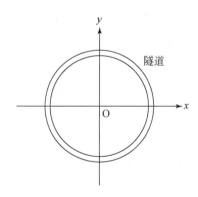

图 5.1.2-7　　统一坐标系示意图

三维激光扫描仪在行驶过程中所在的实时位置实际是三维激光扫描仪在统一坐标系下行进方向的位移，即三维激光扫描仪与测量起点之间的距离，根据 5.1.2 小节中 1. 三维激光扫描仪布置方案可知，三维激光扫描仪连续同步采集存储数据，由工作原理可知编码器在工作时将脉冲信号传递给三维激光扫描仪，因此在采集得到的点云数据中，每一个点都有一个与它相关联的脉冲信号，通过这些脉冲信号可以确定它与测量起点的距离 Q。

由式（5.1.2-2）可以知道脉冲信号与三维激光扫描仪实际位移的关系，那么编码器检测距离 D_i 为

$$D_i = M_i \frac{C}{N} (i = 1, 2) \tag{5.1.2-5}$$

式中，M_i 为由各点计算得到的脉冲数增量累计值；i 为编码器的旋转方向，数值 1 与 2 分别表示顺、逆方向；C 为与测距编码器同轴安装的车轮周长；N 为编码器单圈脉冲数。

则距离 Q 为

$$Q = D_1 - D_2 \tag{5.1.2-6}$$

式中，D_1、D_2 与 M_i 中的 i 同理，分别为编码器在顺、逆时针旋转时的检测距离。根据式（5.1.2-2）及其含义，如果 S 为正值，则表示三维激光扫描仪在测量起点的编码器为顺时针转方向，反之则为逆时针旋转方向。

利用距离 S 来测定点云数据在三维激光扫描仪坐标系下的坐标，再根据所获取的点云坐标系原点来转换，由此得到在统一坐标系下的坐标具有了实际坐标信息，可以作为隧道形变检测的原始数据，经处理得出形变信息。

5.2　隧道点云数据坐标校正方法研究

5.2.1　点云坐标系

点云是由许多离散的点组成的三维数据集，每个点都有其在空间中的位置信息，因此点云坐标系是指在三维空间中描述点云数据的坐标系统。在点云坐标系中，通常使用笛卡尔坐标系来表示点的位置。笛卡尔坐标系由三个坐标轴组成：x 轴、y 轴和 z 轴，点云中的每个点都可以通过这三个坐标轴上的数值来确定其在空间中的位置。三维激光扫描仪采集得到的点云数据是基于三维激光扫描仪坐标系下的数据，图 5.2.1-1 为三维激光扫描仪坐标，原点为激光发射中心，是点云坐标系中的基准点，所有点的位置相对于该点进行描述；x 轴指向检测车行进方向，数值表示行进距离，正方向通常是从三维激光扫描仪的位置指向扫描范围的前方；y 轴为垂直于行进方向指向隧道壁，表示三维激光扫描仪镜头到

图 5.2.1-1　三维激光扫描仪坐标系

隧道壁的距离，正方向通常是与 x 轴和 z 轴构成右手坐标系；z 轴表示为竖直向上指向隧道顶部方向，表示垂直高度。由 5.1.2 小节可知，后续作为隧道形变检测的原始数据是已进行坐标转换的真实三维坐标，而为方便展示，本节的误差分析将基于三维激光扫描仪坐标系研究，由于三维激光扫描仪固定的安装位置，三维激光扫描仪坐标系与统一坐标系之间可用简单的加减法进行转换，故基于三维激光扫描仪坐标系对原始数据进行修正与对真实三维坐标数据进行修正原理相同，两者修正结果也一致。

5.2.2　隧道转弯区坐标误差分析

三维激光扫描仪在工作过程中扫描头 360° 无死角转动对隧道进行扫描，转动轴与隧道中心轴正交，从而使其入射角度与隧道壁几乎是正交的，而激光发射器的转动速率又远高于地铁隧道安全隐患综合检测车的行进速率。所以，激光发射器转动一圈后所获得的每一点都是位于同一竖直面，并与隧道结构相匹配，从而构成了一个整体的截面。当检测车匀速行进时，采集到的点之间的分布也是均匀的，其密度与地铁隧道安全隐患综合检测车的行驶速度正相关。地铁隧道安全隐患综合检测车在蜿蜒的轨道上行进时，在正常情况下，无论是在直线区或是转弯区，铁轨与隧道都是平行的，地铁隧道安全隐患综合检测车身与铁轨也平行，因此三维激光扫描仪的路线也在理论上与铁轨平行。但是，三维激光扫描仪的安装位置是固定的，导致其与地铁隧道安全隐患综合检测车车体中心有距离，使得在转弯区会出现地铁隧道安全隐患综合检测车尾部三维激光扫描仪惯性导致其无法与铁轨平行而偏离轨道的情况，这时就出现了轨道位置误差，造成轨道与隧道夹角的偏离，从而造成实际横断面与真正横断面的偏差，也就是转弯区内的轨道与铁轨的偏离位置误差。

由于三维激光扫描仪安装位置固定，行进过程中一直在同一高度位置，其垂直高度 z 不变。因此，对于隧道转弯区的误差分析，只考虑水平方向 (x, y) 上的坐标关系，与高度 z 无关。因此，本节将基于二维平面进行坐标校正方法的研究。

针对隧道在转弯时三维激光扫描仪在隧道中的位置情况，如图 5.2.2-1 所示为隧道俯

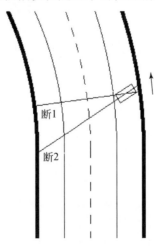

图 5.2.2-1　隧道俯视示意图

视示意图，矩形为三维激光扫描仪因惯性偏离轨道后所在的位置，其中黑色粗实线表示隧道的内壁，黑色浅实线表示隧道内的轨道，黑色虚线表示轨道中线。实际扫描线时与三维激光扫描仪平行，因此横截面的误差表现为实际扫描的黑色实线断面线（断2）而非真实隧道横截面表示的黑色实线（断1）。

图5.2.2-2为隧道点云坐标误差数学关系图，其中根据地铁隧道的设计参数可知隧道半径 R，以及根据地铁隧道安全隐患综合检测车的安装设置可知三维激光扫描仪与车体中心的距离 L。由图5.2.2-2可知，根据三角关系，轨道与隧道之间的角度偏差 θ 可以表示为式（5.2.2-1）：

$$\theta = \arctan\left(\frac{L}{R}\right) \tag{5.2.2-1}$$

则轨道在隧道中的位置误差 d 可以表示为

$$d = R \times \left(\frac{1}{\cos\theta} - 1\right) \tag{5.2.2-2}$$

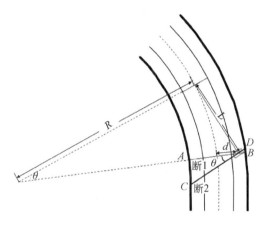

图5.2.2-2　隧道点云坐标误差数学关系图
AB-实际横断面（断1）；*CD*-实际横截面（断2）

根据地铁隧道的设计规范以及地铁隧道安全隐患综合检测车的安装设置，如果已知隧道半径 R 为2000m，三维激光扫描仪与车体中心的距离 L 为1m。如图5.2.2-1所示，箭头方向为检测车行驶方向，在此条件下，利用式（5.2.2-1）计算出图5.2.2-2中实际横截面 *AB* 与真实截面 *CD* 之间的角度偏差 θ 为0.029°，那么轨道位置的误差值可以用式（5.2.2-2）计算，得到的位置误差值是0.26mm。隧道结构形变量通常为毫米级，对于隧道形变毫米级的精度，隧道转弯区误差不容忽略，因此需要对该误差进行修正。

5.2.3　基于轨道几何关系的坐标校正方法

1. 轨道几何参数选择及模拟实验

对于隧道转弯区的误差，本节采用模拟隧道点云坐标的方法，对其值进行理论修正，

由式 (5.2.2-1) 和式 (5.2.2-2) 可知，无论地铁隧道安全隐患综合检测车怎么行驶，对于角度偏差和位置误差而言，其数值仅取决于隧道半径及三维激光扫描仪与车体中心的距离，对于单个转弯区，其误差值是确定的。

根据《地铁设计规范》（GB 50157—2013）[5]，正线平面曲线半径在通常情况下≥300m 而≤3000m。因此，不妨设置模拟隧道半径为2000m，隧道半径为2.5m，三维激光扫描仪与车尾的距离约为1m。如图5.2.3-1 所示为模拟点位置俯视图，箭头方向为地铁隧道安全隐患综合检测车行驶方向，黑色实线表示为隧道的内壁，黑色虚线表示轨道中轴线，因车体在行驶过程中尾部在前进方向上总与铁轨中线相切，且由本章5.1.2 小节中可知三维激光扫描仪安装在地铁隧道安全隐患综合检测车车尾，故由车尾与轨道中线切点引出1m 的黑色粗实线（三维激光扫描仪与车体中心的位置距离），得到三维激光扫描仪所在的模拟位置，以三维激光扫描仪所在的模拟位置为原点 O，x 轴方向即黑色粗实线方向为地铁隧道安全隐患综合检测车行驶方向，y 方向为垂直于地铁隧道安全隐患综合检测车行驶方向。

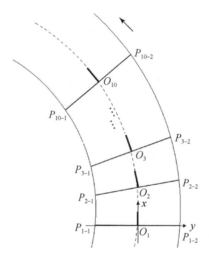

图 5.2.3-1　模拟点位置俯视图

在图 5.2.3-1 中，理论上黑色粗实线下端点为激光扫描仪所在位置，以该点作实线垂线，即 $P_{1-1}P_{1-2}$，$P_{2-1}P_{2-2}$，$\cdots$，P_{10-1}，P_{10-2} 为模拟扫描线，取 P_{1-1}，O_1，P_{1-2}，$\cdots$，P_{10-1}，P_{10-2} 点坐标模拟 10 组二维坐标并对其进行修正，模拟实际点云数据如表 5.2.3-1 所示，y 轴与轨道相交得到实际横截面坐标，则 x 坐标为检测车行驶距离，y 坐标为 y 轴和轨道的交点与三维激光扫描仪所在模拟位置的相对距离。模拟点坐标图如图 5.2.3-2 所示，图中黑色点为模拟原始点，黑色实线为模拟轨道线。

表 5.2.3-1　模拟实际点云数据

序号	x	y	序号	x	y
P_{1-1}	174.5329	−2.5002	P_{6-1}	1047.1974	2.5003
O_1	174.5329	0.0000	O_6	1047.1974	0.0000

续表

序号	x	y	序号	x	y
P_{1-2}	174.5329	−2.4998	P_{6-2}	1047.1974	−2.4998
P_{2-1}	349.0658	2.5003	P_{7-1}	1221.7303	2.5003
O_2	349.0658	0.0000	O_7	1221.7303	0.0000
P_{2-2}	349.0658	−2.4998	P_{7-2}	1221.7303	−2.4998
P_{3-1}	523.5987	2.5003	P_{8-1}	1396.2632	2.5003
O_3	523.5987	0.0000	O_8	1396.2632	0.0000
P_{3-2}	523.5987	−2.4998	P_{8-2}	1396.2632	−2.4998
P_{4-1}	698.1316	2.5003	P_{9-1}	1570.7961	2.5003
O_4	698.1316	0.0000	O_9	1570.7961	0.0000
P_{4-2}	698.1316	−2.4998	P_{9-2}	1570.7961	−2.4998
P_{5-1}	872.6645	2.5003	P_{10-1}	1745.3290	2.5003
O_5	872.6645	0.0000	O_{10}	1745.3290	0.0000
P_{5-2}	872.6645	−2.4998	P_{10-2}	1745.3290	−2.4998

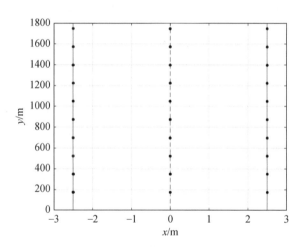

图 5.2.3-2　模拟点坐标图

2. 坐标校正及误差分析

隧道坐标校正示意图如图 5.2.3-3 所示，要想将 P_{1-1}（x_{1-1}，y_{1-1}）校正到 P'_{1-1}（x'_{1-1}，y'_{1-1}），根据所在位置的数学关系，不难得到式（5.2.3-1）：

$$\begin{bmatrix} x'_n \\ y'_n \end{bmatrix} = \begin{bmatrix} 0 & \cos\theta \\ 1 & 0 \end{bmatrix} \begin{bmatrix} y_n \\ x_n \end{bmatrix} + \begin{bmatrix} d \\ 0 \end{bmatrix} \tag{5.2.3-1}$$

式中，θ 为角度偏差；d 为偏差距离。

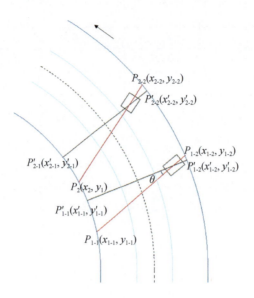

图 5.2.3-3　隧道坐标校正示意图

模拟修正点云数据如表 5.2.3-2 所示。

表 5.2.3-2　模拟修正点云数据

序号	X	Y	序号	X	Y
P_{1-1}	2.4999	174.5329	P_{6-1}	2.5000	1047.1974
O_1	-0.0002	174.5329	O_6	-0.0002	1047.1974
P_{1-2}	-2.5000	174.5329	P_{6-2}	-2.5000	1047.1974
P_{2-1}	2.5000	349.0658	P_{7-1}	2.5000	1221.7303
O_2	-0.0002	349.0658	O_7	-0.0002	1221.7303
P_{2-2}	-2.5000	349.0658	P_{7-2}	-2.5000	1221.7303
P_{3-1}	2.5000	523.5987	P_{8-1}	2.5000	1396.2632
O_3	-0.0002	523.5987	O_8	0.0002	1396.2632
P_{3-2}	-2.5000	523.5987	P_{8-2}	-2.5000	1396.2632
P_{4-1}	2.5000	698.1316	P_{9-1}	2.5000	1570.7961
O_4	-0.0002	698.1316	O_9	-0.0002	1570.7961
P_{4-2}	-2.5000	698.1316	P_{9-2}	-2.5000	1570.7961
P_{5-1}	2.5000	872.6645	P_{10-1}	2.5000	1745.3290
O_5	-0.0002	872.6645	O_{10}	-0.0002	1745.3290
P_{5-2}	-2.5000	872.6645	P_{10-2}	-2.5000	1745.3290

模拟点修正后坐标显示如图 5.2.3-4 所示，其中点 A 为原始点，点 B 为修正后的点，

因修正值相较于隧道半径来说比较小，因此在图 5.2.3-4 上不能明显看出其位移，故局部模拟点（P_{5-2}）修正后坐标显示如图 5.2.3-5 所示，因隧道半径设置为 2.5m，可以看出原始点在经过修正后还原到了黑色轨道线上，模拟点坐标完成了其误差修正。

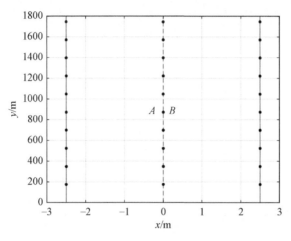

图 5.2.3-4　模拟点修正后坐标显示

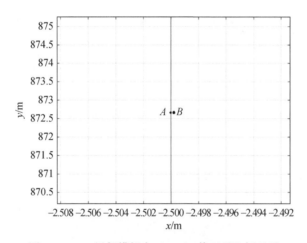

图 5.2.3-5　局部模拟点（P_{5-2}）修正后坐标显示

从模拟点坐标校正的结果可以看出，其误差的最小单位为 0.00001mm，可以忽略不计。

5.3　基于三维激光点云数据的隧道形变分析

5.3.1　方法概述

地铁隧道形变指的是地铁隧道内部结构的形变或者损坏，通常是地质条件、建造质量、使用年限等多种因素导致的，主要表现形式包括隧道的塌陷、开裂、下沉等，还可能出现地基沉降、地震引起的震动等情况。地铁隧道形变可能会导致隧道的稳定性受到影响，甚至引起地铁事故，对人们的生命财产安全造成严重威胁。因此，地铁隧道形变检测是地铁系统安全和稳定的重要保障。

基于三维激光点云数据的隧道形变分析是较标准隧道断面而言的，地铁隧道按照形状可以分为圆形隧道、马蹄形隧道、方形隧道等，图 5.3.1-1 为圆形隧道标准断面图。

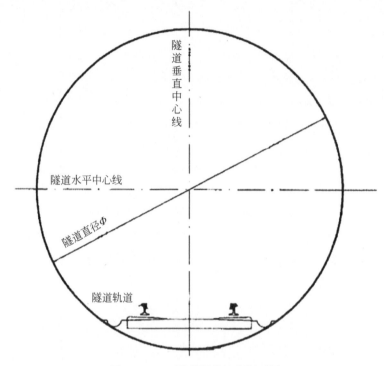

图 5.3.1-1　圆形隧道标准断面图

本节采用的点云测试数据对三维激光点云数据的地铁隧道形变信息方法进行研究，部分数据来源为北京某在建地铁隧道，图 5.3.1-2 为地铁隧道现场情况图，该隧道采用盾构

图 5.3.1-2　地铁隧道现场情况图

法施工修建，其隧道设计半径为 2.9m。

以圆形隧道为例，本节选取测试数据中 10m 采集数据进行盾构隧道形变信息提取方法研究，全段数据共计约 284 万个点坐标，获得的地铁隧道原始点云三维图如图 5.3.1-3 所示，图 5.3.1-4 为地铁隧道原始点云侧视图。其中 x 轴坐标表示行进距离，y 轴表示行进方向右侧离隧道壁的距离，z 轴坐标表示垂直高度（以下无特殊说明坐标系方向一致）。可以看出，地铁盾构隧道点云隧道断面一般为单一的圆形，但在实际应用中，由于在某些情况下，地质构造或岩层的形变会导致隧道的形状发生变化，地质力学导致隧道管片伴随着长时间的外部压力，其断面中的任何部位都会发生形变，且形变幅度一般在毫米级，与隧道比例尺相比很小，因而总体上表现为柱状曲面的几何形态[4]。

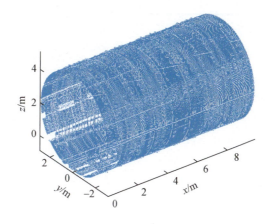

图 5.3.1-3　地铁隧道原始点云三维图

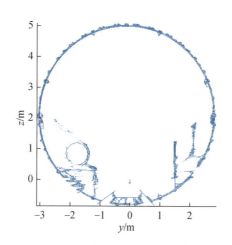

图 5.3.1-4　地铁隧道原始点云侧视图

《地铁设计规范》（GB 50517—2013）[5] 和《城市轨道交通结构安全保护技术规范》（CJJ/T 202—2013）[6] 对隧道水平位移、竖向位移和断面径向收敛等结构安全控制值做出了规定，水平位移控制要求在正常工作状态下，应控制在规定的限值范围内，以确保结构的稳定性和安全性；竖向位移控制要求对隧道结构的竖向位移也有一定的限制，该限制通常是基于地铁线路的运营要求和土层的承载能力等因素确定的，以确保隧道在使用期间的稳定性和安全性；断面径向收敛控制指隧道结构横断面的形变情况。标准通常对隧道结构的断面径向收敛进行限制，以确保结构的稳定性和使用安全。城市轨道交通结构安全控制指标如表 5.3.1-1 所示。

表 5.3.1-1　城市轨道交通结构安全控制指标　　　　　（单位：mm）

安全控制指标	预警值	控制值
隧道水平位移	<10	<20
隧道竖向位移	<10	<20
断面径向收敛	<10	<20

注：指标不包括测量、施工等的误差。

其中对于断面径向收敛预警值为 10mm，控制值为 20mm，针对地铁隧道形变检测的需求，本节提出基于地铁隧道高密度点云数据的形变检测方法，其基本路线为：经圆柱体拟合过滤离群噪声后根据检测的里程长度对点云数据进行断面提取，基于断面进行二次处理滤除噪声；基于椭圆拟合进行收敛性分析和椭圆度检测，并基于三次 B 样条曲线拟合对隧道特定位置进行局部形变分析，得到偏差值曲线，得到形变指标。

5.3.2　隧道点云数据预处理

1. 预处理步骤介绍

地铁隧道形变检测是通过对隧道内部的点云数据进行处理和分析，来识别可能存在的结构形变和损坏情况。因此，对采集到的数据进行点云预处理在地铁隧道形变检测中具有非常重要的意义，常见的预处理步骤包括去除噪声、校正数据、去除不需要的数据以及隧道点云连续断面提取等[7]。

其中隧道点云连续断面提取是为了获取隧道的横向和纵向形变信息。通过对隧道点云进行断面提取，可以获得隧道在不同位置上的断面形状和尺寸，进而计算出不同位置上隧道的横向和纵向形变量。这些信息可以及时发现隧道的形变情况，为隧道的安全管理提供重要参考。

与此同时，隧道形变检测成功的关键是选择最合适的拟合方法，前提是需对海量隧道点云进行智能滤波，获得拟合所需的点又能保证关键点不被过滤。对隧道三维点云进行滤波时，主要是需要滤去一些噪声。隧道点云噪声是指在采集隧道点云数据的过程中，由于设备、环境等因素引入的干扰信号，导致采集到的数据中存在不符合实际情况的离群点、孤立点等错误数据[8]。在运营中的盾构隧道，管片螺栓、轨道、管道、电气设备等附属设施在形变检测中属于噪音信息。如图 5.3.2-1 为地铁隧道点云噪声（附属设施），将断面点云投影到 y-z 面得出的二维断面图，地铁隧道点云噪声示意图如图 5.3.2-2 所示，黑色矩形标记区域为常见噪声，其中 a~d 区域为管线设施、走线架、隧道轨道等附属设施，e~g 等为因设备或环境粉尘产生的离群点，这些错误数据会影响后续对形变检测的精度和可靠性，因此需要对其进行去噪处理。

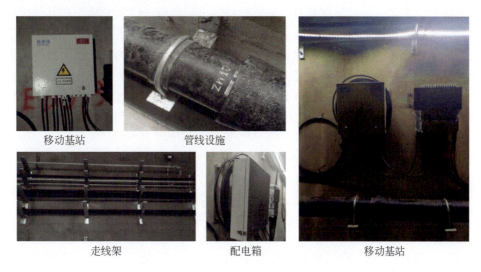

图 5.3.2-1　地铁隧道点云噪声（附属设施）

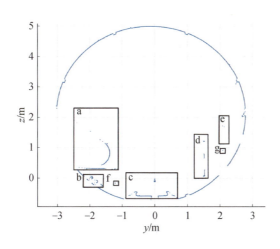

图 5.3.2-2　地铁隧道点云噪声示意图

　　点云数据的滤波一般有人工滤波和自动滤波两种。人工滤波是指采用人工方法，通过软件手动选择噪声点将其去除，该方法易于实现，但人工筛选的噪声往往依赖于人的主观判断，很可能会忽视一些重要的信息，且对于具有超大跨度的隧道，人工滤波又会带来很大的工作量[9]；对点云数据的自动滤波方法有条件滤波、半径滤波、统计滤波等。条件滤波是通过自由地添加和组合 xyz 三个坐标轴方向的范围限制，删除不符合指定范围内的所有点云，但容易出现因阈值设置不当而导致的过度滤波，误删有用信息，造成形变检测准确度，条件滤波效果图如图 5.3.2-3 所示，离群数据对阈值十分敏感，较小时无法删去。半径滤波是指设置一个半径范围使得原始点云中的每一个激光点都在给定的半径范围内，满足这个要求的激光点作为正常点保存，不满足这个要求的激光点作为噪声点删除，这种过滤算法对于原始点云中出现的某些悬挂的离群点和无用点都有较好的过滤作用，但对于与目标物体相近的噪声点滤波效果较差，半径滤波效果图如图 5.3.2-4 所示，离隧道壁近的点云无法有效去除；统计滤波是对点的统计特性进行分析，以消除噪声和其他干扰，该方法对每一个点的邻近区域进行统计分析，并且将那些不满足特定条件的点剔除，该方法通常假设噪声是高斯分布的，其形状是由平均值和标准差来确定的，对于那些平均距离超出了标准范围的点，就可以将其定义为孤立点，并且将其从数据中删除，尽管该方法可以有效地消除噪声和其他干扰，但在处理大规模、不均匀分布的点云数据和非高斯噪声时，可能存在一定的局限性[10]，统计滤波效果图如图 5.3.2-5 所示，对于管线这种比较密集的点云，统计滤波无法有效去除杂点。

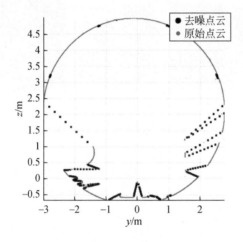

图 5.3.2-3　条件滤波效果图

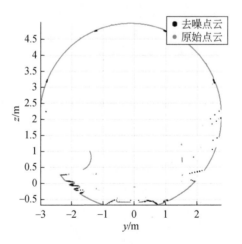

图 5.3.2-4　半径滤波效果图

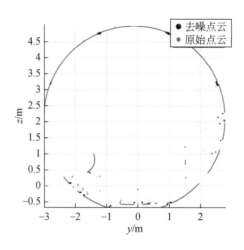

图 5.3.2-5　统计滤波效果图

综上考虑，本节基于盾构隧道提出一种基于圆柱体拟合与断面点云展开滤波相结合的滤波算法，对隧道点云数据进行可靠滤波。

2. 基于圆柱体拟合的粗滤波算法

因为盾构隧道通常具有圆柱形状的截面，当将隧道表面上的点云数据收集到一个点云集合中时，这些点的分布形状往往接近于圆柱体。因此，通过对隧道点云数据进行圆柱体拟合，可以找到最适合这些点的圆柱体模型。故可采取圆柱体拟合方法对离群噪声（主要包括安装在隧道壁上的附属设施以及与形变检测无关的轨道）进行初步滤波。圆柱体拟合方法包括最小二乘法、迭代优化算法、RANSAC 算法和基于几何约束的方法。但点云数据可能包含噪声或缺失数据，这可能会对圆柱体拟合的结果产生一定影响，因此各个方法都有其优势与弊端。

这些方法通过数值计算或利用几何约束，根据一组离散数据点确定最佳拟合圆柱体，以达到拟合误差最小化的目标。如最小二乘法对离群点非常敏感，如果存在异常值或噪声干扰，最小二乘法容易受到影响，导致拟合结果不准确，图 5.3.2-6 为最小二乘法圆柱拟合滤波图，可见对于大量靠近隧道内壁的离群点并未有效去除；迭代优化算法的一个主要问题是其高度依赖初始参数的选择，初始参数选择不合理可能导致算法陷入局部最优解，从而无法得到全局最佳的圆柱体拟合结果；基于几何约束的方法可能对数据的要求更为严格，如果数据点不满足几何约束条件，如高度约束等，该方法可能无法得到合理的拟合结果。因此，对于海量隧道激光点云来说，运用 RANSAC 算法效果更为准确。

故本节基于 RANSAC 算法对数据进行圆柱体拟合，在此基础上对隧道噪声进行滤波。RANSAC 算法是一种用于估计参数的迭代方法，可以从含有离群值的数据集中估计出一个模型，其主要优势在于能够鲁棒地处理包含异常值的数据。通过随机选择数据样本，并根据这些样本计算模型，RANSAC 算法可以过滤掉异常值对参数估计的干扰，从而得到更准确的结果。这种算法尤其适用于数据集中存在较大噪声或异常值的情况，能够提供可靠的模型估计。

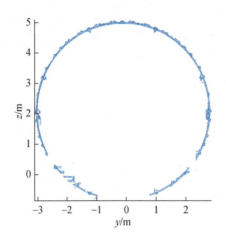

图 5.3.2-6　最小二乘法圆柱拟合滤波图

RANSAC 算法的参数估计模型分为直线模型、圆模型、圆柱体模型等，通过不断迭代随机选择数据集来寻找最佳的拟合模型，直到满足预定的停止条件为止。基于圆柱体拟合的参数估计方法具体步骤如下。

（1）构建模型：根据椭圆的定义，任一点 Q 到 P_1 和 P_2 的距离为常数，建立式（5.3.2-1）：

$$d(Q,P_1)+d(Q,P_2)=D \tag{5.3.2-1}$$

（2）随机采样：随机选取 P_1、P_2、Q 三点作为构建一个圆柱体模型的数据集。计算其余各点到候选圆柱体模型的距离，若距离小于一定的阈值，则将该点作为圆柱体内部点，否则作为圆柱体外部点。

（3）选取最优模型：重复上述步骤进行迭代，统计圆柱体内部点数，若点数大于一定的阈值，则认为当前圆柱体模型是符合条件的，否则舍弃。对各圆柱体模型进行评估，如计算其拟合误差或者评估模型的复杂度，从中选取最优的圆柱体模型。

重复执行以上步骤，直到满足指定的迭代次数或达到预定的拟合精度为止。可由 RANSAC 算法的性质推导得到迭代次数 k，假设 p 表示在所有的数据点中属于模型内点的比例，假设数据集中共有 n 个数据点，则有 np 个内点，即

$$m=np \tag{5.3.2-2}$$

式中，m 为数据集中属于模型内点的数量，即内点数。

基于以上两个因素，可以使用式（5.3.2-3）来计算迭代次数 k，则：

$$k=\frac{\lg(1-t)}{\lg(1-p^q)} \tag{5.3.2-3}$$

式中，t 为期望的置信度，用于指示估计模型的可靠性。通常，该值取 0.99 或 0.95；q 为最小内点数量，指的是估计模型中所需的最小内点数量，这个数量取决于所拟合模型的类型和问题的要求。

RANSAC 算法的原理为选择海量数据中的一组子集，被选取的子集假设为局内点，设置内点到模型的最大距离，不断迭代返回圆柱体模型系数，得到三维点云数据的最佳拟合圆柱体[11]。采用该算法对本节示例数据进行圆柱体拟合，拟合结果如图 5.3.2-7 ~ 图

5.3.2-9 所示，其中图 5.3.2-8 为地铁隧道点云圆柱体滤波三维图，图 5.3.2-9 为地铁隧道点云圆柱体滤波侧视图。

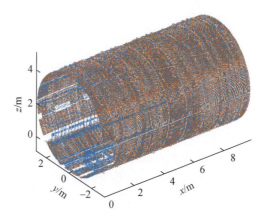

图 5.3.2-7　RANSAC 算法圆柱拟合结果对比图

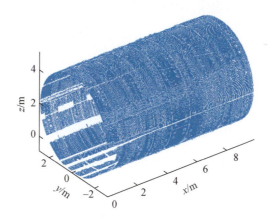

图 5.3.2-8　地铁隧道点云圆柱体滤波三维图

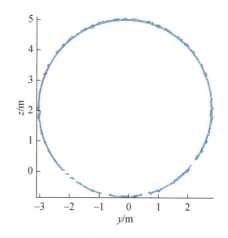

图 5.3.2-9　地铁隧道点云圆柱体滤波侧视图

　　尽管 RANSAC 算法能够滤去除大部分的噪声，但利用 RANSAC 算法估计模型参数滤波仅适用于形状规则的隧道，如圆形隧道和矩形隧道等，对马蹄形隧道等其他不规则隧道并不适用。

3. 隧道连续断面提取

　　RANSAC 算法在处理存在离群值的数据时非常有效，但基于圆柱体拟合的滤波方法会将隧道中的点云数据限制在圆柱体的范围内，这可能导致一些重要的信息丢失，需要对拟合参数进行选取，需要事先对隧道的形状有一定了解，并进行试错来确定最佳参数。在处理隧道边界附近的点云时，由于圆柱体的限制，部分位于边界区域的点云可能被滤除，从而导致边界处的点云不完整或产生伪影，或是在阈值内出现边界区域的点云噪声，使得点云无法被有效滤去。例如，经 5.3.2 节中"2. 基于圆柱体拟合的粗滤波算法"对点云数据利用 RANSAC 算法估计模型参数滤波后，隧道内壁仍有噪声点，以第三个断面为例，图 5.3.2-10 为隧道单断面点云图，可以看到隧道点云边界处仍有少量毛刺点，这是因为其与目标隧道点云距离相近而无法被精准滤去，其在实际隧道中可能表现为管片连接处的螺栓孔等与隧道壁本身十分贴近的物体，故需对该点云噪声进行精细滤波。

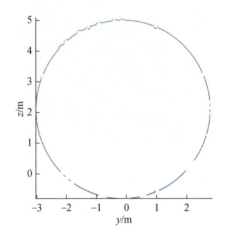

图 5.3.2-10　隧道单断面点云图（断面=3）

　　本节基于断面点云对点云数据进行精细滤波，需要提取隧道连续断面点云。在隧道点云处理中，连续断面提取是一个重要的步骤，其主要目的是将点云数据按照隧道的几何形状进行切割，提取出连续的截面信息。在三维空间中，隧道的横截面点云所在的位置是一个垂直于隧道轨道的三维平面。因此，可以直接参照里程方向根据里程值提取隧道的横截面，基于点云数据对隧道进行断面连续截取，将隧道表面模型分割成多个断面，基于里程的连续断面提取适用于任何隧道。通过对断面的整体状况进行分析，体现局部的形变情况，从而获得整个隧道的形变情况，不但可以降低隧道形变的计算难度，还增加了计算结果的精度。

　　连续断面的提取需参考的参数为断面间隔 l 和断面厚度 g。断面间隔 l 的选取决定了断面的数量，断面间隔若过大会影响对整体隧道的反映，过小则会导致计算数量的增加，影响运行效率。而断面厚度 g 大小的选取直接关系到断面精度的准确性和后期形变检测结果的准确性。若 g 过小，会造成断面中提取的点数少，从而有可能造成断面的几何信息缺失，且断面上的数据点无法准确地反映出隧道实际构造，从而有可能忽视形变；若 g 过大，不但会出现在断面附近的一些不必要的点，还会导致数据的质量下降。故需根据隧道实际情况，对断面提取参数选择进行具体分析。

因选取的该段点云数据范围仅 10m，数据范围较小，故对该段点云数据从起始点开始每隔 1m 截取一个隧道断面，并将单断面点云厚度设置为 0.05m，根据参数设置共截取 10 个隧道断面，隧道断面点云示意图如图 5.3.2-11 所示，其中图 5.3.2-11（a）为断面与原始数据对比图，图 5.3.2-11（b）为获得的原始断面。

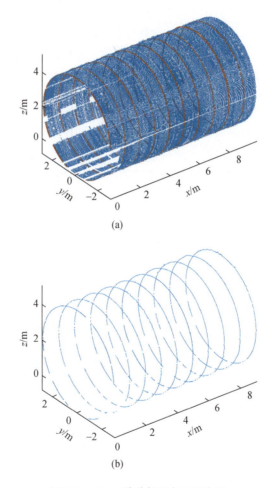

图 5.3.2-11　隧道断面点云示意图

4. 基于断面点云的精滤波算法

对断面点云的精细滤波其主要方法为，将原断面点展开转换为极坐标形式，基于极坐标形式下的点云数据对其进行滤波处理，并将其还原至原始形态。主要步骤如下。

如图 5.3.2-12 所示为隧道单断面点云展开图（断面 = 3），实现了将单断面转换为极坐标形式。在图 5.3.2-8 中，x 轴表示点的序数，y 轴表示横截面点到横截面拟合中心的距离。计算横截面点到横截面拟合中心距离时起始点为 y 值最小，$x = 0$ 处，并根据逆时针方向依次对各点进行计算。由图 5.3.2-12 可以看出在对断面点云进行展开后仍存在离群点，这些离群点在隧道单断面点云中（图 5.3.2-10）表现为毛刺点，因此需将其进行二次滤波。

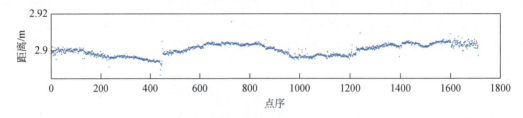

图 5.3.2-12　隧道单断面点云展开图（断面 = 3）

对二维数据的滤波方法有均值滤波、中值滤波、高斯滤波等。均值滤波是一种简单的滤波方法，通过计算邻域内像素的平均值来减少噪声，但对于包含异常值或离群点的点云数据，均值滤波无法有效处理，因为异常值会对均值产生较大的影响；中值滤波是一种非线性滤波方法，它将每个像素的值替换为邻域内像素值的中值，但它假设了噪声的离散特性，对于点云中的非离散噪声类型，如高斯噪声，中值滤波效果较差；高斯滤波是一种基于高斯函数的线性滤波方法，通过对每个像素及其邻域内像素进行加权平均来减少噪声，但高斯滤波会平滑点云数据，并且会在边缘处引入模糊效果，导致边缘信息的损失。

综合各种滤波方法的优势与不足之处，本节采用的二次滤波方法为卷积滤波，该滤波方法的基本原理是在点云数据上执行卷积操作，通过对每个点及其邻域内的点进行加权平均来实现滤波。具体步骤为，对于点云中的每个点，选择一定大小的邻域，然后对邻域内的点进行加权平均，将平均值作为该点的新值。权重可以是固定的，也可以根据距离或其他因素进行计算。点云卷积滤波通常使用的是高斯卷积滤波，其基本思想是将每个点作为中心，使用高斯函数作为权重对邻域内的点进行加权平均。高斯函数是一个钟形曲线，它具有平滑的特性，可以将邻域内的点按照距离远近对其进行加权，距离越近的点权重越大，距离越远的点权重越小。在实际应用中，点云卷积滤波通常需要设置滤波核的大小和标准差，以及滤波的截止频率等参数，以达到对点云数据进行有效滤波的目的。点云卷积滤波可以有效去除噪声，并保留点云的形状特征和细节信息。

基于断面展开的点云经滤波图如图 5.3.2-13 所示，与图 5.3.2-12 对比可见离群点已被有效去除，并将其还原至原始形态，基于断面展开的点去滤波图如图 5.3.2-14 所示。

与图 5.3.1-3 比较可以看到，由 5.3.2 节中基于圆柱体拟合的粗滤波算法后，其中未被滤去的与隧道目标点云相近的噪声点已被精准滤去。最后对经过粗滤波后的断面点云进行批量处理操作，实现对每个断面的精滤波，得到连续断面点云滤波图见图 5.3.2-15。

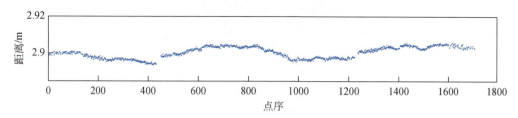

图 5.3.2-13　基于断面展开的点云滤波图（断面＝3）

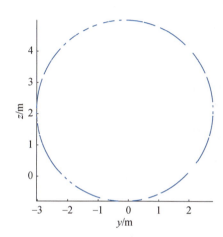

图 5.3.2-14　基于断面展开的点云滤波图（断面＝3）

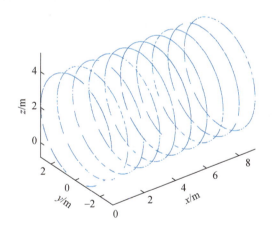

图 5.3.2-15　连续断面点云滤波图

5.3.3　形变检测算法

1. 形变分析

地铁隧道形变是指在地铁隧道的运营中，由于地面及周边建筑物载荷、土体扰动、周边工程施工、隧道结构施工以及地铁列车行驶振动等复合作用导致的隧道结构几何形态变化。隧道形变分析可以帮助工程师及时识别隧道结构的形变问题，为隧道的设计、施工和维护提供更准确的数据和指导。同时，对隧道定期进行形变检测还可以提高隧道的安全性和稳定性，确保隧道运行的正常和安全。

在分析方法上，可以分为整体形变分析和局部形变分析两类，其中整体形变分析指的是基于隧道断面对各断面进行收敛性分析，常常用到的分析指标为隧道直径收敛，而局部形变分析指的是对隧道内某一特定的位置进行形变信息的提取并对其进行分析，通过分析全隧道内不同特征位置的形变情况，监测人员可以及时发现隧道的问题，并采取相应的措施进行维护和修复，确保隧道的安全运行。以下对两类分析分别做介绍并进行测试数据的分析。

2. 基于隧道点云的整体形变分析

基于隧道点云的整体形变分析是通过对隧道点云数据进行处理和分析，以了解隧道结构在时间或其他因素的影响下的形变情况，基于三维激光扫描仪采集得到的点云数据对隧道进行整体形变分析的常见方法为通过比较不同时间点的点云数据，计算出形变量，如点云之间的位移、旋转、形状变化等，可以检测隧道结构是否发生了整体下沉、扭曲、形变等问题，判断隧道结构的健康状况。

基于盾构法隧道的应力特征，衬砌管片在过圆心的纵向与横向上是两种特殊的受力方法，纵向与横向的应力集中程度能较好地反映隧道形变状况。本节提到的隧道点云数据的整体形变分析指的是基于隧道连续断面对各断面进行收敛性分析。所谓水平收敛，指隧道断面在水平方向上出现了一种与断面尺寸相关的形变，在实际的地铁隧道形变检测中，水平收敛形变是一种非常关键的形变，通常采用收敛计、红外激光测距仪和全站仪等对各断面的水平直径进行测量，并根据各阶段的水平直径的变化，对隧道的水平收敛形变进行检测。对隧道进行整体形变分析，可以及时发现形变隐患并标记所在位置，迅速对其进行保护调整，保障隧道的安全和稳定。

因隧道衬砌受不均匀水体和土体的受力，引起了隧道的非均匀形变，从而使得盾构隧道的点云断面形状由原来的圆形变为接近椭圆形。受衬砌结构约束，形变前和形变后的隧道周长相等。同时，由于隧道受到外部力量的影响，会产生微小的扭曲，从而使椭圆产生小幅度的偏转，图 5.3.3-1 中 r 为原始隧道半径，经挤压形变形成了一个旋转角度为 θ，长轴为 a，短轴为 b 的椭圆。

因此，本节采用的点云形变分析方法为在隧道点云数据经滤波后的断面点云基础上，对点云数据进行地铁隧道连续断面收敛分析，由于仅有一段时期的隧道点云数据，无法进行多相数据对比分析，因此将设计标准半径与 5.3.2 节提取的 10 个隧道断面点云数据进行对比，基于椭圆拟合对隧道断面进行断面收敛分析。本节采用的椭圆拟合方法为最小二乘法，因本节对隧道点云已进行了精细滤波，故直接使用该方法拟合效果良好。最小二乘法作为一种常用的数据拟合方法，其基本思想是在已知数据点的情况下，通过最小化实际观测值与拟合值之间的残差平方和，来确定最优的拟合函数。根据地铁隧道点云数据的结构特征，利用最小二乘法拟合椭圆，给定椭圆的一般方程为拟合函数 [式 (5.3.3-1)]，

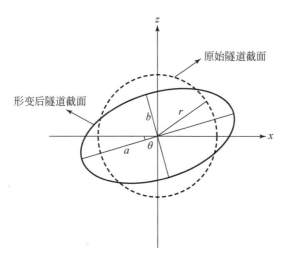

图 5.3.3-1　断面分析图

利用椭圆的一般方程，解得系数 $A \sim E$ 后再根据数学推导可以得出长短半轴、中心坐标等椭圆相关参数：

$$Ax^2 + Bxy + Cy^2 + Dx + Ey + 1 = 0 \qquad (5.3.3\text{-}1)$$

涉及的公式如式（5.3.3-2）～式（5.3.3-6），式（5.3.3-2）和式（5.3.3-3）中的 X_c 和 Y_c 分别表示椭圆中心的 x 和 y 坐标。式（5.3.3-4）中的 a 表示椭圆的长半轴，式（5.3.3-5）中的 b 表示椭圆的短半轴，式（5.3.3-6）中的 θ 表示椭圆的旋转角：

$$X_c = \frac{BE - 2CD}{4AC - B^2} \qquad (5.3.3\text{-}2)$$

$$Y_c = \frac{BD - 2AE}{4AC - B^2} \qquad (5.3.3\text{-}3)$$

$$a = \sqrt{\frac{2(A X_C^2 + C Y_C^2 + B X_c Y_c - 1)}{A + C + \sqrt{(A - C)^2 + B^2}}} \qquad (5.3.3\text{-}4)$$

$$b = \sqrt{\frac{2(A X_C^2 + C Y_C^2 + B X_c Y_c - 1)}{A + C - \sqrt{(A - C)^2 + B^2}}} \qquad (5.3.3\text{-}5)$$

$$\theta = -\frac{1}{2}\arctan\frac{A}{B - 1} \qquad (5.3.3\text{-}6)$$

经椭圆拟合后的数据可以对隧道进行椭圆度检测，隧道的椭圆度检测是指对隧道结构的椭圆度进行测量和评估的过程，椭圆度是指隧道截面形状与理想圆形截面之间的偏差程度，这个参数通常用于评估隧道结构的几何形状是否符合设计要求，并判断其对于运行安全和可持续性的影响。如果椭圆度超出了规定的范围，可能需要采取相应的修复和加固措施，以确保隧道结构的安全性和稳定性。图 5.3.3-2 为断面椭圆拟合图（断面=3），图中显示了拟合椭圆的参数信息。

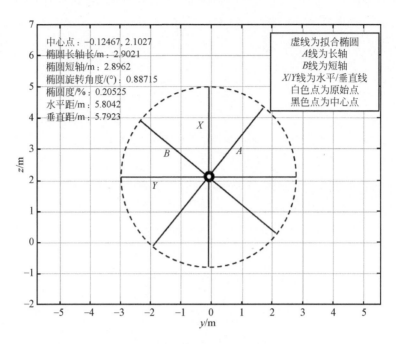

图 5.3.3-2　断面椭圆拟合图（断面=3）

隧道的椭圆度检测方法在椭圆拟合的基础上对盾构隧道点云得出断面椭圆拟合图以及包括椭圆的长半轴、短半轴、椭圆度、旋转倾角及椭圆中心坐标等数值成果表，是基于对单断面的椭圆拟合进行椭圆参数的输出总结。对各个断面进行批量椭圆拟合，得到各断面的椭圆度检测数值成果表如表 5.3.3-1 所示。

表 5.3.3-1　椭圆度检测数值成果表

断面号	X坐标	Y坐标	椭圆长轴/m	椭圆短轴/m	旋转角/（°）	椭圆度/%
1	−0.1242	2.0969	2.9034	2.8959	0.1900	0.2581
2	−0.1275	2.0968	2.9020	2.8978	0.4661	0.1469
3	−0.1247	2.1027	2.9021	2.8962	0.8871	0.2053
4	−0.1287	2.1007	2.9043	2.8962	0.8025	0.2802
5	−0.1267	2.0977	2.9024	2.8969	0.5417	0.1890
6	−0.1194	2.0978	2.9026	2.8960	0.4967	0.2273
7	−0.1175	2.0943	2.9043	2.8953	0.3507	0.3116
8	−0.1176	2.0934	2.9070	2.8927	0.2196	0.4937
9	−0.1166	2.0920	2.9088	2.8918	0.1912	0.7236
10	−0.1184	2.0983	2.9019	2.8993	0.2070	0.7331

断面长短轴变化趋势图如图 5.3.3-3 所示，横轴为断面号，纵轴为长短轴值，单位为 m。

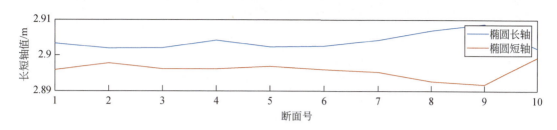

图 5.3.3-3　断面长短轴变化趋势图

隧道直径收敛是指实际断面直径与设计直径之间的长度偏差，是隧道结构在周围环境中各种因素造成的形变，该参数直接反映了隧道外部压力分布和隧道形变情况，直接改变了隧道工程中管片的结构性能和力学特性，也是影响隧道施工质量的重要因素之一，进行隧道直径收敛检测可以及时了解隧道的形变情况，评估隧道结构的稳定性和安全性，并采取相应的措施进行调整或修复，确保施工过程和隧道使用阶段的安全运营。对于盾构隧道点云断面来说，水平直径是经拟合椭圆中平行横轴的直线与拟合椭圆两个交点的距离。经计算得到隧道直径收敛表如表 5.3.3-2 所示。

表 5.3.3-2　隧道直径收敛表　　　　（单位：mm）

断面号	1	2	3	4	5	6	7	8	9	10
水平直径收敛	6.8361	4.0362	4.2481	8.5904	4.7386	5.1588	8.6417	4.0858	0.6302	1.1822

可视化得到断面收敛直径趋势图如图 5.3.3-4 所示，其中横坐标为断面号，纵坐标为拟合椭圆得到断面直径值与实际直径的收敛值。

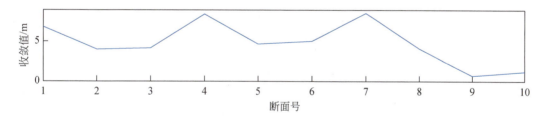

图 5.3.3-4　断面收敛直径趋势图

3. 基于隧道点云的局部形变分析

基于隧道点云的局部形变分析指的是对隧道内某一特定位置进行形变信息的提取并对其进行分析，主要关注隧道结构的局部区域或关键部位的形变情况。这里采用的数据是 5.3.2 节介绍的断面点云。

5.3.3 节中"2. 基于隧道点云的整体形变分析"对隧道断面进行椭圆拟合分析得到其各断面的椭圆参数，从而可以全面地掌握隧道各断面的实际状况，本节对某一断面在某一角度处的偏移值进行详细的分析，从而获得该部位的形变情况。任意角度半径值提取如图

5.3.3-5 所示，提取断面任意角度处如 $\gamma_1 \sim \gamma_7$ 处的点。

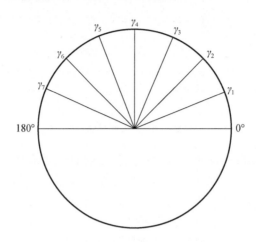

图 5.3.3-5　任意角度半径值提取

求任意点到中心点的距离，与标准半径作差得到任意角度处的偏差值 d_j 作为隧道断面的相对形变值，其中 j 表示任意角度，其表达式见式（5.3.3-7），其中 R_{actual} 为拟合半径，R_{design} 为设计半径，将偏差值进行可视化，可以看出每个角度处的形变情况，能够有效定位形变位置，为隧道安全提供保障：

$$d_j = R_{\mathrm{actual}} - R_{\mathrm{design}} \tag{5.3.3-7}$$

据《城市轨道交通工程测量规范》（GB/T 50308—2017）[12]《城市轨道交通工程监测技术规范》（GB 50911—2013）规定，对于在营地铁盾构隧道，可采用收敛计、全站仪等进行定期净空收敛监测，在各个观测断面上，分别在拱顶、拱底及拱腰等位置设置管片结构的收敛性监测点，通过全站仪对隧道截面进行收敛监测，将收敛性形变数据与标准断面对比，以标准断面为参考，实现全站仪在整个断面上的拉张及挤压形变的检测[13]。

根据受力的影响，圆形盾构隧道形变较大的部位一般在水平 0° 和 180° 方向上以及顶部垂直方向，即 90° 方向上[14]。这是由于自重和周围土体或岩石的压力，导致隧道顶部和侧壁会承受较大的压力，导致形变较大的部位出现。故选择测试数据各断面 0°、90°、180° 三处位置作为特征角度进行局部形变分析，局部形变检测范围示意图如图 5.3.3-6 所示。

由图 5.3.2-10 可以看到，隧道单断面点云在经过滤波处理后，其数据并非一个实际的圆形，而是以点存在并有很多地方的缺失，因此在局部形变检测时会遇到某特征角度上没有实际值，导致形变数据的缺失，影响后续分析，故需对断面点进行插值拟合，将每个角度都填满数据。综上，局部形变分析的具体步骤为以下几点。

（1）根据第 i 个断面二维坐标 (y_i, z_i) 从隧道底部 y 最小，$x=0$ 处开始依次计算每个点在隧道内的角度 theta (i)，其表达式为

$$\mathrm{theta}(i) = \arctan \frac{y_i}{z_i} \times \frac{180°}{\pi} \tag{5.3.3-8}$$

（2）计算第 i 个断面各点至隧道中心点 $(y_{\mathrm{c}}, z_{\mathrm{c}})$ 的距离 s_i，其表达式为

$$s_i = \sqrt{(y_i - y_c)^2 + (z_i - z_c)^2} \tag{5.3.3-9}$$

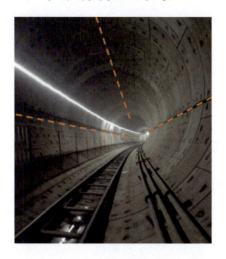

图 5.3.3-6　局部形变检测范围示意图

（3）绘制 theta-s_i 曲线，对该曲线进行插值拟合。

（4）利用拟合函数的反函数计算 0°、90°、180°特征角度处的相对形变量，并进行分析。

对于结果的输出，曲线插值拟合方法的选择至关重要，常见的方法有最小二乘法、多项式拟合、样条插值等[15,16]。最小二乘法是一种基本的曲线拟合方法，其目标是通过最小化误差平方和来拟合给定数据点，但它对数据点的误差很敏感，当数据点有较大的噪声时，可能会出现过拟合的情况，单断面最小二乘法曲线拟合图如图 5.3.3-7 所示。

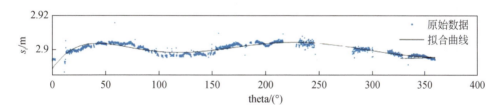

图 5.3.3-7　单断面最小二乘法曲线拟合图

多项式拟合是通过在给定数据点上拟合一个多项式函数来逼近实际曲线，该方法简单易用，但在拟合高阶多项式时，也可能会出现过拟合的问题，图 5.3.3-8 为单断面多项式曲线拟合图，选择多项式最高 6 次为最佳拟合图像并对其进行输出，可见该方法拟合效果较差，且对多断面进行拟合时，其最高次的选择也会影响输出效果。

样条插值是一种基于分段函数的曲线拟合方法，通过将数据点分成多个区间，然后在每个区间内拟合一个低阶多项式或三次样条函数，以逼近实际曲线，对于有噪声的数据点有很好的鲁棒性，但如果数据点之间的间隔较大时，则需要使用较高阶的样条函数进行拟合，从而可能导致插值函数的振荡问题。考虑到各种拟合方法的不足之处，本节采用三次

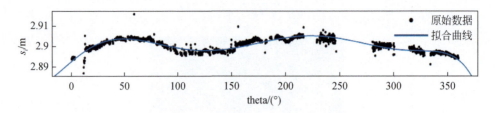

图 5.3.3-8　单断面多项式曲线拟合图

B 样条拟合方法对 theta-s_i 曲线进行插值拟合。

　　B 样条拟合是一种基于贝塞尔曲线的曲线拟合方法，通过将数据点分成多个区间，并在每个区间内拟合一个低阶多项式或 B 样条拟合函数，以逼近实际曲线，优点是具有较高的平滑度和逼近精度，同时可以有效地减少全局插值带来的振荡现象。其推导过程假设有 $n+1$ 个控制点 p_0，p_1，$\cdots$，p_n，需要用一条平滑的曲线来拟合这些点，三次 B 样条拟合采用的是一种局部控制的方法，即只对每个点附近一定范围内的点进行拟合，需要构建一个定义在区间 $[a，b]$ 上的基函数集合 $B_{i,3}(t)$，其中 i 表示基函数的索引，3 表示为三阶，其定义为

$$B_{i,3}(t) = \frac{1}{6} \left\{ (t-t_i)^3 \cdot \theta(t_{i+1}-t) + [3(t_{i+1}-t)-(t-t_i)]^3 \cdot \theta(t-t_i) \right\} \quad (5.3.3\text{-}10)$$

式中，t_i 为基函数 i 对应的控制点的位置；t 为归一化参数；θ 为阶梯函数，满足：

$$\theta(x) = \begin{cases} 1，x \geq 0 \\ 0，x < 0 \end{cases} \quad (5.3.3\text{-}11)$$

　　这里的阶梯函数用来保证基函数的局部性，即只在 $t_i \leq t \leq t_{i+1}$ 时起作用，然后将每个控制点 p_i 表示基函数的线性组合形式，即

$$p_i = \sum_{j=0}^{n} B_{j,3}(t_i) \cdot c_j \quad (5.3.3\text{-}12)$$

式中，c_j 为基函数的系数，因为采用的是三次 B 样条拟合函数，所以需要求解 $n-2$ 个系数 c_j，即

$$\begin{bmatrix} B_{1,3}(t_1) & B_{2,3}(t_1) & \cdots & B_{n-2,3}(t_i) \\ B_{1,3}(t_2) & B_{2,3}(t_2) & \cdots & B_{n-2,3}(t_i) \\ \vdots & \vdots & \ddots & \vdots \\ B_{1,3}(t_n) & B_{2,3}(t_n) & \cdots & B_{n-2,3}(t_i) \end{bmatrix} \begin{bmatrix} c_1 \\ c_2 \\ \vdots \\ c_{n-2} \end{bmatrix} = \begin{bmatrix} p_1 \\ p_2 \\ \vdots \\ p_n \end{bmatrix} \quad (5.3.3\text{-}13)$$

　　式（5.3.3-13）可以用矩阵求逆的方法求解。最终到基函数系数 c_j，从而计算出拟合曲线的方程。采用三次 B 样条拟合方法得到的单断面数据曲线拟合图如图 5.3.3-9 所示。

　　对各个断面进行批量插值拟合，得到隧道局部半径收敛表如表 5.3.3-3 所示，利用 MATLAB 软件对 10 个不同断面的 0°、90°、180° 等部位处的半径偏差值进行可视化，特征角度偏差曲线图如图 5.3.3-10 所示。

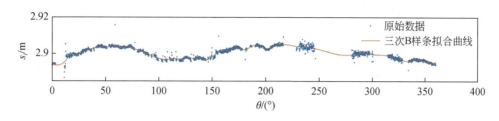

图5.3.3-9 单断面数据曲线拟合图

表5.3.3-3 隧道局部半径收敛表 （单位：mm）

特征角度断面号	0°	90°	180°
1	−2.6631	−4.5152	1.6080
2	−2.1228	−2.0966	−0.9406
3	−3.6764	7.4557	−0.2813
4	−5.6786	−0.7124	1.7299
5	−2.5941	−3.1449	1.6567
6	−2.0821	−2.3315	3.9569
7	−3.2406	−3.0245	6.0424
8	1.0736	−7.2216	5.4059
9	1.0021	−0.5585	8.0906
10	0.8319	−2.5772	7.1472

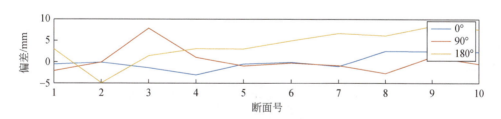

图5.3.3-10 特征角度偏差曲线图

4. 误差分析

基于隧道点云的局部形变分析方法不仅适用于圆形断面隧道，还适合任意形状断面的隧道，而基于模型拟合的整体形变分析方法只限于可以用数学函数模型表达的隧道，如矩形隧道、圆形隧道等，但不适用如马蹄形等其他形状断面的隧道。

由于测试数据为在建地铁隧道，理论上不存在形变，而从其整体与局部形变结果分析来看，在两种维度下都存在着不同程度的形变，最高可达8.0906mm，尽管并没有达到形变安全控制值，但对于在建地铁隧道而言，该形变量不合理，其可能存在误差的来源有：

（1）隧道施工过程中可能会因为地层松散或者构造复杂等，隧道产生了形变，与设计断面对比计算时产生形变。

（2）在隧道点云的局部形变分析中，隧道形变偏差曲线需要经过曲线拟合反推特征位置的偏差值，对于数据量较大的断面来说其拟合效果较好，而若因为滤波过度或是扫描数据不够，某断面点数量较少，曲线拟合图如图 5.3.3-11 所示，那么其拟合效果相对较差，曲线拟合函数可能得到的反推值也与实际值相差较大，导致形变结果的误差出现。

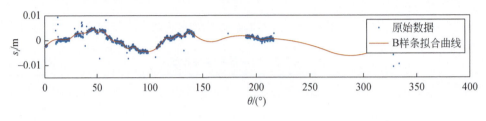

图 5.3.3-11　曲线拟合图

（3）在数据预处理及形变分析过程中，各个环节的精度可能影响最后的结果，对形变结果造成误差。

5.3.4　精度计算

1. 室内物理模型

为了验证测距编码器产生的脉冲信号作为外部信号触发三维激光扫描仪进行数据采集的可行性和基于三维激光点云数据的形变信息提取方法的精度，其中包括断面点云精度、点云滤波及拟合精度、形变结果精度，本节模拟隧道环境在室内搭建隧道物理模型进行精度分析实验。

隧道物理模型图如图 5.3.4-1 所示，为了还原隧道环境，在室内搭建混凝土管片模

图 5.3.4-1　隧道物理模型图

型，并同时安装管线和配电箱。实验装置平台上装载了与检测车同型号的三维激光扫描仪获取模拟管片的点云数据，集成编码器获取里程信息，实验装置安装在滑轨上，通过手推实现前后移动，模拟地铁隧道安全隐患检测车在隧道内的行驶情况。隧道模型设计半径为 2.9m，共长 2.4m，距离轨道中心 2.25m，三维激光扫描仪离地 0.45m，滑轨的平行距离为 0.5m。

为达到此次实验的目的，各个仪器与传感器的安装位置均模拟地铁隧道安全隐患综合检测车上对应仪器的安装位置，将测距编码器与周长已知的滚轮同轴安装，然后将滚轮安装在实验装置的底板上，滚轮可随实验装置前后移动和旋转，同时带动测距编码器发出脉冲信号，得到点云数据的里程信息，测距编码器安装位置图如图 5.3.4-2 所示。

测距编码器与滚轮同轴安装，滚轮的周长为 250mm，本次实验设置的采样精度为 0.1mm，因此根据式（5.1.2-1）可知，测距编码器单圈输出脉冲数 N 必须大于 2500，本次实验测距编码器所设置的三圈输出脉冲数为 3000，脉冲信号采样间隔为 120。

图 5.3.4-2　测距编码器安装位置图

匀速推动小车，采集模型全断面三维激光点云，验证了地铁隧道三维空间信息采集系统的有效性，扫描得到的室内三维数据经 CloudCompare 软件可视化得到图 5.3.4-3。CloudCompare 是一款功能强大而灵活的开源点云处理软件，用于处理、可视化和分析三维点云数据，支持多种点云数据格式，包括激光扫描数据、匹配点云对、数字地形模型等。

CloudCompare 软件适用于各种点云数据的处理和分析任务，可以手动指定裁剪区域对数据进行手动删减，利用 CloudCompare 软件对室内非模型点云数据进行去除，室内非模型点云数据包括扫描得到的室内空间里的桌椅、墙壁等无关物体，并将初步删减后得到的数据在 MATLAB 软件中进行可视化，得到图 5.3.4-4 和图 5.3.4-5。

由图 5.3.4-4、图 5.3.4-5 可以得到扫描数据包括了隧道模型背后的支架等附属物及室内空间可能存在的粉尘，这在隧道点云数据中反映为噪声点，故需对其进行去噪处理。物理模型经圆柱体拟合后将大量离群点进行去除，然后进行精滤波，得到物理模型滤波后如图 5.3.4-6 和图 5.3.4-7 所示，其中图 5.3.4-6 为物理模型滤波后三维显示图，图

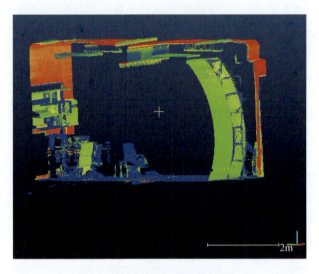

图 5.3.4-3　室内三维数据图

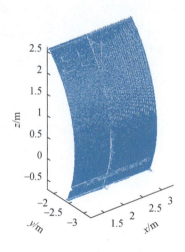

图 5.3.4-4　物理模型三维显示图

5.3.4-7 为物理模型滤波后图，由图 5.3.4-6 和图 5.3.4-7 可知，大量噪声点已被精准滤去，滤波方法得以验证。

2. 断面点云精度验证实验

断面点云精度是指通过激光扫描仪或者其他测量手段得到的断面点云数据与实际断面的几何形状之间的误差大小，其受多个因素的影响，如测量仪器的精度、测量距离、扫描速度、扫描密度等。采集设备的分辨率、采样密度、扫描速度等参数都会对点云的精度产生影响。

断面点云精度的提高可以提高隧道形变检测的准确性和可靠性，为隧道结构的安全运营提供有力支持。同时，断面点云精度的分析和评估也可以为隧道的维护和管理提供重要的

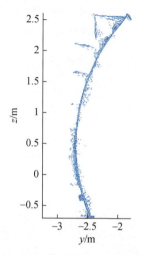

图 5.3.4-5　物理模型 y–z 面侧视图

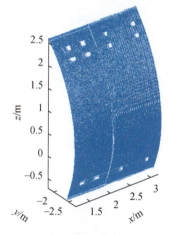

图 5.3.4-6　物理模型滤波后三维显示图

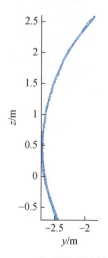

图 5.3.4-7　物理模型滤波后图

参考依据。故本节基于室内物理模型对断面点云进行了精度验证实验。将模型断面中9个矩形孔1，2，…，9作为控制点坐标，物理模型控制点示意图如图5.3.4-8所示。

图 5.3.4-8　物理模型控制点示意图

测量每个矩形孔与上下左右相邻的矩形孔的水平和垂直距离，如h_{1-2}表示控制点 1 和控制点 2 的水平距离，v_{1-4}表示控制点 1 和控制点 4 的垂直距离。将该测量结果作为参考值。根据三维激光扫描仪扫到的点云数据，图 5.3.4-9 为物理模型控制点点云示意图，标记对应控制点 1′，2′，…，9′，根据周围数据计算各矩形孔与上下左右相邻的矩形孔的水平和垂直距离，如h'_{1-2}表示控制点 1′和控制点 2′的水平距离，v'_{1-3}表示控制点 1′和控制点 3′的垂直距离。

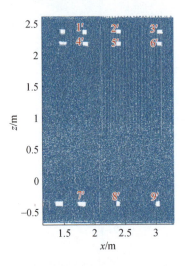

图 5.3.4-9　物理模型控制点点云示意图

得到扫描点坐标表如表 5.3.4-1 所示，并计算实际点与扫描点水平垂直距离偏差得到表 5.3.4-2、表 5.3.4-3。

表 5.3.4-1　扫描点坐标表

扫描点序号	x	y	z
1′	1.8520	−2.0552	2.3581
2′	2.4035	−2.0285	2.3615
3′	3.0715	−2.0488	2.3566
4′	1.8975	−2.1914	2.1689
5′	2.4005	−2.1955	2.1713
6′	3.0655	2.1914	2.1672
7′	1.8503	−2.5714	−0.3724
8′	2.3810	−2.5738	−0.3621
9′	3.0235	−2.5882	−0.3700

表 5.3.4-2　实际点与扫描点水平距离偏差表

控制点序号	h_{1-2}	h_{2-3}	h_{4-5}	h_{5-6}	h_{7-8}	h_{8-9}
实际距离/m	0.5250	0.6700	0.5000	0.6700	0.5150	0.6350
扫描点序号	h'_{1-2}	h'_{2-3}	h'_{4-5}	h'_{5-6}	h'_{7-8}	h'_{8-9}
扫描点距离/m	0.5515	0.6680	0.5030	0.6650	0.5307	0.6425
偏差值/mm	26.5	2.0	3.0	5.0	15.7	7.5

表 5.3.4-3　实际点与扫描点垂直距离偏差表

控制点序号	v_{1-4}	v_{2-5}	v_{3-6}
实际距离/m	0.2000	0.2000	0.2000
扫描点序号	v'_{1-4}	v'_{2-5}	v'_{3-6}
扫描点距离/m	0.1892	0.1902	0.1894
偏差值/mm	10.8	9.8	10.6

　　由表可以得出，扫描断面点云中特征点与实际管片上的特征点的位置最大偏差为 26.5mm，平均值为 10.1mm，可以满足工程应用要求。

3. 点云滤波处理及拟合分析

　　点云滤波方法的精度计算受到多种因素的影响，如采集设备的精度、滤波算法的选取和参数调整等。因此，需要综合考虑多个因素并进行全面评估。

　　本节对点云数据的滤波主要采用了两种方法进行粗、精滤波，粗滤波算法为基于 RANSAC 算法对隧道进行圆柱体拟合，精滤波算法为基于断面展开的卷积滤波。对隧道模型进行断面获取，间隔 0.1m 取 0.01m 的点云断面，共获取断面 22 个，物理模型连续断面图如图 5.3.4-10 所示。

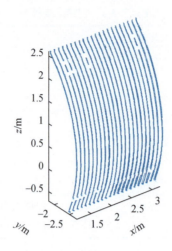

图 5.3.4-10　物理模型连续断面图

　　为证明本节算法的可行性及滤波精度，以椭圆拟合为例，将模型提取断面后随机取一个断面，根据本节椭圆拟合算法中的平均拟合中误差 σ 为依据，对中误差分别为 σ，2σ，3σ 时进行滤波，比较各数值下保留特征方面的效果得到图 5.3.4-11 ~ 图 5.3.4-13，从图 5.3.4-11 ~ 图 5.3.4-13 中可以发现，当拟合中误差为 σ 时滤波效果最为显著，然而缺失了较多数据，导致了过度滤波，存在将有效点云数据进行滤除的情况；当拟合中误差为 2σ 时，不仅可以保持完整的隧道壁数据，且对噪声进行精准识别并过滤，为最佳状态；当拟合中误差为 3σ 时，可以看到隧道断面出现了些许毛刺，一些较近的噪声点去除效果不理想。由此可以证明，其噪声分布不仅符合统计学且其标准差为高斯分布，可通过 RANSAC 算法将噪声进行滤除。

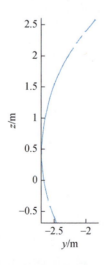

图 5.3.4-11　σ 滤波效果图

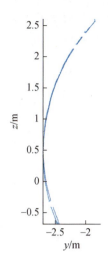

图 5.3.4-12　2σ 滤波效果图

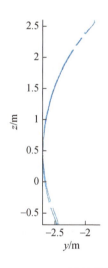

图 5.3.4-13　3σ 滤波效果图

4. 隧道点云形变精度分析

　　隧道点云形变精度分析是通过对隧道点云数据进行处理和分析，评估其形变精度的过程。隧道点云形变精度分析的精度通常是通过对比监测数据与实际情况之间的差异来评估的，对形变结果精度分析可以使用一些距离度量方法，如欧氏距离、平均绝对误差（MAE）或均方根误差（RMSE，常用的评估监测数据与实际情况之间差异的指标），来计算形变检测得到的数值间的差异来评价检测结果的精度。RMSE 的计算步骤为对每个数据点计算其预测值与实际值之间的差异，接着对所有差异值求平方，然后对平方差异值求平均，最后取平均差异的平方根作为 RMSE 的值，RMSE 的值越小，表示监测数据与实际情况的吻合程度越高，形变分析的精度越高。

　　对该模型数据进行整体形变分析,得到隧道模型直径收敛表如表5.3.4-4所示,由计算可知,隧道断面直径的平均值为5.8026m,标准差是描述数据分布或样本离散程度的统计量,它测量数据点与数据集平均值的偏离程度,反映数据的分散程度,因此将数据进行计算求得隧道模型直径收敛值标准差为4.07mm,以隧道设计直径5.8m作为真值,提取断面的收敛直径均方根误差仅为2.27mm,可以满足工程应用要求。

表5.3.4-4　　隧道模型直径收敛表　　　　　　　　（单位：mm）

断面号	1	2	3	4	5	6
水平直径收敛	7.4337	6.6958	5.2929	6.3571	−2.2619	−2.1920
断面号	7	8	9	10	11	12
水平直径收敛	3.6251	−8.5220	−6.0527	2.1310	3.3200	3.0782
断面号	13	14	15	16	17	18
水平直径收敛	6.8022	2.0331	3.2814	4.4608	3.8830	5.9383
断面号	19	20	21	22		
水平直径收敛	3.6214	4.5150	2.2792	2.1701		

　　但形变分析的精度不仅依赖于计算方法,还取决于监测系统的准确性、数据采集频率和质量、数据处理方法等因素的综合影响。因此,综合考虑多个因素进行形变分析精度的评估是更为全面和准确的做法,仅对于计算精确值来说,其结果可以作为运营方对地铁隧道形变的参考依据。

参 考 文 献

[1] 时佳斌,丰成林,田德柱,等.隧道超欠挖三维扫描检测系统设计及应用[J].铁道建筑,2023,63(4):81-83.

[2] 周涛,邹进贵,郭际明.隧道形变监测与智能预警方法研究[J].测绘通报,2022,(S2):91-94.

[3] 路耀邦,刘永胜,樊晓东.地铁隧道结构表观病害快速检测方法与应用[J].隧道建设(中英文),2021,41(S2):655-663.

[4] Wang K T,Li P S,Liu Y,et al. Research on the present situation and development trend of subway tunnel inspection vehicle[J]. IOP Conference Series: Materials Science and Engineering,2021,1203(2):022126.

[5] 中华人民共和国住房和城乡建设部.地铁设计规范:GB 50157—2013[S].北京:中国建筑工业出版社,2014.

[6] 中华人民共和国住房和城乡建设部.城市轨道交通结构安全保护技术规范:CJJ/T 202—2013[S].北京:中国建筑工业出版社,2014.

[7] Jia D F,Zhang W P,Liu Y P. Systematic approach for tunnel deformation monitoring with terrestrial laser scanning[J]. Remote Sensing,2021,13(17):3519.

[8] 李勇兵,高成明,马盈盈,等.三维激光扫描技术在隧道形变监测及检测中的应用[J].科学技术与工程,2021,21(12):5111-5117.

[9] 赵强,王涛.一种三维激光扫描技术隧道整体形变分析方法[J].测绘科学,2021,46(2):99-105.

[10] 李志远,王健,于德亮,等.基于点云的地铁隧道断面精确拟合与形变分析[J].测绘通报,2020,(8):157-159.

[11] 张立朔,程效军. 基于激光点云的隧道形变分析方法[J]. 中国激光,2018,45(4)：225-230.

[12] 中华人民共和国住房和城乡建设部. 城市轨道交通工程测量规范：GB/T 50308—2017 ［S］. 北京：中国建筑工业出版社，2017.

[13] 中华人民共和国住房和城乡建设部. 城市轨道交通工程监测技术规范：GB 50911—2013 ［S］. 北京：中国建筑工业出版社，2013.

[14] 代洪波，季玉国. 我国大直径盾构隧道数据统计及综合技术现状与展望 ［J］. 隧道建设（中英文），2022，42（5）：757-783.

[15] Hu Q, Yin W. Tempo-space deformation detection of subway tunnel based on sequence temporal 3D point cloud ［J］. Disaster Advances, 2012, 5 (4): 1326-1330.

[16] 陈伟，李东柏，刘耀强，等. 基于多传感器集成的地铁限界及轨道几何状态检测应用研究 ［J］. 铁道科学与工程学报，2021，18（4）：1025-1034.

第6章　地铁隧道安全隐患综合检测系统集成

6.1　检测车采集系统构成

6.1.1　检测车系统构成

针对地铁隧道安全隐患综合检测研究现状中所提到的国内外已有隧道多功能检测装备的特性，为实现一次性完成隧道结构、道床及轨道信息的快速采集和高精度检测，探明结构表面及结构背后3m深度范围内的健康安全情况，提高信息采集的效率和准确性，为地铁运营安全提供保障，本章提出地铁隧道安全隐患综合检测车的研发。

地铁隧道安全隐患综合检测车是用于地铁隧道表面以及背后隐藏安全隐患检测的专用设备，主要包括隧道形变、隧道表面裂缝、漏水、脱空等安全隐患的综合检测。为实现上述检测目的，地铁隧道安全隐患综合检测车主要由4个检测系统构成，分别是地铁隧道衬砌结构病害检测系统、地铁隧道表面裂缝检测系统、地铁隧道表观渗漏水与渗漏通道检测系统以及地铁隧道三维空间信息采集系统，其中多通道探地雷达检测系统主要采用探地雷达对地铁隧道管片背后漏水、脱空等衬砌隐藏安全隐患进行检测，地铁隧道表面裂缝检测系统主要采用CCD线阵相机对隧道表面情况进行图像采集，然后根据图像进行隧道表面裂缝的识别与分析，地铁隧道表观渗漏水及渗水通道检测系统主要采用红外热像仪获取隧道表观温差数据，结合探地雷达检测结果，可对隧道衬砌渗漏水位置、类型、面积、缝隙走向、背后含水量以及水体通道和来源等信息进行识别和判断，地铁隧道三维空间信息采集系统主要采用三维激光扫描仪获取隧道结构点云数据，然后根据点云数据对隧道形变、错台等情况进行分析。

地铁隧道安全隐患综合检测车上的4个检测系统包含了大量仪器设备，各个仪器设备的采集原理、采集方式等都不相同。因此，为保证各个仪器设备采集数据的采样精度能够达到采集要求，各仪器设备应根据各自的安装技术要求在检测车上进行相应的布置，下面将根据4个检测系统所针对的检测目标对各个系统中主要仪器设备在检测车上的布置方案进行具体介绍。

6.1.2　检测车定位系统构成

检测车上的多通道探地雷达检测系统和地铁隧道表面裂缝检测系统中都安装了测距传感器和测角传感器，测距传感器和测角传感器实时采集得到的距离值和角度值作为定位参数，一方面用于实时监控与传感器固定安装的采集设备状态，另一方面在数据分析时，用于雷达数据和图像数据处理之后得到的相关安全隐患定位解算中。

1. 测距传感器工作原理

地铁隧道安全隐患综合检测车上安装的测距传感器是激光测距传感器，激光测距传感器相比于其他测距传感器体积更小、重量更轻、操作更为简单、精度也更高，根据测距传感器的采集原理可将测距方法分为相位式和脉冲式，基于这两种方法可将激光测距传感器分为相位式测距传感器和脉冲式测距传感器。

其中，相位式激光测距法主要是根据发射光和接收到的反射光在传播过程中的相位差计算激光的传播时间，然后根据传播时间计算得到激光的传播距离，此种测距方法相比于其他方法测量精度更高，相对误差更低，仅在百万分之一之内。利用该方法的测距传感器一般由激光器、调制器、距离显示模块、鉴相器和反射镜组成，采用测距传感器测量的距离 S 可根据式（6.1.2-1）计算得到：

$$S = c \cdot \frac{t}{2} = c \cdot \frac{\varphi}{4\pi f} \qquad (6.1.2\text{-}1)$$

式中，c 为光速；t 为激光传播时间；φ 为激光的相位差；f 为激光的调制频率。

脉冲式激光测距法与相位式激光测距法主要区别是发射的激光不同和得到传播时间的方式不同，该方法首先对检测目标发射脉冲激光束，然后采用光电元件接收由检测目标表面反射回来的脉冲激光束，在此过程中由计时器记录激光的传播时间，最后根据传播时间计算得到测量距离 D，具体计算公式如式（6.1.2-2）所示：

$$D = c \cdot \frac{t}{2} \qquad (6.1.2\text{-}2)$$

式中，c 为光速；t 为激光传播时间。利用该方法进行测距的激光测距传感器精度虽然低于相位式激光测距法，但精度仍能满足地铁隧道安全隐患综合检测车的需求，并且成本较低，所以检测车上采用的是脉冲法激光测距传感器，激光测距传感器技术参数如表 6.1.2-1 所示。

表 6.1.2-1　激光测距传感器技术参数

项目名称	技术参数
测量精度（标准差）/mm	±1.0
激光类型/nm	620 ~ 690
激光等级	Ⅱ级，<1mW
单次测量时间/s	0.05 ~ 1
防护等级	IP40
工作温度/℃	−10 ~ +60
重量/g	60
尺寸（长×宽×高）/mm	48×42×18

2. 测角传感器工作原理

为了测得多通道探地雷达空气耦合天线的辐射朝向和线阵相机的扫描方向，在雷达天线和线阵相机上都安装了测角传感器，所安装的测角传感器可实时测量相对于水平面的倾斜和俯仰角度。测角传感器就是一种运用惯性原理的加速度传感器，当测角传感器静止不做运动时，传感器的侧面和垂直方向上都不存在加速度作用，那么传感器上只存在重力加速度的作用，因此传感器测得的角度即为重力垂直轴与加速度传感器灵敏轴之间的夹角。检测车上所采用的测角传感器技术参数如表 4.3.3-3 所示。

6.1.3　地铁隧道衬砌结构病害检测系统构成

地铁隧道检测工作具有工作窗口短的突出特点，利用探地雷达进行检测往往需要布置多条测线，然而利用单通道探地雷达只能对测线进行逐一检测，工作效率低且检测区域有限，地铁隧道衬砌结构病害检测系统搭载多通道探地雷达采集系统，利用多通道探地雷达采集系统可在地铁隧道环向范围内同时对多条测线进行检测，大大提升检测效率。探地雷达布置示意图如图 6.1.3-1 所示，多通道探地雷达检测系统主要由多通道探地雷达控制主机 A、雷达天线 B_1、B_2、…、B_n、测角传感器 D_1、D_2、…、D_{n-2} 和测距传感器 E_1、E_2、…、E_{n-2} 等部分组成，其中测角传感器和测距传感器固定在雷达天线 B_3、B_4、…、B_n 上，雷达天线 B_1 和 B_2 安装在检测车底盘上，可对道床进行检测，雷达天线 B_3、B_4、…、B_n 安装在可伸缩机械臂上，可对隧道壁进行检测。

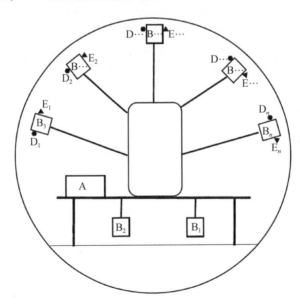

图 6.1.3-1　探地雷达布置示意图

根据雷达天线的耦合形式，可将雷达天线分为地面耦合式天线和空气耦合式天线，不同耦合形式的雷达天线对应的检测形式也不相同。其中地面耦合式天线在检测时，要求天线辐射面与被测物体接触或接近，天线与被测物体之间距离越近，耦合效果越好，辐射能量越大，检测效果也越好，但地铁隧道环境特殊，采用地面耦合式天线在高速检测时难以保证不碰触地铁隧道原有设施，对地铁隧道造成破坏，因此若选择地面耦合式天线进行检测将大大限制检测速度，并且无法保证设备和地铁隧道原有设施的安全。

空气耦合式天线常呈喇叭状，此类天线底端阻抗与空气阻抗相等，与被测物体间隔一定距离时，辐射能量保持不变，因此检测时可将雷达天线悬空一定高度，避免与地铁隧道直接接触，保障了设备与地铁隧道原有设施的安全，这个悬空高度也是雷达天线的有效检测距离，超出这个距离范围，雷达天线的检测效果会急剧下降。多通道探地雷达检测系统采用的是中国矿业大学（北京）自主研发的 750M 空气耦合天线，可对地铁隧道背后 3m 内的安全隐患进行精确检测。

通过固定在空气耦合式天线上的测距传感器可实时测得雷达天线辐射面与地铁隧道表面之间的距离，从而控制雷达天线始终保持在有效检测距离之内，保障雷达天线的检测效果，通过测角传感器可实时测得雷达天线的辐射朝向，从而控制雷达天线在所需的检测朝向范围内，并且距离值和角度值可作为安全隐患的定位参数对安全隐患进行精确地定位解算，多通道探地雷达空气耦合天线安装情况如图 6.1.3-2（a）所示，测距、测角传感器安装情况如图 6.1.3-2（b）所示。

 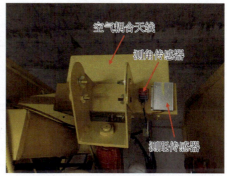

(a)多通道探地雷达空气耦合天线安装情况　　(b)测距、测角传感器安装情况

图 6.1.3-2　雷达天线安装情况示意图

6.1.4　隧道表面裂缝检测系统构成

地铁隧道安全隐患综合检测车上的单个线阵相机视场角度为 39.4°，检测隧道幅宽有限，难以覆盖整个地铁隧道，并且地铁隧道检测具有工作窗口时间短的突出特点，因此地铁隧道表面裂缝检测系统采用多台线阵相机覆盖地铁隧道实现隧道轨道面以上全幅同时检测可大大提升检测效率，同时可以避免单个相机多次来回检测产生累计误差造成数据定位信息不准确。地铁隧道表面裂缝检测系统作为地铁隧道安全隐患综合检测车的一部分，该系统主要包括 9 台线阵相机，分为 4 组线阵相机和一台线阵相机，其中每组线阵相机由两台线阵相机组成，此外该系统还包括 5 个红外激光光源，5 台测角传感器，5 台测距传感

器和 9 台电脑主机。

　　线阵相机布置示意图如图 6.1.4-1 所示，图中 A、B、D、E 为 4 组线阵相机，C 为单独一台线阵相机，其中 A、B、D、E 每组两台相机公用一个红外激光光源、一台测角传感器和一台测距传感器，线阵相机 C 单独使用一个红外激光光源、一台测角传感器和一台测距传感器，每台线阵相机配备一台电脑主机。单台线阵相机由于自身的限制导致扫描幅宽有限，因此采用图 6.4.1-1 中的布置方案实现地铁隧道轨道面以上全幅检测，从而提升检测效率。图 6.1.4-1 中灰色部分是单台相机独立扫描区域，黑色部分是相邻两台相机重叠扫描区域，设置重叠扫描区域是为了更好地实现隧道全覆盖，避免相机移动或抖动后造成扫描区域无法覆盖整个隧道，从而导致漏检的情况。

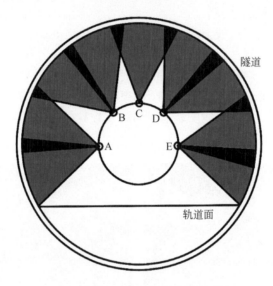

图 6.1.4-1　线阵相机布置示意图

　　地铁隧道表面裂缝检测系统所采用的线阵相机焦距在检测时是固定的，调整线阵相机的焦距需要手动进行，所以检测时不便操作，因此通过固定在线阵相机上的测距传感器实时获取相机镜头到地铁隧道表面的距离，从而控制相机距隧道表面的距离始终保持在有效物距之内，避免超出有效物距范围导致图像精度下降。通过固定在线阵相机上的测角传感器可实时获取线阵相机的拍摄方向，相机拍摄方向偏离后可及时进行调整，确保相机始终在需要扫描的方向上。此外，测距、测角传感器实时采集的距离值和角度值可作为定位参数对图像数据进行精确地定位解算，测距、测角传感器安装情况示意图如图 6.1.4-2 所示。

6.1.5　地铁隧道表观渗漏水及渗漏通道检测系统构成

　　为了快速、高精度地检测地铁隧道衬砌渗漏水和渗漏通道，开发了隧道表观渗漏水及渗漏通道检测系统，包括渗漏水数据采集模块、环境数据采集硬件模块。其中，渗漏水数据采集模块包括非制冷式红外热像仪模组和 8 通道空气耦合探地雷达；环境数据采集模块

图 6.1.4-2　测距、测角传感器安装情况示意图

由激光测距传感器和温湿度传感器构成。

非制冷红外焦平面检测器以固定角度安装在红外检测模组中，红外检测模组表观固定安装测角传感器和激光测距传感器，多通道雷达天线系统中各个天线端固定安装有测角传感器和激光测距传感器。地铁隧道渗漏水病害联合检测硬件系统示意图如图 6.1.5-1 所示。

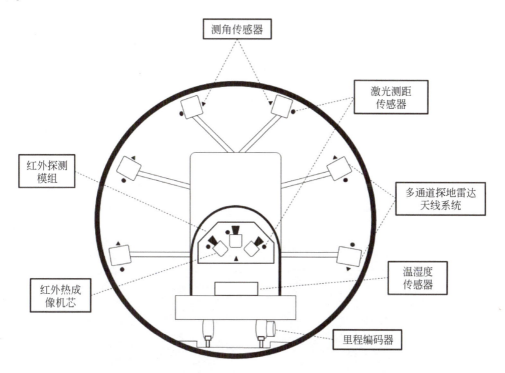

图 6.1.5-1　地铁隧道渗漏水病害联合检测硬件系统示意图

目前，国际上主流的红外生产商有菲利尔（FLIR）、美国福禄克（FLUKE）公司等厂商，国内有海康威视、高德红外、艾睿、大立等品牌。本章采用的红外热像仪为烟台艾睿光电科技有限公司生产的 Xcore LT384 系列测温型氧化钒非制冷式红外焦平面检测器组件

其测温精度可达±2℃，测温范围为−40～+70℃，机芯组件支持多种测温方式，并且可通过上位机获取任意位置的温度信息，能稳定在各种环恶劣境下的正常工作，是具有较高可靠性和性价比的工业级红外产品，满足本章所需检测要求，该款红外热像仪技术参数如表6.1.5-1所示。

表 6.1.5-1　　红外热像仪技术参数

项目名称	技术参数
分辨率	384×288
镜头类型/mm	4
聚焦类型	无热化
视场角（水平×垂直）/（°）	90.3×68.7
瞬时视场角/mrad	4.250
像元间距/μm	17
帧频/Hz	50
响应波段/μm	8～14
测温范围/℃	−20～+150
测温精度	±2℃或读数的±2%（取较大者）
工作温度	−40～+70
湿度/%	5～95，无冷凝
重量/g	<90
尺寸/mm	45×45×49.85

同时，为满足环向覆盖扫描整个隧道衬砌的检测需求，红外热成像采集组件由三个水平视场角为90.3°的红外机芯构成，并以一定角度排列，如图6.1.5-2所示。

图 6.1.5-2　　红外热成像采集组件

6.1.6　地铁隧道三维空间信息采集系统构成

根据三维激光扫描技术的优势，地铁隧道安全隐患综合检测车采用该技术在检测时可高效率、高精度地获取地铁隧道三维空间结构信息。检测车上的地铁隧道三维信息空间采集系统主要包括三维激光扫描仪及其控制主机。

根据三维激光扫描仪相关工作原理可知，三维激光扫描仪采集数据时是靠扫描镜头不断旋转发射激光并接收激光，所以扫描镜头在旋转时不能有任何遮挡物遮挡其扫描视线，三维激光扫描仪从而选择安装在检测车车头或车尾，三维激光扫描仪安装示意图如图6.1.6-1 所示。地铁隧道三维空间信息采集系统技术指标如表 6.1.6-1 所示。

图 6.1.6-1　三维激光扫描仪安装示意图

表 6.1.6-1　地铁隧道三维空间信息采集系统技术指标

项目	技术指标
扫描方式	相位式
测程/m	119
激光等级	1 级
旋转速度/（r/s）	200
角分辨率	0.0088°（40960 像素/360°）
点扫描速率/（点/秒）	1016000
功耗	150W/24V/6.3A

6.2　检测车同步采集控制与实现

综合检测车集成了多种检测设备，各设备的采集原理、定位方式、通信协议等均存在差异，相互独立工作将导致数据定位信息不同步，出现数据"乱打架"的情况。实现各设备之间的协同工作、同步采集，对地铁隧道表面及背后隐藏安全隐患的快速、无损检测具有重要的意义，但在开发综合检测设备过程中存在以下几方面的难题。

（1）检测车上各设备采集原理、采集方式不同，现阶段实现所有设备的同步采集控制困难较大；

（2）检测车中各个设备之间数据相互独立，其数据类型、信息特征均存在差异，从而导致定位信息不同步，难以实现三维地理空间的精准定位，因此难以同步各个检测方法的数据坐标信息，实现安全隐患的多源数据分析和准确圈定安全隐患异常。

因此，针对以上存在的问题，根据各设备的采集原理、采集方式等，研究地铁隧道安全隐患综合检测车中不同采集设备的同步采集控制方法和数据坐标信息解算算法，实现不同仪器设备所采集数据之间的互联互通，对实现隧道表面及背后隐藏安全隐患的精确检测和后续处理与分析提供精确数据支持具有重要意义。

6.2.1 同步采集控制难点分析与设计思路

1. 同步采集控制难点分析

为实现地铁隧道三维结构、隧道表面裂缝以及渗漏水、脱空等管片背后隐藏安全隐患的综合快速检测，地铁隧道安全隐患检测车主要由 4 个检测系统构成，分别是地铁隧道衬砌结构病害检测系统、地铁隧道表面裂缝检测系统、地铁隧道表观渗漏水与渗漏通道检测系统以及地铁隧道三维空间信息采集系统，4 个检测系统中包括探地雷达、线阵相机、红外热像仪、三维激光扫描仪、测距传感器和测角传感器等大量仪器设备。采用检测车进行检测的距离较长，各个仪器设备采集的数据量较大，如果各个设备独立进行检测，那么所获得的数据也相互独立，将难以对每道数据进行精确定位，实现不同数据之间的互联互通，从而难以结合所有数据对地铁隧道安全隐患情况进行综合分析。

此外，检测车上还装有多个摄像头，这些仪器设备在开始采集前需要进行相应的参数设置，并且需要软件下发相关采集命令后设备才会进行相应的采集操作，但这些仪器设备的控制软件都相互独立，并且通信协议、数据传输方式等都不相同。

综上所述，实现各个仪器设备的同步采集和开发一个能够控制所有设备实现参数设置与同步传输、数据实时显示与存储等功能的软件系统是有必要的，结合实际情况考虑，实现这些仪器设备的同步采集和开发软件控制系统主要具有以下几个难点。

（1）检测车上的仪器设备可进行外部信号触发采集，但由于各个设备采集方式、采集原理的不同，因此所接收的外部信号也不同，所以难以实现外部信号同步触发所有设备进行采集；

（2）检测车上的仪器设备可进行时间触发采集，但检测车检测速度较快，难以控制采集精度，并且因难以一直控制检测车车速为匀速，所以时间触发采集的数据难以实现精确定位解算；

（3）各个仪器设备之间采集频率不同，三维激光扫描仪采集频率远高于其他设备，时间触发采集或外部信号触发采集难以控制探地雷达、线阵相机等设备采集一道数据的同时，三维激光扫描仪进行数十道或者数百道数据的采集；

（4）各个仪器设备所采集的数据类型以及数据所含信息特征不同，因此难以关联不同数据对安全隐患进行综合分析；

（5）检测车上装载的仪器设备过多，多通道探地雷达空气耦合天线与主机连接采用的是特制的航空插头，线阵相机与控制电脑连接需要配备专门的采集卡，并预留采集卡接口，三维激光扫描仪与主机采用网线连接，测距传感器与测角传感器需要连接主机的 USB 接口，单台主机接口有限，因此难以将所有设备连接至同一台主机进行相关操作控制；

（6）线阵相机采集过程中，数据运算量和存储量较大，单台主机存储空间有限，因此无法将多台线阵相机连接至同一台主机进行采集；

（7）探地雷达、线阵相机和三维激光扫描仪都具有较为成熟的采集软件但是开发平台互不相同，这些设备的通信协议和数据传输方式等也都不相同，因此将多个采集软件集成到同一个软件中进行相关操作的难度大、成本高。

2. 同步采集控制设计思路

地铁隧道安全隐患检测车上各个仪器设备同步采集控制的目的是在检测时实现各设备的参数设置与同步传输、数据实时显示与存储等功能，并最终实现对各个设备采集的每道数据进行精确地定位解算，可将这些数据进行关联，同步数据的定位信息，并最终将所有数据统一在一个坐标系下，构建三维地铁隧道结构和安全隐患信息模型，利用多种数据对安全隐患进行综合分析，对地铁隧道结构以及安全隐患进行直观、精确地展示与查询。针对以上目的，并结合同步采集控制难点分析与实际情况，提出同步采集控制方法，该方法主要包括以测距编码器旋转产生的脉冲信号作为同步信号触发各个仪器设备进行采集和开发地铁隧道安全隐患综合检测车数据采集控制系统，控制各个仪器设备实现相关参数设置与同步传输、数据实时显示与存储等功能，该方法的具体设计思路如下。

（1）各仪器设备采集模式：外部信号触发采集模式，该模式下根据外部信号可精确控制设备进行采集，所采集的每道数据可与接收的外部信号相关联；

（2）采集存储模式：采集存储模式主要包括触发采集存储模式和连续同步采集存储模式，这两种采集存储模式是根据仪器设备的工作方式、工作频率和外部信号触发频率进行选择，当仪器设备的采集频率低于外部信号触发频率时选择触发采集存储模式，当仪器设备的采集频率高于外部信号触发频率时选择连续同步采集存储模式。触发采集存储模式是采集设备接收外部信号后根据设置的外部信号采样间隔触发设备进行间隔采样。连续同步采集存储模式是在设备采集的同时不断接收外部信号进行更新，并将采集得到的数据与当前的外部信号一起以预定的数据格式进行存储。

（3）外部信号类型：采用测距编码器产生的脉冲信号作为外部信号触发控制所有仪器设备进行同步采集，测距编码器产生的脉冲信号具有里程信息，根据设备采集得到的每道数据相关联的脉冲信号可计算出该道数据的里程信息，因此可将所有设备采集的数据通过脉冲信号作为纽带进行关联，实现不同数据的互联互通。

（4）地铁隧道安全隐患综合检测车数据采集控制系统：探地雷达、线阵相机、红外热像仪和三维激光扫描仪等设备采集、处理、展示等均保持原有系统，增加一台控制主机，将所有主机组建在同一个局域网下，利用控制主机下发参数等控制指令，各个仪器设备所连接的主机接到指令后进行解析和执行相应操作，实现各个仪器设备的参数设置与同步传输、数据实时显示与存储等功能。

6.2.2　同步采集控制方法设计方案

为实现检测车三个检测系统的仪器设备同步采集控制，使所有数据之间互联互通，从而能够同步不同数据的坐标信息，准确构建三维地铁隧道结构和安全隐患信息模型，并在检测车采集时，简化各个仪器设备的操作流程，根据同步采集控制难点分析和设计思路，本章提出同步采集控制方法，该方法主要包括脉冲信号触发同步采集和采集系统控制两部分，其中同步采集以测距编码器产生的脉冲信号作为外部信号触发所有仪器设备进行采集，采集系统控制为开发地铁隧道安全隐患综合检测车数据采集控制系统，控制各个仪器设备实现相关参数设置与同步传输、数据实时显示与存储等功能，本节将结合地铁隧道安全隐患综合检测车的实际情况对同步采集和采集系统控制两部分设计方案进行详细的介绍。

1. 同步采集设计方案

同步采集控制方法中通过测距编码器产生的脉冲作为外部信号触发所有仪器设备进行同步采集，其中测距编码器的型号与安装位置都将直接影响各个仪器设备同步采集的采样精度，本节对测距编码器的选型和安装方案进行介绍。

测距编码器是将角位移转换为电信号进行通信、传输和存储的设备。根据编码器的工作原理可将编码器分为增量式和绝对式两种类型，增量式编码器是将位移转换成周期性的电信号，再把电信号转换成计数脉冲，用脉冲个数表示位移大小。绝对式编码器每一个位置的输出代码都是明确固定的，可通过输出代码来确定位移大小。地铁隧道安全隐患综合检测车采用的是增量式编码器，如图 6.2.2-1 所示。

图 6.2.2-1　增量式编码器示意图

检测车所采用的测距编码器输出的脉冲信号包括顺时针方向脉冲数、逆时针方向脉冲数和总脉冲数，随编码器旋转方向上的脉冲数和总脉冲数不断累加，考虑到编码器的工作方式是靠轴旋转触发的，因此编码器的安装方案为：将测距编码器与检测车车轮同轴安装，车轮旋转将带动编码器旋转，从而产生脉冲信号，编码器安装示意图如图 6.2.2-2 所示。

图 6.2.2-2　编码器安装示意图

测距编码器的型号选择还需要考虑分辨率，即编码器每圈输出脉冲数，选型时需要满足式（6.2.2-1）：

$$N > \frac{C}{r} \tag{6.2.2-1}$$

式中，N 为测距编码器每圈输出脉冲数；C 为与编码器同轴安装的检测车车轮的周长；r 为采集设备的采样精度。

确定测距编码器型号与安装方案后，提出测距编码器产生的脉冲作为外部信号触发所有仪器设备进行同步采集的设计方案，该设计方案主要包括：

（1）采集时，地铁隧道安全隐患综合检测车车轮旋转带动编码器旋转产生脉冲信号，将脉冲信号作为同步采集信号；

（2）将脉冲信号输入至测距编码器脉冲信号处理模块，脉冲信号处理模块将编码器直接产生的周期性 TTL 脉冲信号输入至探地雷达、线阵相机、测距传感器和测角传感器等采集设备中，脉冲信号处理模块将周期性 TTL 脉冲信号转换为差分脉冲信号后输入至三维激光扫描仪采集设备中；

（3）各个采集设备接收到相应的脉冲信号后根据设置的采集存储模式触发设备进行采集，其中多通道探地雷达、线阵相机、测距传感器、测角传感器等采集设备选择触发采集存储模式进行数据的采集存储，三维激光扫描仪选择连续同步采集存储模式进行数据的采集存储。

通过本方案控制所有设备进行采集得到的数据中都具有测距编码器的脉冲信号信息，然后通过脉冲信号可以关联所有数据的位置信息，从而可以同步不同数据的坐标信息，可为构建三维地铁隧道结构和安全隐患信息模型提供有效、准确的数据源，同步采集方法流程图如图 6.2.2-3 所示。

2. 采集控制系统设计方案

采集控制系统的操作方式和实现方式将直接影响控制设备进行参数设置与同步传输、数据实时显示与存储等操作的效率，为减小开发成本和难度，提升操作效率，本章根据同步采集控制难点分析和设计思路，并结合检测车实际情况，提出地铁隧道安全隐患检测车数据采集控制系统的开发设计方案，该方案主要包括：

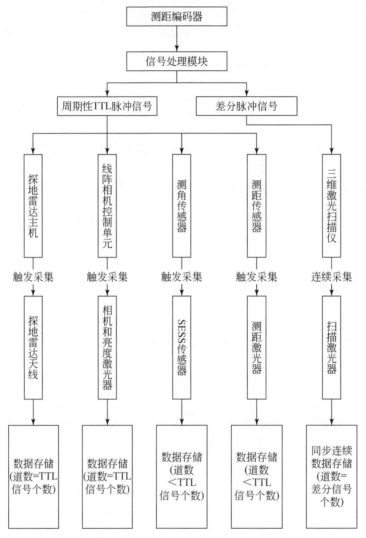

图 6.2.2-3　同步采集方法流程图

SESS-智能机电系统传感器

　　（1）探地雷达、线阵相机、红外热像仪和三维激光扫描仪等采集、处理和展示等均保持原有系统，对各自采集软件中的参数设置、采集控制和数据传输与存储等部分进行修改；

　　（2）增加一台控制主机，将所有主机组建在同一个局域网下，利用传输控制协议/网际协议（TCP/IP）网络通信协议，将地铁隧道安全隐患综合检测车数据采集控制系统运行在控制主机上作为服务端，各个仪器设备的控制软件作为客户端运行在各自的主机上；

　　（3）在服务端控制系统上进行相关操作后，通过对象表示法（JSON）以键值的形式利用局域网发送至指定客户端，客户端接收到服务端发送的消息后解析出对应的键值，然后进行相应的操作，从而实现对各仪器设备进行采集前的基本参数设置，包括探地雷达的采样频率、采样点数、时窗、固定延时等，线阵相机的图像像素高度和宽度等，三维激光扫描仪的采集命令等，测距、测角传感器的参数设置等，以及实现对各仪器设备进行相关采集控制和同步传输、数据实时显示与存储等功能；

（4）客户端也可将设备的信息和状态发送至控制系统进行展示，方便监控设备状态，及时了解各仪器设备状态，包括设备种类、编号、状态等信息，从而及时对设备进行相应操作；

（5）测距传感器和测角传感器相关操作集成在所固定设备的相应控制软件上，将视频监控功能集成到地铁隧道安全隐患综合检测车数据采集控制系统；

（6）在地铁隧道安全隐患综合检测车数据采集控制系统上增加实时定位功能，用以实时显示检测车已检测路线，以及当前检测位置；

（7）地铁隧道安全隐患综合检测车上三个检测系统所涉及的仪器设备相应的控制程序均采用 C++语言进行编写的，C++语言具有以下特点：①继承自 C 语言的优点，具有简洁、紧凑、使用方便、灵活等特点，并且拥有丰富的运算符，生成的目标代码质量高，编写的程序执行效率高，代码的可移植性好；②支持面向过程和面向对象的方法，因此 C++语言具有数据封装和隐藏、继承和多态等面向对象的特征。除了以上的特点外，考虑到为了更方便与仪器设备控制程序对接，地铁隧道安全隐患综合检测车数据采集控制系统也采用 C++语言进行编写。

（8）地铁隧道安全隐患综合检测车数据采集控制系统采用 Qt 开发平台进行开发，Qt 是 1991 年由 The Qt Company 开发的跨平台 C++图形用户界面（GUI）应用程序开发框架，既可以进行 GUI 程序的开发，也可以对非 GUI 程序进行开发。Qt 是面向对象的框架，并具有以下特点：①跨平台特点，相同代码能够在多种不同系统平台下编译；②面向对象，Qt 具有良好的封装机制，从而 Qt 的模块化程度非常高，因此具有较强的重用性，方便用户进行开发；③丰富的 API，Qt 封装好的类库十分丰富，只需要知道 API 的参数和用法就可以直接调用；④设计界面方便，Qt 设计界面相比微软基础类库（MFC）更加精巧，界面设计更加简单且美观。

地铁隧道安全隐患综合检测车数据采集控制系统的仪器设备控制框架图如图 6.2.2-4 所示。

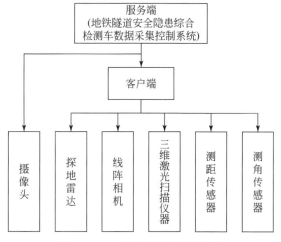

图 6.2.2-4　仪器设备控制框架图

3. 采集控制系统功能与界面设计

根据采集控制系统设计方案，本书设计的地铁隧道安全隐患综合检测车数据采集控制系统主要具有以下五大功能：在线设备列表、参数设置、同步控制采集、实时视频监控以及实时定位功能。如图 6.2.2-5 所示，这 5 个功能基本满足了控制系统的功能需求，都采用图形用户界面的方式进行实现。

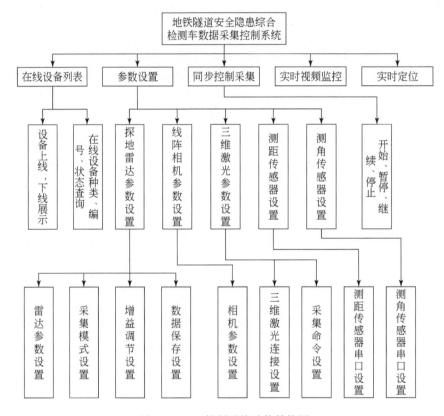

图 6.2.2-5　控制系统功能结构图

地铁隧道安全隐患综合检测车数据采集控制系统应具备直观、友好、易学、易操作的系统操作界面，且符合用户的相关使用操作逻辑。本系统以同步控制多设备采集为核心，采用 Windows 图形界面，实现在线设备列表、参数设置、同步控制采集、实时视频监控以及实时定位五大功能模块，各种交互方式和操作方式与用户日常使用习惯一致，具有极强的可操作性。控制系统主界面和参数设置对话框如图 6.2.2-6 和图 6.2.2-7 所示。

4. 同步采集控制方法验证方案

为验证同步采集控制方法的有效性，本章根据测距编码器安装方案与同步采集控制方法设计方案提出以下验证方案。

测距编码器触发产生的脉冲数可直接存储，包括顺时针方向脉冲数、逆时针方向脉冲数和总脉冲数，因此可根据每道脉冲数增量计算得到总脉冲数增量和，总脉冲数增量和就

图 6.2.2-6　控制系统主界面

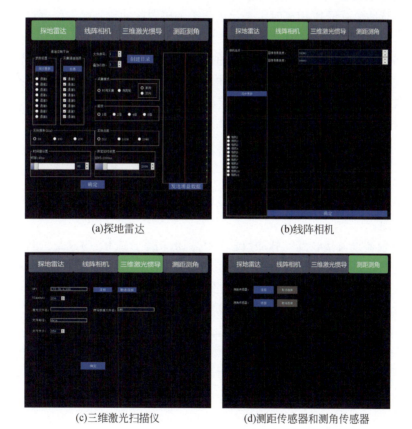

(a)探地雷达　　　　　　　　　　　(b)线阵相机

(c)三维激光扫描仪　　　　　(d)测距传感器和测角传感器

图 6.2.2-7　参数设置对话框

是实际触发的脉冲数总量M_1。

　　仪器设备中利用触发采集存储模式进行采集的数据具有道数信息，道数就是触发仪器采集的次数，所以根据道数可计算出仪器接收到的脉冲数总量M_2，计算公式如式（6.2.2-2）所示：

$$M_2 = Z \cdot \Delta t \qquad (6.2.2-2)$$

式中，Z 为数据道数，探地雷达采集的数据直接具有道数信息，线阵相机扫描得到的图像像素宽度就是单张图像的道数，所以可根据图像数量和图像像素宽度计算得到总道数；Δt 为仪器设置的脉冲信号采样间隔。

利用连续同步采集存储模式采集得到的每道数据都具有脉冲信号的信息，可以直接解析出每道数据的脉冲数值，包括顺时针方向脉冲数、逆时针方向脉冲数和总脉冲数，根据每道数据的脉冲数可计算得到顺逆时针方向和总脉冲数增量和，总脉冲数增量和就是仪器接收到的脉冲数总量M_3。

根据计算得到的脉冲数总量M_1，M_2，M_3进行对比，可判断同步采集方法的有效性，主要出现以下几种评判情况。

（1）当各仪器设备接收到的脉冲数总量M_2，M_3相等，或$M_3-M_2<\Delta t$，且M_3与测距编码器实际触发的脉冲数总量M_1相等时，表示用测距编码器脉冲信号触发仪器设备采集的同步采集方法是有效的，并且能够满足采样精度要求；

（2）当各仪器设备接收到的脉冲数总量M_2，M_3相等，或$M_3-M_2<\Delta t$，但M_3小于测距编码器实际触发的脉冲数总量M_1时，表示测距编码器脉冲信号能够有效触发所有设备进行采集，但采集次数小于触发次数，具有丢道情况，需要根据实际采样精度 α 进行判断，实际采样精度 α 计算公式如式（6.2.2-3）所示：

$$\alpha = \frac{S}{M_1} \qquad (6.2.2-3)$$

式中，S 为检测距离，如果实际采样精度 α 小于等于设置采样精度，那么说明同步采集方法能够满足采样精度要求，如果大于设置采样精度，则说明不满足采样精度要求，同步采集控制方法无效；

（3）当各仪器设备接收到的脉冲数总量M_2，M_3相等，或$M_3-M_2<\Delta t$，但M_3大于测距编码器实际触发的脉冲数总量M_1时，表示测距编码器脉冲信号能够有效触发所有设备进行采集，但采集次数大于触发次数，如果两者差距明显，则可能是仪器设备出现问题，此种情况将影响后续数据定位解算，无法精确计算出每道数据的位置信息，因此同步采集控制方法无效；

（4）当各仪器设备接收到的脉冲数总量M_2，M_3不相等，且$M_3-M_2>\Delta t$ 时，表示测距编码器脉冲信号不能有效触发所有设备进行采集，各设备采集不同步，因此说明同步采集控制方法无效。

6.2.3　室内物理模型方法验证实验

1. 室内物理模型概况

地铁隧道安全隐患综合检测车同步采集控制方法提出后，为了验证以测距编码器产生的脉冲信号作为外部信号触发所有仪器设备进行同步采集和利用地铁隧道安全隐患综合检测车数据采集控制系统控制各个仪器设备的相关参数设置与同步传输、数据实时显示与存储等功能的有效性，本章在室内搭建物理模型进行方法验证实验。

如图 6.2.3-1 所示，为模拟地铁隧道真实环境，在室内搭建了长 2.5m 的混凝土管片模型，为了能够使探地雷达、线阵相机和三维激光扫描仪同时移动采集，设计并搭建了同步检测实验装置，因室内空间有限，实验装置平台上只装载了一台三维激光扫描仪，一个探地雷达空气耦合天线和 8 台线阵相机，实验装置安装在两条长滑轨上，通过手推可实现整个装置的前后移动。

图 6.2.3-1　物理模型示意图

2. 实验方案设计

本次实验以验证同步采集控制方法的有效性为主要目的，通过测距编码器脉冲信号触发多通道探地雷达、8 台线阵相机和三维激光扫描仪进行采集，采集完成后通过分析所采集的数据验证该方法的有效性。为实现此次实验的目的，将测距编码器与周长已知的滚轮同轴安装，然后将滚轮安装在实验装置的底板上，滚轮可随实验装置前后移动而旋转，编码器安装示意图如图 6.2.3-2 所示。

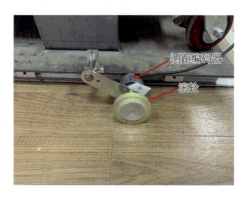

图 6.2.3-2　编码器安装示意图

本次实验设置了两种检测情况，即测距编码器顺时针方向旋转和逆时针方向旋转两种情况下触发所有仪器设备进行采集。实验时，为保证线阵相机扫描得到的图像清晰度，使线阵相机与管片模型之间的距离保持在相机的有效物距之内。

3. 参数设置

测距编码器、探地雷达和线阵相机等都需要根据检测目的和环境的不同来设置相关参数，测距编码器主要包括单圈输出脉冲数，探地雷达主要包括脉冲信号采样间隔、时窗、采样点数和采样频率等，线阵相机主要包括脉冲信号采样间隔，图像像素宽度和图像像素高度等，三维激光扫描仪需要发送采集指令等，这些参数的设置均采用地铁隧道安全隐患综合检测车数据采集控制系统实现。

测距编码器与滚轮同轴安装，滚轮的周长为 250mm，本次实验设置的采样精度为 0.1mm，因此根据式（6.2.2-1）可知，测距编码器每圈输出脉冲数 N 必须大于 2500，本次实验参数设置如表 6.2.3-1 所示。

表 6.2.3-1　参数设置

设备种类	参数名称	参数数值
测距编码器	单圈输出脉冲数	3000
探地雷达	脉冲信号采样间隔	120
	时窗/ns	60
	采样点数	512
	采样频率/kHz	100
8 台线阵相机	脉冲信号采样间隔	1
	图像像素高度/像素	16380
	图像像素宽度/像素	10000

4. 实验结果与分析

在本次实验过程中，采用地铁隧道安全隐患综合检测车数据采集控制系统对所有仪器设备进行相关参数设置与同步传输、数据实时显示与存储等操作，能够顺利完成各仪器设备的数据采集，验证了该系统的有效性和稳定性，该系统运行情况示意图如图 6.2.3-3 所示，图 6.2.3-3 中左上角为三维激光扫描仪实时采集情况，右上角为线阵相机实时采集情况，左下角为地铁隧道安全隐患综合检测车数据采集控制系统实时运行情况，右下角为多通道探地雷达实时采集情况。

将各设备采集的数据经过同步采集控制方法验证方案中提到的方法解算之后得到脉冲数总量 M_1，M_2，M_3，脉冲总量与其他相关数据情况如表 6.2.3-2 所示。

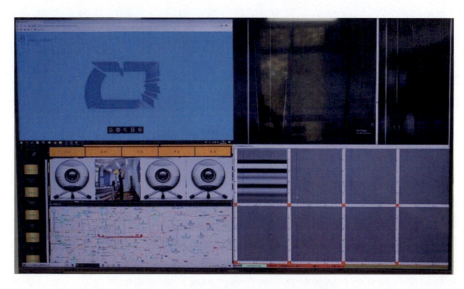

图 6.2.3-3　控制系统运行情况示意图

表 6.2.3-2　数据情况

检测方向	设备种类	参数名称	参数数值
编码器顺时针旋转方向	测距编码器	装置实际移动距离/mm	2981.917
		实际脉冲数总量M_1	35783
	探地雷达	数据道数	298
		脉冲数总量M_2^1	35760
	8 台线阵相机	数据道数	35783
		脉冲数总量M_2^2	35783
	三维激光扫描仪	顺时针方向脉冲数增量和	35768
		逆时针方向脉冲数增量和	15
		总脉冲数增量和M_3	35783
编码器逆时针旋转方向	测距编码器	装置实际移动距离/mm	3032.917
		实际脉冲数总量M_1	36395
	探地雷达	数据道数	303
		脉冲数总量M_2^1	36360
	8 台线阵相机	数据道数	36395
		脉冲数总量M_2^2	36395
	三维激光扫描仪	顺时针方向脉冲数增量和	12
		逆时针方向脉冲数增量和	36383
		总脉冲数增量和M_3	36395

由表 6.2.3-2 中的数据可知，在编码器顺时针旋转方向上实验时，三维激光扫描仪和

8 台线阵相机接收得到的脉冲数总量M_3和M_2^2与测距编码器实际脉冲数总量M_1是相等的，均为 35783 个脉冲，探地雷达接收得到的脉冲数总量满足$M_3-M_2^1=23<\Delta t=120$。

在编码器逆时针旋转方向上实验时，三维激光扫描仪和 8 台线阵相机接收得到的脉冲数总量M_3和M_2^2与测距编码器实际脉冲数总量M_1是相等的，均为 36395 个脉冲，探地雷达接收得到的脉冲数总量满足$M_3-M_2^1=35<\Delta t=120$。

表 6. 2. 3-2 中装置实际移动距离 S 可根据式（6. 2. 3-1）计算得到：

$$S=A\cdot\frac{C}{N} \tag{6. 2. 3-1}$$

式中，A 为脉冲数总量；C 为与编码器同轴安装的检测车车轮的周长；N 为测距编码器每圈输出脉冲数。根据式（6. 2. 3-1）和实际脉冲数总量M_1计算得到检测装置在编码器顺、逆时针旋转方向上实际移动距离分别为 2981. 917mm 和 3032. 917mm，考虑到本次实验是靠人力推动实验装置移动，实验装置重量较大，难以严格、精确控制实验装置的移动距离，并且测距编码器精度较高，实验所选用的测距编码器每毫米可触发 12 个脉冲信号，因此轻微旋转即可触发多个脉冲信号，所以难以严格控制测距编码器顺、逆时针旋转方向上实际移动距离完全一致，因此两次实验的测距编码器实际脉冲数总量难以完全相等。

综上考虑，本次实验结果满足同步采集控制方法验证方案中的评判情况（1），即验证了通过测距编码器脉冲信号作为同步信号触发各仪器设备进行同步采集的方法是有效可行的，并且能够满足采样精度要求。

综上所述，通过本次室内物理模型实验验证了同步采集控制方法是有效可行的，包括地铁隧道安全隐患综合检测车数据采集控制系统能够稳定、有效运行，可实现对仪器设备的参数设置与同步传输、数据实时显示与存储等相关操作，以及测距编码器脉冲信号可有效、精确地触发各设备进行同步采集。

第 7 章　地铁隧道高精度导航地图构建技术

7.1　建图场景分析与框架搭建

7.1.1　当前存在的地图构建难题

当前的地图构建存在两个方面的难题，一个是地图快速构建，另一个是地图高精度。

地图快速构建技术中，SLAM 技术能较好地完成这一需求，但实际 SLAM 系统软硬件的搭建以及传感器的选择存在难题，包括 GPS 信号的缺失，不同 SLAM 系统的算法在该场景下的适配性好坏，软硬件之间如何连接并实现通信，传感器方面线阵雷达、面阵雷达的选型，多元传感器融合选取哪些传感器以及不同算法在构图时对传感器数据的处理速度，采集特征点的选取策略是否适合隧道的采集场景。

地图高精度的主要难题是其定位问题。受限于地铁隧道内特殊的封闭地下环境，传统定位技术受到多种因素的干扰，如多径效应、信号衰减、多重反射以及测距轮空转、打滑等。这些因素导致传统的定位技术无法准确测量和计算位置，进而影响定位的精度和稳定性。另外，地铁隧道安全隐患综合检测车上的各种设备分布在不同的位置，并采用不同的原理和数据结构进行采集，所检测的病害隐患也都处于不同的坐标系下，难以准确匹配其实际位置。

传统的高精度测距编码器在隧道行驶中提供持续的定位信息，但长隧道的累计误差也会进一步放大定位偏差。另外，视觉相机识别全站仪测得的控制点信息虽然能提供较为精确的定位信息，但无法实现持续定位。

7.1.2　高精度导航地图快速构建框架

基于本检测车现有的三维空间信息采集系统的同步采集流程，计划使用以下两个步骤完成高精度导航地图的快速构建。

首先，使用 SLAM 构图技术完成地图的初步快速构建，相比于检测车现有的三维空间建图方法——基于高精度测距编码器输出的里程信息去匹配三维激光扫描仪的逐帧点云，随检测车前进完成地图的构建。SLAM 构图可以更好地显示隧道内部的起伏和弯曲，并且 SLAM 构图所具有的实时性也可以更好地辅助检测车规避在已构建地图中因作业环境突然发生改变而产生的意外情况。其次，基于车载高精度编码器和计算机视觉的多传感器融合进行定位精度提升。利用视觉相机识别的低误差控制点信息与车载高精度编码器的可持续性里程信息融合，并通过控制点区间内相机拍摄帧数进行线性插值，实现里程值的精度校正。高精度导航地图快速构建思路如图 7.1.2-1 所示。

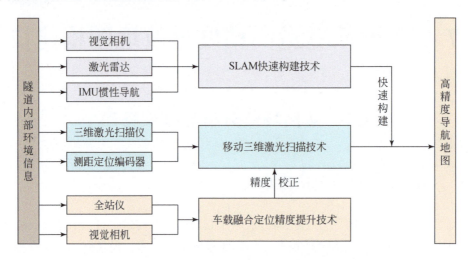

图 7.1.2-1　高精度导航地图快速构建思路

其中 SLAM 快速构建技术于 8.2 节会进行详细介绍，针对车载融合定位流程图如图 7.1.2-2 所示。

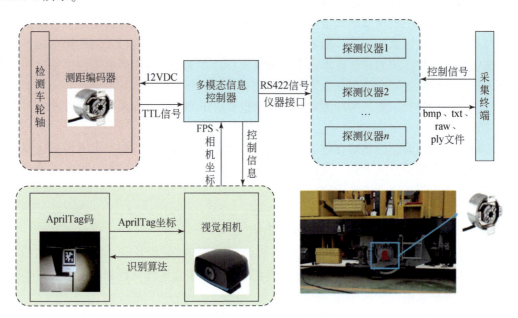

图 7.1.2-2　车载融合定位流程图

12VDC-12V 直流电

该车载融合定位系统是基于地铁隧道安全隐患综合检测车构建的。车载融合定位系统由测距编码器、多模态信号控制器、视觉相机和采集终端组成。

该系统通过两个子系统完成检测车的融合定位，分别是测距轮编码器系统和视觉图像采集定位系统。其中为了准确测量检测车的前进里程，该车采用了 DFS60B 型增量编码器，其具有 2048 的高分辨率。这种编码器利用光电效应将物理量如角度和编码转换为电脉冲信号。通过分析测距轮在时间段内的旋转角度，该编码器能够输出检测车行进的精确行程数据。在测距编码系统设计中，将测距编码器与检测车的车轴相连，使其能随车轴旋转而产生 TTL 脉冲信号。这些信号随后被传输到多模态信息控制器，该控制器负责将 TTL 脉冲信号转化为适合检测设备使用的其他形式的信号。

在视觉图像采集定位系统中，参考扬·卡尔维兹（Jan Kallwies）[1]、赛义德·穆罕默德·阿巴斯（Syed Muhammad Abbas）[2]等针对 AprilTag 的精度提升方案，利用高分辨率的视觉相机通过连续地对目标控制点检测来判断是否到达控制点位置。若未检测到控制点图片，则进入循环继续检测，若检测到控制点信息，则识别控制点信息，通过识别算法输出计算的相机相对坐标和 FPS，利用计算出来的相机坐标来完成测距轮编码器里程值的精度矫正。

为了实现融合定位算法，在检测车上安装了 AE-VC281I-IF 相机，该相机具备 200 万像素及 30m 红外距离，适用于暗光环境下的高效扫描拍摄，支持背光补偿。此外，该相机还具备 IP68 级防尘防水设计，适合隧道环境中进行测量需求。为了确保里程控制点的高精度，该系统采用徕卡（Leica）TZ08 全站仪来采集控制点信息，用于校正里程计数据、提高定位精度，并进行后续验证。

检测仪器将矫正后的里程信息同步进入检测数据后输出到采集终端进行处理。各个子系统组件相互协作，确保系统高效可靠，实现检测车定位和数据采集的目标。

7.2　导航地图快速构建

为构建地铁隧道高精度导航地图，数据的采集是十分重要的一个环节。本章将以机器人操作系统（ROS）平台软件为基础，以激光雷达、惯导、视觉相机等传感器硬件为支撑，搭建一套软硬件结合的实时点云采集系统，并针对市面上主流的采集方法进行阐述比较，选取一种适用于地铁隧道场景的采集方法。

7.2.1　实时采集系统分析与选取

SLAM 近年来发展迅速，衍生成各种各样的系统，多模态融合的 SLAM 系统也越来越成为主要的方向，但还是要根据实际的测试场景，选取更适应于此场景的算法。目前，常见的主流 SLAM 系统有纯激光雷达系统、激光雷达-惯导系统、基于视觉和视觉-惯导的系统以及近几年逐渐兴起的激光雷达-惯导-视觉系统与基于深度学习的 SLAM 系统等[3-4]。

考虑基于视觉的 SLAM 系统对环境光照的依赖性较高，在动态环境下面临一定挑战以及初始化和尺度不确定性等问题，在地铁隧道内的弱光环境下，作为主传感器容易导致鲁棒性低，构图质量差等问题，故不作考虑。而深度学习的 SLAM 系统目前技术还不够成熟，一方面需要庞大的计算资源需求，另一方面依赖大量的训练数据，在面临未见过的环境时，泛化能力较差，并且基于深度学习的 SLAM 系统处理数据和做出决策的速度可能不满足实时或接近实时的应用需求，尤其是在计算资源受限的情况下。考虑检测车整体功能较多，各个线路通信也相对复杂，在实际应用方面应尽量往节省计算资源以及安装便捷性的方面考虑。

综上所述，本次实时采集方法从纯激光雷达系统、激光雷达–惯导系统、激光雷达–惯导–视觉系统三个方面选择其相关的优秀算法进行测试。

1. 基于纯激光雷达的 SLAM 算法分析

纯激光雷达方面选取较为经典的 LOAM 算法和专为地面车辆环境进行优化的 LeGO-LOAM 算法。

LOAM 算法强调在不同环境下保持较高的定位精度和地图质量，虽然不能说是某个特定环境的最优算法，但它的通用性和高精度定位能力使其成为广泛应用于多种场景的可靠选择，LOAM 算法能够适应不同的环境变化，包括室内外的转换、不同的光照条件以及多样的地面材质，显示出其强大的环境适应性和稳定的性能表现。尽管 LOAM 算法对计算资源的需求相对较高，但其在高精度地图构建和实时定位方面的表现，仍然使其在许多高端应用中成为首选。

LOAM 算法通过分离处理地面和非地面特征点，并使用这些特征点进行精确地运动估计和地图构建。本方案专为地面车辆环境优化，考虑到地面车辆的运动特性和操作环境，通过一系列优化措施显著降低了计算资源的需求，以降低计算资源的需求，同时保持良好的 SLAM 性能。LOAM 算法的运行框架如图 7.2.1-1 所示。

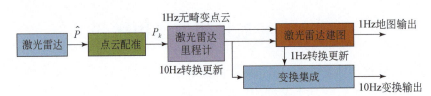

图 7.2.1-1　LOAM 算法的运行框架

$\hat{P}$. 激光雷达扫描中的点；P_k. 第 k 帧激光雷达扫描中的点云数据

LOAM 算法主要包含两个模块，一个是激光雷达里程计，即使用激光雷达做里程计计算两次扫描之间的位姿变换，目的是进行低精度、高频率的粗定位。另一个是激光雷达测绘，利用多次扫描的结果构建地图，细化位姿轨迹，目的是进行高精度、低频率的细定位。而在特征点提取时，提出了一种根据点云点的曲率提取特征点的提取方式：

$$c = \frac{1}{\mid S\mid \cdot \parallel X^L_{(k,i)}\parallel}\left\| \sum_{j\in S, j\neq i}\left[X^L_{(k,i)} - X^L_{(k,j)}\right]\right\| \tag{7.2.1-1}$$

式中，c 为当前点的曲率值；S 为目标点的邻域点集合；$X^L_{(k,i)}$ 为第 k 次扫描中，第 i 个点在激光雷达坐标系 L 下的 3D 坐标；$j\in S$ 为邻域点 j 属于集合 S，且 $j\neq i$（排除目标点自身）。

原理如式（7.2.1-1）所示，本质上是通过同一条扫描线上取目标点左右两侧各 5 个点，分别与目标点的坐标作差，得到的结果就是曲率。当目标点处在棱或角的位置时，差值较大，曲率较大，称为角点。当目标点在平面上时，差值相近，曲率较小，称为面点。

特征点提取如图 7.2.1-2 所示。

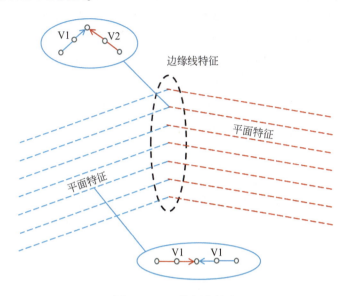

图 7.2.1-2　特征点提取

LeGO-LOAM 算法特别关注于在地面车辆的应用场景下，如自动驾驶和机器人导航中，提供高效且实用的解决方案。专为地面车辆环境优化，考虑到地面车辆的运动特性和操作环境，进行了一系列优化，以降低计算资源的需求，同时保持良好的 SLAM 性能。如图 7.2.1-3 所示，在计算资源消耗方面，它更加注重在有限的计算资源下运行，通过对算法进行优化，减少了对计算资源的需求。这使得 LeGO-LOAM 算法更适合计算能力有限的系统。LeGO-LOAM 算法在安装时要求雷达以水平的方式安装在车辆上，而 LOAM 算法在安装时并未要求。

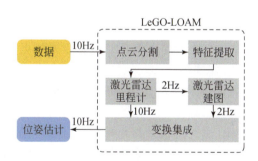

图 7.2.1-3　LeGO-LOAM 算法的运行框架

相比于 LOAM 算法，LeGO-LOAM 算法新增加了点云分割（segmentation）环节，以及对后续部分进行了相关优化，它将点云投影为距离图像，分离出地面点和非地面点，且平滑度计算公式不同，原始 LOAM 算法中为使用点集中的坐标相减，而 LeGO-LOAM 算法中为使用点集中的欧氏距离作差。在特征点选取中原始 LOAM 算法为按照平滑度的值及已有特征点数量分为平面点/边缘点两类，而 LeGO-LOAM 算法中不仅考虑到平滑度的值还同时考虑到点的类型为地面点/分割点，分别提取不同的特征点集。激光雷达里程计模块相邻帧之间特征点的对应关系也分别按照地面点/分割点进行寻找，使得寻找匹配特征点的效率、精度更高。激光雷达建图模块中 LeGO-LOAM 算法提供了基于传感器视野范围与基于图优化获取的两种获取特征对应点方法。此外，还加入了增量平滑与建图算法（ISAM2）进行后端优化（闭环检测）。

2. 激光雷达–惯导融合系统的 SLAM 算法比较

激光雷达–惯导融合系统方面选取激光雷达惯性里程计与建图（LIO-SAM）和快速激光惯性里程计（FAST-LIO2）算法，前者是一种高效的、基于因子图优化的激光雷达与惯性导航系统的 SLAM 算法，后者则是目前非常优秀且极具代表性的开源激光 SLAM 算法之一，相较于以往特征点提取的方式，提出了一种全新的处理方式。

LIO-SAM 算法是 LeGO-LOAM 算法的扩展版本，添加了 IMU 预积分因子和 GPS 因子。LIO-SAM 算法流程图如图 7.2.1-4 所示。

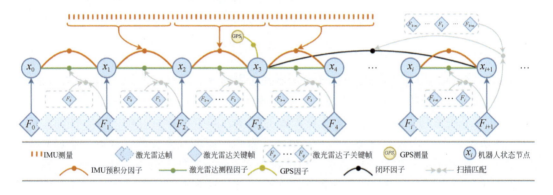

图 7.2.1-4　LIO-SAM 算法流程图

LIO-SAM 算法主要步骤有以下几步。

（1）数据预处理：通过同步激光雷达和 IMU 数据，并将点云进行地面分割与非地面分割，来为接下来的特征提取作铺垫。

（2）提取特征：依据点云的曲率从分割后的非地面点云中识别出边缘和平面的特征点。

（3）结合激光雷达和 IMU 进行里程计算与预积分：基于提取的特征点进行配准以估算位置的相对变化，并结合 IMU 数据进行预积分，从而为每帧数据提供连续的运动估算。

（4）运动畸变校正：对因移动产生的点云畸变进行校正，以提高特征匹配的精度。

（5）闭环检测：识别环境中的闭环，以便在后续优化中纠正位姿累积误差。

（6）因子图优化：结合激光雷达里程计、IMU 预积分结果和闭环检测信息，通过图优化方法综合处理多种输入，优化最终位姿估计。

（7）多尺度地图构建与自适应权重调整：动态调整地图的精度和范围以适应不同环境，同时根据数据可靠性和环境条件调整优化权重，提高系统鲁棒性。

（8）状态初始化与系统集成：在系统启动时对 IMU 进行状态初始化，并整合以上步骤，实现精确、鲁棒的位姿估计与地图构建。

其中 IMU 预积分因子是 IMU 传感器只能得到的原始数据角速度和加速度，需进行数据预处理，需要公式如式（7.2.1-2）和式（7.2.1-3）所示：

$$\hat{\omega}_t = \omega_t + b_t^{\omega} + n_t^{\omega} \tag{7.2.1-2}$$

$$\hat{a}_t = R_t^{\mathrm{BW}}(a_t - g) + b_t^a + n_t^a \tag{7.2.1-3}$$

式中，$\hat{\omega}_t$ 和 $\hat{a}_t$ 分别为通过 IMU 传感器预处理得到的 t 时刻角速度与加速度；ω_t 为 IMU 传感器得到原始数据角速度；a_t 为 IMU 传感器得到原始数据加速度；n_t^{ω} 和 n_t^a 为角速度和加速度白噪声；g 为重力加速度常数；b_t^{ω} 和 b_t^a 为角速度和加速度偏置；R_t^{BW} 为从世界坐标系到自身坐标系的旋转矩阵。

经过上述处理后，其值用于推导自身运动，在 $t+\Delta t$ 时刻的速度、位置和旋转矩阵如式（7.2.1）～式（7.2.1-6）所示：

$$v_{t+\Delta t} = v_t + g\Delta t + R_t(\hat{a}_t - b_t^a)\Delta t \tag{7.2.1-4}$$

$$p_{t+\Delta t} = p_t + v_t\Delta t + \frac{1}{2}g\Delta t^2 + \frac{1}{2}R_t(\hat{a}_t - b_t^a - n_t^a)\Delta t^2 \tag{7.2.1-5}$$

$$R_{t+\Delta t} = R_t \exp\left[(\hat{\omega}_t - b_t^{\omega} - n_t^{\omega})\Delta t\right] \tag{7.2.1-6}$$

式中，$R_t = R_t^{\mathrm{WB}}$ 为自身坐标到世界坐标的变换矩阵；p_t 为初始位置；v_t 为初始速度；$\hat{a}_t$ 为通过 IMU 传感器预处理得到的 t 时刻加速度；b_t^a 为加速度偏置。

LIO-SAM 算法使用因子图优化作为其核心算法，将激光雷达和 IMU 数据融合为一个优化问题来解决。通过这种方式，系统能够有效地处理传感器噪声和估计误差，提高定位和地图构建的准确性，并且 LIO-SAM 算法集成了闭环检测功能，当系统检测到当前的环境与之前的环境高度相似时，它能够通过闭环优化过程纠正累积的位姿误差，大幅提高长时间运行的精确性。

FAST-LIO2 算法主要是利用扩展卡尔曼滤波紧耦合 IMU 和激光雷达里程计，解决低特征场景下激光里程计退化的问题。主要创新点在于：①直接使用输入的激光雷达原始点进行配准，去除了原来人为设计的特征提取模块的局限性，这样可以利用环境的细微特征，进一步提高配准的准确性；②增加一个增量 k 维树数据结构，这样使得增量更新（即激光点插入、删除）和动态平衡成为可能，也提高了快速查询、增删的效率。FAST-LIO2 算法系统结构框架如图 7.2.1-5 所示。

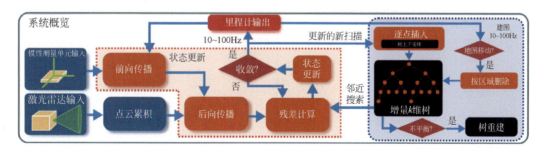

图 7.2.1-5　FAST-LIO2 算法系统结构框架

　　流程中核心的两部分，一部分是迭代扩展卡尔曼滤波（IEKF），另一部分是增量 ikd-tree。

　　迭代扩展卡尔曼滤波器是一种用于非线性系统状态估计的先进滤波技术，它在迭代扩展卡尔曼滤波器的基础上引入了迭代机制，以更精确地处理系统的非线性动态。通过在每个估计步骤中执行多次迭代，IEKF 能够逐渐减小预测和观测之间的误差，提高状态估计的准确度。这种方法特别适合于复杂环境下的应用，如自动驾驶、机器人定位导航和高精度跟踪系统，因为它能够在快速变化的情况下提供更加稳定和可靠的性能。在本算法中包括系统模型、观测模型、迭代更新三个主要部分。系统模型预测部分方程如式（7.2.1-7）所示：

$$\delta x_{k+1} = F_x \delta x_k$$
$$P_{k+1} = F_x P_k F_x^{\mathrm{T}} + F_w Q\, F_w^{\mathrm{T}} \tag{7.2.1-7}$$

式中，δx_{k+1}，δx_k 为状态误差向量；F_x 为状态转移矩阵；F_w 为过程噪声矩阵；Q 为过程噪声协方差矩阵；P_{k+1}，P 为协方差矩阵。

　　观测模型假设使用真实参数 x，计算平面特征点到平面的距离：

$$\begin{aligned} h(x) &= h(\hat{x} \oplus \delta x) \\ &= u^{\mathrm{T}}(R\, p_1 + t - q) \\ &= u^{\mathrm{T}}\left[(\hat{R} \oplus \delta R) p_1 + \hat{t} + \tilde{t} - q \right] \\ &= 0 \end{aligned} \tag{7.2.1-8}$$

式中，$h(x)$ 为观测函数；$\hat{x}$ 为状态误差；u 为平面法向量；R 为旋转矩阵；t 为平移向量；$\hat{R}$ 为估计的旋转矩阵；$\hat{t}$ 为估计的平移向量；p_l，q 为 3D 点坐标。

　　由于实际的参数无法获得，故应用估计值 $\hat{x}$ 计算距离：

$$h(\hat{x}) = u^{\mathrm{T}}(\hat{R} p_1 + \hat{t} - q) \tag{7.2.1-9}$$

　　两者的不同是由于姿态误差 δR、平移误差 δt 和观测噪声引起的。在 $\delta x = 0$ 处一阶泰勒展开：

$$h(x) = h(\hat{x} \oplus \delta x) + v \approx h(\hat{x}) + H \delta x + v \tag{7.2.1-10}$$

式中，H 为观测模型的雅可比矩阵；v 为观测噪声。

　　变换化简可得观测方程的雅可比矩阵为

$$h_i = \begin{bmatrix} u_i^{\mathrm{T}} & 0 & -u_i^{\mathrm{T}}\hat{R}(p_{1_i} \times) & 0 & 0 & 0 \end{bmatrix}$$
$$H = \begin{bmatrix} h_1 \\ h_2 \\ \vdots \\ h_M \end{bmatrix} \tag{7.2.1-11}$$

3. 迭代更新

　　迭代更新过程是指在每个时间步骤中重复应用更新规则，逐渐修正状态估计，以此来更精确地捕捉和适应系统的非线性特性。通过反复计算观测残差、卡尔曼增益，并更新状态和协方差，IEKF 在收敛条件或预定迭代次数前不断细化状态估计，以提高滤波的准确性和鲁棒性。

另外，ikd-tree 中 k 代表数据空间的维度，一个 kd-tree 是一个二叉树，其中每个非叶节点表示对 k 维点的一个切分，将点集分割为两个子集，这些子集分别构成了该节点的两个子树。在二维空间中，意味着每个非叶节点可以通过一条线将空间分割为左右两部分；在三维空间中，则通过一个平面进行分割。在 kd-tree 中，每一层的分割都是基于点集在当前维度的中值进行的，并且每一层的分割维度是循环变换的。而传统的 kd-tree 存在着大量数据导致深度不均衡和搜索效率下降的问题，对此 ikd-tree 的出现解决了这个问题。

1）kNN&ranged-kNN 搜索

ikd-tree 中的 kNN&ranged-kNN 搜索，其中 kNN 称为 k 近邻搜索，ranged-kNN 称为有范围限制的 k 近邻搜索。其根本原理是从根节点开始向下递归搜索，搜索过程中不直接计算节点和查询点的距离，因为节点代表空间的划分。取而代之的是根据查询点的坐标和每个节点的划分轴及划分值来决定搜索方向，探索与查询点在当前维度上更接近子树。在遍历过程中，当遇到叶子节点或数据点时，计算这些点与查询点的距离，并将这些点及其距离放入一个优先队列中，该队列按距离排序且只保留最近的 k 个点。搜索包括递归探索直至叶子节点，并在必要时回溯，以确保没有错过任何可能更近邻的子树。这个过程一直持续，直到所有可能包含最近邻的子树都被适当地探索过。最终，从优先队列中获取的 k 个数据点即为查询点的 k 个最近邻。

在这个过程中 ikd-tree 中充分利用了数据结构部分提到的范围信息来进行剪枝加速，即在每个节点处，除了计算节点本身与查询点的距离之外，也会分别判断左右两个子树的范围是否与目标解空间有重叠，只有重叠的子树才会被继续递归搜索，没重叠的子树将直接被剪枝掉，实现搜索加速。

2）ikd-tree 的再平衡算法

ikd-tree 通过特定的平衡性判据来监控树的结构，重建不平衡的子树如图 7.2.1-6 所示。当判据指示某个子树的结构不再满足平衡条件时（例如，因为点的增加、删除或移动），就会触发重建过程。重建过程首先将不平衡子树中的所有节点（点）提取出来，并在这一过程中移除那些被标记为删除的点。这一步骤将子树"扁平化"为一个点集合，为重新构建做准备。然后，使用这个扁平化后的点集合按照中值点法执行常规的 ikd-tree 构建过程。这意味着选择一个维度和该维度上的中值点来分割点集，递归地在每个分割的子集上重复此过程，直至构建完成新的子树。构建完成后，将新的子树替换到原来不平衡子树的位置，从而完成了整个 ikd-tree 的再平衡。这保证了即使在频繁的数据更新后，ikd-tree 仍能保持良好的搜索效率和性能。

3）盒式删除

在算法中地图区域管理和维护的二维示意图如图 7.2.1-7 所示，通过不断融合新的扫描点，地图区域不断增大，在当前位置 P_0 设置了一个长度为 L 的局部区域，如图 7.2.1-7（a）所示。检测区域为计算的激光雷达位姿的中心，r 为检测球半径。当移动到新位置 P' 时，检测球与地图边缘相交，地图将会移动距离 d，如图 7.2.1-7（b）所示，灰色阴影区

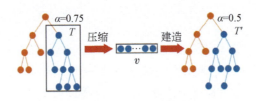

图 7.2.1-6　重建不平衡的子树

α-衡量 ikd-tree 平衡性的参数；v-分割值；T-一颗子树，不平衡的子树；T'-经过重建后得到的新的平衡子树

域将通过盒式操作进行删除。

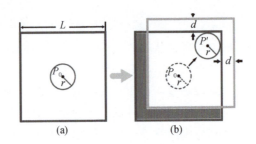

图 7.2.1-7　地图区域管理和维护的二维示意图

而盒式删除判断每个节点代表的数据点是否位于要删除的区域（通常是灰色区域）内。如果是，那么这个节点会被标记为删除。对于每个节点的两个子节点，判断它们代表的空间范围是否与删除区域有交集。这个范围是指子节点代表的 ikd-tree 空间区域。如果子节点的范围与删除区域没有交集，那么可以直接剪枝，即忽略这个子节点及其所有后代，因为它们不可能位于删除区域内。如果子节点的范围与删除区域有交集，那么需要递归地对这个子节点执行相同的判断和标记删除的过程。遍历完所有节点后，所有位于删除区域内的节点都会被标记删除。实际的删除操作可能会在遍历过程中立即执行，或者在遍历完成后统一处理。由于删除操作可能会破坏 ikd-tree 的平衡，完成所有删除后，可能需要通过重新平衡或重建受影响的子树来维护整个树的结构和搜索效率。

4. 多传感器融合 SLAM 算法评估

因多模态融合的 SLAM 系统在各个传感器信息匹配上难度更高，相对面临挑战环境时的鲁棒性更高，故成为当下比较热门的研究方向，一种鲁棒的、实时的、RGB 着色的激光–惯性–视觉紧耦合状态估计与建图（A robust, real-time, RGB-colored, LiDAR-inertial-visual tightly-coupled state estimation and mapping package，R³LIVE）系统的出现展现了其极强的环境适应力。

R³LIVE 系统运行框架图如图 7.2.1-8 所示，系统核心基于 IMU，通过激光雷达和相机的数据对系统状态进行修改。基本过程是，在以 IMU 的预测数据为基准，当接收到新的激光雷达或相机的数据时，对系统状态做出激光雷达的数据处理过程与 LIO 算法保持一致，并将数据的处理分为两个阶段：首先通过跟踪点的重投影传感器托盘进行状态更新，然后利用基于光度的托盘进行状态更新先前的更新结果进一步优化状态。

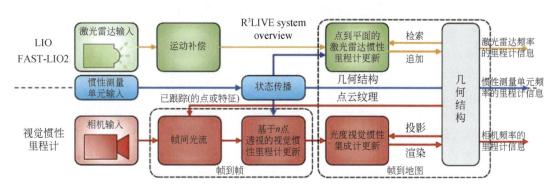

图 7.2.1-8　R³LIVE 系统运行框架图

R³LIVE 系统有两个主要的线程：视觉惯性里程计（VIO）和 LIO，两个线程按时间顺序分别用激光或图像的观测来更新系统状态。

LIO 子系统构建了全局地图的几何结构，它记录了输入的 LiDAR 扫描，并通过最小化点到平面的残差来估计系统的状态。

VIO 子系统构建贴图的纹理，用输入图像渲染每个点的 RGB 颜色，通过最小化帧到帧透视 n 点法（Perspective-n-Point，PnP）重投影误差和帧到地图光度误差来更新系统状态。即首先将全局地图中一定数量的点（即跟踪的点）投影到当前图像中，然后最小化这些点的光度误差，在误差状态迭代卡尔曼滤波（ESIKF）框架内迭代估计系统状态。为了提高效率，跟踪的地图点是稀疏的，这通常需要构建输入图像的金字塔。然而，金字塔的平移或旋转都不是不变的，也需要被估计。R³LIVE 框架中，利用单个地图点的颜色来计算光度误差，因为颜色是地图点的固有属性，对相机的平移和旋转都是不变的。

在 VIO 中，首先利用一个帧到帧（frame-to-frame）的光流来跟踪地图点，通过最小化跟踪地图点的 PnP 投影误差。然后，通过最小化跟踪点之间的帧到地图（frame-to-map）的光度误差来进一步细化系统的状态估计，有了收敛的状态估计和原始输入图像，执行纹理渲染来更新全局地图中点的颜色。

7.2.2　三维点云实时采集系统

1. 软件平台搭建

三维点云实时采集系统基于 Linux 操作系统，Linux 是一种自由和开源的操作系统内核，与它紧密相关的还有基于 Linux 内核的完整操作系统，通常包括 GNU 工具套件和其他自由软件，形成了所谓的 Linux 发行版，如 Ubuntu、Fedora、Debian 等。Linux 系统以其高度的可定制性、稳定性和安全性而闻名，被广泛应用于服务器、桌面计算、嵌入式系统、超级计算机和更多领域。Linux 的设计遵循 Unix 哲学，注重小型、模块化的设计理念。它支持多用户、多任务、多线程和强大的网络功能，使得 Linux 成为互联网和企业服务器的主要选择。

　　而三维点云实时采集系统主要建立在 ubuntu 下的机器人操作系统（robot operating system，ROS）进行开发。官方将 ROS 描述为一个开源的全球化机器人操作系统，其主要功能是实现数据的封包处理，从而实现不同节点间的数据交换。ROS 往往具有如下特点。

　　（1）免费开源：ROS 的开源性质允许用户自由使用、修改和分发其源代码。其模块化架构、通用性、通信机制和丰富的工具集吸引了全球合作社区，推动了机器人技术的发展。ROS 的开源性质促进了透明的开发过程，鼓励社区驱动的创新，降低了机器人技术的门槛，使更多人能够参与到机器人研究和开发中。

　　（2）分布式处理框架：ROS 采用的发布/订阅和服务调用通信模型上，允许模块之间实现松散耦合的通信。ROS 点对点通信机制如图 7.2.2-1 所示，这使得 ROS 系统能够在多个计算节点上运行，实现分布式计算，从而提高系统的灵活性和扩展性。模块化的设计允许各个节点独立运行，同时通过 ROS 的通信机制实现信息交换，使得机器人系统能够有效地分布在不同的硬件平台上，促进了并行处理和协同工作，为复杂的机器人任务提供了更强大的计算能力。

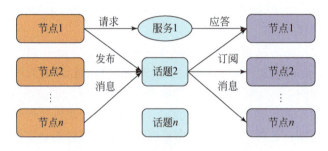

图 7.2.2-1　ROS 点对点通信机制

　　（3）软件复用性强：ROS 的软件复用性强，主要得益于其模块化架构和丰富的开源库。ROS 采用包概念，将机器人软件系统划分为独立的功能单元，使得开发者能够轻松地复用、共享和集成现有的模块。社区贡献了大量的开源库，涵盖了感知、运动控制、路径规划等多个领域，使得开发者能够直接利用这些功能模块，加速机器人应用的开发过程。这种开放的生态系统和标准化的接口设计提高了代码的可移植性，使得在不同项目和机器人平台之间轻松实现软件的复用和共享。

　　（4）多语言支持：包括 C++和 Python 作为其最常用的开发语言。除此之外，它还兼容 LISP、C#、Java、Octave 等多种语言。为了促进更广泛的应用移植与开发，ROS 使用了一种与语言无关的接口描述语言（IDL）来促进模块间的消息传递。简而言之，ROS 的通信机制不依赖于使用的编程语言，而是基于 ROS 特定的通信接口实现的。

　　（5）多种开发工具：ROS 具有多种开发工具，包括可视化工具、调试工具和仿真工具，为开发者提供了全面而强大的支持。可视化工具如 RViz 允许用户实时可视化机器人的传感器数据和状态，帮助调试和验证算法。调试工具如 rqt 和 rosbag 提供了分析和记录数据的手段，有助于诊断问题和改进性能。仿真工具如 GAZEBO 软件允许在虚拟环境中测试和验证机器人应用，提前发现潜在的问题。这些丰富的开发工具使得 ROS 成为一个强大而灵活的开发平台，加速了机器人应用的设计、测试和优化过程。

　　而根据操作管理模式，ROS 系统可分为三个级：文件系统层级、计算图级和社区级。本节将从以下三个层级来阐释 ROS 的文件系统。

　　（1）文件系统层级。ROS 的文件系统层级是指 ROS 源代码在硬盘中的存储结构，ROS 文件系统层级见图 7.2.2-2。

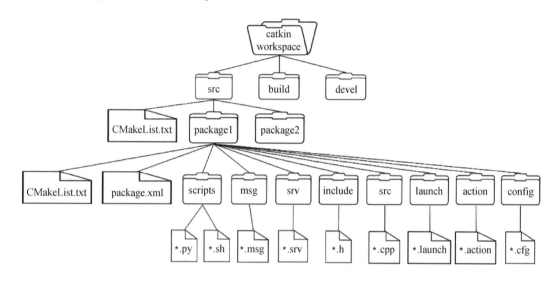

图 7.2.2-2　ROS 文件系统层级

catkin workspace-catkin 工作空间是 ROS（机器人操作系统）中用于组织和管理功能包的目录结构；src-source（源文件）的缩写，存放功能包的源代码；build-存放编译过程中产生的中间文件和缓存信息；devel-存放编译生成的开发环境相关文件，如可执行文件、库文件等；CMakeList. txt-CMake 构建脚本文件，用于定义项目的构建规则，如源文件、链接库等；package-功能包，ROS 中代码组织和复用的基本单元；package. xml- 功能包的描述文件，记录功能包的元信息，如名称、版本、依赖等；scripts-存放脚本文件的文件夹，常见的有 Python 脚本（＊. py）和 Shell 脚本（＊. sh）；msg-存放消息定义文件（＊. msg）的文件夹，用于定义 ROS 节点间传递的消息结构；srv-存放服务定义文件（＊. srv）的文件夹，用于定义 ROS 服务的请求和响应结构；include-存放头文件（＊. h）的文件夹，用于声明函数、类等；src-此处指存放 C++源文件（＊. cpp）的文件夹；launch-存放启动文件（＊. launch）的文件夹，用于启动多个 ROS 节点；action-存放动作定义文件（＊. action）的文件夹，用于定义带反馈的长时间运行任务；config-存放配置文件（＊. cfg）的文件夹，用于配置 ROS 节点的参数等

　　图 7.2.2-2 中，在自定义的工作区（workspace）中，主要构建了 src 源代码目录、build 编译目录以及 devel 开发目录三个主要文件夹。build 编译目录主要用于存储 CMake 与 catkin 的缓存数据、配置信息以及其他中间产物，而 devel 开发目录则用于保存编译生成的各类目标文件，如头文件、动态和静态链接库、执行程序等。src 源代码目录下包含了若干个功能包，这些功能包构成了 ROS 系统的基础单元，涵盖了多个节点、库及配置文件。功能包内部的 CMakeList. txt 文件负责设置编译规则，包括源文件、依赖关系和目标文件等；package. xml 文件则记录了包的基本信息，如包名、版本、依赖项等；src、include、launch 主要包括了实现节点功能的详细代码，包含了 C++源文件、头文件、多节点启动文件等。

　　（2）计算图级。计算图级在 ROS 中代表了一种分布式的数据处理网络，它用于描绘程序的运行及数据的交互。当程序处于运行状态时，所有的进程以及它们处理的数据都通过点对点网络的方式进行展示。该网络可以通过 rqt_graph 可视化工具进行查看，计算图级如图 7.2.2-3 所示。

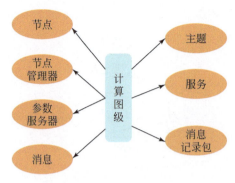

图 7.2.2-3　计算图级

节点：ROS 系统将程序包中可执行文件的运行实例称为节点，节点本质上就是执行运算任务的进程。一个 ROS 系统在运行时可以有多个节点，节点通常分工明确，如一个节点控制激光传感器，另一个节点控制马达等，节点还可以分布在不同的物理设备上。

主题：节点发布信息，并由其他节点接收，这些发布的信息，在 ROS 中称为主题，主题定义了将由该主题发送的消息类型。

消息：节点间的通信是通过消息传递完成的，每条消息具有严格定义的数据结构。基本的数据类型如整数、浮点数、布尔值等都得到支持，此外还包括对原始数组类型的支持。

节点管理器：在 ROS 系统中，节点管理器为节点提供命名和注册服务，它能够追踪主题的发布来源和订阅者，节点的通信就是通过 ROS 节点管理器建立的。节点管理器的作用是帮助独立运行的 ROS 节点发现彼此的位置。

服务：节点的另外一种能力是提供面向服务的 ROS 要素，这些要素称为服务，服务体现在一个节点向其他节点请求信息的时候，所有节点之间的通信是双向的，像主题一样，服务关联一个以包中 .srv 文件名称来命名的服务类型，服务通信理论模型如图 7.2.2-4 所示。

参数服务器：参数服务器允许数据通过键值对的形式存储于系统的中心位置。利用这些参数，可以在节点运行过程中对其进行配置或调整其工作任务。

消息记录包：消息记录包是 ROS 中一种专用于记录和重放消息数据的文件格式，作为一种关键的数据存储机制，它能够捕捉和保存多种类型的传感器数据，这些数据可能在正常情况下难以采集。利用消息记录包，研究人员能够多次回放实验数据，以便进行必要的开发与算法验证。它使用 .bag 格式保存消息、主题、服务和其他 ROS 数据信息。可以在事件发生后，通过使用可视化工具调用和回放数据，检查在系统中到底发生了什么。借助它可以播放、停止、后退及执行其他操作。

（3）社区级。在 ROS 中，社区级主要描述了代码发布和资源共享的网络机制。这涉及 ROS 资源的获取与分享过程。通过独立的在线社区，用户能够分享和获得知识、算法及代码。开源社区的积极参与促进了 ROS 的快速发展。

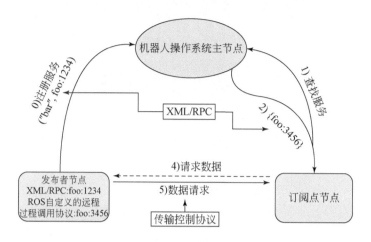

图 7.2.2-4　服务通信理论模型

"bar"-服务名称；foo：1234-服务相关标识；{foo：3456}-服务查找返回的相关信息；
XML/RPC-XML 远程过程调用；ROS 中用于节点间通信的一种协议

　　协作和代码共享通过代码库的集成系统实现，这样的设计从文件系统级到社区级别，支持了工作的独立发展和执行。正是由于这种分布式架构，ROS 能够迅速壮大，其软件库中的包数量以指数形式增长。

2. 硬件框架设计

　　三维点云实时采集系统基于 ROS 系统平台进行开发，硬件方面主要围绕激光雷达、惯性测量单元和视觉相机三方面展开，具体研究分析如下。

1）激光雷达

　　如今市面上激光雷达主要分为机械式、固态式和混合固态式雷达。传统的机械式旋转雷达成本较高，如 Velodyne，它依靠着 360°全方位的视野、高分辨率等优势依然是户外无人驾驶的首要选择。但 Velodyne 雷达与相机进行点云匹配时，因为线性雷达角度的问题，点云的匹配度较低。考虑地铁内部半封闭的环境情况，需要在检测车行进过程中尽量提升点云密度以及点云覆盖率。因此，本节采用了 LIVOX AVIA 激光雷达，它以其远距离测量能力（最远达到 450m）、高度精准、轻量（重量仅为 498g）以及优异的稳定性，非常适合移动平台，如图 7.2.2-5 所示。与传统机械雷达相比，LIVOX AVIA 激光雷达能够产生极其密集的点云数据，其数据输出率可达每秒 72 万点。此外，LIVOX AVIA 激光雷达的非重复扫描模式能够确保视野内所有对象都被覆盖，很适合地铁隧道这种半封闭的环境。

　　LIVOX AVIA 激光雷达采用类似花瓣的扫描方式进行作业，LIVOX AVIA 激光雷达花瓣式扫描如图 7.2.2-6 所示，这种独特的非重叠扫描模式随着时间的推移能够逐步提升整个视野角度内的点云密集度及覆盖率。

　　LIVOX AVIA 激光雷达的非重复扫描模式下水平视场角为 70.4°，竖直视场角为 77.2°。LIVOX AVIA 激光雷达生成的点云图表现出一个特征：中心区域点密集，而边缘区域点较稀疏。随着积分时间增加，点云覆盖的视场比例逐渐提升，如在积分时间为 0.3s

图 7.2.2-5　LIVOX AVIA 激光雷达

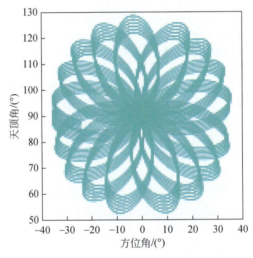

图 7.2.2-6　LIVOX AVIA 激光雷达花瓣式扫描

时，覆盖率可以达到 70%，而在 0.8s 时，覆盖率几乎可以达到 100%。图 7.2.2-7 展示了在 0.1s、0.2s、0.5s 和 1s 积分时间下的点云图。

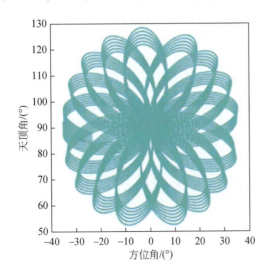

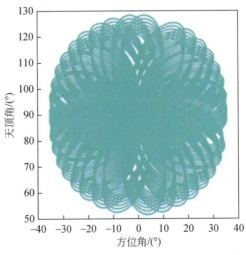

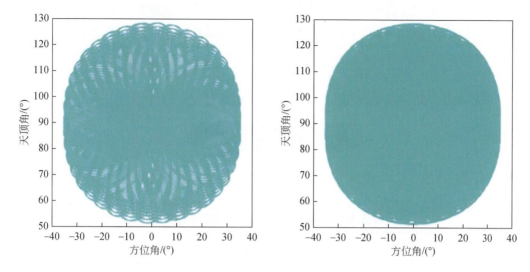

图 7.2.2-7　LIVOX AVIA 激光雷达在不同积分时间的点云图

LIVOX AVIA 激光雷达坐标系以自身结构中心为原点，内置 IMU，点云坐标系 $O\text{-}XYZ$ 和 IMU 坐标系 $O\text{-}X'Y'Z'$的 LIVOX AVIA 激光雷达坐标定义如图 7.2.2-8 所示。

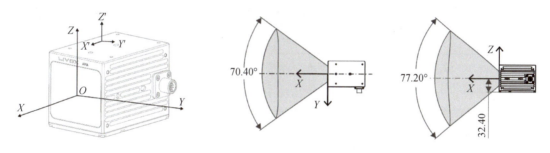

图 7.2.2-8　LIVOX AVIA 激光雷达坐标定义（单位：mm）

2）惯性测量单元

惯性测量单元（IMU）通常由加速度计和陀螺仪组成，有时候也包括磁力计等传感器，IMU 用于测量物体的加速度、角速度和磁场，从而提供物体的姿态、方向和运动信息。本节选用 LIVOX AVIA 激光雷达内置的 IMU，其型号为 BMI088，BMI088 是一款高性能六轴惯性测量单元，具有高振动稳定性，专为无人机和机器人应用而设计。BMI088 被特别设计来有效减少可能由印刷电路板（PCB）共振或整个系统结构引起的振动。除了高振动稳健性外，BMI088 卓越的温度稳定性有助于提高估算滤波器性能，IMU 具有极宽的 24g 加速度计范围。

3）视觉相机

视觉相机主要从两方面考虑，一方面是与激光雷达融合的视觉 SLAM 部分，另一方面是精度校正方案所需要的视觉相机。在视觉 SLAM 领域内，较宽的视场角可以带来更多的图像特征，这些丰富的特征对检测车施加更多约束，有助于减少定位的退化现象，从而增强 SLAM 系统的稳定性和鲁棒性。故选择 ZED2i 双目相机，如图 7.2.2-9 所示，ZED2i 双目相机主要参数表如表 7.2.2-1 所示。ZED2i 双目相机提供 4 种不同分辨率以及帧率的输出方案以满足不同的实际场景，其能够提供高清晰度的 3D 视频图像以及环境深度的感知效果。支持多平台开发以及 IP66 等级的防护都成了高性价比的不二之选。与单目视觉相比，双目视觉相机在进行视觉 SLAM 初始化时，可以更稳定地提供尺度信息。

图 7.2.2-9　ZED2i 双目相机

表 7.2.2-1　ZED2i 双目相机主要参数表

项目	规格参数
深度帧率/Hz	高达 100
深度范围/m	0.2～20
图像尺寸/像素	3840×1080
视场/ (°)	最大 110 (*H*) ×70 (*V*) ×120 (*D*)
图像输出帧率/fps	30
尺寸/mm	175.25×30.25×43.10
重量/g	166

注：1fps=1ft/s=3.048×10^{-1}m/s；*H*-水平视场角；*V*-垂直视场角；*D*-对角视场角。

在精度校正方案里选择的是 AE-VC281I-IF 相机，如图 7.2.2-10 所示。该相机具备 200 万像素及定焦 30m 红外距离，最高分辨率可达 1920×1080@30fps 并且可以在该分辨率下实时输出图像，码流平滑设置，适应不同场景下的图像质量与流畅性的需求，支持背光补偿，很适合暗光环境下的高效扫描拍摄。此外，该相机还具备 IP68 级防尘防水设计，适合隧道环境中的测量需求。

图 7.2.2-10　AE-VC281I-IF 相机

3. 系统搭建

采集系统搭建示意图如图 7.2.2-11 所示。

图 7.2.2-11 为采集系统搭建示意图，其中左上虚线框为所用到的主要软件系统部分，右下角的虚线框为所用到的主要硬件部分包括各传感器以及采集终端。

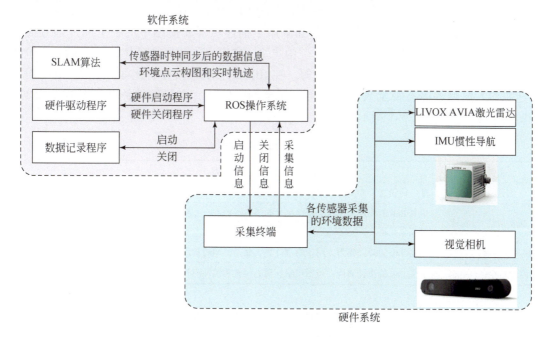

图 7.2.2-11　采集系统搭建示意图

　　其中一次正常的操作程序是在连接电源后，利用硬件驱动程序分别启动 LIVOX AVIA 激光雷达、IMU 惯性导航、视觉相机，ROS 操作系统将启动信息传递给采集终端，进一步的采集终端将该信息传递给各传感器，各传感器回传采集的环境数据利用列出所有 ROS 话题查看相关话题，判断硬件是否启动成功，在启动成功后，进行数据的时钟同步，若未查询到相关话题，则检查硬件之间的连接是否存在断连区域。排查后，重新启动驱动程序查看话题。随后开启 SLAM 算法，SLAM 算法将实时构图结果显示在 ROS 操作系统上的 RViz 可视化平台，如需要保留此次数据，则利用 ROS 日志包（rosbag）进行数据记录程序，在作业结束后，关闭数据记录程序，结束 SLAM 算法运行程序，关闭硬件驱动程序，ROS 操作系统将这些信息传递给采集终端，进一步传递给采集硬件传感器，完成一次采集。

7.2.3　基于 ROS 平台的三维仿真

　　在 ROS 中，机器人系统仿真技术指的是利用计算机模拟实体机器人系统的方法。这一过程主要包括三个关键步骤：机器人的建模［使用统一机器人描述格式（URDF）］、仿真环境的创建（通过 GAZEBO 软件）以及环境的感知（利用 RViz）来系统性地实施仿真[5,6]。

1. 仿真模型介绍

　　在 ROS 中，构建仿真模型是一个涉及多个组件的复杂过程，其中两个关键的元素是链接（link）和关节（joint）。这些元素在模型的 URDF 文件中定义，它们共同描述了机器人的物理结构和关节的连接方式。其中 link 用于描述机器人模型中的一个固定部分或组件。每个 link 可以被看作是机器人的一个构建块，它定义了机器人身体的一个部分，包括它的几何形状、尺寸、质量、材料属性等。在 ROS 的仿真环境中，比如 Gazebo，link 用于创建机器人模型的静态视觉表示，并可以用于物理计算，如碰撞检测和质量中心计算。link 主要属性如表 7.2.3-1 所示。

表 7.2.3-1　link 主要属性

主要属性	功能
名称（name）	唯一标识这个 link 的名称
视觉属性（visual）	定义 link 的外观，包括形状、尺寸和颜色。Visual 元素是可选的，主要用于在仿真环境中提供视觉显示
碰撞属性（collision）	描述 link 的碰撞模型，用于物理计算。碰撞模型通常简化自视觉模型，以优化计算效率
惯性属性（inertial）	定义 link 的惯性属性，包括质量、质心位置和惯性矩阵

joint 是与 link 一样重要的元素，用于定义机器人模型中各个部件之间的连接方式。joint 用于连接两个 link，定义了它们之间的相对运动。在机器人模型中，joint 决定了一个 link 如何相对于另一个 link 进行移动或旋转。joint 主要属性如表 7.2.3-2 所示。

表 7.2.3-2　joint 主要属性

主要属性	功能
名称（name）	joint 的唯一标识符
类型（type）	连接的类型，包括旋转关节（revolute）、移动关节（prismatic）、连续连接（continuous）、固定连接（fixed）、浮动连接（floating）等
父节点（parent）	父 link 的名称，即 joint 固定端连接的 link
子节点（child）	子 link 的名称，即 joint 移动端连接的 link
原点（origin）	joint 相对于父 link 的位置和方向。通常包含 XYZ 方向上的位移和围绕 XYZ 轴的旋转
轴（axis）	定义旋转轴或移动方向
限制（limit）	定义关节运动的范围限制，包括最小/最大值、速度和加速度等

在本仿真模型中，搭建一个普通的机器人模型，由车体底座与 4 个车轮相连接，在底座上固定一个雷达支撑杆，支撑杆上放置激光雷达，另外在底座上部也放置一个 IMU，并设置有一个双目相机，仿真模型构建如图 7.2.3-1 所示。

其中仿真模型中传感器仿真参数如表 7.2.3-3 ~ 表 7.2.3-5 所示。

表 7.2.3-3　激光雷达传感器仿真参数

项目	规格参数
采样点数（点/线）	16×360
测量范围/m	0.9 ~ 130

续表

项目	规格参数
噪声标准差	0.0001
水平扫描角	$-\pi \sim \pi$
更新频率/Hz	10

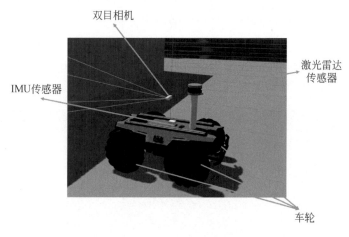

图 7.2.3-1　仿真模型构建

表 7.2.3-4　IMU 传感器仿真参数

项目	规格参数
尺寸	边长 0.05m 的立方体
质量/kg	0.01
更新频率/Hz	100

表 7.2.3-5　视觉相机传感器仿真参数

项目	规格参数
图像尺寸/像素	1280×720
视场角/（°）	水平 80
图像输出帧率/fps	30
深度范围/m	0.02 ~ 30

2. 仿真环境搭建

在搭建好仿真模型后，需要搭建仿真环境，搭建仿真环境用到的软件是 GAZEBO。GAZEBO 是一个流行的机器人仿真平台，广泛用于机器人学研究和开发中。GAZEBO 提供了一个丰富的环境，允许用户在复杂的、高度交互的三维世界中模拟机器人。这些仿真环境可以包含各种物理性质（如重力、摩擦力和碰撞）以及各种天气条件和光照变化，使得它成为测试和开发机器人算法的理想工具，特别是直接在现实世界中进行测试之前。GAZEBO 的关键特点包括：①物理引擎集成，GAZEBO 集成了多个物理引擎，如 ODE、Bullet、Simbody 和 DART，让用户可以根据需要选择最合适的物理模拟引擎；②高级图形渲染。GAZEBO 使用高级图形技术（基于 OpenGL 或 Vulkan），提供逼真的三维视觉效果，包括阴影、反射、光照效果等；③传感器和控制器模拟。GAZEBO 能够模拟各种传感器（如激光雷达、摄像头、GPS）和控制器；④可扩展和模块化。GAZEBO 设计了插件架构，允许用户创建和分享新的模拟组件，包括新的机器人模型、传感器、环境和物理属性等；⑤ROS 集成。GAZEBO 与 ROS 紧密集成，提供了工具和库以便在 ROS 中创建、运行和管理仿真。这种集成让开发者能够轻松地将仿真数据和控制指令在 GAZEBO 和 ROS 之间传输。GAZEBO 操作界面如图 7.2.3-2 所示。

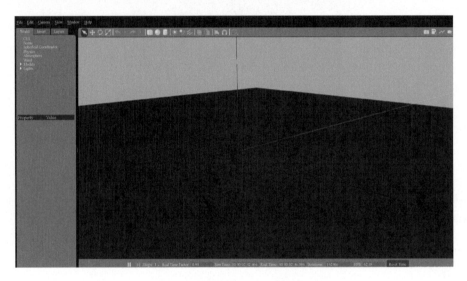

图 7.2.3-2　GAZEBO 操作界面

3. 三维可视化平台

搭建好模型和环境后，需要进行 SLAM 算法测试，这时候需要一个三维可视化平台来展示建图效果。使用的三维可视化平台是 RViz。RViz 是一个强大的三维可视化工具，专门用于显示传感器数据、机器人模型状态、环境地图以及其他类型的信息。RViz 使得用户能够以直观的方式实时观察和分析机器人在物理或模拟环境中的表现，各模块仿真关系如图 7.2.3-3 所示。

RViz 通常具有如下特点。

（1）可定制的视图：用户可以根据需要添加、移除和配置不同的视图和显示组件，以便从多个角度和粒度观察机器人和环境数据。

（2）支持多种数据类型：RViz 能够显示多种 ROS 消息类型，包括但不限于三维模型 URDF、激光雷达扫描、深度图像、相机图像、路径和轨迹，以及传感器的原始数据。

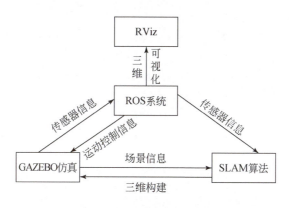

图 7.2.3-3　各模块仿真关系

（3）交互式操作：用户可以通过交互式标记和工具来与视图进行交互，如设置目标位置、绘制导航路径或操作虚拟物体，这些功能对于测试和验证机器人的行为非常有用。

（4）插件架构：RViz 采用插件架构，允许开发者扩展其功能，创建新的可视化组件以适应特定的需求。这种灵活性确保了 RViz 可以适用于广泛的应用场景。

（5）时间管理：RViz 提供时间控制功能，支持查看过去的消息和状态，这对于分析动态事件和系统行为尤为重要。

（6）集成 ROS 系统：作为集成 ROS 系统的一部分，RViz 可以轻松地与其他 ROS 工具和库集成，如 GAZEBO、MoveIt 等，提供一个无缝的开发和测试环境。

7.2.4　实验验证

1. 仿真验证

仿真实验设置场景为模拟退化的长直走廊，以下将对具体实验操作进行相关叙述。

针对隧道等退化场景，仿真退化环境如图 7.2.4-1 所示。其中左侧拐角区为检测小车

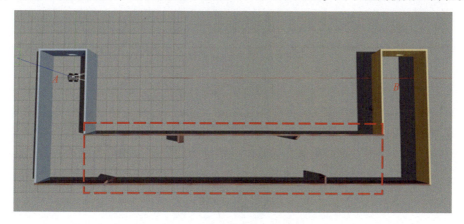

图 7.2.4-1　仿真退化环境

起始点 A，中部虚线框内为主要退化场景，长度 30m，退化场景内随机设置几处侧壁，模拟正常检测车在作业过程中遇到的环境障碍物，测试场景的墙壁间距为 4m。

在实际仿真测试中，小车从起始点 A 穿过退化场景后到达终止点 B 结束测试。在测试过程中，依次开启 5 种算法重复让小车从 A 点到 B 点的过程，在行进过程中利用传感器所收集的数据进行三维构图，并在最后评估构图精度。

LOAM，LeGO-LOAM，LIO-SAM，FAST-LIO2，R^3LIVE 构图点云俯视图分别如图 7.2.4-2 ~ 图 7.2.4-6 所示。

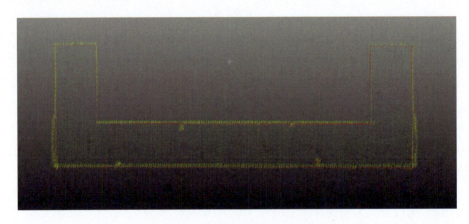

图 7.2.4-2　LOAM 构图点云俯视图

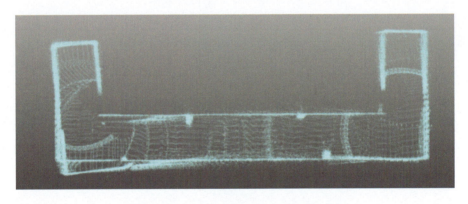

图 7.2.4-3　LeGO-LOAM 构图点云俯视图

在点云地图精度评判标准方面，目前业内还没有较为统一的评价方法。本章评价指标拟选用平均欧氏距离和豪斯多夫距离（Hausdorff distance）作为仿真点云地图精度的评价指标。其中平均欧氏距离为衡量一组点之间平均距离的一种度量方式。欧氏距离是最常见的距离度量之一，用于计算两个点在多维空间中的直线距离。假设有两个点集 A 和 B，其中 A 包含 m 个点，B 包含 n 个点，那么 A 与 B 之间的平均欧氏距离的计算公式是

$$D_{avg} = \frac{1}{m \times n} \sum_{i=1}^{m} \sum_{j=1}^{n} \sqrt{\sum_{k=1}^{d} (a_{ik} - b_{jk})^2} \tag{7.2.4-1}$$

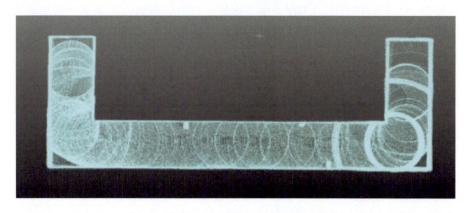

图 7.2.4-4　LIO-SAM 构图点云俯视图

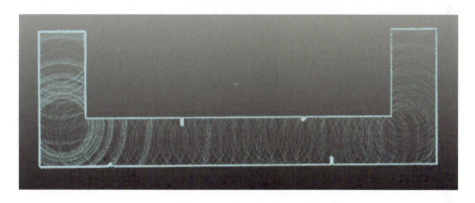

图 7.2.4-5　FAST-LIO2 构图点云俯视图

图 7.2.4-6　R^3LIVE 构图点云俯视图

式中，D_{avg} 为平均欧氏距离；d 为维度数，对于二维空间 $d=2$，三维空间 $d=3$，以此类推；a_{ik} 为点集 A 中第 i 个点在第 k 维度上的坐标；b_{jk} 为点集 B 中第 j 个点在第 k 维度上的坐标；

　　而豪斯多夫距离是一个用于衡量两个点集之间距离的度量，广泛应用于计算几何、图像分析、图形识别等领域。它是由弗利克斯·豪斯多夫（Felix Hausdorff）定义的，特别适用于比较两个点集的相似度，不仅考虑了点与点之间的距离，还考虑了点集的形状和结构。对于两点集 A 和 B，豪斯多夫距离定义为两个点集之间点到对方点集的最远距离的最小值。具体计算公式如式（7.2.4-2）所示：

$$H(A,B) = \max\left[\sup_{a \in A, b \in B}\inf d(a,b), \sup_{b \in B, a \in A}\inf d(a,b)\right] \qquad (7.2.4-2)$$

式中，$d(a,\ b)$ 为点 a 和点 b 之间的距离；$\sup_{a \in A, b \in B}\inf d(a,\ b)$ 为点集 A 中的点 a 到点集 B 中最近距离中的最大值；$\sup_{b \in B, a \in A}\inf d(a,\ b)$ 为点集 B 中所有点到点集 A 中的最近点距离中的最大值。

在这个基础上，对参考点云和待测点云进行配准，使它们位于同一坐标系中。这一过程首先使用 CloudCompare 软件进行初步配准，随后采用迭代最近点（iterative closest point, ICP）算法进行细致调整。接着，对点云内的每个点计算其 FPFH 特征描述符，并基于这些快速点特征直方图（FPFH）特征找出两个点云间的匹配点。随后，从这些匹配点中创建两个新的点云集合，并在这两个新集合中计算平均欧氏距离和豪斯多夫距离，作为评估标准。

利用参考的点云地图评价，不同方法产生的点云地图文件与场景模型生成的点云文件相比，点云地图误差值如表 7.2.4-1 所示。

表 7.2.4-1　点云地图误差值

建图算法	平均欧氏距离误差/m	豪斯多夫距离误差/m
LOAM	0.9873	5.3761
LeGO-LOAM	5.6273	6.4359
LIO-SAM	0.3043	4.8872
FAST-LIO2	0.3374	3.9651
R³ LIVE	0.2749	3.6859

在构图过程中 LOAM 算法相对稳定，出现了轻微偏差，但对事物的细节特征点构建不够细致，LeGO-LOAM 在构建中出现漂移，误差较大，LIO-SAM 构图效果与 FAST-LIO2 都不错，但在实际测试时，因为参数设置的问题，多次出现跳动漂移，在实际应用时容易出现突发情况，相比之下 FAST-LIO2 的整体表现较为稳定，在事物细节的构筑上也相对出色，而 R³ LIVE 因仅进行了大体的标定，在色彩赋色上出现偏差，但整体构图精度相对稳定，在实物安装时进行完整标定后，可以更好地凸显实物的纹理细节。综上所述，初步选取 FAST-LIO2 以及 R³ LIVE 作为本次实验的测试算法。

2. 系统标定

1）相机针孔模型

在利用获取环境信息时，需要对三维世界中坐标点与二维平面图像像素点之间的关系进行阐述，故以针孔相机模型为例进行相关说明，针孔相机模型与相似三角形如图 7.2.4-7 所示。假设三维空间一点 P（X，Y，Z）经过相机的光心 O 之后在物理成像平面成像点为P'（X'，Y'），其中$O-x-y-z$为相机坐标系，$O'-x'-y'$为物理成像平面坐标系。由几何关系可知，在空间点与成像点之间构成相似三角形的比例关系，故可推出式（7.2.4-3）：

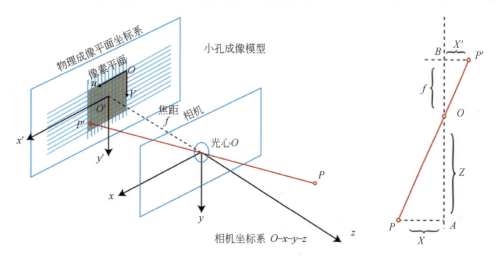

图 7.2.4-7　针孔相机模型与相似三角形

$$\frac{Z}{f}=\frac{X}{X'}=\frac{Y}{Y'} \tag{7.2.4-3}$$

进一步可以得到成像点与空间点之间的几何关系：

$$X'=f\frac{X}{Z} \tag{7.2.4-4}$$

$$Y'=f\frac{Y}{Z} \tag{7.2.4-5}$$

进一步，因为实际成像是以像素格式的图像，故需要构建物理成像平面与像素平面之间的关系，像素坐标系如图 7.2.4-8 所示。

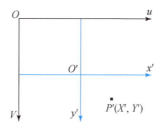

图 7.2.4-8　像素坐标系

由图 7.2.4-8 可知，像素坐标系与成像平面之间，相差了一个缩放和一个原点的平移。假设成像平面的x'和y'轴分别放缩α和β倍后得到u、v轴，原点O'分别平移了c_x和c_y后得到o，则可以得到P'（X'，Y'）在像素坐标系的坐标为式（7.2.4-6）：

$$\begin{cases}u=\alpha X'+c_x\\v=\beta Y'+c_y\end{cases} \tag{7.2.4-6}$$

进一步得到式（7.2.4-7）：

$$\begin{cases} u=\alpha f\dfrac{X}{Z}+c_x=f_x\dfrac{X}{Z}+c_x \\ v=\beta f\dfrac{Y}{Z}+c_y=f_y\dfrac{X}{Z}+c_y \end{cases} \tag{7.2.4-7}$$

把 αf 合并成 f_x，βf 合并成 f_y，其中 f 的单位为米，α、β 的单位为像素每米，所以 f_x、f_y 的单位为像素。将其进一步整理成齐次矩阵形式可得式（7.2.4-8）：

$$Z\begin{bmatrix} u \\ v \\ 1 \end{bmatrix}=\begin{bmatrix} f_x & 0 & c_x \\ 0 & f_y & c_y \\ 0 & 0 & 1 \end{bmatrix}\begin{bmatrix} X \\ Y \\ Z \end{bmatrix}=KP \tag{7.2.4-8}$$

在式（7.2.4-8）中，通常将构成相机内部特性的矩阵定义为内参矩阵 K。一般认为，相机内参在生产完毕后保持不变，不会随着使用过程而改变。通过标定可以获得相机的内参矩阵。除过内参，还有相对的外参。由于相机在运动，世界坐标系下的点 P_w（X_w，Y_w，Z_w），投影到像素平面后得到点 P_{uv}（u，v），相机的位姿由它的旋转矩阵 R 和平移向量 t 来描述，故可得式（7.2.4-9）：

$$ZP_{uv}=Z\begin{bmatrix} u \\ v \\ 1 \end{bmatrix}=K(RP_w+t)=KTP_w \tag{7.2.4-9}$$

式中，T 为相机的位姿变换矩阵。

其中，相机的位姿 R 和 t 又称为相机的外参数。到此建立了三维空间点与像素坐标系上点之间的几何关系。

2）ZED2i 与 AE-VC281I-IF 相机标定

与相机标定类似，故以 AE-VC281I-IF 相机为例。本节使用 ROS 内置的相机标定功能包相机标定（camera_calibration）对视觉相机进行标定。使用的标定板为 12×9，标定时以棋盘格内部角点进行识别，识别的角点为 11×8，棋盘格大小为 0.01m。标定过程如图 7.2.4-9 所示。不断在视野中移动标定靶，直到"CALIBRATE"按钮变色，表示标定程序的参数采集完成。点击"CALIBRATE"开始自动计算相机的标定参数，得到的内参矩阵为式（7.2.4-10）：

$$K=\begin{bmatrix} f_x & 0 & c_x \\ 0 & f_y & c_y \\ 0 & 0 & 1 \end{bmatrix}=\begin{bmatrix} 756.668160 & 0 & 630.593330 \\ 0 & 750.222506 & 348.530155 \\ 0 & 0 & 1 \end{bmatrix} \tag{7.2.4-10}$$

3）激光雷达-相机联合标定

因为要使图像信息和激光雷达数据能匹配上，需要进一步对激光雷达和相机进行外参标定。本节使用的是火星实验室开发的一款激光雷达和相机的标定算法 livox_camera_calib。

该算法主要是通过相机和激光雷达分别检测环境中的边缘来匹配并求解外参。主要的流程可以分为特征提取、特征匹配、外参优化三部分。在特征提取方面，该算法利用深度连续边缘（depth-continuous edge）来匹配。因为不能将激光雷达的发射光束看成一条射

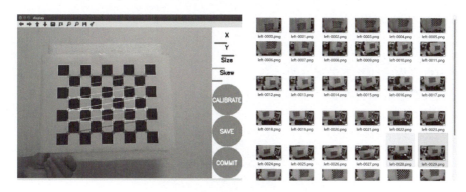

图 7.2.4-9　标定过程

线，而是一个有一定发散角度的锥，这样在光束打到前景物体边缘时，即使锥的中心已经离物体边缘很远了，激光雷达依然会受到比较强的回波（假设物体反射率足够高的话），导致基于点云提取的前景物体的边缘和实际边缘不一样。在特征匹配方面，特征匹配的过程比较简单，在提取的边缘中采样一些点，然后根据当前估计的外参将点投影到图像上，在图像边缘的像素中寻找最近的 k 个点。同时雷达边缘的方向向量也投影到图像，判断是否和这 k 个点形成的直线平行，以过滤完全不平行的误匹配。在中国矿业大学（北京）民族楼二楼楼梯录制相关数据包后，将标定好的相机内参输入到参数里，运行标定程序，经过一系列迭代优化后得到标定结果，得到激光雷达-相机联合标定结果如图 7.2.4-10 所示，进一步可得到外参矩阵。

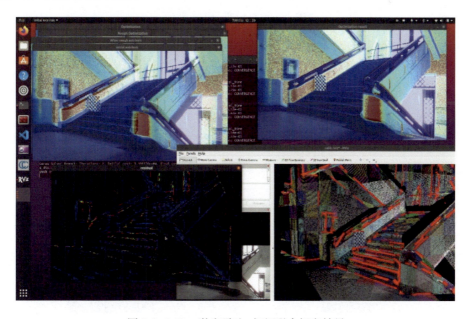

图 7.2.4-10　激光雷达-相机联合标定结果

3. 楼道退化场景测试

为进一步测试仿真结果，本节于中国矿业大学（北京）某层室内走廊进行实际测试，模拟隧道内灯光昏暗的长直走廊，通过搭建实验平台小车以及事先用全站仪测定距离信息后，进行相关算法的退化测试。实验小车平台和走廊平面示意图及模拟退化实景图如图7.2.4-11、图 7.2.4-12 所示。

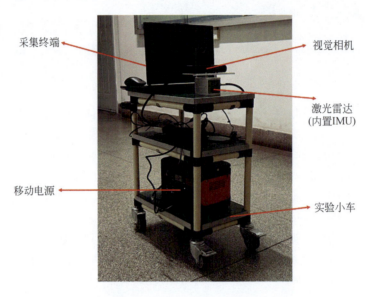

图 7.2.4-11　实验小车平台

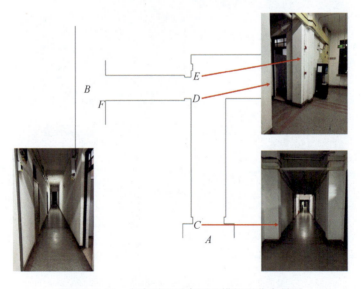

图 7.2.4-12　走廊平面示意图及模拟退化实景图

在实验过程中实验小车从 A 点向 D 点方向前进，经过走廊 1 然后左拐经过走廊 2 到达

目的地 B 点，在行进过程中依靠传感器获得的数据进行构图。其中经过两段走廊，以拐角建筑的特征点间距离 CD、DE、DF 以及两段走廊宽度来评判实际构图质量，对比两种算法的实际构图精度。其中 FAST-LIO2、R³LIVE 实际构图情况俯视图与局部剖面图，如图 7.2.4-13 和图 7.2.4-14 所示。

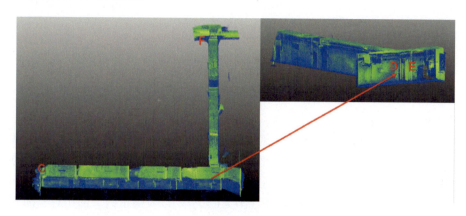

图 7.2.4-13　FAST-LIO2 实际构图情况俯视图与局部剖面图

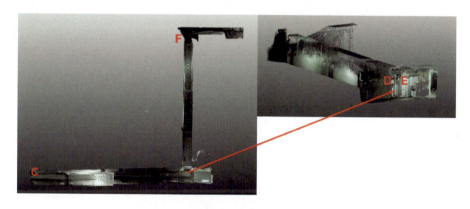

图 7.2.4-14　R³ LIVE 实际构图情况俯视图与局部剖面图

利用全站仪测得的真实环境中的数据与不同算法测得的数据进行对比，可以对构图精度进行定量分析。不同算法在走廊中的构图结果如表 7.2.4-2 所示。

表 7.2.4-2　不同算法在走廊中的构图结果　　　　　（单位：m）

测试算法	CD	DE	DF	走廊 1 宽度	走廊 2 宽度
测定真值	35. 440	1. 450	24. 473	2. 482	1. 700
FAST-LIO2	34. 545	1. 495	24. 689	2. 407	1. 625
R³ LIVE	34. 787	1. 479	24. 165	2. 493	1. 657

根据实验数据，相比于测定真值，两种算法测得的精度均在厘米级，测试时算法较为

稳定，基本符合实际检测需求。

7.3　地图精度提升方法

7.3.1　数据同步坐标系构建及控制点布设

1. 数据同步坐标系构建

由于相机与检测车之间属于硬连接，其他设备也类似，故以相机和检测车坐标系换算为例，后文不再重复说明。检测车装配的单目相机和隧道内设置的 AprilTag 标记里程信息使用不同的坐标体系。为了精确地进行坐标计算并提高测量精度，研究各系统间的相对位置及坐标转换关系显得尤为重要。在本书中，建立了三个坐标系，如图7.3.1-1所示。相机坐标系 O_{cam}-X_{cam}-Y_{cam}-Z_{cam}，检测车坐标系 O_c-X_c-Y_c-Z_c 以及隧道内局部相对坐标系 O_w-X_w-Y_w-Z_w。

相机坐标系 O_{cam}-X_{cam}-Y_{cam}-Z_{cam}，以相机镜头中心作为原点 O_{cam}，其中 X_{cam} Y_{cam} 轴构成的平面与隧道断面平行，X_{cam} 轴向水平右方延伸，Y_{cam} 轴向垂直上方延伸，而 Z_{cam} 轴则沿着检测车的前进方向，平行于地铁隧道的中心线。该坐标系随检测设备移动而变化。

检测车坐标系 O_c-X_c-Y_c-Z_c 以检测车的几何中心为原点 O_c，X_c 轴水平向右，Y_c 轴垂直向上，Z_c 轴则指向检测车的行进方向，平行于地铁隧道的中轴线。此坐标系位置也会随检测车的移动而改变，但其相对于相机坐标系 O_{cam}-X_{cam}-Y_{cam}-Z_{cam} 的相对位置是固定的。

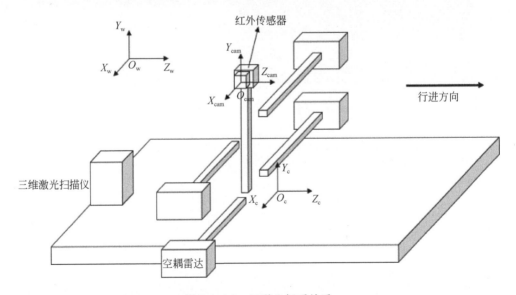

图7.3.1-1　三种坐标系关系

隧道内局部坐标系 O_w-X_w-Y_w-Z_w 以采集起点作为原点 O_w，X_w 轴指向水平正右，Y_w 轴指向垂直正上，Z_w 轴指向检测车前进方向，平行于地铁隧道中轴线。

相机坐标系与检测车坐标系换算示意图如图 7.3.1-2 所示，相机坐标系 O_{cam} 与检测车坐标系 O_c 的换算关系可由式（7.3.1-1）表示：

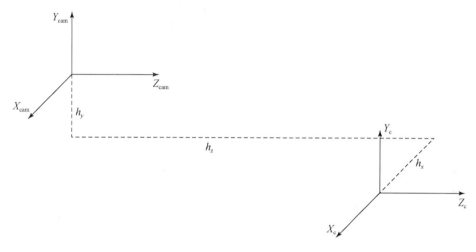

图 7.3.1-2　相机坐标系与检测车坐标系换算示意图

$$\begin{bmatrix} X_{cam} \\ Y_{cam} \\ Z_{cam} \end{bmatrix} = \begin{bmatrix} X_c \\ Y_c \\ Z_c \end{bmatrix} + \begin{bmatrix} h_x \\ h_y \\ h_z \end{bmatrix} \tag{7.3.1-1}$$

式中，h_x、h_y、h_z 为检测车坐标系 O_c 与相机坐标系 O_{cam} 在 X、Y、Z 三轴上的差值。

2. 隧道检测车控制点布设及坐标量测

为了提高隧道检测车坐标的精度，本书提出了一种隧道检测车载定位装置及融合定位方法。根据这种方法的要求和车载定位装置的融合定位方法，对隧道内测定起点与终点、采集起点与采集终点及控制点进行以下规则布置（图 7.3.1-3）。

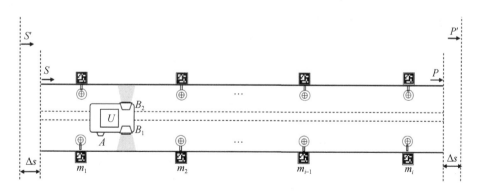

图 7.3.1-3　隧道检测车基点布设示意图

　　所述测量的起点 S 与终点 P 由测量区段、区段长度与总体走向确定，在区段起点与终点各布设一个棱镜，在后处理时作为区段起点、终点的精确坐标位置；

　　所采集起点 S'、终点 P' 是将测量区段前后各延伸一段距离 Δs，保证数据完全覆盖测量区段，采集起点 S' 可由式 $S'=S-\Delta s$ 表示、终点 $P'=P+\Delta s$ 表示；

　　考虑地铁内部狭长的特点，布设控制点的一般要求如下。

　　本书中，测量区的控制点布设在腰部位置。其中，直线路段的控制点间距为 50m，隧道曲线路段的控制点布设密度是直线路段密度的 2~3 倍。控制点的位置为棱镜与 AprilTag 码的布设位置，且在选取控制点时需保证前后通视、分布均匀，以免影响检测车的通行，控制点布设示意图如图 7.3.1-4 所示。

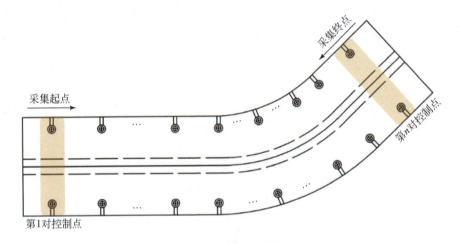

图 7.3.1-4　控制点布设示意图

　　控制点坐标由专用测量仪器对布设的控制点进行导线测量，通过起点的已知点坐标获得其他控制点坐标，测量完毕后，首先将测量数据与可视化 AprilTag 码序号一一对应，其次将 AprilTag 码固定在控制点下方，车辆驶过时，即可通过视觉相机获取测量点的三维坐标，并反算得到检测车位置信息。

7.3.2　融合定位及精度提升方法

　　在里程信息布置完成之后，根据检测车载定位融合算法，利用计算机视觉和机器学习软件中的相关算法原理，对相应的里程信息进行获取和处理。

1. AprilTag 标签定位原理

　　AprilTag 是一种用于视觉识别的标记系统，与二维码相似，但简化了设计以支持实时处理需求。它只能携带少量的数据（通常是 4~12 位的编码），但这种设计使得 AprilTag 能够在一系列困难的视觉条件下被识别，包括远距离识别、低分辨率图像、不均匀光照条件下，以及即使标记部分被遮挡或处于不寻常的角度。AprilTag 的独特之处在于其高度的定位准确性，它能够提供关于标记相对于观察相机的精确自由度（位置和旋转）信息，这使得它特别适用于机器视觉和机器人导航领域，如在无人机定位、增强现实以及自动化制造等应用中。

AprilTag 标签定位流程如图 7.3.2-1 所示，主要流程包括以下几个方面。

（1）自适应阈值处理。先将原始图 7.3.2-1（a）转换为灰度图 7.3.2-1（b），然后通过自适应阈值技术对其进行处理。这一技术的核心在于根据像素周围区域确定分割阈值，常用的方法包括采用区域内的灰度平均值或中位数。目的是通过分块处理提高系统的鲁棒性，因为区域特性比单个像素的特性更稳定，这样可以减少随机噪声的影响并提高处理速度。

（2）连续边界分割。在进行黑白二值化处理后，识别出可能构成标签边界的边缘如图 7.3.2-1（c）所示，并根据黑白成分的不同将边缘分割开来。此过程通过联合查找算法对连接的亮色和暗色像素分段，为每个部分分配独一无二的 ID。

(a)原始图像　　　　(b)自适应阈值　　　　(c)图像分割

(d)标记检测　　　　(e)检测四边形标签

图 7.3.2-1　AprilTag 标签定位流程

（3）四边形拟合。对边界点的集合进行四边形拟合如图 7.3.2-1（d）所示，输出一系列候选的四边形进行解码。鉴于标签可能的形变，根据点到中心的角度对边缘点进行排序。排序后，按顺序选择靠近中心点一定范围内的点进行线性拟合，不断循环，计算每条直线的误差总和。通过低通滤波处理误差总和，增强系统的鲁棒性，选取误差最小的 4 个角点索引作为四边形的顶点。利用这些顶点之间的点再次进行直线拟合，得到标签顶点。四边形检测器能够正确识别环境中的多种四边形结构，包括镜面反射、开关和标签的单个像素。解码阶段将四边形内容与已知的代码进行匹配，过滤掉非目标的四边形，最终输出有效的标签检测结果如图 7.3.2-1（e）所示。

2. 坐标精度提升优化算法

由于空间中一点 P 通过相机成像后得到的是像素格式的图像，故需要建立像素平面和成像平面之间的几何转换关系。由于针孔相机的投射理论，假设空间中点坐标为 $P_w[X_w, Y_w, Z_w]^T$，齐次坐标表示为 $[X_w, Y_w, Z_w, 1]^T$，投影到像素平面的坐标为 $P'_w[u, v]^T$，齐次坐标表示为 $[u, v, 1]^T$，可以得到式（7.3.2-1）：

$$Z\begin{bmatrix} u \\ v \\ 1 \end{bmatrix} = \begin{bmatrix} f_x & 0 & c_x \\ 0 & f_y & c_y \\ 0 & 0 & 1 \end{bmatrix}\begin{bmatrix} X \\ Y \\ Z \end{bmatrix} = K\begin{bmatrix} R & t \\ 0 & 1 \end{bmatrix}\begin{bmatrix} X_w \\ Y_w \\ Z_w \\ 1 \end{bmatrix} = KTP_w \tag{7.3.2-1}$$

式中，K 为相机的内参数矩阵；R 为相机相对于隧道内局部相对坐标系中的旋转矩阵；t 为平移向量。

在检测车前进过程中，车载相机和 AprilTag 之间也同样存在一个空间坐标变换关系，这种关系对应着车载相机此刻的位姿。用 cp 表示 AprilTag 坐标系，假设 AprilTag 码的角点坐标为 $P'[u', v', 1]^T$，故可由式（7.3.2-2）得到：

$$\begin{bmatrix} u \\ v \\ 1 \end{bmatrix} = s\begin{bmatrix} f_x & 0 & c_x \\ 0 & f_y & c_y \\ 0 & 0 & 1 \end{bmatrix}\begin{bmatrix} R_{00} & R_{01} & t_x \\ R_{10} & R_{11} & t_y \\ R_{20} & R_{21} & t_z \\ 0 & 0 & 1 \end{bmatrix}\begin{bmatrix} u' \\ v' \\ 1 \end{bmatrix} = sKT_{cp}^{cam}P' \tag{7.3.2-2}$$

式中，s 为尺度因子；T_{cp}^{cam} 为相机在 AprilTag 码坐标系下的齐次变换矩阵，由于右侧单应性矩阵的存在，故将式（7.3.2-2）简化为

$$P = MP' \tag{7.3.2-3}$$

式中，M 为中间变量矩阵；P 为 P' 映射到像素坐标系下的对应点：

$$M = s\begin{bmatrix} f_x & 0 & c_x \\ 0 & f_y & c_y \\ 0 & 0 & 1 \end{bmatrix}\begin{bmatrix} R_{00} & R_{01} & t_x \\ R_{10} & R_{11} & t_y \\ R_{20} & R_{21} & t_z \\ 0 & 0 & 1 \end{bmatrix} = \begin{bmatrix} M_{00} & M_{01} & M_{02} \\ M_{10} & M_{11} & M_{12} \\ M_{11} & M_{12} & M_{13} \end{bmatrix} \tag{7.3.2-4}$$

在 M 中未知数有 9 个，通过数学化简还有 8 个未知数。其中 s 的值根据旋转矩阵的列向量模为 1 的约束计算得到，K 的值由相机标定确定，其余值可通过直接线性变换（DLT）法求得，故可得

$$\begin{cases} M_{00} = sf_xR_{00} + c_xR_{20} \\ M_{01} = sf_xR_{01} + c_xR_{21} \\ M_{02} = sf_xt_x + c_xt_z \\ M_{10} = sf_yR_{10} + c_yR_{20} \\ M_{11} = sf_yR_{11} + c_yR_{21} \\ M_{12} = sf_yt_y + c_yt_z \\ M_{11} = R_{20} \\ M_{12} = R_{21} \\ M_{13} = t_z \end{cases} \tag{7.3.2-5}$$

通过式 (7.3.2-1)~式 (7.3.2-5) 可得出 $R_{\text{cp}}^{\text{cam}}$ 和 $t_{\text{cp}}^{\text{cam}}$。

当 AprilTag 码布设在测量控制点时，此时 AprilTag 在隧道内局部相对坐标系下坐标已定，故此时 AprilTag 坐标用齐次变换矩阵 T_{w}^{cp} 表示，T_{w}^{cp} 由平移矩阵 t_{w}^{cp} 和旋转矩阵 R_{w}^{cp} 共同决定。

在检测车前进过程中，AprilTag 码相对于车载相机的位姿为 $T_{\text{cam}}^{\text{cp}}$ 并由 $t_{\text{cam}}^{\text{cp}}$、$R_{\text{cam}}^{\text{cp}}$ 决定。其中 $t_{\text{cam}}^{\text{cp}}$ 为 AprilTag 码到相机的平移矩阵，$R_{\text{cam}}^{\text{cp}}$ 为 AprilTag 码坐标系到相机坐标系的旋转矩阵。这样可以得到车载相机在隧道内局部相对坐标系下的齐次变换矩阵：

$$T_{\text{w}}^{\text{cam}} = T_{\text{w}}^{\text{cp}} T_{\text{cp}}^{\text{cam}} \tag{7.3.2-6}$$

式中 T_{w}^{cp} 和 $T_{\text{cp}}^{\text{cam}}$ 分别如式 (7.3.2-7) 和式 (7.3.2-8) 所示：

$$T_{\text{w}}^{\text{cp}} = \begin{bmatrix} R_{\text{w}}^{\text{cp}} & t_{\text{w}}^{\text{cp}} \\ 0 & 1 \end{bmatrix} \tag{7.3.2-7}$$

$$T_{\text{cp}}^{\text{cam}} = \begin{bmatrix} (R_{\text{cam}}^{\text{cp}})^{\text{T}} & (R_{\text{cam}}^{\text{cp}})^{\text{T}} t_{\text{cam}}^{\text{cp}} \\ 0 & 1 \end{bmatrix} \tag{7.3.2-8}$$

故 $T_{\text{w}}^{\text{cam}}$ 可以表示为

$$T_{\text{w}}^{\text{cam}} = \begin{bmatrix} R_{\text{w}}^{\text{cp}} (R_{\text{cam}}^{\text{cp}})^{\text{T}} & R_{\text{w}}^{\text{cp}} (R_{\text{cam}}^{\text{cp}})^{\text{T}} t_{\text{cam}}^{\text{cp}} + t_{\text{w}}^{\text{cp}} \\ 0 & 1 \end{bmatrix} \tag{7.3.2-9}$$

通过式 (7.3.2-9) 可求得相机在隧道内局部相对坐标系下的位姿 $R_{\text{w}}^{\text{cam}}$ 和 $t_{\text{w}}^{\text{cam}}$，由式 (7.3.2-10)：

$$P_{\text{cam}} = R_{\text{w}}^{\text{cam}} P_{\text{w}} + t_{\text{w}}^{\text{cam}} \tag{7.3.2-10}$$

可得当 $P_{\text{cam}} = 0$ 时，表示 AprilTag 码在相机原点，对应的 P_{w} 代表相机在隧道内局部相对坐标系的位置，其中 P_{cam} 为 AprilTag 码在相机坐标系下的坐标，在后续数据处理中可以根据位置关系求解近似最短距离。

应用到本节提出的方法中，检测车在行驶过程中通过车载相机利用识别算法获取 AprilTag 码的信息，并进行解码，得到 AprilTag 码的三维坐标。根据三维坐标对车辆驶过目标点中心附近进行距离判断，得到一个最近匹配值为判断 AprilTag 码里程信息依据。

首先计算增量式测距编码器 A 的累计误差 Δe，即检测车在第 i 个 AprilTag 码处测距轮编码器所得到里程信息 $Z(m_i)$ 与检测车控制里程 $Z'(m_i)$ 的差值，其中 $Z'(m_i)$ 为第 i 个 AprilTag 码所携带的里程信息，累计误差 Δe 可由公式 $\Delta e = Z'(m_i) - Z(m_i)$ 计算得到。

然后用检测车的控制里程 $Z'(m_i)$ 替换里程 $Z(m_i)$，此时 $Z(m_i)$ 修正里程的累计误差为 Δe，并对第 $i-1$ 到第 i 个 AprilTag 码区间内，第 k 帧里程值 $Z(k)$ 进行插值优化得到 $Z'(k)$，优化的过程可由式 (7.3.2-11) 表示：

$$Z'(k) = Z(k) + \Delta e \left(\frac{k - m_{i-1}}{m_i - m_{i-1}} \right) \tag{7.3.2-11}$$

式中，$Z(k)$ 为区间内第 k 帧里程值；$Z'(k)$ 为区间内第 k 帧优化后的里程值；m_i 为第 i 个 AprilTag 码所在位置的里程帧数；m_{i-1} 为第 $i-1$ 个 AprilTag 码所在位置的里程帧数。

3. 室内模型测试与精度分析

为验证本套算法的识别精度，故设计实验在室内混凝土管片模型上进行模拟检测。由于室内轨道长度有限，默认室内短距离内的测距轮误差较小且可以忽略不计，室内实验布设图如图7.3.2-2所示。在本套算法中，使用全站仪测量两个AprilTag码中心点之间的距离，将其表示为 AA'（视为真值），而测量得到的距离则表示为 BB'（测量值）。通过比较 AA' 和 BB' 之间的差值，可以得出本套识别算法的误差。具体实验设置如下。

图 7.3.2-2　室内试验布设图

（1）全站仪建站构建室内局部坐标系，布设 AprilTag10 和 AprilTag9 两个码；

（2）测出两个 AprilTag 码中心处的坐标 A，A'；

（3）将全站仪测得的数据跟 AprilTag 码标号进行一一匹配；

（4）多次推动小车匀速前进，识别 AprilTag 码，通过判断最短距离得到相机在室内局部坐标系下正对 AprilTag 码时的坐标 B，B'；

（5）通过计算 AA' 和 BB' 之间的差值，得到本套识别算法的误差。

通过采集终端对相机扫过两个目标码时距离变化的判断，实现相机正对目标码时的坐标解算，进而求得检测车在扫过每个码时的相对坐标。通过多次实验测试，得到了相机扫过每个目标码的距离与每帧序号的变化趋势，相机扫过控制点的距离与帧数的对应关系如图 7.3.2-3 所示，并得到相机的移动里程值与目标码之间的距离的差值，室内实验结果分析表如表 7.3.2-1 所示。计算得到真值 1m 时与真值误差分别为 5.09%、3.23%、0.44%。根据实验结果，本套识别算法在室内短距离绝对误差可以控制在 10cm。

表 7.3.2-1　室内试验结果分析表　　　　　　　　　（单位：m）

	真值	测试 1	测试 2	测试 3
A/B	（−0.3400，4.4760，2.7680）	（−0.3604，1.8476，1.8292）	（−0.3281，1.8281，1.5917）	（−0.3411，1.8395，1.7717）
A'/B'	（0.6590，4.4560，1.7730）	（0.6056，1.8830，2.2394）	（0.6172，1.8930，1.9991）	（0.6434，1.8710，1.9639）
里程值	0.9992	1.0501	1.0315	1.0036

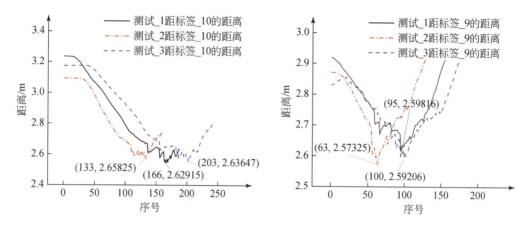

图 7.3.2-3　相机扫过控制点的距离与帧数的对应关系

7.3.3　隧道多源隐患信息坐标转换矩阵

在进行隧道检测工作时，通常会遇到多种类型的病害问题，包括但不限于衬砌背后的空洞、脱落、渗水，隧道表面的裂缝，隧道渗漏水的隐患，以及隧道的形变等。这些病害的数据定位工作要求进行精确的坐标转换，以便于将不同源头的病害信息统一到同一个坐标系统中，这对于隧道病害的检测与分析至关重要。因此，本节将着重介绍如何对隧道常见病害进行坐标系转换，旨在提高隧道病害检测数据的准确性和可操作性。

1. 衬砌病害坐标转换矩阵

随着运营时间的不断变长，在地铁隧道衬砌的背后，往往存在着空洞、富水、脱空之类的问题。为解决此类病害问题，通过检测车布设的 8 个悬空探地雷达天线，实现对隧道拱顶至墙角范围内衬砌检测的全覆盖。

故以雷达坐标系为中心建立雷达坐标系 $O_{gpr}\text{-}X_{gpr}Y_{gpr}Z_{gpr}$，其中 X_{gpr} 轴指向水平向右，Y_{gpr} 轴指向垂直正上，Z_{gpr} 轴指向检测车前进方向，衬砌病害坐标转换示意图如图 7.3.3-1 所示。

已知 L 点机械臂展开后雷达距隧道壁距离 x_1，病害检测起始深度 x_2，病害检测终止深度 x_3，机械臂伸展角度 θ，当机械臂移动到 L' 处，病害检测起始深度 x_2'，病害检测终止深度 x_3'，故为确定病害具体位置，用一个包围框 $ABCD$ 将病害区域完全包裹，利用它们之间的位置几何关系，确定该包围框的对角点坐标即可确定病害位置。

在雷达坐标系下，包围框在病害起始处坐标为

$$A\left[-(x_1+x_2)\cos\theta,(x_1+x_2)\sin\theta\right] \tag{7.3.3-1}$$

$$B\left[-(x_1+x_3)\cos\theta,(x_1+x_3)\sin\theta\right] \tag{7.3.3-2}$$

病害终止处坐标为

$$C\left[-(x_1+x_2')\cos\theta,(x_1+x_2')\sin\theta\right] \tag{7.3.3-3}$$

$$D\left[-(x_1+x_3')\cos\theta,(x_1+x_3')\sin\theta\right] \tag{7.3.3-4}$$

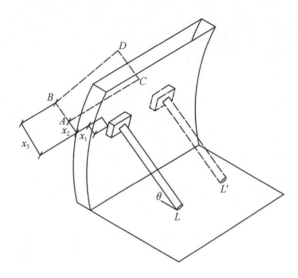

图 7.3.3-1　衬砌病害坐标转换示意图

雷达坐标系到检测车坐标系为硬连接换算如前文所述。

2. 表观裂缝病害坐标转换矩阵

根据地铁隧道中裂缝的形成机理与裂缝的走向可以将裂缝分为纵向裂缝、环向裂缝、斜向裂缝与网状裂缝 4 种类型[7]。考虑实际情况，本节主要选取 CCD 线阵相机进行裂缝观测。观测裂缝后为实现上述能够定位地铁隧道裂缝病害空间位置信息的功能，在每个线阵相机保护外壳上分别固定安装一个测距传感器与倾角传感器。为确定裂缝 M 的位置，以 CCD 线阵相机为中心构建线阵相机坐标系 O_{ccd}-$X_{ccd}Y_{ccd}Z_{ccd}$，其中 X_{ccd} 轴指向水平向右，Y_{ccd} 轴指向垂直正上，Z_{ccd} 轴指向检测车前进方向。CCD 线阵相机 A_n 拍摄图像在地铁隧道行进方向拍摄裂缝病害定位示意图如图 7.3.3-2 所示。

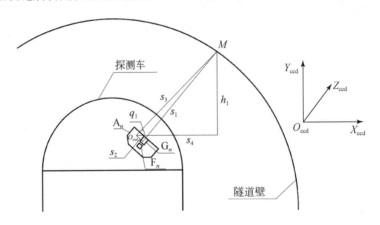

图 7.3.3-2　裂缝病害定位示意图

CCD 线阵相机 A_n 到线阵相机图像底边的高度 h_1 和 CCD 线阵相机 A_n 到 CCD 线阵相机图像底边的横向距离 s_4 可由式（7.3.3-5）和式（7.3.3-6）计算得出：

$$h_1 = s_3 \times \sin q_1 \tag{7.3.3-5}$$

$$s_4 = s_3 \times \cos q_1 \tag{7.3.3-6}$$

式中，q_1 为 CCD 线阵相机 A_n 到裂缝连线与水平线之间的夹角，角度信息由倾角仪 F_n 获取；s_3 为 CCD 线阵相机 A_n 到裂缝的距离，可由式（7.3.3-7）得出：

$$s_3 = \sqrt[2]{s_1^2 + s_2^2} \tag{7.3.3-7}$$

式中，s_1 为测距仪 G_n 到裂缝的距离；s_2 为线阵相机 A_n 到测距仪 G_n 的距离。故病害 M 在线阵相机坐标系下坐标为

$$\left(\sqrt[2]{s_1^2 + s_2^2} \times \cos q_1, \sqrt[2]{s_1^2 + s_2^2} \times \sin q_1 \right) \tag{7.3.3-8}$$

3. 表观渗漏水隐患病害坐标转换矩阵

针对地铁内环境复杂的问题，本检测车采用一种红外检测成像方法，该方法主要依据渗漏水和隧道壁的温差来识别表观渗漏水。

在检测车检测过程中，以红外相机为中心建立红外坐标系 $O_r\text{-}X_rY_rZ_r$，红外相机坐标系及渗漏水病害坐标示意图如图 7.3.3-3 所示，X_r 轴指向水平向右，Y_r 轴指向垂直正上，Z_r 轴指向检测车前进方向。为确定渗漏水病害具体位置信息，已知红外成像设备的视场角 α、β 以及距离隧道壁的距离 d，由于渗水面积不规则，故采取包围盒方案，确定 E、F 坐标，即确定病害坐标。

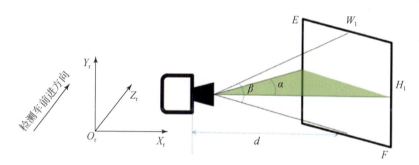

图 7.3.3-3　红外相机坐标系及渗漏水病害坐标示意图
H_1-病害区域的垂直高度；W_1-病害区域的水平宽度

假设此时里程值为 L，由：

$$H_1 = 2d \times \tan \frac{\beta}{2} \tag{7.3.3-9}$$

$$W_1 = 2d \times \tan \frac{\alpha}{2} \tag{7.3.3-10}$$

得到 E 点坐标为 $\left(d, \frac{H_1}{2}, L+\frac{W_1}{2}\right)$，$F$ 点坐标为 $\left(d, -\frac{H_1}{2}, L-\frac{W_1}{2}\right)$。

4. 隧道三维点云坐标转换矩阵

对隧道结构形变检测的设备主要是通过三维激光扫描仪进行，选用其中的线扫描模式又称为螺旋扫描模式，扫描仪固定在检测车尾部两边，通过中间棱镜的自动旋转360°可以获得隧道断面物体的反射强度和相关位置信息。三维激光扫描仪坐标系如图7.3.3-4所示，通过检测车移动，依次获得完整的隧道点云模型，并通过式（7.3.2-1）矫正后的里程信息，构建完整的三维点云模型。

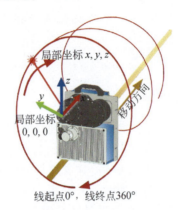

图7.3.3-4　三维激光扫描仪坐标系

由于三维激光扫描仪采用螺旋扫描模式下的棱镜只是在平面内的转动，故只能得到相关的隧道界面点云坐标信息，想要获取完整的三维模型需要加入测距轮编码器提供的Z轴里程信息。根据扫描仪的采集频率，每转一圈记为一组数据，相关扫描断面数据记录在点云文件中表现为一列点信息。

将以扫描仪为中心O_s的点云坐标转换为以检测车为中心O_c的三维坐标。其相关计算公式如式（7.3.3-11）和式（7.3.3-12）所示：

$$\begin{bmatrix} X_c \\ Y_c \\ Z_c \end{bmatrix} = \boldsymbol{R} \begin{bmatrix} X_s \\ Y_s \\ Z_s \end{bmatrix} + \begin{bmatrix} h_{x1} \\ h_{y1} \\ h_{z1} \end{bmatrix} \tag{7.3.3-11}$$

$$\boldsymbol{R} = \begin{bmatrix} \cos\gamma & \sin\gamma & 0 \\ -\sin\gamma & \cos\gamma & 0 \\ 0 & 0 & 1 \end{bmatrix} \begin{bmatrix} \cos\beta & 0 & \sin\beta \\ 0 & 1 & 0 \\ -\sin\beta & 0 & \cos\beta \end{bmatrix} \begin{bmatrix} 1 & 0 & 0 \\ 0 & \cos\alpha & \sin\alpha \\ 0 & -\sin\alpha & \cos\alpha \end{bmatrix} \tag{7.3.3-12}$$

式中，$\boldsymbol{R}$为扫描坐标系到检测车坐标系的旋转矩阵；X_s、Y_s、Z_s为隧道扫描点在扫描坐标系下的坐标；X_c、Y_c、Z_c为隧道扫描点在检测车坐标系下的坐标；α、β、γ为两个坐标系之间的旋转参数；h_{x1}、h_{y1}、h_{z1}为两者标系下的平移参数。

参 考 文 献

[1] Abbas S M, Aslam S, Berns K, et al. Analysis and improvements in AprilTag based state estimation[J]. Sensors, 2019, 19(24): 5480.

［2］ Kallwies J, Forkel B, Wuensche H J. Determining and improving the localization accuracy of AprilTag detection［C］//2020 IEEE International Conference on Robotics and Automation（ICRA）. Paris：IEEE, 2020：8288-8294.

［3］ 姚二亮,宋海涛,赵婧,等. 考虑点云结构和表观信息的激光雷达-惯性 SLAM 算法［J］. 机器人,2024, 46(4):436-449.

［4］ Liu M, Chen M, Wu Z, et al. Implementation of intelligent indoor service robot based on ROS and deep learning［J］. Machines,2024,12(4)：256.

［5］ Afanasyev I, Sagitov A, Magid E. ROS-based SLAM for a Gazebo-simulated mobile robot in image-based 3D model of indoor environment［J］. Springer International Publishing,2015：273-283.

［6］ Platt J, Ricks K. Comparative analysis of ros-unity 3D and ros-gazebo for mobile ground robot simulation［J］. Journal of Intelligent and Robotic Systems,2022, 106(4)：80.

［7］ 宋国华,陈东生,齐法琳. 高铁隧道裂缝成因分析［J］. 中国铁路,2018(6):19-21,27.

第 8 章   地铁隧道避障技术及路径规划

8.1   避障场景分析与设计框架

本章首先介绍了地铁隧道基本环境，包括地铁隧道类型以及限界类型，针对检测车机械臂作业时遇到的躲避障碍物的问题，研究盾构法圆形地铁隧道环境避障过程中可能遇到的障碍物类型；其次介绍了避障框架的总体设计，从检测车系统的基本构成开始，剖析机械臂在隧道内作业时的工作状态与避障方式，基于此探讨避障系统的总体构成，提出基于激光点云的天线机械臂避障方法，并介绍了相关的软硬件系统：①环境感知与信息采集的硬件系统，包含三维激光扫描、测距编码器、里程同步信号发生器与相机等设备；②数据处理及决策的软件系统，包含信息处理、障碍物识别、路径输出等实现。

8.1.1   隧道避障作业问题分析

1. 隧道限界类型

在多种常见的地铁隧道结构中，盾构法隧道施工速度快，噪音振动少，对地面交通、地下管线以及居民生活等影响较少。目前，地铁区间隧道采用盾构技术已成为发展的必然趋势，以盾构法圆形隧道为例，分析其内部环境，研究检测车在盾构圆形隧道中作业时的避障方法。

在地铁隧道中，需要对车辆断面尺寸、沿线设备安装尺寸以及建筑结构有效净空尺寸进行限制，以保证地铁以及相关车辆安全运行，用以表述限制的图形以及坐标参数被称为限界，限界根据不同的功能要求划分为不同的限界类型，地铁隧道限界类型示意图如图8.1.1-1 所示，以圆形盾构隧道为例，限界可划分为车辆限界、设备限界和建筑限界三种。

车辆限界指的是计算车辆包括空车以及重车在平直线轨道上按照区间最高速度等级并附带瞬时超速以及规定的过站速度运行，并将规定的车辆和轨道的磨耗量、车辆振动等各种限定条件包括在内而产生的车辆各个部位横竖向动态偏移后形成的动态包络线，并以基准坐标系表示的界线。

设备限界指的是基准坐标系中控制沿线设备安装在车辆限界外加安全余量而形成的界线。建筑限界指的是在设备限界的基础上考虑沿线设施以及管线等安装尺度后的最小有效界线。

一般来说，对于在地铁隧道内行驶的各类车辆，其横向最大截面不能越过车辆限界范围，否则将会有碰撞风险，本章检测车在非工作（机械臂收起）状态下，其限界严格遵守

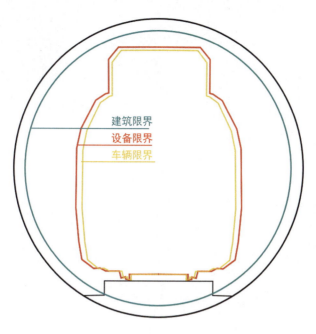

图 8.1.1-1　地铁隧道限界类型示意图

车辆限界范围；但是在工作（机械臂展开）状态下，搭载在液压机械臂上的空耦探地雷达天线在距离隧道内壁悬空高度 30~40cm 对隧道衬砌背后脱空病害检测，此时天线机械臂的某些部分可能存在超出地铁隧道的车辆限界，与地铁隧道内配电箱、支架等附属设备相碰撞的风险，此时设备就成为了阻碍检测车作业的障碍物。因此，需要分析隧道内的设备类型，对在地铁隧道内的避障场景进行分析，研究可能对机械臂作业造成威胁的障碍物类型。

2. 障碍物类型分析

机械臂伸展方式如图 8.1.1-2 所示，机械臂展开状态下，对隧道不同部位进行检测，根据其检测朝向相对隧道横断面的方位，可将机械臂分为顶部、肩部、腰部三组，每组又分为左臂右臂，根据不同位置的惯导设施布局不同，因此应结合机械臂方位与隧道设施具体分布情况，分析障碍物类型。本章主要探讨的是针对圆形盾构隧道设施布局的避障方式。

常见的隧道内设施如图 8.1.1-3 所示，常见布设于隧道内的设施有电缆、电缆支架、区间设备箱、疏散指示灯、照明灯、消防水管、区间疏散平台等，不同设施具有特定的布设范围，按照设施布设高度将隧道划分为顶部、肩部、腰部三个方位。

对比检测车的机械臂展开状态可见，隧道顶部的电缆、照明灯、天线等紧贴隧道壁的小截面设施，基本不会对检测车作业造成影响，顶部机械臂避障需求较小；隧道肩部、腰部电缆支架、信号机、区间设备箱、消防水管等大尺寸突出物，对机械臂作业影响较大，肩腰部机械臂避障压力更为突出。图 8.1.1-4 为隧道腰部常见的设施实物图。

可见，机械臂避障一般面向配电箱等大尺度突出物体，该类设施一般形状相对规则且

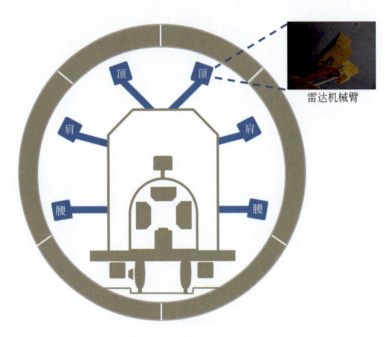

图 8.1.1-2　机械臂伸展方式

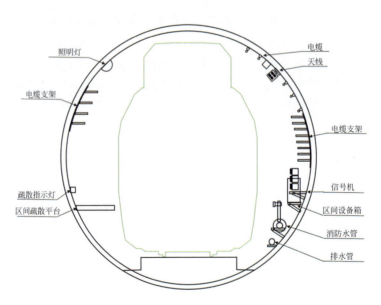

图 8.1.1-3　常见的隧道内设施

在隧道内的纵向分布较为稀疏，会对雷达的检测产生明显影响，是检测车天线机械臂作业过程中主要面对的避障类型。

图 8.1.1-4　隧道腰部常见的设施实物图

8.1.2　避障框架

本节主要介绍避障框架的总体设计，通过检测车的基本构成与功能剖析机械臂在隧道内作业时的工作特点，分析检测车作业状态下机械臂的避障流程，基于此探讨避障系统的总体构成，介绍避障框架总体设计，提出基于激光点云的雷达机械伸缩臂避障方法并介绍软硬件系统实现方法。

1. 机械臂避障方式

为实现一次性完成隧道结构、道床及轨道信息的快速采集和高精度检测，探明结构表面及结构背后 3m 深度范围内的健康安全情况，提高信息采集效率和准确性，为地铁运营安全提供保障，中国矿业大学（北京）研发搭载多种隧道病害检测设备的地铁隧道安全隐患综合检测车（图 8.1.2-1）。

图 8.1.2-1　地铁隧道安全隐患综合检测车

　　地铁隧道安全隐患综合检测车是用于地铁隧道表面以及背后隐藏安全隐患检测的专用设备，主要包括隧道形变、隧道表面裂缝、漏水、脱空等安全隐患的综合检测。为实现上述检测目的，地铁隧道安全隐患综合检测车主要由三个检测系统构成，分别是地铁隧道表面裂缝检测系统、地铁隧道三维空间信息采集系统以及多通道探地雷达检测系统，地铁隧道表面裂缝检测系统主要采用 CCD 线阵相机对隧道表面情况进行图像采集，然后根据图像进行隧道表面裂缝的识别与分析。地铁隧道三维空间信息采集系统主要采用三维激光扫描仪获取隧道结构点云数据，然后根据点云数据对隧道形变、错台等情况进行分析。地铁隧道安全隐患综合检测车基本构成如图 8.1.2-2 所示。

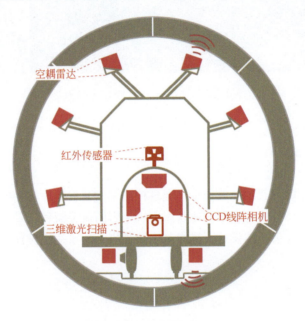

图 8.1.2-2　地铁隧道安全隐患综合检测车基本构成

　　其中多通道探地雷达检测系统主要采用探地雷达对地铁隧道管片背后漏水、脱空等衬砌隐藏安全隐患进行检测，通过搭载在液压机械臂上的空耦雷达天线在距离隧道内壁悬空高度 30～40cm 对隧道衬砌背后脱空病害检测，此时天线机械臂的某些部分可能存在超出地铁隧道的车辆限界，与地铁隧道内配电箱、支架等附属设备相碰撞的风险。

　　单个天线机械臂避障流程图如图 8.1.2-3 所示，检测车在隧道内作业时，单个天线机械臂 E_n 在一个完整的避障流程中，其姿态调整需要经过收缩、保持和伸出三个阶段，对应收缩阶段的起点位置 A_1、收缩阶段的终点位置 A_2、伸出阶段的起点位置 B_1、伸出阶段的终点位置 B_2 4 个关键路径点。

　　收缩阶段，天线机械臂需要在地铁隧道安全隐患综合检测车前进方向上障碍物前方的某位置 A_1 开始收缩，使搭载的空耦雷达收回，避开障碍物。那么，将位置 A_1 认为是天线机械臂在该避障流程中收缩阶段的起点；在障碍物前方的某位置 A_2 点，天线机械臂将搭载的空耦雷达收回至安全位置，完成收缩过程。那么，将位置 A_2 认为是天线机械臂在该避障流程中收缩阶段的终点。

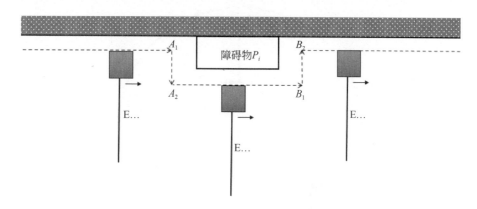

图 8.1.2-3　单个天线机械臂避障流程图

保持阶段，需判断天线机械臂检测面距离障碍物表面的距离，若达到设定的安全距离范围，则认为该障碍物与天线机械臂不会发生碰撞，天线机械臂姿态不调整；若天线机械臂检测面距离障碍物表面的距离过近，小于设定的安全距离阈值，则认为天线机械臂具有碰撞剐蹭的危险，此时 E_n 相应的姿态需要调整，E_n 需要收缩。

伸出阶段，天线机械臂安全越过障碍物后，需要在前进方向障碍物后方的某位置 B_1 将天线机械臂伸出，并在位置 B_1 使其搭载的空耦雷达回到原本作业区间继续作业。那么，将位置 B_1 认为是天线机械臂在该避障流程中收缩阶段的起点。在障碍物前方的某位置 B_2，天线机械臂完全伸出到原本的作业区间。那么，位置 B_2 被认为是天线机械臂在该避障流程中伸出阶段的终点。此时，天线机械臂 E_n 完成对单个障碍物的避障过程。

2. 避障系统软硬件框架

针对上文所述的地铁隧道安全隐患综合检测车侵限作业情况下天线机械臂的智能导航避障问题，本节研究了一种地铁隧道安全隐患综合检测车安全避障装置及方法。

硬件方面，主要包括：地铁隧道安全隐患综合检测车避障控制主机 A、三维激光扫描仪 B、测距编码器 D、天线机械臂 $E_1 E_2 \cdots E_n$，机械臂顶端两侧安装有测距仪 $G_1 G_2 \cdots G_n$ 和测角仪 $F_1 F_2 \cdots F_n$。其中，地铁隧道安全隐患综合检测车避障控制主机 A 与三维激光扫描仪 B、测距编码器 D 相连，天线机械臂 $E_1 E_2 \cdots E_n$ 与地铁隧道安全隐患综合检测车避障控制主机 A 相连，测距仪 $G_1 G_2 \cdots G_n$ 和测角仪 $F_1 F_2 \cdots F_n$ 分别固定于天线机械臂 $E_1 E_2 \cdots E_n$ 顶端。

三维激光扫描仪、测距编码器、测角仪和测距仪采集的点云数据、里程信息、测距测角信息实时传输到检测车避障控制单元，经过处理、分析，识别地铁隧道障碍物并提取外表面距离天线机械臂顶端的纵向距离以及障碍物相对地铁隧道安全隐患综合检测车的横向距离，通过控制天线机械臂的伸出收缩确保搭载在臂顶端的空耦雷达实现隧道内避障（图8.1.2-4）。

软件方面，系统具体实现以 C++为开发语言，以 Visual Studio 为开发平台，基于点云库（point cloud library，PCL），完成以点云数据作为输入源，输出避障路径控制信息总体流程。系统实现环境如表 8.1.2-1 所示。

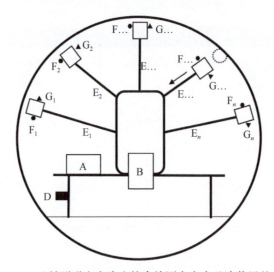

图 8.1.2-4　地铁隧道安全隐患综合检测车安全避障装置基本构成

表 8.1.2-1　系统实现环境

对象	软硬件环境
操作系统	Microsoft Widows 10（64 位）
运存/GB	16
开发工具	PCL 1.8.0
开发平台	Visual Studio 2015
编程语言	C++

　　本节使用 PCL 实现部分基础的数据处理与搭建复杂的算法以实现系统的功能。实现对地铁隧道点云数据的有效接收、存储、管理，对点云数据进行处理并实时输出避障控制信息，处理结果实时可视化等。PCL 是在结合点云领域相关研究的基础上搭建的跨平台开源 C++ 库，由世界多所著名大学与研究机构共同开发和维护。PCL 可在 Windows、macOS 和 Linux 等多个操作系统间方便地移植与开发。它囊括了大量点云相关的数据结构与算法，其功能涉及获取、滤波、分割、配准、特征提取、识别、可视化等多个方面，基于 PCL 实现系统软件总体功能架构如图 8.1.2-5 所示。

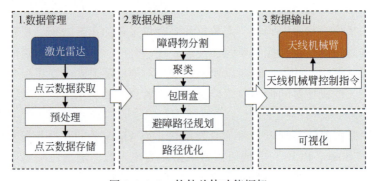

图 8.1.2-5　软件总体功能框架

8.2 车载点云数据采集及控制系统设计

稳定的数据获取平台是整个避障系统的基础和前提。本节将介绍以 Z+F PROFILER 9012 激光扫描仪为主要数据获取设备搭建隧道点云采集系统的过程，对隧道点云采集系统的基本组成与数据的采集方法进行了详细阐述。

8.2.1 激光扫描技术介绍

激光扫描技术起源于 20 世纪 90 年代，集计算机、传感器、测绘技术、激光技术于一体，是一种先进的光学遥感技术，早期激光扫描技术设备十分昂贵，另外技术可靠性较低，未广泛应用，而近十几年来，设备的价格不断下降，技术也不断地发展成熟，该技术开始应用到各行各业中，目前在汽车自动驾驶、空间测绘、文物保护、数字城市、工业测量等领域均已有广泛应用，是测绘领域继 GPS 技术后的一大技术革新。

激光雷达通过高速旋转采集目标物体表面三维空间内的坐标信息与反射强度信息，相对于其他类型的传感器，激光雷达的优势在于扫描速度快，点云数据多，可靠性强，能够快速高效地获取周围环境信息。激光雷达内置的马达通过匀速旋转，其内置的激光发射器不断向外发射红外激光脉冲，在红外激光脉冲到达物体表面时，经过表面反射返回到激光雷达接收器，激光雷达通过红外激光脉冲发出与到达的时间来计算雷达中心到物体表面的距离，同时获取放射强度等信息，其系统组成主要包括扫描、控制和计算机系统三个部分。

使用三维激光扫描仪采集的点云包含有三维空间坐标信息、反射强度信息等，扫描点云数据具有以下特点：

（1）非接触式。通过发射激光来扫描目标物体表面，不会对目标表面产生破坏，对不易接近/不可接触的目标或场景测量非常简便。

（2）采集速度高。能够高速获取目标物体表面三维信息是三维激光扫描仪区别于传统测量方式的一大优点，通常在采集状态下，三维激光扫描仪每分钟采集的点云其数量在 10 万到 100 万级别。

（3）点云数据量大。不同于传统全站仪等单点测绘方法，激光雷达通过其高速旋转的镜头以高频率发射和接收激光脉冲信号获取镜头到被测物体表面的距离，扫描点的数量是十分庞大的。

（4）采集精度高。目前三维激光扫描仪的测量精度已经可以达到毫米级别，不低于传统的全站仪测量方式的测量精度。

（5）容易出现空洞。由于红外激光脉冲是以直线形式发出及返回，如果在激光前进路径上有其他物体遮挡，激光雷达将无法采集被遮挡物体后方的目标信息，应用于隧道的移动激光扫描仪，由于其扫描界面通常垂直于隧道中轴线，所以隧道上附属设施等在平行扫描截面以及平行激光射出的面易出现空洞现象。

8.2.2　避障点云数据采集系统

1. 三维激光系统

激光雷达通过其内置的高速旋转镜头发射并接收激光，可以高效快速地获取地铁隧道高精度三维空间结构信息，常被用来采集隧道点云信息。本节使用 Z+F PROFILER 9012 激光扫描仪获取隧道点云信息并构建导航地图，该款扫描仪是基于 IMAGER 5010 和 2D 断面激光测量系统上研发出新一代高速相位激光扫描仪，最高扫描速率超过 100 万点每秒，最大扫描速度为 200r/s。即使在高速移动过程中，轮廓之间也可以保证非常短的间距，可以实现非常密集的高精度扫描。Z+F PROFILER 9012 激光扫描仪技术参数如表 8.2.2-1 所示。

表 8.2.2-1　Z+F PROFILER 9012 激光扫描仪技术参数

设备种类	参数名称	参数数值
激光系统	激光等级	1 级
	光束发散度/mrad	<0.5
	光束直径/mm	约1.9（0.1m 处）
	测距范围/m	0.3~119
	测距分辨率/mm	0.1
	测点速率/(万点/s)	最大 101.6
	线性误差/mm	≤1

Z+F PROFILER 9012 激光扫描仪采集数据时靠扫描镜头不断旋转 360° 发射激光并接收返回激光，其镜头在高速旋转时不能有其他遮挡物遮挡其扫描视野，因此 Z+F PROFILER 激光扫描仪的布置方案要求不能有遮挡物遮挡住镜头，选择安装在地铁隧道安全隐患综合检测车头部或尾部，且镜头旋转方向垂直隧道横断面。Z+F PROFILER 9012 激光扫描仪安装示意图如图 8.2.2-1 所示。

2. 测距定位编码器

Z+F PROFILER 9012 激光扫描仪以旋转扫描方式获取隧道 2D 断面点云，其数据包含 xyz 轴（垂直隧道中轴线）的坐标，但是 z 轴坐标是虚拟坐标。因此，需要引入外部数据源提供第三维度的坐标信息，本节选择以测距编码器作为外部里程信息输入源，通过外部接口将 z 轴里程信息实时同步到 Z+F PROFILER 9012 激光扫描仪获取的 xy 轴数据中，使 2D 断面坐标转换为 3D 点云坐标。

选用 DFS60B 增量式编码器，DFS60B 增量式编码器如图 8.2.2-2 所示，该编码器利用光电效应原理，将角度、转速等物理量转化为电脉冲信号输出，可通过计算测距轮在一定时间内转动的角度而获得里程测量值，即检测车前进的里程值，DFS60B 增量式编码器的

图 8.2.2-1　Z+F PROFILER 9012 激光扫描仪安装示意图

分辨率为 2048。

图 8.2.2-2　DFS60B 增量式编码器

　　Z+F PROFILER 9012 激光扫描仪通过外置接口可以将 GPS、位移传感器、计数器结合在一起，通过接口将外部实时的脉冲信号输入到 Z+F PROFILER 9012 激光扫描仪用以计算扫描点云数据的位置。Z+F PROFILER 9012 激光扫描仪接口示意图如图 8.2.2-3 所示。Z+F PROFILER 9012 激光扫描仪接口定义如表 8.2.2-2 所示。

表 8.2.2-2　Z+F PROFILER 9012 激光扫描仪接口定义

接口名称	定义
P3 接口	电源（power）
P4 接口	远程盒（remote-box）
P5 接口	以太网到 RJ45（ethernet to RJ45）
P6 接口	编码器里程计（encoder odometrie）
P7 接口	主/从同步编码器接口（master-/slave-sync-encoder）
P8 接口	GPS/秒脉冲信号（PPS）/线性同步信号（LineSync）/外部触发信号（trigger）

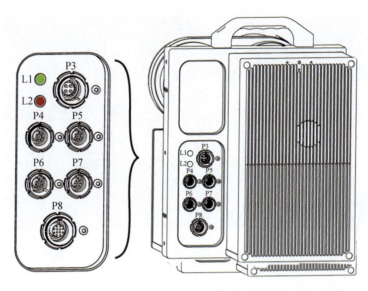

图 8.2.2-3　Z+F PROFILER 9012 激光扫描仪接口示意图

其中，P6 与 P8 接口均可作为外部信号输入，P6 接口或 P8 接口的使用取决于信号源种类：P8 接口上的 Counter2 输入（pin4）会记录 5V 脉冲；P6 接口上的 CounterL 接收 RS422 信号，主要用于高频编码器输入。本节选用 Z+F PROFILER 9012 激光扫描仪提供的 P6 接口，将测距编码器 TTL 信号转换为 RS422 信号，在采集过程中实时将测距里程信息输入 Z+F PROFILER 9012 激光扫描仪，使 Z+F PROFILER 9012 激光扫描仪采集的断面信息具有里程属性。此时，带有真实三维坐标的隧道表面点云数据即可作为避障数据处理与决策系统的原始数据，提取障碍物信息，输出机械臂伸缩避障路径。

3. 系统搭建

采集系统硬件示意图如图 8.2.2-4 所示。

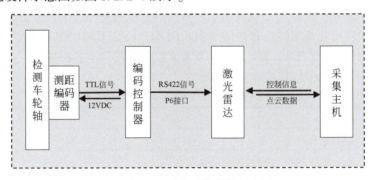

图 8.2.2-4　采集系统硬件示意图

避障点云数据采集硬件系统主要包括 Z+F PROFILER 9012 激光扫描仪、测距编码器、编码器信号控制盒与点云采集主机。点云采集主机通过网线与 Z+F PROFILER 9012 激光扫描仪连接，测距编码器与监测车车轴硬链接，车轮转动带动测距编码器中轴转动，输出

TTL 脉冲信号到编码器信号控制盒，由编码器信号控制盒将 TTL 脉冲信号转换 RS422 信号并输出一路信号进入 Z+F PROFILER 9012 激光扫描仪的 P6 接口，同步进入点云帧。

8.2.3　数据采集方法研究

1. 点云数据结构分析

三维激光扫描仪坐标系如图 7.3.3-4 所示，所获取的点云数据应具有 xyz 三个维度的坐标信息，但是点云数据是以三维激光扫描仪镜头的中心作为坐标系原点。x 方向为扫描仪采集时候的移动方向，扫描仪在 y 和 z 方向扫描轮廓线。因此，需要外部信号 Z+F PROFILER 9012 激光扫描仪匹配真实的 z 轴坐标即里程信息，并根据安装 Z+F PROFILER 激光扫描仪的位置将 xyz 三轴方向的点云数据转换为统一坐标系下 xyz 三轴数据。

扫描仪所在位置就是仪器在统一坐标系下 x 轴的坐标信息，也是仪器与出发位置之间的距离，由于 Z+F PROFILER 9012 激光扫描仪采用的是连续同步采集存储模式，该模式下点云数据中每个 yz 坐标点都匹配有与其对应的测距轮编码器脉冲信号，根据脉冲信号即可计算出当时 Z+F PROFILER 激光扫描仪相对出发位置走过的距离即当前的 x 坐标。

根据点云数据中每个点的脉冲信号可计算得到测距编码器正旋转方向脉冲数增量累加和 M_i（$i=1$，2），然后测距编码器在正反旋转方向上的累加距离 X_i（$i=1$，2）可根据式（8.2.3-1）计算得到：

$$X_i = M_i \cdot \frac{C}{N}(i=1,2) \qquad (8.2.3\text{-}1)$$

式中，$i=1$ 为测距编码器正旋转方向；$i=2$ 为测距编码器反旋转方向；C 为与测距编码器同轴安装的检测车车轮周长；N 为测距编码器每圈输出脉冲数。

Z+F PROFILER 9012 激光扫描仪与出发位置之间的距离 X 即 x 轴坐标可根据式（8.2.3-2）计算得到：

$$X = D_1 - D_2 \qquad (8.2.3\text{-}2)$$

式中，D_1 为测距编码器正旋转方向检测距离；D_2 为测距编码器反旋转方向检测距离。

通过 X 值可使 Z+F PROFILER 9012 激光扫描仪获取的 yz 信息匹配到前进方向上真实的里程坐标信息，Z+F PROFILER 9012 激光扫描仪获取的 xyz 坐标信息使可确定当前采集到的点云数据的坐标系原点，从而可以将点云数据转换为统一坐标系中的坐标信息。采集的点云数据结构图如图 8.2.3-1 所示。

其中第 1 列为点云序号；第 3，4 列为采集点云的 yz 坐标；第 2 列为采集点云的 x 坐标，同一断面的 yz 坐标具有相同的 x 坐标。

2. 采集参数探讨

Z+F PROFILER 9012 激光扫描仪提供了多种参数命令设置，其中最主要的采集参数包括转速 rps 与点频 pts，点频越高，采样率越高，转速越大，每秒获取的点云截面越多，两者共同决定每转采样点数（points per round/turn，ppt），转速 rps 与点频 pts 共同决定每转

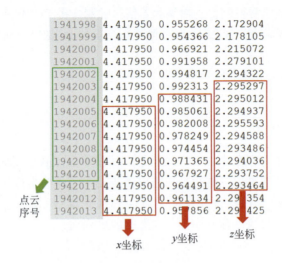

图 8.2.3-1　点云数据结构图

采样点数 ppt 的关系可在表 8.2.3-1 得到。

表 8.2.3-1　Z+F PROFILER 9012 激光扫描仪每圈采样点数

每转采样点数	rps/（转数/s）				
	50	100	150	175	200
1016 kHz	20480	10240	6830	5850	5120
508 kHz	10240	5120	—	—	—
254 kHz	5120	—	—	—	—

据此，每秒采集的点云数量 C 可由式（8.2.3-3）得到：

$$C = \text{rps} \cdot \text{ppt} \tag{8.2.3-3}$$

式中，rps 为转速；ppt 为每转采样点数（points per round/turn，ppt）。

另外，Z+F PROFILER 9012 激光扫描仪提供了一些默认的扫描设置模式见表 8.2.3-2。

表 8.2.3-2　Z+F PROFILER 9012 激光扫描仪扫描设置

模式	分辨率	rps/（转数/s）	采样密度/kHz
模式 1	高	100	1016
模式 2	高	50	508
模式 3	超高	50	1016
模式 4	低	50	254
模式 5	低	100	508
模式 6	低	200	1016

考虑检测车行驶速度对点云地图密度的影响，本节选择的转速 rps 为 50，每转采样点数 ppt 为 5120，开始采集命令是

scans-pps-gps-resolution sh-quality h-profiler-linestream all-path scans-file

其中-resolution sh-quality h 表示的是转速，可改变。Resolution 是设备所支持的分辨率，用于设置它的参数，如过滤器，重采样和速度。Quality 一般和 resolution 配合使用，设置扫描仪的扫描能力（清晰度）。

8.3 导航地图构建与障碍物识别

第 8.2 节探讨了基于 Z+F PROFILER 9012 激光扫描仪采集点云数据的方法，本节将根据第 8.2 节的内容，探讨导航地图的构建与精度提升方法，包括坐标系的建立，基于二维码的地图精度提升方法。讨论通过滤波、聚类的方法将障碍物点云从预处理点云中分离的方法：使用 RANSAC 算法分割提取隧道内壁设施点云，使用凸包算法滤波识别隧道内设施点云中可能碰撞的障碍物点云，通过单轴欧氏聚类方法将障碍物点云聚类，并建立轴向包围盒以获取检测车相对坐标系下的障碍物三轴尺度信息。

8.3.1 地图模型坐标系建立

激光雷达与机械臂具有各自不同的坐标系统，为了实现整个避障系统的功能，需要研究各个系统之间坐标系的相对位置关系与坐标系转换关系，坐标系示意图如图 8.3.1-1 所示，本节构建了机械臂坐标系 $X_{En}Y_{En}Z_{En}$，激光坐标系 $X_LY_LZ_L$ 与隧道绝对坐标系 $X_TY_TZ_T$。

机械臂坐标系 $X_{En}Y_{En}Z_{En}$，以每一个机械臂 E_n 的基座为原点 O_{En}，$X_{En}Y_{En}Z_{En}$ 坐标轴平行于隧道断面，X_{En} 轴指向水平正右，X_{En} 轴指向垂直正上，X_{En} 轴指向检测车前进方向，平行于地铁隧道中轴线。该坐标系位置随着检测车的移动而移动。

激光坐标系 $X_LY_LZ_L$ 以激光雷达旋转镜头中心为原点 O_L，X_L 轴指向水平正右，Y_L 轴指向垂直正上，Z_L 轴指向检测车前进方向，平行于地铁隧道中轴线。该坐标系位置同样随着检测车的移动而移动，但是与机械臂坐标系 $X_{En}Y_{En}Z_{En}$ 的相对位置保持不变。

隧道绝对坐标系 $X_TY_TZ_T$ 以检测车在隧道内的作业起点作为原点 O_L，X_T 轴指向水平正右，Y_T 轴指向垂直正上，Z_T 轴指向检测车前进方向，平行于地铁隧道中轴线。

机械臂与激光雷达坐标系相对关系示意图如图 8.3.1-2 所示，机械臂坐标系 O_{En} 与激光雷达坐标系 O_L 的换算关系可由式（8.3.1-1）表示：

$$\begin{bmatrix} X_L \\ Y_L \\ Z_L \end{bmatrix} = \begin{bmatrix} X_{En} \\ Y_{En} \\ Z_{En} \end{bmatrix} + \begin{bmatrix} h_x \\ h_y \\ h_z \end{bmatrix} \tag{8.3.1-1}$$

式中，h_x、h_y、h_z 为机械臂坐标系 O_{En} 与激光雷达坐标系 O_L 在 x、y、z 三轴上的差值。

8.3.2 基于二维码的地图精度提升方法

在地铁隧道安全隐患综合检测车行驶过程中，车轮磨轮以及滑行/空转等原因造成的

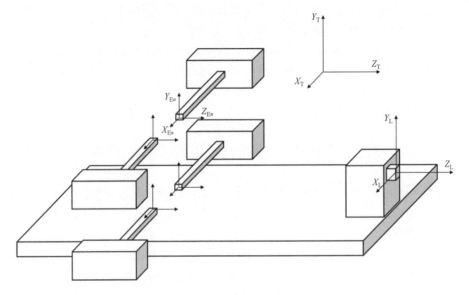

图 8.3.1-1　坐标系示意图

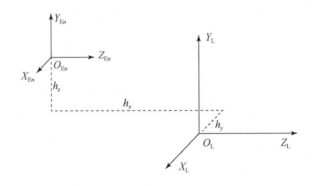

图 8.3.1-2　机械臂与激光雷达坐标系相对关系示意图

里程计累计误差是导致导航地图精度受损的主要原因，不精确的导航地图直接影响障碍物位置的准确感知，从而影响机械臂避障路径规划的精度，增加事故发生风险。因此，本节提出在隧道内使用视觉二维码+全站仪控制点的里程计误差校正解决方案，提升导航地图精度。

1. 二维码定位介绍

　　二维码凭借其获取容易、简单实用以及布设方便的特点，被作为一种人工路标广泛应用于移动机器人等领域的视觉定位研究中，其原理是通过相机识别并提取二维码的信息，通过计算估计出车辆或相机载体当前的位置坐标信息。ArUco 码是一种二进制平方黑白标志码（图 8.3.2-1），可以分为两部分，分别是用于快速查找的黑色边框与边框内部的编码矩阵，开源计算机视觉处理库（OpenCV）中已经集成了 ArUco 码检测库。

　　因此，本节使用 ArUco 码作为研究对象展开定位精度提升方法的研究。本节将从控制

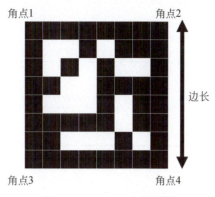

角点1　　　　　　　　　　　　角点2

边长

角点3　　　　　　　　　　　　角点4

图 8.3.2-1　ArUco 码图例

点布设与测量、二维码坐标解算以及里程改正三个部分对提出的地图精度提升方法进行阐述。

2. 控制点布设与测量方法

如第 8.3.1 节所述，本节使用的点云数据采集方法使用测距编码器作为外部信息源为获取的点云提供 z 轴信息（扫描仪本身自带 xy 轴坐标信息），因此测距编码器由车轮打滑空转等原因积累的误差会同步到采集的点云数据中，影响获得的点云数据精度，导致导航地图精度受损。因此，本节使用全站仪测量隧道内预设的控制点坐标并将其导入二维码，并通过视觉相机获取二维码携带的坐标信息并整合入点云数据，消除测距编码器累计误差，提高数据精度。

如图 8.3.2-2 所示，在本节使用 Leica TZ08 全站仪［图 8.3.2-2（a）］采集控制点信息，配套有棱镜若干［图 8.3.2-2（b）］。

(a)　　　　　　　　　　　　　　　(b)

图 8.3.2-2　仪器准备

Leica TZ08 全站仪等（a）和棱镜若干（b）

仪器准备完成后，需要在隧道内进行控制点的选取与测量：首先调查测量区段的隧道类型、运营状态，确定测量区段以及区段长度与总体走向，确定测量的起点与终点；然后将测量区段前后各延伸 15m 作为采集起点、终点，保证数据完全覆盖测量区段，且在区段起点与终点各布设一个棱镜，在后处理时作为区段起点、终点的精确坐标位置。控制点布设示意图如图 8.3.2-3 所示。

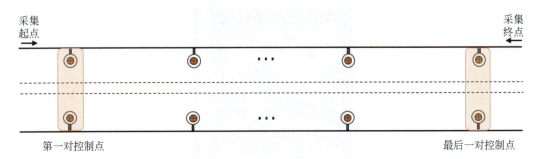

图 8.3.2-3　控制点布设示意图

考虑到地铁隧道狭长的形状特点，选取控制点的一般原则是：在测量区段上，每间隔 40～60m 在隧道左右布设一对控制点，隧道曲线的部分可适当加密，具体布设位置根据现场情况适当调整；控制点的位置即布置棱镜与二维码的位置，选取控制点要保证前后通视、分布均匀、不影响检测车辆通行。对于不同隧道的控制点类型，其区间控制点的类型不同，地铁隧道控制点类型如图 8.3.2-4 所示。

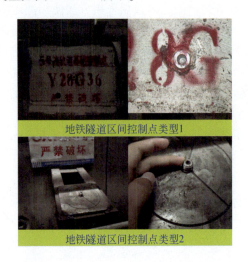

图 8.3.2-4　地铁隧道控制点类型

对于不同的隧道控制点类型，本书采用了两种不同的棱镜布设方式，图 8.3.2-5 所示。强磁吸盘底座（图左）和插入式底座（图右）。其中，插入式底座棱镜为本节预留孔类型的控制点设计的专门底座类型，插杆底部设置橡胶圈使棱镜入孔后位置稳定不发生倾斜晃动。

在控制点位置确定后，将准备好的强磁吸盘棱镜吸附在隧道表面控制点位置，强磁底盘圆心即为控制点中心，使用全站仪对控制点进行坐标测量，通过已知起点的坐标，联测获得其余控制点坐标，测量完毕，将二维码固定在控制点下方，车辆驶过时，即可通过视觉相机获取测量点的三维坐标，并反算得到检测车位置信息。此时将全站仪测量获取的三维坐标以二维码的形式布置在控制点位置，前期准备完成。

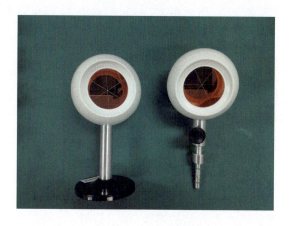

图 8.3.2-5　棱镜布设方式

3. 坐标解算方法

使用进行相机的位姿估计过程，其实质是通过二维码特征点获得相机相对于二维码的三维空间位置。首先获取图像中二维码轮廓，通过轮廓估计角点像素坐标，并以一个二维码的坐标系作为参考坐标系，求解 PnP 问题得到相机从世界坐标系到相机坐标系的变换矩阵 T：

$$T = [R \mid t] \tag{8.3.2-1}$$

式中，R 为旋转矩阵；t 为平移向量。

然后进行坐标转换，获得相机在全局坐标系中的位姿。假设相机在相机坐标系下的光学中心坐标以及方向向量为

$$P_c = \begin{bmatrix} 0 \\ 0 \\ 0 \end{bmatrix}, V_c = \begin{bmatrix} 0 \\ 0 \\ 1 \end{bmatrix} \tag{8.3.2-2}$$

那么相机在全局坐标系下的光学中心坐标以及方向向量为

$$P_c' = R^{-1}(P_c - t), V_c' = R^{-1}(P_c - t) \tag{8.3.2-3}$$

为了实现点云的精确配准定位，需要经过两次位姿变换，第一次为相机坐标系与二维码坐标系之间的变换，第二次为相机坐标系与激光雷达坐标系下的转换。

4. 里程改正方法

移动式三维激光扫描系统是多传感器组合系统，其中里程测量仪（DMI）是重要的传感器设备，对于测距编码器由车轮打滑、空转等原因积累同步到采集的点云数据中的累计误差，会影响获得的点云数据精度和导航地图与真实环境的精确对应，对里程计采集的里程数据进行里程改正，是点云数据后处理中的关键环节。

检测车/机械臂在隧道内的绝对坐标系下第 m 帧的点云里程 $Z(m)$ 由测距编码器获取的数据推算得到，推算方法在 8.2 节已经探讨过，隧道内由全站仪获取的控制点二维码信息可被认为是真实的控制点坐标。因此，检测车/机械臂在第 i 个二维码处的真实坐标可

表示为 $Z'(m_i)$，该处里程 $Z(m_i)$ 与真实 $Z'(m_i)$ 的差值 Δe 即可认为是测距编码器的累计误差 Δe。累计误差 Δe 可由式（8.3.2-4）得到：

$$\Delta e = Z(m_i) - Z'(m_i) \tag{8.3.2-4}$$

在检测车行驶到二维码位置时候，相机获取二维码携带的坐标信息并反算检测车的真实位置 $Z'(m_i)$，此时用真实位置值替换里程 $Z(m_i)$，修正里程的累计误差，并对第 $i-1$ 到第 i 个二维码区间内的点云数据 $Z'(k)$ 进行插值，在后端优化已经构建好的导航地图，优化的过程可由式（8.3.2-5）表示：

$$Z'(k) = Z(k) + \Delta e \left(\frac{k - m_{i-1}}{m_i - m_{i-1}} \right) \tag{8.3.2-5}$$

式中，$Z'(k)$ 为优化后的区间内序号为 k 的点云帧序号；$Z(k)$ 为区间内序号为 k 的点云帧序号；m_i 为第 i 个二维码所在点云帧的序号；m_{i-1} 为第 $i-1$ 个二维码所在点云帧的序号。

8.3.3　障碍物点云分割与聚类识别

1. 点云去噪与降采样

对于从激光雷达采集返回的数据，需要使用点云处理系统进行预处理，便于后续从中分割提取出有用的信息，实现检测车对周围场景的理解。点云预处理是实现入侵行为判断以及入侵物分类的前提。根据不同的应用方向，点云数据的预处理流程也各有不同，多数隧道点云的应用场合如形变检测等，其噪声主要来源于隧道内部的管线、配电箱等设施，以及空气中水汽和粉尘引起的噪点。在本节中，隧道内部的管道、配电箱等设施的点云作为有用信息被保留，预处理的目的是滤除隧道壁和其上安装的管道、配电箱等设施以外的噪点，并将点云压缩，在满足避障需求的前提下提高计算效率。其主要步骤包括格式转换、点云去噪、点压缩及数据标准格式导出等环节，预处理流程示意图如图 8.3.3-1 所示。

图 8.3.3-1　预处理流程示意图

三维激光扫描仪每秒获取的点云数量是巨大的，一般每秒采集的点云数在十万到百万级别，高密度的点云数据可以较为清楚地展示目标物体或环境的细节，便于某些细节的形变分析，但是在实时避障的过程中，并非所有的数据都用得到，庞大的数据量存储、传输、计算和显示将会占用计算机大量的运算和存储资源，不利于障碍物信息的实时解算。因此，在预处理的过程中，需要将点云数据进行适当的下采样，使二者保持平衡，在保留需要用到的数据的同时，尽可能减少点云数据量大小，舍去不需要的点云数据，使计算机在计算过程中不会因为过大的数据量影响处理速度。

1）随机下采样

随机下采样（random sample）是随机的下采样方法，输入下采样百分比参数，相对于其他下采样方法，随机下采样一般有更高的效率。

2）均匀体素下采样

均匀体素下采样（grid average sample）方法原理是将所有点云以一个构建的大长方体包围盒封闭，将所有点云填充进固定边长 a 的体素网格中，根据体素网格将长方体点云包围盒分解成若干个以边长为 a 的立方体体素，通过计算体素重心点代替其余点，删除其余点，达到点云数据的简化目的，可通过改变体素边长 a 的大小调整下采样率。

3）非均匀体素下采样

非均匀体素下采样（nonuniform grid sample）方法相对于计算重心的均匀体素下采样，选择随机保留体素内的一点，删除其余点，而不是用体素重心代替，且法线的计算将在下采样之前，能够保留更精确的法线。

使用 MATLAB 软件实现以上三种下采样方法，并使用这三种方法对同一点云下采样测试，重复 10 次计算平均用时，对比下采样效果，原始点云选择为一段 3m 长度的地铁隧道点云，点云数据量为 901557 个，压缩率为 85% 左右，表 8.3.3-1 为下采样方法对比。

表 8.3.3-1　下采样方法对比

下采样方法	平均用时/s	下采样后点数	压缩率/%
随机	0.0154	135234	85.0
均匀体素	0.1169	137037	84.8
非均匀体素	0.2734	131072	85.5

由表 8.3.3-1 可以看出，在压缩率均为 85% 左右时，随机下采样的方法用时最快，仅为其他两种方法的十几分之一，均匀体素下采样次之，非均匀体素下采样速度最慢；将三种下采样后的点云可视化，并对比原始隧道点云，可以看出，随机下采样的方法虽然速度较快，但是点云细节部分的损失比较大，无法很好地保留点云的形状，均匀体素与非均匀体素的下采样方法可以较好地保留点云细节，并且相比于非均匀体素方法，均匀体素的下采样方法平均用时更少。所以，本节选择均匀体素的方法进行下采样。下采样效果可视化如图 8.3.3-2 所示。

三维激光扫描仪工作时，其扫描范围内所有可见物体均会被扫描到，出于各种原因，可能会得到与原始物体或环境不符的点云，这部分点云数据被称为噪声。噪声的存在将会影响检测车对场景的正确理解，将噪声误判为障碍物，导致避障算法误判率大大提升，因此在进一步的点云计算之前，有必要将点云中的噪声点去除，一般的去噪方式可分为手动去噪和自动滤波去噪两种，手动去噪常用在点云的后处理应用中，依靠处理人员手动框选滤波，操作简单容易，但是缺点也明显：效率低下且无法应用于实时计算的点云滤波方向。所以，必须要使用基于各种算法的自动滤波去噪方法，如统计滤波、半径滤波、均值滤波等。

对于不同的应用方向，点云数据的去噪对象也各有不同，面向地铁隧道点云避障的方向，噪声点根据其产生原因与空间特征，可以分为以下几种。

（1）超出扫描范围的点。指的是超出扫描范围之外的，孤立在远超出扫描范围处的点

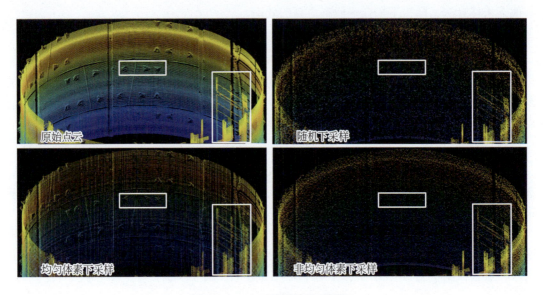

图 8.3.3-2　下采样效果可视化

或稀疏点簇，可由三维激光扫描仪自身误差或物体表面反射导致。

（2）与目标混合在一起的点。一般由于设施表面出现较大拐角或遮挡时，激光在此处形成离散点或点簇，也可能由隧道内的粉尘和水汽引起，形成孤立的漂浮在目标物体附近的离散点或点簇。

在本节的应用场景中，不同于常规隧道形变分析等内业应用，将除隧道壁以外所有点云当作噪声去除，隧道壁上配电箱、管道以及电缆走线架等地铁附属设施点云将作为有用信息被保留，本节去噪的目的是在不破坏隧道附属设施点云完整度的前提下尽可能消除离群点以及隧道附属设施的伴生噪点，保证设施点云以最接近其真实几何形状的状态参与到后续的障碍物检测流程当中。

（1）基于条件的滤波。条件滤波通过添加 xyz 三个坐标轴方向的范围参数，一次对多个轴的范围进行划定限制，删除不符合指定范围内的所有点云，用于对检测车避障时局部视场范围内点云的初切割。

（2）基于半径的滤波。点云半径滤波也被称为基于连通分析的点云滤波方法，该方法假定在原始的点云数据中，每个点对象在指定的半径邻域中至少包含一定数量的邻居点，即近邻点，设定最小近邻点阈值 n 与邻域半径 r，计算原始点云中每个点，将所有半径为 r 的领域内近邻点数量少于 n 的点去除，反之则保留。该方法对原始点云数据中的一些悬空孤立点以及无效点有较好的滤除效果。

（3）基于统计的滤波。统计滤波是一种基于统计学的滤波方法，该方法对每个点的邻域进行统计分析，根据统计学规律设定相应阈值，不符合一定标准的邻域点予以剔除。遍历每个点，计算它到邻近区域内 k 个点的平均距离。假设得到的分布结果是高斯分布，计算出均值和标准差，将不符合条件的点根据设定的阈值从点云数据中去除。统计滤波主要可以用来剔除离群点，或者测量误差导致的粗差点。

通过设置合适的阈值，上述几种点云滤波方法在保留隧道设施点云的情况下可以较好地滤除离群点以及无效点，需要注意的是，通过设置一定的阈值或者均值来滤除噪声点的方式，需要反复测试选取合适于地铁隧道环境以及内部设施的阈值参数，避免因阈值设置不当导致的过度滤波，错误地将有用信息当作噪声删除，从而出现误判，造成障碍物识别缺失或不完整，降低了障碍物识别算法的准确度，影响避障路径规划，甚至可能引发碰撞事故。

2. 基于 RANSAC 算法的隧道设施点云分割

在隧道点云被滤波和压缩后，其在状态上依然是离散的，需要通过聚类或者分割将离散的点云，但是过于密集且连续的点云会给聚类带来阻碍。因此，需要先将隧道内设施点云分割出来，对于本节的研究对象即椭圆形隧道环境，在较长尺度中，隧道壁表面点云数量占大部分，隧道壁上设备点云数量占小部分，需要将隧道壁上设备点云从预处理点云中剥离出来，方便后续计算，减少运算复杂度。隧道壁上设备在空间上的分布是小而稀疏的，难以逐个识别提取，但是隧道壁点云在一定尺度内表现为圆柱形，具有较为规则的几何特征。因此，本节选择以模型参数估计的方法识别并剔除隧道壁点云以保留壁上设备点云。

最小二乘法作为比较常用的经典模型估计算法，在理想情况下根据给定的目标方程式尝试获取包含最大化样本数据的模型数据，最小二乘法以一种平滑假设为依据，但实际应用中样本数据集内可能有无法分辨的错误数据，因此最小二乘法在误差较大的环境中效果不佳。RANSAC 算法是一种相比于最小二乘法更具稳健性的模型估计算法，于 1981 年由菲施勒（Fischler）和博尔斯（Bolles）提出，RANSAC 算法原理如下。

（1）RANSAC 算法原理。RANSAC 算法的本质可分为两步，不断循环获得结果：①从采样数据集合中随机选出一组能组成目标数学估计模型最小数量的元素点集，这组数据假定为内点，并通过这组元素点计算出对应估计模型的参数。选出的元素集合数量上是能决定估计模型的元素点数的最小集。②使用该组元素集生成的估计模型遍历检查采样数据集合中的所有元素并筛选符合估计模型的元素。超过预设阈值的元素点认为是离群值予以剔除，小于预设阈值的元素认为是内点予以保留。上述过程重复迭代多次，每次产生的估计模型或因包含局内点太少而被舍弃，或因它比现有的估计模型更好而被选用，直到选出包含点数最多的估计模型作为最终结果。

（2）RANSAC 算法流程。RANSAC 算法可以详解为以下步骤：给定一个采样数据集合 N，N 是所有点的集合，其中包括有效的内点与无效的离群点，从采样数据集合 N 中选取 n 组可以构成预设的估计模型 M 的最小元素点集 K_1、K_2、K_3、$\cdots$、K_n，并根据最小元素点集 K_1、K_2、K_3、$\cdots$、K_n 生成估计模型 M_1、M_2、M_3、$\cdots$、M_n，从估计模型 M_1 开始依次根据设置的阈值 ρ 遍历计算采样数据集 N 剩余所有点，满足阈值 ρ 则将认为该点是有效的内点并归入元素点集 K_1 中，不满足阈值 ρ 则将认为该点是无效的离群点，不归入元素点集 K_1 中，遍历完成后，元素点集 K_1 中的所有点被认为是采样数据集合 N 中所有有效的内点的集合，若元素点集 K_1 中的点数量满足要求，则将该模型 M_1 保留并认为是最佳模型 $M_{\max}$。依据上述步骤继续执行余下所有模型 M_2、M_3、$\cdots$、M_n，并在每一个模型 M_i 执行完毕后进行一次判断，若 M_i 的数量多于最佳模型 $M_{\max}$，则舍弃原有模型并认为 M_i 是当前最佳模型。

所有模型 M_1、M_2、M_3、…、M_n 执行完上述步骤后，得到了其中的 M_{max} 作为最佳模型输出。RANSAC 算法原理流程可由图 8.3.3-3 表示。

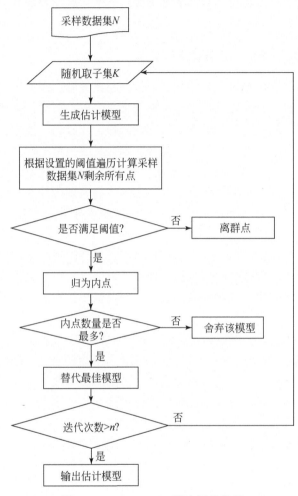

图 8.3.3-3　RANSAC 算法原理流程

使用 RANSAC 算法剔除隧道壁点云如图 8.3.3-4 所示。其中左图为原始点云，其中不仅包含了隧道设施点云，还包含了大部分的隧道壁点云，隧道壁点云作为冗余信息影响识别效率与精度，右图为使用 RANSAC 算法提取的隧道壁点云，通过该方法可以将隧道壁点云从原始点云中剔除，提高运算效率与精度。

3. 基于凸包检测算法的障碍物点云分割

经过 RANSAC 算法分割获取隧道壁点云后，其补集即为所需的隧道内设施点云，但是并非所有的隧道设施都会在地铁隧道安全隐患综合检测车作业过程中与机械臂或其上搭载的检测器发生碰撞，因此需要基于隧道内设施点云进一步将可能会发生碰撞的设施部分提取分割。本节使用凸包法对障碍物进行分割提取，凸包算法通过定义多面体轮廓点构建

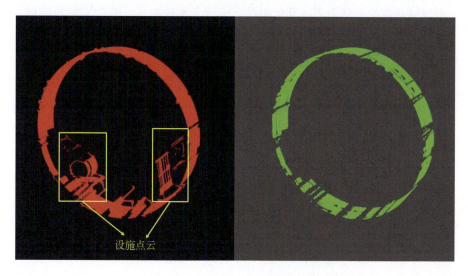

图 8.3.3-4　RANSAC 算法剔除隧道壁点云

立体凸包，并通过计算获取 3D 凸包内的点云，使用凸包算法提取障碍物点云的关键是凸包的构建。

对于地铁内行驶的各类车辆，其横向最大截面须遵守车辆限界范围，本节中地铁隧道安全隐患综合检测车其机械臂在非工作（收回）状态下严格遵守车辆限界范围，但是在作业时，由于搭载在液压机械臂上的空耦探地雷达天线需在距离隧道内壁悬空高度 30 ~ 40cm 对隧道衬砌背后脱空病害检测，在工作（展开）状态下，天线机械臂的某些部分可能存在超出地铁隧道的车辆限界，侵入设备限界，即与地铁隧道内管线、变电箱等附属设备相碰撞的风险，限界示意图如图 8.3.3-5 所示。因此，本节将非工作状态 [图 8.3.3-5（a）] 与工作状态 [图 8.3.3-5（b）] 两种状态下检测车本身限界的变化区域作为障碍物碰撞检测区间，并以每个机械臂为单位建立局部限界 [图 8.3.3-5（c）] 独立进行障碍物识别。

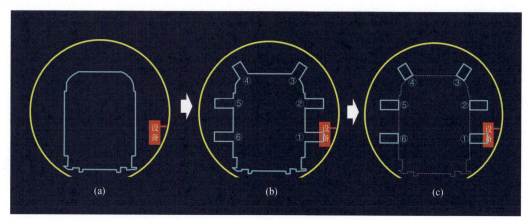

图 8.3.3-5　限界示意图
（a）非工作状态；（b）工作状态；（c）局部限界；①~⑥-雷达天线

　　每个机械臂对应的局部限界在几何形状上表现为细长矩形，其含义为当前机械臂在收回与伸出过程中其上搭载的空耦雷达扫过的范围，以某一机械臂局部限界为例，其中两个重要的顶点坐标即为最小顶点D_{min}以及最大顶点D_{max}，最小顶点D_{min}（x_{min}，y_{min}）即XY坐标系下该机械臂伸出位置的最低点，最大顶点D_{max}（x_{max}，y_{max}）坐标可由式（8.3.3-1）计算得到：

$$\begin{bmatrix} x_{max} \\ y_{max} \end{bmatrix} = \begin{bmatrix} x_{min}+L_x+\Delta x \\ y_{min}+L_y+2\Delta y \end{bmatrix} \tag{8.3.3-1}$$

式中，L_x为空耦雷达在X轴方向的长度；L_y为空耦雷达在Y轴方向的长度；Δx为X轴方向上的误差缓冲距离；Δy为Y轴方向上的误差缓冲距离。

　　另外，对于顶部两个边不平行于XY轴的局部限界，需要在基础情况下经过一定角度θ旋转得到，限界旋转示意图如图8.3.3-6所示。

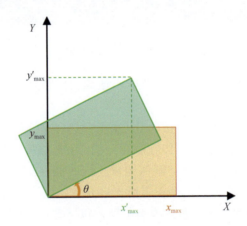

图 8.3.3-6 　限界旋转示意图

　　其中浅色部分为基础的局部限界，深色部分为旋转后的局部限界，旋转原点为最小顶点D_{min}，最大顶点D'_{max}（x'_{max}，y'_{max}）坐标可由式（8.3.3-2）计算得到：

$$\begin{bmatrix} x'_{max} \\ y'_{max} \end{bmatrix} = \begin{bmatrix} \cos\theta & \sin\theta \\ -\sin\theta & \cos\theta \end{bmatrix} \begin{bmatrix} x_{min}+L_x+\Delta x \\ y_{min}+L_y+2\Delta y \end{bmatrix} \tag{8.3.3-2}$$

　　这样，对于单帧点云来说，通过局部限界获取可能碰撞的点云方法本质上即判断点是否在闭合多边形内部的问题，侵限检测方法主要采用射线判别法。为了判断一个点是否在多边形中，从该点发出一条射线。

　　射线判别法示意图如图8.3.3-7所示。如果射线与多边形的交点数为奇数，则该点在多边形内；如果是偶数，则该点在多边形外。这样就可以逐点判断断面中各点与限界的位置关系，判断点是否在闭合多边形内部的方法常被用来判断隧道壁及其附属物是否侵入限界，用以解决隧道的侵限检测问题。

　　进一步，本节通过以局部限界构建3D凸包的方式将2D坐标系下判断点是否在平面多边形内部的问题拓展到3D坐标系下判断点是否在3D凸包内部的问题，通过凸包滤波方法获取的凸包内部的点云作为可能碰撞的障碍物点云。这里，通过局部限界构建的3D

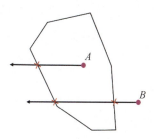

图 8.3.3-7　射线判别法示意图

凸包，其含义为在检测车前进过程中当前机械臂局部限界扫过的范围，以某一机械臂为例，其中两个重要的顶点坐标即为最小顶点 D_{min} 以及最大顶点 D_{max}，最小顶点 D_{min}（x_{min}，y_{min}，z_{min}）即 3D 坐标系下该机械臂伸出位置的最低点，最大顶点 D_{max}（x_{max}，y_{max}，z_{max}）坐标可由式（8.3.3-3）计算得到：

$$\begin{bmatrix} x_{min} \\ y_{min} \\ z_{min} \end{bmatrix} = \begin{bmatrix} x_{min}+L_x+\Delta x \\ y_{min}+L_y+2\Delta y \\ z_{min}+\Delta z \end{bmatrix} \qquad (8.3.3-3)$$

式中，Δz 为检测车上三维激光扫描仪与天线机械臂安装位置在 z 轴的投影距离。另外，对于顶部两个边不平行于 XY 轴的局部限界，3D 坐标系下其需要沿 Z 轴在基础情况下经过一定角度 θ 旋转得到，凸包旋转示意图如图 8.3.3-8 所示：

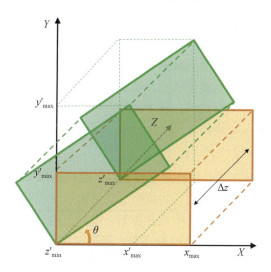

图 8.3.3-8　凸包旋转示意图

其中浅色部分为基础的局部限界构建的凸包，深色部分为旋转后的凸包，旋转原点为最小顶点 D_{min}，最大顶点 D'_{max}（x'_{max}，y'_{max}，z'_{max}）坐标可由式（8.3.3-4）计算得到：

$$\begin{bmatrix} x'_{max} \\ y'_{max} \\ z'_{max} \end{bmatrix} = \begin{bmatrix} \cos\theta & \sin\theta & 0 \\ -\sin\theta & \cos\theta & 0 \\ 0 & 0 & 1 \end{bmatrix} \begin{bmatrix} x_{min}+L_x+\Delta x \\ y_{min}+L_y+2\Delta y \\ z_{min}+\Delta z \end{bmatrix} \qquad (8.3.3\text{-}4)$$

4. 障碍物聚类检测算法分析

经过上节凸包滤波算法将可能碰撞的障碍物点云提取分割后，其他大部分区域点云已被移除，本节将对分割出来的障碍物点云进行聚类检测，使得障碍物的尺度信息提取出来。

聚类的目的是把一个数据集按照某个特定标准分割成不同的子集，使得每一个子集内的数据相似度尽可能大，不同子集内的数据差异尽可能大，存放数据的子集又称为类或簇。对于机械臂避障来说，将分割得到的障碍物点云划分成一个个单独的对象，使得每一个对象能够被独立地提取尺度信息，如果障碍物点云不能被正确地聚类，错误的尺寸信息可能误导后续的避障路径输出，对检测车的作业效率和安全造成挑战。目前，常见的聚类检测算法可以分为基于网格、层次、划分、密度以及距离的聚类方法。

1）基于网格的聚类

基于网格的聚类通过网格将数据空间划分为单元，并将数据对象投射到对应的单元，并根据每个单元的密度高于密度阈值的单元设定为高密度单元，聚类时将近邻的高密度单元识别为簇。基于网格的聚类其特点是速度较快但是对参数敏感，通常结合基于密度聚类方法使用。

2）基于层次的聚类

层次聚类可分为两种类型：基于分裂和合并的层次聚类。基于合并的层次聚类是一种自下而上的聚类方法，从最下层逐步向上，通过合并的方法将满足阈值的类合并，直到所有类都已经被合并，或终止条件达成；基于合并的层次聚类则相反，在开始时将所有数据对象归为一类，然后依据某种规则逐层向下分裂，逐步划分出子聚类直到满足终止条件。

3）基于划分的聚类

K-means 聚类算法是基于划分的经典聚类算法，随机选取 k 个数据对象作为类的中心并计算剩余数据对象到类中心的距离，将剩余对象依次划分到距离最小的类，若所有数据对象均划分完毕，则重新计算各个类中心并更新，重复上述过程直至结束条件满足，经典的 K-means 算法具有速度快、简单高效的优势，但同时也存在对初始 k 值选取依赖度高，对噪声比较敏感等问题，因此后续衍生了许多基于经典的 K-means 的改进 K-means 算法。

4）基于密度的聚类

基于密度的聚类其原理是以当前点在一定邻域内的邻居点数量表示该点所在空间的密度，可以将某区域内密度高于阈值的点划分出来。常见的密度聚类算法如 DBSCAN（density-based spatial clustering of application with noise，DBSCAN）聚类算法，通过设置邻域半径和近邻点个数两个阈值参数进行聚类，优点是不受形状限制且不需要知道簇的数量，对噪声不敏感，缺点是聚类效果受阈值参数的影响较大。

5）基于距离的聚类

基于距离的聚类就是通过距离关系来衡量数据对象之间的相似关系，并将之划分到不同的类，欧氏聚类就是一种基于距离的聚类算法，距离关系的判断准则为欧氏距离。对于空间中的某个点云对象，查找距离其最近的 k 个点并比较距离，小于设定阈值的点被纳入同一聚类 P 中，不断重复该过程直到 P 内的点云对象不再增加。欧氏聚类算法计算速度快且复杂度低，其关键问题在于搜索半径的选取，如果搜索半径选择过大，则会导致多个聚类被合并为一个，过小则会导致过度聚类，分割对象过多，因此搜索半径的选择非常重要。

5. 基于单轴的欧氏聚类算法

对于分割提取得到的障碍物点云，其本质是隧道设施点云本身或其中的部分，在地铁隧道空间内的分布同隧道设施都是稀疏的，需要识别的各个障碍物点云间隔较远，在使用欧氏聚类算法时，可以有效避免类内点距与类间距模糊导致的聚类误差，达到较好的聚类效果。计算任意两点 P_1 与 P_2 间欧氏距离的公式如式（8.3.3-5）表示：

$$\rho = \sqrt{(x_2-x_1)^2+(y_2-y_1)^2} \tag{8.3.3-5}$$

式中，$(x_1,\ y_1)$ 与 $(x_2,\ y_2)$ 为两点的坐标；ρ 为 P_1 与 P_2 两点的欧氏距离。

经过上节凸包算法分离的障碍物点云，其在 xy 坐标系（隧道截面）下已经有了较好的约束，此时聚类阈值 d 仅对 z 轴（检测车前进方向）方向点云的距离敏感，聚类示意图如图 8.3.3-9 所示，考虑到在作业过程中天线机械臂的实际伸缩速度，若两个障碍物在 z 轴的投影距离小于某个值 L_{GAP}，过小的间隙不能保证机械臂在当前车速下完成一个完整的避障过程，为保证实际检测过程中机械臂的安全作业，会将过于接近的两个障碍物点云划分到同一障碍物类，当作同一障碍物计算分析。因此，本节将满足机械臂安全作业的最小障碍物间距 L_{GAP} 作为欧氏聚类算法的阈值 d。

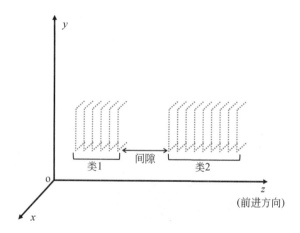

图 8.3.3-9　聚类示意图

L_{GAP}（阈值 d）被定义为天线机械臂在设定速度下可以完成一个完整避障伸缩过程所

需要的最小距离, 可以由式 (8.3.3-6) 计算得到:

$$L_{GAP} = V_c \frac{2L_f}{V_{arm}} \tag{8.3.3-6}$$

式中, V_c 为检测车的设定车速, m/s; L_f 为机械臂最大伸缩距离, m; V_{arm} 为机械臂最大伸缩速度, m/s。

8.4　避障路径规划与实验验证

为了验证第 8.2 节与第 8.3 节提出的激光点云获取方法与避障路径规划方法。本节将从硬件搭建与软件开发两个方面入手, 构建基于激光雷达的机械臂避障小车, 并在走廊模拟地铁隧道环境, 进行真实的点云数据采集与避障路径输出, 对实验结果进行分析, 检测验证整个系统以及算法的有效性。

8.4.1　机械臂避障路径规划方法

在作业过程中, 为避免地铁检测车天线机械臂杆自身以及其上搭载的设备与周围环境发生碰撞, 需要实时进行碰撞检测与路径规划, 障碍物碰撞检测贯穿检测车以及机械臂在地铁隧道内行驶作业的全过程, 因此需要选择合适的碰撞检测算法, 兼顾效率与效果, 在不影响计算速度的前提下取得接近真实障碍物几何尺度的三维信息并输出避障路径。

1. 轴向包围盒的尺度提取

在第 8.3 节中, 利用欧氏聚类算法对障碍物点云进行了聚类, 得到了单个障碍物聚类集合, 本节将单个障碍物以包围盒的形式获取尺度信息, 使用包围盒在碰撞检测层面替代原有点云, 包围盒算法是一种求解离散点集最优包围空间的方法。其基本原理是用体积稍大但是形状简单的几何体 (称为包围盒) 来近似地代替复杂的空间几何对象。常见的包围盒算法可以划分为包围球 (sphere)、轴向包围盒 (aliened axis bounding box, AABB) 与最小有向包围盒 (oriented bounding box, OBB) 三种, 图 8.4.1-1 为三种包围盒方法的包围盒模型示意图。

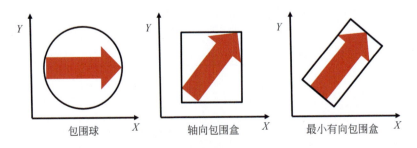

图 8.4.1-1　包围盒模型示意图

包围球碰撞检测方法是用球体包围整个几何对象，这样的方式计算简单且在几何对象发生旋转时不需要更新，缺点是密闭性太差，大部分情况下会留下较大缝隙，无法很好地逼近几何对象的真实尺度；轴向包围盒（AABB）是较早应用的碰撞包围盒检测方法，一个轴向包围盒可以认为是包含了目标几何对象的各边平行于坐标轴的最小六面体，对于不规则或者斜对角放置的瘦长几何对象，轴向包围盒的密闭性不佳，但构建一个轴向包围盒仅需要 6 个标量，构建方便且相交测试简单；最小有向包围盒（OBB）也是常用的碰撞检测方法，一个最小有向包围盒被定义为包含该对象且相对坐标轴任意方向的最小六面体，最小有向包围盒最大的特点是其方向的任意性，这使它可以很好地逼近目标几何对象，能够更好地表达目标对象的几何特征，但同样最小有向包围盒的相交测试也更加耗时。

基于包围盒法的障碍物碰撞检测方法，在应用中需考虑作业环境内可能障碍物的几何特征，因地制宜地选择适合的方法，兼顾检测复杂程度与准确性，避免冗余计算。地铁隧道内管线以及设备基本挂设在隧道壁两旁，检测车坐标系的 z 轴方向与地铁隧道中轴线平行，因此选择使用构建简单且计算迅速的轴向包围盒（AABB）。

轴向包围盒（AABB）通过平行于坐标轴每个边均形成逼近障碍物的最小六面体，因此可根据三轴设定三轴坐标系的最大值与最小值描述一个轴向包围盒，三轴方向上的最大最小值由同一个障碍物聚类点云中在三轴方向上最远与最近的点决定。其 AABB 模型有 8 个顶点，其中有两个最重要的顶点即坐标最小顶点 P_{min} 以及坐标最大顶点 P_{max}，设定坐标最小顶点 P_{min} 坐标为 $(x_{min}, y_{min}, z_{min})$，坐标最大顶点 P_{max} 坐标为 $(x_{max}, y_{max}, z_{max})$，则整个 AABB 范围可由式（8.4.1-1）表示：

$$\left[(x,y,z)|x_{min}\leqslant x\leqslant x_{max},y_{min}\leqslant y\leqslant y_{max},z_{min}\leqslant z\leqslant z_{max}\right] \tag{8.4.1-1}$$

另外 AABB 的中心点是两个顶点的中点 P_{center}，代表了包围盒的质点，设定坐标最小顶点 P_{center} 坐标为 $(x_{center}, y_{center}, z_{center})$，则质点坐标 P_{center} 可由式（8.4.1-2）~式（8.4.1-4）计算得到：

$$x_{center}=\frac{(x_{min}+x_{max})}{2} \tag{8.4.1-2}$$

$$y_{center}=\frac{(y_{min}+y_{max})}{2} \tag{8.4.1-3}$$

$$z_{center}=\frac{(z_{min}+z_{max})}{2} \tag{8.4.1-4}$$

对于障碍物与天线机械臂是否发生碰撞的判断原则是，当机械臂局部限界移动过程中，其矩形边界任意位置进入式（8.4.1-1）包围盒的范围内，则认定天线机械臂将与障碍物将会发生碰撞，需要进行路径点规划；反之，则认定天线机械臂处于安全范围内，不需要进行避障。

2. 避障路径规划

避障绕行示意图如图 8.4.1-2 所示，检测车在隧道内作业时，单个天线机械臂 E_n 在一个完整的避障流程中，其姿态调整需要经过收缩、保持和伸出三个阶段，对应收缩阶段的起点位置 A_1、收缩阶段的终点位置 A_2、伸出阶段的起点位置 B_1、伸出阶段的终点位置

B_2。因此，本节以第 i 个障碍物 P_i 为例阐述 4 个关键路径点的计算方法。

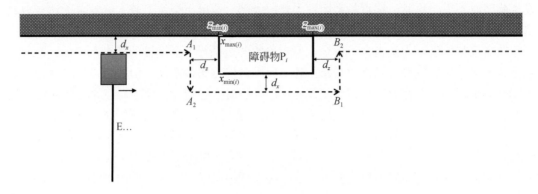

图 8.4.1-2　避障绕行示意图

E-单个天线机械臂

当检测车机械臂在其前进路径前方遭遇障碍物时，前端的激光雷达感知并获取点云信息，经过后端处理后以包围盒的形式返回其空间位置信息，此时避障控制单元以该尺度信息为参考为机械臂规划避障路径。

天线机械臂需要在检测车前进方向上收缩阶段的起点位置 A_1 开始收缩，使搭载的空耦雷达收回以避开障碍物，收缩阶段的起点位置 A_1 可根据式（8.4.1-5）计算得到：

$$A_1 = z_{\min(i)} - d_z \qquad (8.4.1-5)$$

式中，$z_{\min(i)}$ 为障碍物在前进方向上的起点位置，即障碍物 P_i 的包围盒在 z 轴的最小值；d_z 为机械臂在前进方向上的安全缓冲距离。

收缩阶段的终点位置 A_2 即为障碍物在前进方向上的起点位置 S_1，此时 z 轴坐标：

$$A_2 = A_1 \qquad (8.4.1-6)$$

天线机械臂收回到预定位置后，需保持一段距离，等待天线机械臂安全越过障碍物后，在前进方向障碍物后方的某位置 B_1 将机械臂伸出，伸出阶段的起点位置 B_1 可根据式（8.4.1-7）计算得到：

$$B_1 = A_1 + l_{P_i} + 2\,d_z \qquad (8.4.1-7)$$

式中，l_{P_i} 为障碍物在前进方向上的长度，即障碍物 P_i 的包围盒在 z 轴的最小值，l_{P_i} 可根据式（8.4.1-8）计算得到：

$$l_{P_i} = z_{\max(i)} - z_{\min(i)} \qquad (8.4.1-8)$$

3. 路径优化方法

上述避障路径是在假设的理想情况（检测车在遇到障碍物时停车，天线机械臂收回后继续前进）取得的，但在实际作业过程中，为保证检测效率与数据连贯性，检测车以一定车速匀速行驶，采用不停车避障的方法，因此需要优化路径点，实现检测车行驶状态下的机械臂动态避障控制，优化后的避障绕行示意如图 8.4.1-3 所示。

实际作业过程中，由于检测车经过障碍物的过程中不停车，因此天线机械臂需要在检测车前进方向上位置 A_1' 提前开始收缩，保证检测车行驶到障碍物位置时机械臂已完全收

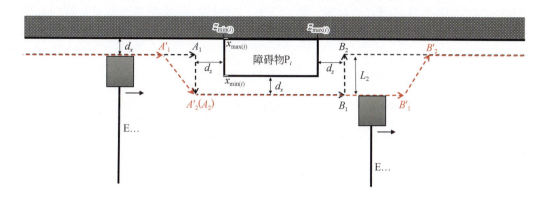

图 8.4.1-3　优化后的避障绕行示意图

回到安全位置，优化后的收缩起点位置 A_1' 可根据式（8.4.1-9）计算得到：

$$A_1' = S_1 - d_z - V_c \cdot t_1 \tag{8.4.1-9}$$

式中，V_c 为假定的检测车行驶速度；t_1 为收缩时间，可根据式（8.4.1-10）计算得到：

$$t_1 = \frac{L_1}{V_{arm}} \tag{8.4.1-10}$$

式中，V_{arm} 为假定的天线机械臂最大伸缩速度；L_1 为天线机械臂收缩距离，其含义为障碍物 P_i 的包围盒在 x 轴的长度 $z_{min(i)}$。因此，收缩距离 L_1 可由式（8.4.1-11）计算得到：

$$L_1 = x_{min(i)} - x_{work(n)} + d_x \tag{8.4.1-11}$$

式中，$x_{work(n)}$ 为假定的天线机械臂 n 的天线检测面在作业位置的 x 轴坐标；d_x 为天线机械臂在检测面朝向方向上的安全作业距离。

收缩阶段的终点位置 A_2' 保持不变，依然为障碍物在前进方向上的起点位置，即

$$A_2' = A_2 \tag{8.4.1-12}$$

天线机械臂收回到预定位置后，需保持一段距离，等待天线机械臂安全越过障碍物后，在前进方向障碍物后方的某位置 B_1 将机械臂伸出，并在预定作业位置停止，伸出阶段的起点位置 B_1' 可根据式（8.4.1-13）计算得到：

$$B_1' = A_1 + l_{P_i} + 2\ d_z + l_z \tag{8.4.1-13}$$

式中，l_z 为搭载的空耦雷达在 z 轴（前进方向）的长度，此时伸出时间 $t_2 = t_1$，伸出阶段的终点位置 B_2 可根据式（8.4.1-14）计算得到：

$$B_2' = B_1 + l_{P_i} + V_c \cdot t_2 \tag{8.4.1-14}$$

4. 天线机械臂微调方法

另外，在保持阶段，需要实时检测天线检测面到隧道物体表面的垂直距离并控制天线机械臂做出微调，保证天线检测面始终位于设定的检测距离范围。本节通过在天线检测面朝向的方向布置红外测距仪，实时监测天线检测面到隧道物体表面的真实距离并与设定阈值比较后返回微调控制信息。

天线机械臂微调控制示意图如图 8.4.1-4 所示，在前进过程中实时检测并控制天线机械臂检测面处于安全距离范围的计算方法为：当 $|d_f - d_x| \geqslant G$ 且 $d_f \leqslant d_x$ 时，认为地铁隧道安

全隐患检测器距离地铁隧道表面过近，此时天线机械臂 E_n 相应的姿态需要调整，天线机械臂需要微收缩一定的距离，收缩量Δd_{fb}，收缩量Δd_{fb}的计算方法为

$$\Delta d_{fb} = |d_f - d_x| - G \tag{8.4.1-15}$$

式中，d_f为红外测距仪的测量值，m；G为安全距离范围的容许值，m。

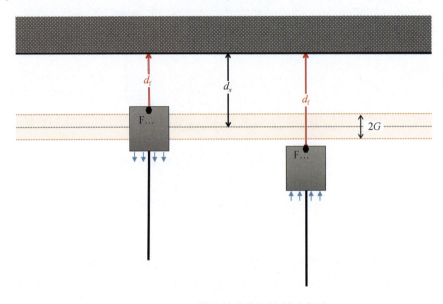

图 8.4.1-4　天线机械臂微调控制示意图

当$|d_f - d_x| \geq G$且$d_f \leq d_x$时，认为地铁隧道安全隐患检测器距离地铁隧道表面过近，此时天线机械臂 E_n 相应的姿态需要调整，天线机械臂需要微伸出一定的距离，伸出量Δd_{fe}的计算方法为

$$\Delta d_{fe} = |d_f - d_x| - G \tag{8.4.1-16}$$

8.4.2　室内模拟场景实验验证

1. 实验场景搭建

为验证算法的可行性与有效性，本节选择中国矿业大学（北京）某层室内走廊作为实验场地，模拟真实地铁隧道狭长环境，通过搭建实验小车并搭建导轨对本节提出的隧道点云获取方法进行验证，模拟地铁隧道的走廊环境开展实验。走廊模拟实验场地如图 8.4.2-1 所示。

2. 点云采集与导航地图构建

实验小车如图 8.4.2-2 所示，本节依照第 8.3 和 8.4 节提出的隧道点云采集系统硬件构成搭建了模拟实验小车，对应机构名称如表 8.4.2-1 所示。

图 8.4.2-1　走廊模拟实验场地

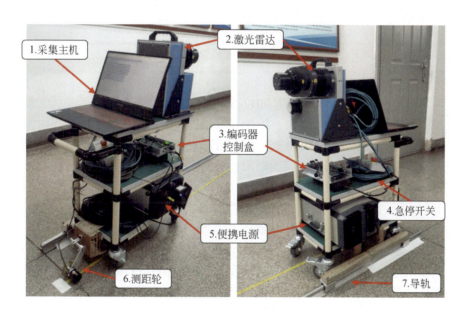

图 8.4.2-2　实验小车

表 8.4.2-1　对应机构名称

序号	名称	描述
1	采集主机	采集控制
2	激光雷达	点云数据获取
3	编码器控制盒	同步信号输出
4	急停开关	紧急停止/开关

序号	名称	描述
5	便携电源	设备供电（5VAC，220VDC）
6	测距轮	同步信号输入
7	导轨	模拟铁轨

注：AC 为交（变电）流；DC 为直流。

为模拟检测车在隧道内的行驶，本实验在地面搭建了一条长度为 5m 的滑块导轨，与实验小车左侧底盘固定连接，本次实验使用的测距编码器的脉冲数为 2000，搭配的测距轮周长 20cm，因此 z 轴的坐标分辨率可以达到 0.1mm。实验场景示意图如图 8.4.2-3 所示。

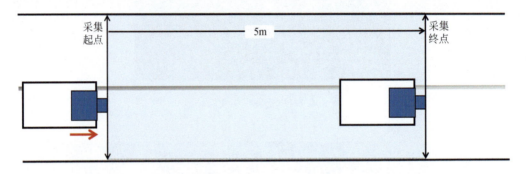

图 8.4.2-3　实验场景示意图

数据采集过程，将 Z+F PROFILER 9012 激光扫描仪、外部电源、连接线、编码器与编码器信号控制盒等装配在实验小车上，编码器信号进入编码器控制盒中，并由编码器控制盒输出一路信号进入 Z+F PROFILER 9012 激光扫描仪的 P6 接口，将搭载上述设备的实验小车布置在隧道模拟实验场景中；接通电源，对激光扫描仪和测距编码器系统初始化，Z+F PROFILER 9012 激光扫描仪上的 L1 是绿灯，L2 是红灯，启动时，两个灯都在闪烁，待 30~40s 启动完成后都亮灯，初始化完成，初始化过程中确保实验小车与其上搭载的设备保持绝对静止；登录互联网协议（IP）地址 172.20.4.100 设置采集参数：

scans-pps-gps-resolution sh-quality h-profiler-linestream all-path scans – file

点击开始采集，此时 L1 绿灯在不停闪烁，Z+F PROFILER 9012 激光扫描仪镜头开始转动并逐步加速直至达到预定转速 50Hz，同时白色标定头伸出，开始自检校，此时扫描界面的背景色为红色，虽然显示断面轮廓但不存储点云信息，待白色标定头收回，扫描界面的背景色由红色转为白色，自检校完成，此时 Z+F PROFILER 9012 激光扫描仪开始记录点云信息，等待激光扫描仪镜头转速稳定后以 0.5~1m/s 的速度开始推行实验小车使其移动，此时 Z+F PROFILER 9012 激光扫描仪的镜头高速旋转采集场地点云数据；推行实验小车抵达结束位置，等待实验小车完全停稳后，点击停止按钮退出采集，等待实验镜头完全停止后结束扫描，确保实验结束后关闭 Z+F PROFILER 9012 激光扫描仪并断开激光扫描仪与实验小车连接线，切断外部电源。参数设置界面示意图如图 8.4.2-4 所示。点云数据文件如图 8.4.2-5 所示。点云导航地图如图 8.4.2-6 所示。

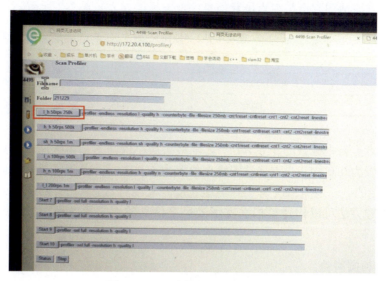

图 8.4.2-4　参数设置界面示意图

```
01.   -2.810917 3.212132 0.005760
02.   -2.129635 0.062730 0.014779
03.   -1.225396 4.817096 0.016626
04.   0.998046 4.746878 0.018899
05.   -0.306492 5.038187 0.033164
06.   -0.062495 5.030749 0.033703
07.   1.394000 4.595622 0.039153
08.   -1.412062 0.893936 0.041766
09.   -0.601983 -0.435266 0.045455
10.   -1.449552 0.693712 0.046083
11.   -1.654665 0.517741 0.048304
12.   -1.550911 0.571564 0.048488
13.   -1.477477 1.065975 0.051125
```

图 8.4.2-5　点云数据文件

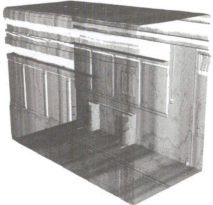

图 8.4.2-6　点云导航地图

打印输出导航地图起点与终点位置信息，地图尺度如表 8.4.2-2 所示。

表 8.4.2-2　地图尺度　（单位：m）

位置信息	X 轴	Y 轴	Z 轴
最大值	−1.5358	−0.9676	0.0005
最小值	1.1206	2.9060	4.9933

根据第 5 章点云坐标系的建立方法，Z 轴最大最小值即为采集区间的起点与终点，点云地图起点位置为 0.0005m，点云地图终点位置为 4.9933m，由此可得点云地图的长度为 4.9978m，构建的点云地图长度与实际场地长度匹配度可以达到 99.85%，说明本节点云采集与地图构建方法可以构建模拟真实场景尺度信息的点云导航地图，且地图精度满足要求。

3. 障碍物检测实验

本节设置了两组障碍物，分别为配电箱和走线架，验证第 8.3 节提出的障碍物检测与识别方法。障碍物体布置实景如图 8.4.2-7 所示。

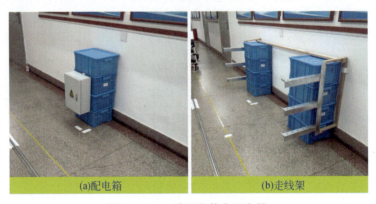

图 8.4.2-7　障碍物体布置实景

障碍物体布置示意图如图 8.4.2-8 所示。

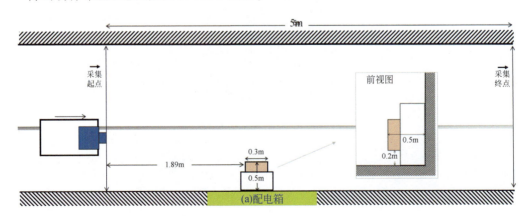

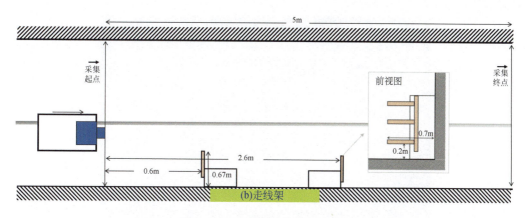

图 8.4.2-8　障碍物体布置示意图

由于在走道实验，需要重新为小车构建模拟的机械臂局部限界凸包，新构建的凸包顶点坐标如表 8.4.2-3 所示。

表 8.4.2-3　凸包顶点坐标 （单位：m）

顶点编号	X	Y	Z
D_1（$D_{\min}$）	−0.1000	−0.1200	0.0000
D_2	−0.1000	−0.4000	0.0000
D_3	−0.6300	−0.4000	0.0000
D_4	−0.6300	−0.1200	0.0000
D_5	−0.1000	−0.1200	5.0000
D_6	−0.1000	−0.4000	5.0000
D_7	−0.6300	−0.4000	5.0000
D_8（$D_{\max}$）	−0.6300	−0.1200	5.0000

提取障碍物的结果如下，其中图 8.4.2-9 为配电箱识别结果，图 8.4.2-10 为走线架识别结果。图 8.4.2-9 和图 8.4.2-10 黑框内灰色部分为预测的可能发生碰撞的障碍物部分，图 8.4.2-9 中配电箱上部被检测为碰撞区域，图 8.4.2-10 中走线架上部两节被检测为碰撞区域，与本节设定的局部限界位置基本吻合。因此，8.3.3 节所提到的方法可以有效识别可能发生碰撞的障碍物信息。

对障碍物三轴的最大值和最小值进行精度评价，障碍物特征面精度分析如表 8.4.2-4 所示。

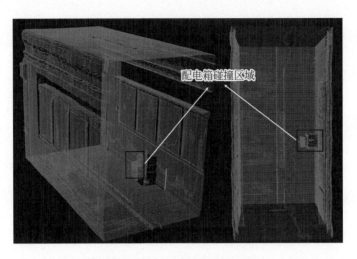

图 8.4.2-9　配电箱识别结果

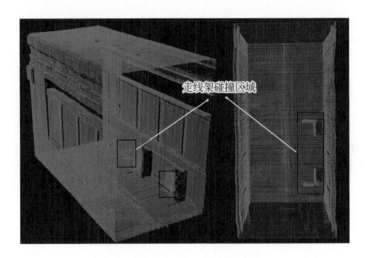

图 8.4.2-10　走线架识别结果

表 8.4.2-4　障碍物特征面精度分析　　　　（单位：m）

面号	最小真实值	最小模型值	差值 Δ	最大真实值	最大模型值	差值 Δ
S_{1-X}	-0.6300	-0.6284	0.0016	-0.4800	-0.4351	0.0449
S_{1-Y}	-0.4000	-0.3858	0.0142	-0.2700	-0.2755	-0.0055
S_{1-Z}	1.8900	1.8915	0.0015	2.1900	2.1846	-0.0054
S_{2-X}	-0.6300	-0.6293	0.0007	-0.3000	-0.3087	-0.0087
S_{2-Y}	-0.4160	-0.3964	0.0196	-0.1160	-0.1238	-0.0078
S_{2-Z}	0.6000	0.6659	0.0659	0.6500	0.6960	0.0459
S_{3-X}	-0.6300	-0.6172	0.0128	-0.3000	-0.2952	0.0048

续表

面号	最小真实值	最小模型值	差值 Δ	最大真实值	最大模型值	差值 Δ
S_{3-Y}	−0.4170	−0.3999	0.0171	−0.1160	−0.1243	−0.0083
S_{3-Z}	2.6000	2.6230	0.0230	2.6500	2.6603	0.0103

表 8.4.2-4 中 $S_{1-X} \sim S_{1-Z}$ 为配电箱组，$S_{2-X} \sim S_{3-Z}$ 为走线架组，测量整体数据计算得到障碍物模型量面中误差为 22.59mm，满足本节的避障要求。

4. 路径规划方法验证

使用本节提出的机械臂避障路径规划方法，计算单机械臂的避障路径关键点，提取的配电箱、走线架路径规划结果如图 8.4.2-11 和图 8.4.2-12 所示。

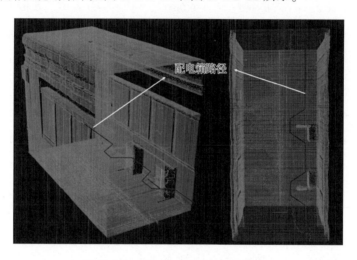

图 8.4.2-11　配电箱路径规划结果

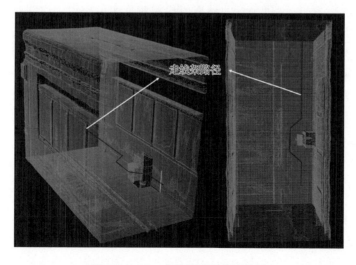

图 8.4.2-12　走线架路径规划结果

其中黑色线条为避障路径的可视化形式，可以看到，本方法可以有效根据障碍物信息计算输出路径规划结果。在绝对坐标系 $X_T O_T Z_T$ 下分别对两组规划的障碍物路径关键点进行精度评价，路径关键点精度分析如表 8.4.2-5 所示。

表 8.4.2-5　路径关键点精度分析

点号	真实值 X	计算值 X	差值 Δ	真实值 Z	计算值 Z	差值 Δ
P_{1-1}	−0.6200	−0.6000	0.0200	1.3900	1.3915	0.0015
P_{1-2}	−0.2800	−0.2351	0.0449	1.6900	1.6915	0.0015
P_{1-3}	−0.2800	−0.2351	0.0449	2.3900	2.3846	−0.0054
P_{1-4}	−0.6200	−0.6000	0.0200	2.6900	2.6846	−0.0054
P_{2-1}	−0.6100	−0.6000	0.0100	0.1600	0.1659	0.0059
P_{2-2}	−0.1200	−0.1087	0.0113	0.4600	0.4659	0.0059
P_{2-3}	−0.1200	−0.1087	0.0113	0.9100	0.8960	−0.0141
P_{2-4}	−0.6100	−0.6000	0.0100	1.2100	1.1960	−0.0140
P_{3-1}	−0.6200	−0.6000	0.0200	2.1200	2.1230	0.0030
P_{3-2}	−0.1100	−0.0952	0.0148	2.4200	2.4230	0.0030
P_{3-3}	−0.1100	−0.0952	0.0148	2.8700	2.8603	−0.0097
P_{3-4}	−0.6200	−0.6000	0.0200	3.1700	3.1603	−0.0097

其中 $P_{1-1} \sim P_{1-4}$ 为配电箱组路径点，$P_{2-1} \sim P_{3-4}$ 为走线架组路径点，由表 8.4.2-5 测量数据计算得到路径关键点中误差为 17mm，其中 x 轴坐标中误差为 23mm，z 轴坐标中误差为 8mm。

从表 8.4.2-5 可看出，x 轴坐标的计算值均相对真实值偏大，说明路径规划中对障碍物点云的尺度估计是大于实际物体本身的，这是由于激光点云在配电箱与走线架等金属表面发生反射，产生了附着于物体点云附近的噪点，这类噪点使得包络障碍物点云的包围盒尺度在 z 轴与 y 轴正方向发生了膨胀，虽然障碍物点云的膨胀对避障安全性没有影响，但是降低了路径的准确度，因此需在未来改进滤波方法以更好地去除此类附着噪点。

8.4.3　隧道真实环境实验验证

1. 实验概况

为验证点云采集系统与避障算法在真实隧道内的适用性，本节在北京某在建地铁隧道环境开展实验，通过在检测车搭载本节提出的点云采集系统，对该隧道进行点云采集，并截取一段具有明显障碍物的隧道区间点云模拟实时的障碍物识别与避障路径规划。现场情况示意图如图 8.4.3-1 所示。

图 8.4.3-1　现场情况示意图

以真实检测车左腰部天线机械臂为例构建局部限界凸包，表 8.4.3-1 为左腰部天线机械臂凸包顶点坐标。

表 8.4.3-1　左腰部天线机械臂凸包顶点坐标　　　　　（单位：m）

顶点编号	X	Y	Z
D_1（D_{min}）	−2.2700	1.3400	0.0000
D_2	−2.2700	0.7200	0.0000
D_3	−0.7750	0.7200	0.0000
D_4	−0.7750	1.3400	0.0000
D_5	−2.2700	1.3400	1.2000
D_6	−2.2700	0.7200	1.2000
D_7	−0.7750	0.7200	1.2000
D_8（D_{max}）	−0.7750	1.3400	1.2000

2. 结果展示

障碍物识别结果如图 8.4.3-2 所示。路径规划结果如图 8.4.3-3 所示。由于该隧道为在建隧道，隧道壁上基本没有挂设其他设施，因此选择了其中一段含有通风管道的点云数据重复 4 段进行模拟实验，可以看出，该点云采集方法可以获得隧道点云并构建导航地图，且能够有效识别隧道内的障碍物并输出避障路径。

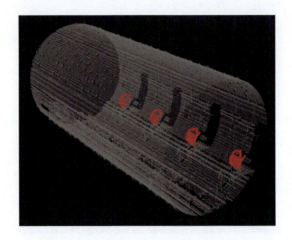

图 8.4.3-2　障碍物识别结果

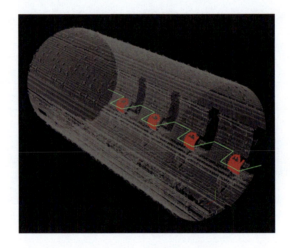

图 8.4.3-3　路径规划结果

第9章　地铁隧道结构安全风险评估技术

9.1　隧道结构风险评估

9.1.1　隧道结构风险评估指标体系

1. 地铁隧道结构安全特性及风险因素分析

地铁隧道的建设结构是交通轨道的主要设施，是地铁正常运营的基础，是保证地铁隧道正常运营的关键一环。近年来，多起轨道交通发生建设结构重大的安全隐患，为了保证地铁的安全运营，必须对轨道产生的重大安全隐患进行检测和评估预警。对于目前发生过的地铁隧道结构安全风险，可以将产生原因分为三大类：第一，对于安全保护区域的控制处理不当；第二，土体本身的地质条件随着地铁运营产生的变化；第三，地铁隧道建设时存留的工程施工质量问题。具体的安全风险有：由不良地质透水引起的坍塌事故、由地面沉降引起的水和流沙涌入事故等[1]。这些风险都与地下水息息相关，不仅包括地下水的水质变化还包括地下水的水位上升导致的渗漏，故本章以渗漏水为视角进行运营地铁隧道结构安全风险评估。

本章对近二十年运营地铁隧道发生的风险原因进行统计，对由于各种风险的起初表现类型进行划分，并将它们按照百分比做成饼状图表示，运营地铁隧道安全风险类型比例如图 9.1.1-1 所示，分析引起地铁隧道正常运行安全的因素，为之后建立的风险评估评价体系提供事实依据。

数据的主要来源是根据相关风险统计文献、当时的传媒报道以及中华人民共和国应急管理部官方信息发布等。根据图 9.1.1-1 可知，在城市轨道正式运营中坍塌风险占比较大，有 58%，造成的伤害和损失重大，故而在评价时侧重坍塌诱因。其次是水灾和设备故障，都占 15%，火灾占比 10%，结构形变占比 2%。

针对这些风险因素识别和分析，可以得知：导致运营中的隧道风险的风险因子主要可以分为以下四类，即地质水文、衬砌结构、渗漏水以及隧道形变。四者共同影响运营隧道产生的风险有地质水文和渗漏水影响，地质水文和隧道形变影响，渗漏水和隧道形变影响，地质水文、渗漏水和隧道形变共同影响，运营地铁隧道安全风险影响因素统计如图 9.1.1-2 所示。

然而还有一些运营隧道是人工养护不到位、自然天气灾害如 2023 年末大暴雪导致信号中断而使北京地铁昌平线在行驶的途中两节车厢发生分离情况等，产生的风险因素都属

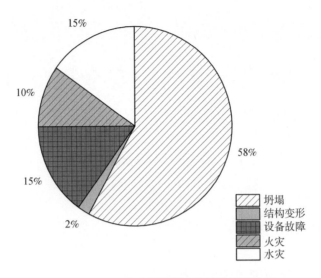

图 9.1.1-1 运营地铁隧道安全风险类型比例

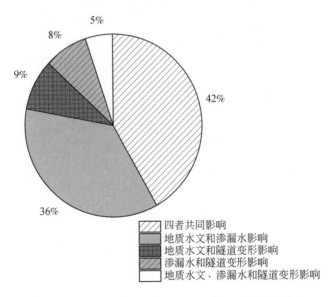

图 9.1.1-2 运营地铁隧道安全风险影响因素统计

于突发风险灾害理应加入评价指标体系中，但是由于这些风险因素都是一些不可控以及不可预测的灾害，则应该单独分析，在预测可能产生灾害情况下再加入风险评价中，故而本章暂时不将这些因素加入评价体系中。

针对北京市地下水位不断上升的情况，本章在构建风险评估指标体系时着重点在于地下水位导致的病害处理，纳入要素包括相对应的水文地质条件、水动力弥散系数、地下水埋深、地下水的 pH 等水文参数，以及由此引发的渗漏等典型病害类型。故而在风险评估时主要以渗漏水病害为视角进行整体的运营地铁隧道风险评估与预警，着重解决地下水病害的处理。

2. 风险评估指标体系建立

1）地质水文

地质水文环境条件主要是地层地质问题以及地下水状况问题，但是本章针对北京地铁某号线，只考虑地质环境、土质和富水情况为主要问题。而针对运营中的隧道产生较大影响还有可能会发生各种各样的突发状况，如周边岩土体变化、车辆运行、外部施工、注浆不足、浅层地下水位提升等；同时埋深也是一个至关重要的参数，它直接关系到隧道周围岩体的应力状态、成拱效应的强弱以及隧道的整体稳定性。埋深较浅的隧道通常面临更大的地质风险，因为较浅的埋深意味着隧道上方的覆盖层较薄，成拱效应相对较弱。这种情况下，隧道更容易受到上方岩体的压力影响，导致隧道顶部和侧壁出现塌方或大形变的风险增加。

2）衬砌结构

在运营的地铁隧道中产生的衬砌结构变化，有来自多方面的因素，包括内在因素和外在因素。内在因素主要包括在施工时拼接导致的隧道错台，错台带来的裂缝则有或深或浅的影响，衬砌裂开产生的裂缝，产生水位的上升导致的渗透水，在衬砌时注浆的量或压力不足导致混凝土的厚度未达到设计值及产生的混凝土不密实和隧道承压导致隧道限界的形变；外在因素主要是对于运营一段时间的隧道很有可能产生的剥落，这些剥落可能是自身施工不完善，但大多是由于周边环境影响，而剥落面积达到一定程度则会加剧渗漏，本章主要考虑衬砌错台和隧道注浆两个方面考核隧道衬砌结构带来的影响。

3）渗漏水

在已经运营的隧道内部结构中，渗漏水对地铁隧道产生的影响是最多、最大也是范围最广的。不论是在隧道开挖之前的施工建设中，渗漏水都会带来很大的影响，特别是北京地铁在南水北调工程中，北京的地下水位不断上升，之前一些在地下水位之上的地铁隧道都逐渐接近地下水位。而在地下水以及降雨的影响下，地铁隧道产生的渗漏水加剧，本章主要从渗漏水面积和渗漏水量进行安全评估，而对于大量的南水北调工程带来的复杂地下水，地下水的不同 pH 对于地铁隧道也有很大的影响，故而地铁隧道的 pH 也是重要的评价指标因子。

4）隧道形变

隧道形变对于隧道的运营毫无疑问是有极大的影响，隧道形变容易导致塌方。而对于隧道形变产生的隧道结构病害主要有：衬砌背后地层空洞、隧道结构形变量及形变速度都是衡量隧道形变量的指标；形变产生的隧道裂缝更是衡量隧道安全的一个重大指标。对于一些隧道存在的外载荷来说，一些附加应力的加大就会使岩体超过其能承受的最大强度，岩体就会产生塑性形变，从而引发隧道的形变；一些差异沉降则会使掩体的受力不均，从而使得一些岩体超出屈服强度则极易产生塌方。所以，外载荷也应该加入风险评估体系中。

对于风险因素本书分为四类：第一，地质水文，一些不良地质条件或特殊地质极易诱发地表沉降、基坑形变甚至失稳等问题；第二，衬砌结构，由于施工时混凝土不达标而产生的混凝土剥落等影响隧道正常运用；第三，渗漏水，地下水的水位变化及其腐蚀性和渗流破坏导致岩土体结构松动或破坏，以致产生地表开裂缝、塌陷等；第四，隧道形变，一些隧道结构形变产生的裂缝等导致隧道坍塌开裂甚至疏松剥落。总体评价体系分类图如图 9.1.1-3 所示。

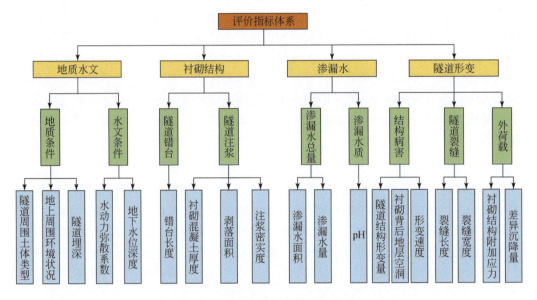

图 9.1.1-3 总体评价体系分类图

本章提出的地铁隧道结构风险评估技术，其评估思路图如图 9.1.1-4 所示，首先通过增加、整合改进隧道评估指标，建立适用于城市地铁隧道的总体风险评估指标体系；然后结合离差思想进行权重的组合，对各个风险因子进行权重的确定；最后划分评价等级，分

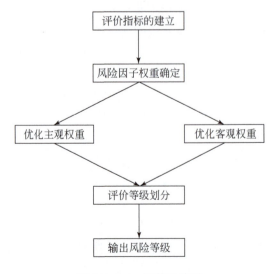

图 9.1.1-4 评估思路图

别为低度风险、中度风险、高度风险、极高风险 4 级等级，运用模糊综合评价法构建评价矩阵，计算出模糊综合评价得分，根据其分值找到对应的风险等级。

本章为了保证各个风险因子的客观性，从而减少主观的占比，利用反熵权法求解客观权重；再根据建立模糊综合评价矩阵来确定各个占比。该方法一方面解决了专家主观思想对评估时的影响，另一方面也降低了数学思维带来的禁锢性，同时可以根据工程实际调节评价指标，也在一定程度上提供了专家的理论支撑。

在这些基础上进行隧道的评估时，由于所有的地铁线路隧道长度都很长，每个地方实际的风险因素都不一致。所以为了对隧道进行更加精确、更加标准的评估，也为了更便于对隧道进行检测修补，本章在综合评估的基础上，采用部分分段评估方法。即在对于隧道进行分段评估之后，再针对每一段隧道进行更准确的评估，具体而言，针对风险因子较大的致灾因子，进行具体情况分析，采取单个因子的致灾风险计算，得到单个致灾因子的评估得分，从而完成具体分段评估流程。

因为大部分的地铁隧道都是采用盾构法进行开挖，故以盾构隧道作为研究典型，根据运营盾构地铁隧道安全风险统计分析总结归纳风险诱因、隧道结构安全破坏形式、运营盾构地铁隧道形变形式及运营地铁隧道结构安全风险影响因素，在此基础上构建适用于运营盾构地铁隧道结构安全风险评估指标体系。其主要参考《城市轨道交通设施结构检测技术规程》（DB11/T 1167—2015）《城市轨道交通设施养护维修技术规范》（DB11/T 718—2016）《城市轨道交通隧道工程注浆技术规程》（DB11/1444—2017）和《地下水质量标准》（GB/T 14848—2017），结合实际地铁隧道情况，以总体风险评估作为目标层，构建一、二、三级指标的评估体系。改进风险评价体系如表 9.1.1-1 所示。

9.1.2　求解风险因子权重

权重求解方法主要分为主观赋权法和客观赋权法两大类。这两种方法各有优缺点，单独使用时可能会遇到一些限制。主观赋权法主要依赖于专家的工程经验和专业知识。这种方法的一个显著优点是能够充分利用专家的经验和直觉，从而更贴近实际工程情况。然而，正因为其主观性，这种方法的结果可能受到专家个人偏见、经验不足或主观判断的影响，导致权重的确定不够准确和客观。客观赋权法则主要依赖于数学理论和方法进行计算，如统计分析、优化理论等。这种方法的一个主要优点是客观性和精确性，能够减少主观因素对权重确定的影响。

为了克服这两种方法的局限性，可以结合反熵权法和离差最大化思想。利用反熵权法比较各个风险因子的差别，降低各个风险因子的主观性；利用离差最大化思想进行模型搭建，降低了数学思维带来的禁锢性的同时，也在一定程度上提供了专家的理论支撑。这样既可以充分利用专家的经验和专业知识，又可以确保权重的客观性和稳定性，从而提高权重求解的准确性和有效性。

表 9.1.1-1　改进风险评价体系

评价指标			评价等级			
一级指标	二级指标	三级指标	低度风险	中度风险	高度风险	极高风险
地质水文	地质条件	隧道周围土体类型	砂卵石地层，Ⅴ、Ⅵ级围岩占20%以下	砂性土层，Ⅴ、Ⅵ级围岩占20%~40%	黏性土及粉土层，Ⅴ、Ⅵ级围岩占40%~70%	黏质粉土、砂质粉土、中细沙互层，中砂、粉质黏土、砂卵石互层，Ⅴ、Ⅵ级围岩占70%以上
		地上周围环境状况	空旷无建筑物	有少量建筑物但地下环境不复杂	附近建筑物较密集，地下综合管廊较复杂	市区中心，人流密集
		隧道埋深	超深埋隧道	深埋隧道	浅埋隧道	超浅埋隧道
	水文条件	水动力弥散系数	$<0.1m^2/d$	$0.1~0.3m^2/d$	$0.3~0.5m^2/d$	$>0.5m^2/d$
		地下水位深度	距离隧道底下2m及以上	到达隧道底部	到达隧道中部	到达隧道顶部
隧道构造	隧道错台	错台长度	两块混凝土的缝隙d<5mm	两块混凝土的缝隙d≥5mm	两块混凝土的缝隙d<3cm	两块混凝土的缝隙d≥3cm
		衬砌混凝土厚度	95%测点的厚度≥设计值，厚度不低于0.6设计值	95%测点的厚度≥设计值，最薄厚度低于0.6设计值	超过5%测点的厚度<设计值，厚度不低于0.6设计值	超过5%测点的厚度<设计值，最薄厚度低于0.6设计值
		剥落面积	压溃范围很小	压溃范围$S<1m^2$，剥落块厚度<3cm	压溃范围$3m^2>S>1m^2$，或有可能掉块	压溃范围$S>3m^2$，危及行车安全
		注浆密实度	密实	个别轻微疏松	轻微疏松	不密实，存在异物
渗漏水	渗漏水总量	渗漏水面积	无渗水，结构表面没有湿渍	不大于总防水面积的6%，不大于0.2m²，任意100m²的防水面积不超过4处	任意漏水面积不大于0.3m²，任意100m²防水面积不超过7处	任意漏水面积大于0.3m²，任意100m²防水面积超过7处
		渗漏水量	无渗漏水	有少量的漏水点，不得有线流和漏泥沙，单个漏水点的漏水量不大于2.5L/d，	有漏水点，不得有线流和漏泥沙，整个工程平均漏水量不大于2L/d，任意100m²防水面积的平均漏水量不大于4L/d	有线流和漏泥沙
	渗漏水质	pH	6.5~8.5	5.5~6.5或8.5~9	4.5~5.5或9~9.5	<5.5或>9.5

续表

评价指标			评价等级			
一级指标	二级指标	三级指标	低度风险	中度风险	高度风险	极高风险
隧道结构变形	结构形变	隧道结构形变量	有轻微形变	有新的形变出现用形变量表示，限界不能变小，保证隧道变形不能侵入车辆正常行驶范围内	限界开始变小	衬砌形变至下沉
		衬砌背后地层空洞	<100mm	100～550mm	>550mm	>1.5m
		形变速度	$V<3\mathrm{mm/a}$	$10\mathrm{mm/a} \geqslant V \geqslant 3\mathrm{mm/a}$	$V>10\mathrm{mm/a}$	$V>30\mathrm{mm/a}$
	隧道裂缝	裂缝长度	$L<5\mathrm{m}$	$L<5\mathrm{m}$，且裂缝有发展，但速度不快	$10\mathrm{m} \geqslant L \geqslant 5\mathrm{m}$，且裂缝密集	$L>10\mathrm{m}$，且形变继续发展，拱部开裂呈块状，有可能掉落
		裂缝宽度	钢筋混凝土衬砌裂缝宽度 $\delta<0.3\mathrm{mm}$；普通混凝土衬砌裂缝宽度 $\delta<3\mathrm{mm}$	钢筋混凝土衬砌裂缝宽度 $0.5\mathrm{mm} \geqslant \delta \geqslant 0.3\mathrm{mm}$；普通混凝土衬砌裂缝宽度 $5\mathrm{mm} \geqslant \delta \geqslant 3\mathrm{mm}$	衬砌出现贯通裂缝；钢筋混凝土衬砌裂缝宽度 $\delta>0.5\mathrm{mm}$；普通混凝土衬砌裂缝宽度 $\delta>5\mathrm{mm}$	钢筋混凝土衬砌裂缝裂缝宽度 $\delta>0.5\mathrm{mm}$；普通混凝土衬砌裂缝宽度 $\delta>5\mathrm{mm}$
	外载荷	衬砌结构附加应力	到达临界载荷	到达临界载荷	到达极限载荷	超过极限载荷
		差异沉降值	基本无沉降	高度差变化量<±3mm	高度差变化量>±3mm，<±5mm	高度差变化量>±5mm

1. 求解主观权重

以 AHP 为基础，结合专家的评分结果，构造基于两个指标相对重要程度的判断矩阵，计算得到主观权重向量 $W_x = (W_{x_1}, W_{x_2}, \cdots, W_{x_n})^\mathrm{T}$。采用 AHP 求解权重的过程主要有以下三个步骤[2]。

1）判断矩阵的建立

根据实际情况，构建各级风险评价体系判断矩阵（表 9.1.2-1），将同一级别的风险指标进行对比（即第 i 行和第 j 列的比较），判断各个指标的权重，其中主要依据专家打分和以往积累经验进行取值。判断矩阵判定表如表 9.1.2-2 所示。

表 9.1.2-1　一级指标 A 的判断矩阵 S_1

目标 S_1	一级指标 A_1	一级指标 A_2
一级指标 A_1	1	$\dfrac{A_1}{A_2}$

续表

目标S_1	一级指标A_1	一级指标A_2
一级指标A_2	$\dfrac{A_2}{A_1}$	1

表 9.1.2-2　判断矩阵判定表

标度	含义
1	i 和 j 一样重要
3	i 比 j 稍微重要
5	i 比 j 明显重要
7	i 比 j 强烈重要
9	i 比 j 极其重要
2, 4, 6, 8	表示两者中间值
倒数	若 i 对 j 的重要性为 $r_{i,j}$，那么 j 对 i 的重要性为 $1/r_{i,j}$

2）权重计算

计算矩阵特征向量：

$$SW_x = \lambda_{\max} W_x \tag{9.1.2-1}$$

式中，S 为判断矩阵；$\lambda_{\max}$ 为矩阵 R 的最大特征根；W_x 的分量 W_{xi} 为相应指标的权重。

其中由于：

$$\lambda_{\max} = \frac{1}{n} \sum_{i=1}^{n} \frac{(AW)_i}{w_i} \tag{9.1.2-2}$$

式中，W 为权重向量；$(AW)_i$ 为矩阵 A 与向量 W 乘积的第 i 个分量；w_i 为权重向量 w 的第 i 个分量。

故应先将判断矩阵 S 归一化：

$$b_{i,j} = \frac{a_{i,j}}{\sum_{i=1}^{n} a_{i,j}} \tag{9.1.2-3}$$

式中，$b_{i,j}$ 为归一化后的矩阵元素；$a_{i,j}$ 为判断矩阵中第 i 行第 j 列的原始值。

将得到的矩阵求各行之和，并对列归一化：

$$c_i = \sum_{j=1}^{n} b_{i,j} \tag{9.1.2-4}$$

$$w_i = \frac{c_i}{\sum_{i=1}^{n} c_i} \tag{9.1.2-5}$$

得到判断 S 的特征向量为 $W_x = (w_1 + w_2 + \cdots + w_n)^{\mathrm{T}}$，从而得到 $\lambda_{\max}$。

3）一致性检验

因为各个元素之间不能保证矩阵的一致性，为了保证矩阵的一致性，所以要对各个矩阵进行检验，公式为

$$\text{C. I.} = \frac{\lambda_{\max} - n}{n - 1} \tag{9.1.2-6}$$

若矩阵检验不合理，则需进行核查再重新计算检验。引入了一致性指标比率 C. R. 来判断矩阵是否具有较好的一致性，一致性指标比率 C. R. 计算公式如下：

$$\text{C. R.} = \frac{\text{C. I.}}{\text{R. I.}} \tag{9.1.2-7}$$

式中，R. I. 为平均随机一致性指标，可由表 9.1.2-3 查得。当一致性指标比率 C. R. <0.1 时，矩阵满足一致性检验，否则需要重新调整矩阵，直至一致性检验通过。

表 9.1.2-3　平均随机一致性指标标准值

矩阵阶层 n	1	2	3	4	5	6	7
R. I.	0	0	0.59	0.89	1.12	1.36	1.41

2. 求解客观权重

由于主观权重具有片面性，故而结合反熵权法（anti-entropy weight，AEW）来计算总的指标权重。反熵权法具体计算如下。

1）建立评价矩阵 R

根据专家评价数据建立判断矩阵 $R = (a_{i,j})_{m \times n}$（$i = 1, 2, \cdots, m; j = 1, 2, \cdots, n$），其中 $a_{i,j}$ 表示第 i 个评估对象的第 j 个评价指标的属性值。

2）标准化处理

若指标为正向时：

$$b_{i,j} = \frac{a_{i,j} - \min_j\{a_{i,j}\}}{\max_j\{a_{i,j}\} - \min_j\{a_{i,j}\}} \tag{9.1.2-8}$$

若指标为负向时：

$$b_{i,j} = \frac{\max_j\{a_{i,j}\} - a_{i,j}}{\max_j\{a_{i,j}\} - \min_j\{a_{i,j}\}} \tag{9.1.2-9}$$

即可求得标准化处理后的矩阵 $B = (b_{i,j})_{m \times n}$

3）反熵值计算

$$E_j = -\sum_{i=1}^{m} x_{i,j} \ln(1 - x_{i,j}) \tag{9.1.2-10}$$

式中，$x_{i,j} = \dfrac{b_{i,j}}{\sum\limits_{i=1}^{m} b_{i,j}}$。

4）确定客观指标权重

$$\omega_j = \frac{E_j}{\sum\limits_{j=1}^{m} E_j} \tag{9.1.2-11}$$

式中，指标权重 $W_o = (W_{o_1}, W_{o_2}, \cdots, W_{o_n})^T$。

3. 求解组合权重

组合权重的向量可由式（9.1.2-12）确定：

$$W = \alpha W_x + \beta W_o \tag{9.1.2-12}$$

式中，α、β 分别为 W_x、W_o 的偏好系数，且 $\alpha \geq 0$，$\beta \geq 0$，$\alpha^2 + \beta^2 = 1$。

为了减小主观影响，故而采用基于离差最大化的线性规划来求偏好系数。

设所有评级指标的总离差为 γ，则：

$$\gamma = \sum_{i=1}^{n} \sum_{j=1}^{m} \sum_{k=1}^{m} W_i |b_{i,j} - b_{i,k}| \tag{9.1.2-13}$$

式中，$b_{i,j}$ 为指第 i 个指标的第 j 个属性值；$b_{i,k}$ 为指第 i 个指标的第 k 个属性值；W_i 为第 i 个指标评级指标的总离差。

构建函数：

$$\begin{aligned} \max Z &= \sum_{i=1}^{n} \sum_{j=1}^{m} \sum_{k=1}^{m} W_i |b_{i,j} - b_{i,k}| \\ &= \sum_{i=1}^{n} \sum_{j=1}^{m} \sum_{k=1}^{m} (\alpha W_{x,i} + \beta W_{o,i}) |b_{i,j} - b_{i,k}| \end{aligned} \tag{9.1.2-14}$$

构建拉格朗日函数：

$$L(\alpha,\beta) = \sum_{i=1}^{n} \sum_{j=1}^{m} \sum_{k=1}^{m} (\alpha W_{x,i} + \beta W_{o,i}) |b_{i,j} - b_{i,k}| + \varphi(\alpha^2 + \beta^2 - 1) \tag{9.1.2-15}$$

式中，φ 为拉格朗日乘子。

求偏导得

$$\begin{cases} \alpha = \dfrac{\sum\limits_{i=1}^{n} \sum\limits_{j=1}^{m} \sum\limits_{k=1}^{m} W_{s,i} |b_{i,j} - b_{i,k}|}{\sqrt{\left(\sum\limits_{i=1}^{n} \sum\limits_{j=1}^{m} \sum\limits_{k=1}^{m} W_{s,i} |b_{i,j} - b_{i,k}|\right)^2 + \left(\sum\limits_{i=1}^{n} \sum\limits_{j=1}^{m} \sum\limits_{k=1}^{m} W_{o,i} |b_{i,j} - b_{i,k}|\right)^2}} \\[4ex] \beta = \dfrac{\sum\limits_{i=1}^{n} \sum\limits_{j=1}^{m} \sum\limits_{k=1}^{m} W_{o,i} |b_{i,j} - b_{i,k}|}{\sqrt{\left(\sum\limits_{i=1}^{n} \sum\limits_{j=1}^{m} \sum\limits_{k=1}^{m} W_{s,i} |b_{i,j} - b_{i,k}|\right)^2 + \left(\sum\limits_{i=1}^{n} \sum\limits_{j=1}^{m} \sum\limits_{k=1}^{m} W_{o,i} |b_{i,j} - b_{i,k}|\right)^2}} \end{cases}$$

$$\tag{9.1.2-16}$$

将所求的 α 和 β 带入式（9.1.2-12），即可得所需组合权重的向量 W。

9.1.3　隧道结构风险评估模型

在对运营的地铁隧道进行评估时，评估指标具有动态变化，所以在针对评估风险因子时不能只考虑普通的集合体，需要通过模糊集合来表达整体，针对对象的模糊性进行专项分析，故而构建模糊综合评价。而模糊综合评价的重点则是隶属度，通过隶属度将集合进行定量分析，能简单明了地评价结构复杂的运营地铁隧道风险，将指标量化分析，能够清晰表达结果。

1. 模糊综合评价

模糊综合评价法适用范围广且能很好地应对风险因子的多重影响。首先构建风险的因素集合；然后通过针对单个风险因子的权重指标来构建初级评价矩阵 K；之后依次计算各个层的评价结果，构建评价集合 B；最后得到最终结果得分 A。

1）构建风险的因素集合

根据第 9.1.2 节中的风险评价指标体系构建风险的因素集合，如一级指标为 $U = \{u_1, u_2\}$，二级指标为 $U_i = \{u_{i_1}, u_{i_2}, \cdots, u_{i_n}\}$，三级指标为 $U_{i,j} = \{u_{i,j_1}, u_{i,j_2}, \cdots, u_{i,j_n}\}$。

2）构建初级评价矩阵 K

根据可能发生的最后结果构建评价结果集合 V，对评估对象可能作出各种总的结果为元素 v_i 组成的集合，其中各个元素为评价等级即 $V = \{v_1, v_2, v_3, v_4\}$，之后计算隶属度，并根据隶属度构建初级评价矩阵 K。

3）构建评价集合 B

依层计算出各个层的模糊评价结果，然后进行总体模糊评价，最后构建综合评价集合 B：

$$B = W \cdot K$$

$$= (w_1, w_2, \cdots, w_n) \cdot \begin{bmatrix} k_{11} & \cdots & k_{1m} \\ \vdots & \ddots & \vdots \\ k_{n1} & \cdots & k_{nm} \end{bmatrix}$$

$$= \alpha_1, \alpha_2, \cdots, \alpha_m \tag{9.1.3-1}$$

4）计算最终得分 A

依据式（9.1.3-2）计算最终风险评价得分 A：

$$A = B \cdot VC^{\mathrm{T}} \tag{9.1.3-2}$$

式中，V 为评价等级集合；C 为每个评价等级对应的分量。

5）分段量化致灾因子

由于地铁隧道整体过长，存在的风险因子稀疏，基数过大会导致最终得分偏低，故而可以依据三级权重指标分段量化高危致灾因子权重比，进而增加病害针对性预警。

2. 划分地铁隧道结构安全风险等级

依据《中华人民共和国突发事件应对法》，盾构下运营地铁隧道结构风险评估等级划分。在应对突发事件时，预警系统通常遵循统一的划分标准，以便快速、准确地传达风险信息。这些标准通常包括 4 个等级：一般、较大、重大和特别重大。分别对应不同的颜色标识：蓝色、黄色、橙色和红色[3]。这种颜色编码系统使得人们能够迅速识别风险级别，从而采取相应的应对措施。在盾构下运营地铁隧道结构风险评估中，也采用了类似的划分标准。具体来说，蓝色代表低度风险，这表示隧道结构处于相对安全的状态，但仍需进行常规的监测和维护。黄色代表中度风险，这意味着隧道结构可能存在一些潜在的安全隐患，需要采取进一步的措施进行风险评估和管理。橙色代表高度风险，在这种情况下，隧道结构的安全性已经受到较为严重的威胁，需要立即采取行动，以防止可能发生的危险。红色代表极高风险，这是最高级别的风险警示，表示隧道结构的安全状况已经处于非常危险的状态，必须立即采取紧急措施，以确保人员和设备的安全。

通过对盾构下运营地铁隧道结构风险评估等级进行明确的划分和颜色标识，能够更加直观地了解工程的状况信息，及时采取相应的处理措施，保证地铁隧道的安全运营，同时还提高了风险评估预警的准确性，为工程管理人员提供了有力的决策支持。为了进一步得知所检测工程的具体风险程度，需对具体事件的模糊综合评价的最终得出分数进行折算，将蓝色风险预警定义为 0 ~ 25 分，黄色风险预警定义为 25 ~ 50 分，橙色风险预警定义为 50 ~ 75 分，红色风险预警定义为 75 ~ 100 分。由于地铁隧道过长，综合评价得分一般不会太高，故而针对单独病害进行风险计算，依据具体病害结果进行风险评估。

3. 结合三维点云平台进行风险评估预警

三维点云平台是利用隧道点云数据构建隧道结构模型，随后加载经过坐标转换的安全隐患，构建出三维地铁隧道结构与安全隐患信息模型，为多源数据的三维可视化管理、直观显示、综合分析等提供支持。此外，利用该模型可导出安全隐患特征信息与坐标信息建立特征数据库，也可以利用可视化管理平台加载数据库数据对历史检测情况进行可视化管理与查询。

首先将上文所构建的评价指标体系加入三维点云平台，作为模型风险等级评估指标依据；然后将实地检测数据加载转换导入点云平台，构建所检测线路的三维地铁隧道结构安全隐患信息模型，三维可视化展示检测区间的安全隐患信息，并进行综合分析，数字化管理病害信息，实现可视化风险评估预警。

为了进一步得知所检测工程的具体风险程度，对具体事件的模糊综合评价的最终得出分数进行折算，根据式（9.1.3-3）将其量化为 $v = \{25, 50, 75, 100\}$ 的最终得分：

$$A = B \cdot VC^{\mathrm{T}}$$
$$= 0.0683 \times 25 + 0.0634 \times 50 + 0.0028 \times 75 + 0$$
$$= 5.0875 \qquad\qquad (9.1.3\text{-}3)$$

本节对北京地铁某号线某区间进行了风险评估，得出最终分数为 5.0875 分，对应区间在 0～25 分，可得知本次检测的运营地铁隧道的总体安全等级为低度风险；同时将本工程结合三维点云可得总体病害信息。但是根据专家评价及具体工程实际状况可知裂缝长和宽权重为（0.0875，0.0770）以及渗漏水（0.0800），将其结合风险评价指标体系量化得分分别为：17.5、15.4、16。故而应高度重视处理两个病害。三维点云平台整体隧道安全等级示意图如图 9.1.3-1 所示；三维点云病害示意图如图 9.1.3-2 所示。

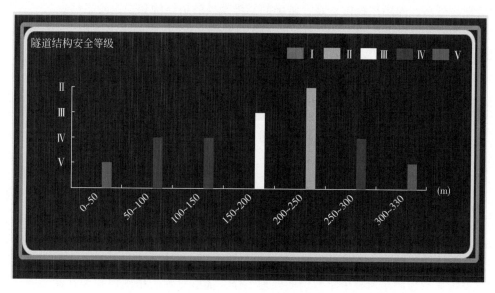

图 9.1.3-1　三维点云平台整体隧道安全等级示意图

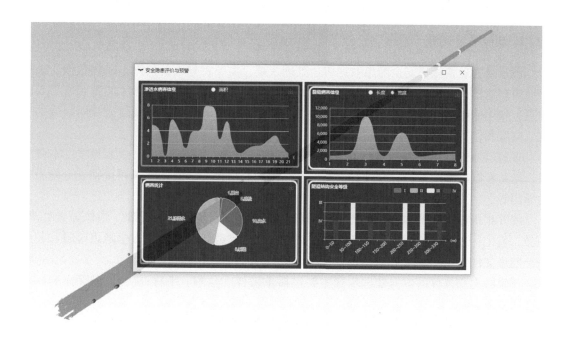

图 9.1.3-2　三维点云病害示意图

9.2　数据快速处理系统设计与研究

该部分内容主要结合数据快速处理与三维可视化平台的设计研究进行工作的开展。其主要目标为：开发数据快速处理与三维可视化平台，实现对检测车采集的数据进行快速有效地处理与分析，向用户提供直观、精确的三维地铁隧道结构和安全隐患信息。

9.2.1　数据快速处理系统需求分析

1. 系统用户分析

该系统作为地铁隧道安全隐患综合检测车的支持与辅助，用户主要分为直接用户、间接用户和潜在用户。

该系统的直接用户主要是地铁隧道安全隐患综合检测车的开发测试人员，在检测车开发测试过程中，直接用户需要对检测车上各种仪器设备采集的数据进行一系列的处理解释工作；间接用户主要是利用该系统对各仪器设备采集的数据信息进行整合的人员，整合不同数据信息时需要用到该系统的处理结果；潜在用户主要是地铁隧道安全隐患检测行业中使用地铁隧道安全隐患综合检测车检测后进行数据处理解译的工作人员，这些工作人员可使用该系统完成检测车所有采集数据的处理工作，能够直观、精确地找到并输出安全隐患的相关信息。地铁隧道安全隐患数据快速处理系统在开发过程中需要充分考虑到这些用户的实际使用需求。

2. 功能需求分析

该系统为地铁隧道安全隐患数据快速处理系统，需要将导入的检测车采集数据，包括多通道探地雷达数据、线阵相机数据和三维激光扫描仪数据进行处理后才能得到所需要的信息，如地铁隧道背后隐藏安全隐患的种类、深度、位置等信息，地铁隧道表面裂缝的长度、宽度和位置等信息。

多通道探地雷达数据的处理步骤主要包括零线设定、背景去噪、一维滤波、小波变换、增益控制、滑动平均、衬砌安全隐患自动识别、衬砌安全隐患编辑和衬砌安全隐患文件导出等。

线阵相机数据的处理步骤主要包括图像灰度化处理、图像腐蚀处理、图像匀光处理、图像二值化、连通区域滤波、图像拼接、裂缝细化、裂缝识别、裂缝安全隐患编辑和裂缝安全隐患文件导出等。

三维激光扫描仪的数据处理步骤主要包括重采样、分割、平移/旋转、删除点云和点云去噪等。

结合各数据处理步骤及实际需求，为方便用户进行操作，该系统采用图形界面，基本功能需求主要包括以下几项。

（1）数据输入：主要是地铁隧道安全隐患综合检测车采集的相关数据，包括多通道探

地雷达数据、线阵相机图像数据、红外热像仪数据、三维激光点云数据、测距传感器数据和测角传感器数据等;

（2）构建统一坐标系：建立适用于所有数据的统一坐标系;

（3）多通道探地雷达数据处理：主要是对多通道探地雷达数据进行处理，得到地铁隧道背后隐藏安全隐患的坐标信息和具体特征信息，然后将安全隐患相关信息和经过处理的数据以特定格式输出并保存;

（4）线阵相机图像数据处理：主要是对检测车上线阵相机扫描得到的图像进行处理，得到地铁隧道表面的裂缝坐标信息和具体特征信息，并将所有图像重新拼接成一幅完整的图像，然后将裂缝相关信息和图像以特定格式输出并保存;

（5）红外热像仪数据处理：主要是对检测车上红外热像仪扫描得到的图像进行处理。

（6）三维激光点云数据处理：主要是对检测车上三维激光扫描仪采集得到的点云数据进行相关数据处理，得到地铁隧道的三维结构模型;

（7）构建三维地铁隧道结构和安全隐患信息模型：主要是用三维激光点云数据构建的三维地铁隧道结构模型，利用处理后得到的衬砌安全隐患信息文件、裂缝信息文件以及渗漏水信息文件构建安全隐患信息模型;

（8）视图显示：主要是三维地铁隧道结构和安全隐患信息模型能够根据用户需求放大、缩小，并且能够快速浏览模型具体位置的具体情况;

（9）安全隐患报表生成：主要是根据用户需求生成地铁隧道安全隐患信息报表。

地铁隧道安全隐患数据快速处理系统的性能需求主要表现为系统的响应速度，在使用该系统时，需保证与系统人机交互的过程中响应速度在用户可以忍受的范围之内。此外，该系统需要对地铁隧道安全隐患综合检测车采集的大量数据进行相关处理操作，因此要求系统能够稳定运行，在运行过程中不会出现意外，导致数据丢失或系统崩溃。同时，操作人员对系统进行相关操作的时候，不会因为操作人员的操作不当，如处理数据步骤错误，或者参数输入有误等，造成系统出现问题，系统应该具有保护措施，或者相关提示措施，能够对这些情况进行相应的处理，并且保证系统即便个别模块出现问题也不会影响其他模块的运行。

除了上述需求之外，地铁隧道安全隐患综合检测车所采集的相关数据也涉及商业及法律层面，所以系统应当还需要具有较高的安全性，确保系统能够安全、有效地进行相关操作，不被外部其他因素干扰，并具有较高的病毒防护能力，能够有效防护大部分病毒或网络攻击。

3. 用户界面需求分析

地铁隧道安全隐患数据快速处理系统的界面需求主要表现为应具备美观、简洁、交互友好、易学、易操作的系统操作界面，且符合用户的相关操作逻辑。基于 Windows 操作平台，以处理检测车采集数据和三维地铁隧道结构和安全隐患信息模型展示为核心，立足操作界面友好和展示效果直观且美观，构建能够快速精准查询地铁隧道安全隐患信息，并根据用户需求输出相应格式安全隐患报表的系统。各种参数的设置和视图显示的转换都会以人机交互的方式进行，各种操作界面，包括参数设置界面、输入和输出界面等，均与用户日常操作使用习惯保持一致，并且具有较强的操作性。

9.2.2 数据快速处理系统总体设计

1. 系统设计方案及开发平台

地铁隧道安全隐患综合检测车上装载的仪器设备众多，采集得到的数据种类不同，并且数据的处理软件都是相互独立的，因此需要将各个数据的处理软件中所需要的处理功能移植到地铁隧道安全隐患数据快速处理系统中，针对以上情况，结合上文已经介绍的系统相关功能、性能和界面需求，提出以下系统设计方案。

（1）将多通道探地雷达数据处理软件、线阵相机图像数据处理软件、三维激光点云数据处理软件中需要用到的功能移植到地铁隧道安全隐患数据快速处理系统中；

（2）多通道探地雷达数据和线阵相机图像数据经过处理后，对雷达数据安全隐患和相机数据裂缝进行识别，然后将识别出的安全隐患和裂缝信息以特定的数据格式输出并保存；

（3）利用三维激光点云数据构建三维地铁隧道结构模型，然后加载经过数据处理后保存的衬砌安全隐患和裂缝信息数据文件，在三维地铁隧道结构模型上构建出衬砌安全隐患和裂缝模型，并将完整的线阵相机图像信息贴在三维地铁隧道结构模型的隧道表面上，最终完成三维地铁隧道结构和安全隐患信息模型的构建。设计方案流程图如图 9.2.2-1 所示。

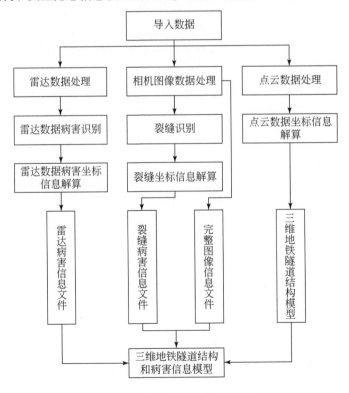

图 9.2.2-1 设计方案流程图

多通道探地雷达数据处理软件、线阵相机图像数据处理软件、三维激光点云数据处理软件均采用 C++语言进行编写，结合 C++语言的特点并考虑到更方便高效地移植数据处理软件相关处理功能，地铁隧道安全隐患数据快速处理系统也采用 C++语言进行开发，并结合 Qt 开发平台的特点和系统的功能、性能以及界面需求，地铁隧道安全隐患数据快速处理系统采用 Qt 开发平台进行开发。

2. 衬砌安全隐患和裂缝信息数据结构设计

地铁隧道安全隐患数据快速处理系统对多通道探地雷达数据和线阵相机图像数据进行数据处理之后，需要将衬砌安全隐患信息和裂缝信息以特定的格式输出并保存，然后在构建三维地铁隧道结构和安全隐患信息模型时重新加载雷达数据安全隐患信息和裂缝信息相关数据文件，因此衬砌安全隐患信息数据和裂缝信息数据应当能够准确突出安全隐患和裂缝的位置信息以及相关特征信息。

衬砌安全隐患雷达数据剖面图如图 9.2.2-2 所示，单通道雷达数据是以二维剖面图像呈现的，经过数据处理与安全隐患识别后，单通道雷达数据检测得到的衬砌安全隐患根据输出 D1 和 D2 在图中的坐标就可以计算出安全隐患的位置、深度、长度和宽度等信息，然后根据测距传感器和测角传感器的数据，并根据第 4 章隧道衬砌安全隐患坐标定位算法即可求出安全隐患在统一坐标系中的坐标信息，然后根据安全隐患的相关特征信息即可加载到点云数据构建的三维地铁隧道结构模型中。结合实际情况与需求，衬砌安全隐患相关信息将以结构体的形式输出并保存，衬砌安全隐患信息数据结构表如表 9.2.2-1 所示。

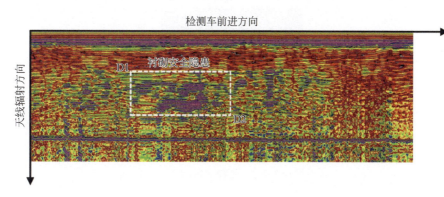

图 9.2.2-2　衬砌安全隐患雷达数据剖面图

表 9.2.2-1　衬砌安全隐患信息数据结构表

数据参数	变量类型	变量说明
GPRDATA.X	float	统一坐标系中 X 轴坐标
GPRDATA.Y	float	统一坐标系中 Y 轴坐标
GPRDATA.Z	float	统一坐标系中 Z 轴坐标
GPRDATA.deep	float	安全隐患距地铁隧道表面深度
GPRDATA.length	float	安全隐患长度

数据参数	变量类型	变量说明
GPRDATA. width	float	安全隐患宽度
GPRDATA. airheight	float	天线悬空高度
GPRDATA. GPRnum	int	雷达天线编号
GPRDATA. timewindow	int	天线采集时窗
GPRDATA. tracenum	int	安全隐患所在数据道号

注：float 为浮点型；int 为整型变量。

　　裂缝识别示意图如图 9.2.2-3 所示，根据线阵相机检测原理可知，线阵相机图像数据是二维数据，裂缝由一系列像素点组成，经过数据处理和裂缝识别后，能够得到裂缝的像素点信息，再根据测距传感器和测角传感器数据，经过第 4 章线阵相机数据坐标信息解算算法即可求出像素点在统一坐标系中的坐标信息，然后根据裂缝的相关特征信息即可加载到点云数据构建的三维地铁隧道结构模型中。结合实际情况与需求，裂缝信息将以结构体的形式输出并保存，每个结构体包含一个像素点信息，裂缝信息数据结构表见表 9.2.2-2。

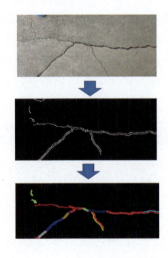

图 9.2.2-3　裂缝识别示意图

表 9.2.2-2　裂缝信息数据结构表

数据参数	变量类型	变量说明
CRACK. *X*	float	统一坐标系中 *X* 轴坐标
CRACK. *Y*	float	统一坐标系中 *Y* 轴坐标
CRACK. *Z*	float	统一坐标系中 *Z* 轴坐标
CRACK. width	float	裂缝宽度
CRACK. length	float	裂缝长度
CRACK. cameranum	int	线阵相机编号

续表

数据参数	变量类型	变量说明
CRACK. imagenum	int	像素点所在图像编号
CRACK. tracenum	int	像素点所在道号
CRACK. pixelW	int	像素点所在图像像素宽度位置
CRACK. pixelH	int	像素点所在图像像素高度位置

3. 系统功能结构设计

三维平台系统功能结构图如图 9.2.2-4 所示，地铁隧道安全隐患数据快速处理系统主要具有以下三大模块：数据加载模块、数据处理模块、三维模型构建模块。其中数据加载模块主要包括数据的输入和输出，数据处理模块主要包括了多通道探地雷达数据、线阵相机图像数据以及三维激光点云数据的相关处理功能，三维模型构建模块主要包括了三维地铁隧道结构模型和以结构模型为基础构建的病害信息模型。这三大模块基本满足了地铁隧道安全隐患数据快速处理系统的功能需求，都采用图形用户界面的方式进行实现。

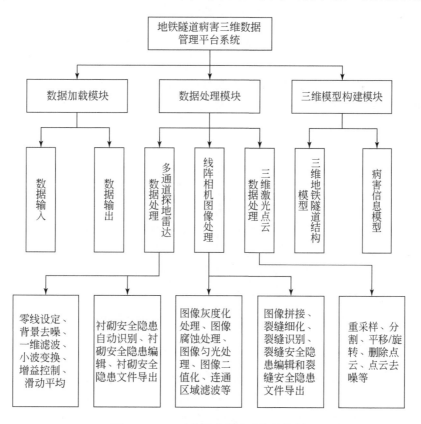

图 9.2.2-4　三维平台系统功能结构图

4. 数据处理框架设计

地铁隧道安全隐患综合检测车采集的数据种类繁多，并且需要经过一定的数据处理才能得到相应的安全隐患信息，数据处理的效果直接关乎能否精确识别出安全隐患的相关信息，同时也将影响构建三维模型的准确性，所以地铁隧道安全隐患数据快速处理系统中数据处理部分至关重要。综上所述，规范的数据处理框架设计对地铁隧道安全隐患数据快速处理系统开发的重要性不言而喻，并且也便于实现处理功能的添加和移植。

数据处理框架图如图 9.2.2-5 所示，地铁隧道安全隐患数据快速处理系统中数据处理采用三层结构框架，主要为用户层、处理函数层和数据层。

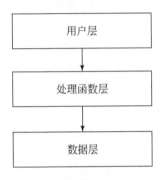

图 9.2.2-5　数据处理框架图

（1）用户层：该层在系统中的主要功能为实现人机交互、参数设置等。用户需要对检测车采集的数据进行各种处理操作，主要包括多通道探地雷达数据的零线设定、背景去噪、一维滤波、小波变换、增益控制、滑动平均、衬砌安全隐患自动识别、衬砌安全隐患编辑和衬砌安全隐患文件导出等相关操作；线阵相机数据的图像灰度化处理、图像腐蚀处理、图像匀光处理、图像二值化、连通区域滤波、图像拼接、裂缝细化、裂缝识别、裂缝安全隐患编辑和裂缝安全隐患文件导出等相关操作；三维激光点云数据的重采样、分割、平移/旋转、删除点云和点云去噪等相关操作。

（2）处理函数层：该层主要是对数据进行具体的处理，用户经过用户层选择相应的数据处理功能后，调用该层相应的数据处理函数对数据进行处理操作。

（3）数据层：该层主要包括输入数据和输出数据，地铁隧道安全隐患综合检测车采集的各种原始数据作为输入数据，输入数据也是处理函数层各个处理函数的作用对象，经过处理函数处理之后的数据以及处理得到的相关安全隐患信息数据作为输出数据。

5. 用户界面设计

地铁隧道安全隐患数据快速处理系统应具备美观、友好、易学、易操作的系统操作界面，且符合用户的相关使用操作逻辑。本系统以处理检测车采集数据、三维地铁隧道结构和安全隐患信息模型展示为核心，立足操作界面友好和展示效果直观且美观，采用 Windows 图形界面，实现数据加载、数据处理和三维模型构建三大模块功能，各种交互方式、操作方式以及输入、输出界面与用户日常使用习惯一致，具有极强的可操作性。系统主界面和菜单项如图 9.2.2-6 和图 9.2.2-7 所示。

图 9.2.2-6　系统主界面

(a)工程项

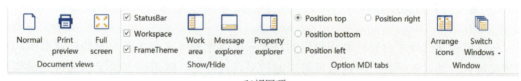

(b)视图项

(c)三维平台项

(d)雷达数据处理项

(e)线阵相机图像处理项

(f)点云数据处理项

图 9.2.2-7　菜单项

9.3　地铁隧道结构三维可视化管理平台研究与设计

该部分内容主要结合三维可视化管理平台的设计研究进行工作的开展。其主要目标为开发三维可视化管理平台，通过三维隧道结构与安全隐患信息模型，实现渗漏水等病害的快速查询、一体化直观展示，并用于指导渗漏水病害注浆治理。

9.3.1　平台功能需求

三维可视化管理平台旨在利用先进的技术和智能化的解决方案来改善地铁隧道的病害管理和运营。通过该平台，管理人员可以通过平台查看分析隧道病害情况，通过三维模型实现安全隐患的可视化管理，并用于指导渗漏水病害注浆治理，为隧道安全运营提供有效技术支撑。

1. 平台系统基础功能

（1）用户管理：用户是系统操作者，该功能主要完成系统用户配置。

（2）部门管理：配置系统组织机构（公司、部门、小组），树结构展现支持数据权限。

（3）岗位管理：配置系统用户所属担任职务。

（4）角色管理：角色菜单权限分配、设置角色按机构进行数据范围权限划分。

（5）通知公告：系统通知公告信息发布维护。

（6）操作日志：系统正常操作日志记录和查询；系统异常信息日志记录和查询。

（7）登录日志：系统登录日志记录查询包含登录异常。

（8）在线用户：当前系统中活跃用户状态监控。

（9）定时任务：在线（添加、修改、删除）任务调度包含执行结果日志。

（10）服务监控：监视当前系统中央处理器（CPU）、内存、磁盘、堆栈等相关信息。

（11）缓存监控：对系统的缓存信息查询，命令统计等。

（12）连接池监视：监视当前系统数据库连接池状态，可进行分析结构化查询语言（SQL）找出系统性能瓶颈。

2. 病害信息数据管理

检测数据结果信息导入平台，包括探地雷达、线阵相机、红外热像仪和三维激光扫描仪等设备检测得到隧道背后以及道路地面下的空洞、富水、不密实等隐藏病害，隧道表面裂缝、渗漏水等病害，隧道错台、形变、限界、沉降等信息，实现病害信息科学有序管理，后期检测数据仍可导入平台，可查看各个阶段的检测结果病害信息。

3. 数据分析

通过数据分析，将病害数据以直观的图表形式展示，帮助管理人员进行决策。

4. 三维可视化

搭建隧道及渗漏病害一体化模型，通过可视化工具，帮助管理人员直观查询隧道及病害情况，实现安全隐患可视化分析与管理。

9.3.2　平台技术架构

根据技术架构（图 9.3.2-1），三维可视化管理平台搭建流程主要包括建立病害数据库、搭建数据管理平台、三维模型构建、三维模型可视化四大主要部分，具体主要包括以下几个部分。

（1）建立病害数据库，根据病害信息特征，搭建对应的病害信息库，包括探地雷达、线阵相机、红外热像仪和三维激光扫描仪等设备检测得到隧道背后及道路地面下的空洞、富水、不密实等隐藏病害，隧道表面裂缝、渗漏水等病害，隧道错台、形变、限界、沉降等信息。

（2）不同类型病害信息特征不同，空洞、富水和不密实等隐藏病害主要包括病害里程、类型、深度、长度等信息，隧道表面裂缝主要包括裂缝里程、类型、长度、宽度等信息，表面渗漏水主要包括渗漏水里程、类型、渗水面积等信息，隧道错台、形变、限界、沉降等主要包括里程、形变量等信息，病害数据库根据实际检测病害特征进行调整。

（3）根据病害信息数据库搭建数据管理平台，功能模块包括病害信息导入、导出、关键信息查询，以及病害信息添加、删除、修改等功能，最终实现检测结果的有效管理。

（4）基于三维激光点云数据构建基础隧道结构模型信息，通过加载数据库病害信息构建出三维地铁隧道结构与安全隐患信息模型，功能模块包括三维模型可视化、关键病害信息展示、隧道模型漫游、三维模型层级可视化等，最终实现隧道安全隐患的实时查询和可视化分析。

（5）基于道路检测结果和隧道三维模型，构建道路及地铁隧道一体化三维模型并在可

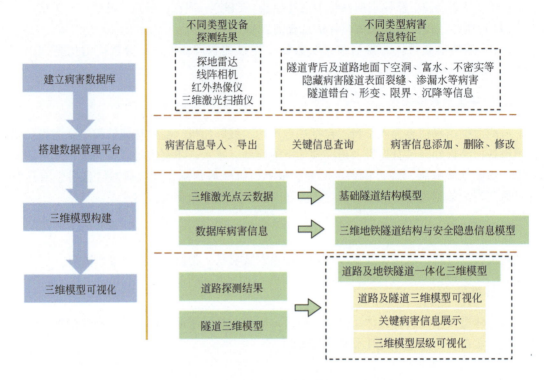

图 9.3.2-1　技术架构图

视化平台展示，功能模块包括道路及隧道三维模型可视化、关键病害信息展示、三维模型层级可视化等。

9.3.3　平台的设计与开发

1. 开发环境与相关技术

平台采用前后端分离的方式进行编写，具体平台开发环境如表 9.3.3-1 所示，在后端开发方面，运用 Java 语言与斯普瑞布特（Sping Boot）框架进行逻辑编写。前端开发方面，采用 Vue 框架进行前端项目的搭建，采用 Element-UI 框架进行用户界面（UI）的优化，运用 ECharts 进行数据的可视化。在前后端交互方面，采用 JavaScript 语言与 Ajax 技术实现前后端的交互，数据格式为 JSON 格式。在数据库设计方面，采用支持开源的关系型数据库 MySQL 完成对数据的存储，通过 MyBatis 实现数据的读写操作。

表 9.3.3-1　平台开发环境

平台开发工具	运行环境
后端	Spring Boot 框架、Java 语言
前端	Vue 框架、Element-UI 框架

平台开发工具	运行环境
数据库	MySQL8.0
编译环境	JDK11
前后端交互	JavaScript、Ajax
可视化工具	ECharts
服务器	Tomcat8.0

2. 需求分析

1）功能需求

基于研究背景，建立病害数据库，搭建数据管理平台，建立三维地质模型，以三维地质模型为载体，搭建平台，实现三维地质模型不同层级可视化展示。具有数据统计分析能力，支持外部系统的接口接入，支持相关的三维地质数据文件交换格式的导入与导出。

2）非功能需求

平台在非功能需求方面，平台的设计要满足软件设计的先进性、安全性、易用性和可扩展性等需求。

（1）先进性：平台设计采用改进的数据处理算法进行数据处理，保证平台的先进性。

（2）易用性：平台易用性设计要求做到界面简洁友好，提示信息简洁明确，便于用户操作。

（3）安全性：平台对登录的用户信息进行信息校验，对用户角色分配权限。

（4）可扩展性：平台各模块之间相互独立，并且提供相应的接口，便于后续平台的优化与二次开发。

3. 总体设计

1）总体框架设计

平台总体框架图如图 9.3.3-1 所示。在客户端进行请求操作；在后端设计方面，运用 Java 语言与 Sping Boot 框架进行后端逻辑编写，并采用 MySQL 数据库完成对数据的存储，利用数据库连接（JDBC）实现与数据库的连接，依据 MyBatis 框架编写 SQL 对数据库中的数据信息进行增加、删除、修改、查询；在前端设计方面，前端采用 Vue 框架进行前端项目的搭建与交互，采用 Element-UI 框架对 UI 进行优化，运用 ECharts 进行数据的可视化；在前后端交互设计方面，采用 JavaScript 语言实现前后端的交互。

2）数据库设计

（1）概念模型设计。平台主要包含用户、病害信息、探地雷达数据信息、评估信息等实体类以及它们之间的关系，平台实体–关系（E-R）图如图 9.3.3-2 所示。其中用户实体类主要包含用户名、密码、角色 ID、用户 ID。渗漏病害信息实体类主要包含检测地点、

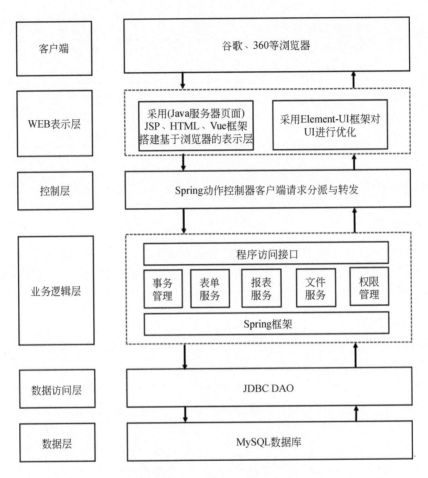

图 9.3.3-1　平台总体框架图

HTML-超文本标记语言；DAO-数据访问对象

里程信息、深度信息、道数信息、样点信息、经纬度信息、病害属性、病害图片等信息。探地雷达数据信息主要包含文件名、检测地点、天线频率、采集时间等信息。病害评估信息实体类包含病害 ID、判别矩阵、指标隶属度、风险等级、病害评分等信息。

（2）数据库表设计。表 9.3.3-2 为用户信息表，用来存储用户 ID、用户名、密码、角色 ID 等信息。

表 9.3.3-2　用户信息表

字段名	类型	长度	说明
id	int	11	用户 ID
name	varchar	32	用户名
password	varchar	32	密码
role_id	int	11	角色 ID

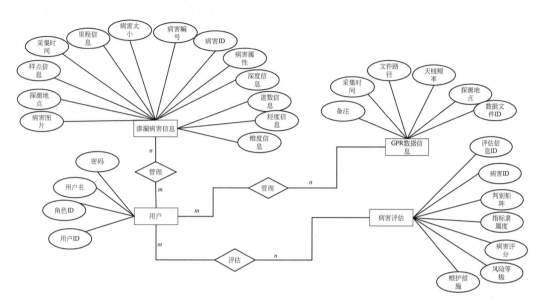

图 9.3.3-2　平台实体–关系（E-R）图

m，n-实体之间的关系基数

表 9.3.3-3 为探地雷达数据信息表，用来存储检测的探地雷达数据文件的基本信息，主要包含探地雷达信息的数据文件 ID、检测地点、文件路径等信息。

表 9.3.3-3　探地雷达数据信息表

字段名	类型	长度	说明
id	int	11	数据文件 ID
tc_place	varchar	255	检测地点
tc_antenna	varchar	128	天线频率
file_path	varchar	255	文件路径
tc_time	datetime	128	采集时间
remarks	varchar	255	备注

注：varchar-可变长度的字符串数据类型。

表 9.3.3-4 为病害信息表，用来存储病害的基本信息，主要包含病害 ID、深度信息、里程信息、道数信息、检测地点、病害编号、病害大小、病害属性、采集时间等信息。

表 9.3.3-4　病害信息表

字段名	类型	长度	说明
id	int	11	病害 ID
tc_place	varchar	255	检测地点
m_num	varchar	32	病害编号
bh_licheng	varchar	255	里程信息

续表

字段名	类型	长度	说明
bh_depth	varchar	255	深度信息
trace	int	32	道数信息
bh_size	double	12	病害大小
bh_type	varchar	32	病害属性
pic_path	varchar	255	病害图片
esample	int	32	样点信息
uptime	datetime	128	采集时间

注：datetime-日期时间（一种数据类型）。

表9.3.3-5为病害评估信息表，用来存储评估的基本信息，主要包含评估信息 ID、病害 ID、判别矩阵、综合评分、指标隶属度、风险等级、维护措施等信息。

表9.3.3-5　病害评估信息表

字段名	类型	长度	说明
id	int	11	评估信息 ID
dis_id	int	11	病害 ID
panbie_juzhen	varchar	255	判别矩阵
zb_membership	varchar	255	指标隶属度
bh_scort	double	12	病害评分
bh_severity	varchar	12	风险等级
uptime	datetime	128	采集时间
programme	varchar	255	维护措施

注：double-双精度浮点数（一种数据类型）。

4. 详细设计与实现

1）工程数据管理

平台对数据的处理与操作都以工程数据为基础，则工程数据管理模块在平台中尤为关键。工程数据管理模块主要实现对采集的检测数据、拍摄的图片、录制视频的存储与管理功能，并且对病害的基本信息进行管理。

以病害数据管理中的病害数据查询功能为例，其病害数据查询功能流程如图9.3.3-3所示。首先，在前端输入要查询的关键词，点击"搜索"按钮，前端会触发 selectInfo 方法。然后，通过 Ajax 技术向后端发送查询请求，触发控制器层定义的对应后端方法。再后，调用服务层中查询数据接口，实现对 DAO 层中的方法的调用，利用 Mybaties 对数据库进行查询。如果查询成功，则将从数据库中查询到的数据返回到控制层，并以 JSON 的形式传给前端，前端接收到 JSON 数据后对数据进行解析。如果查询失败，则提示"查询失败"，重新进行查询。最后，将数据赋给 Element-UI 中的前端组件，数据以表格的形式进行展示。

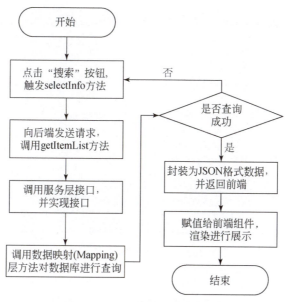

图 9.3.3-3　病害数据查询功能流程

图 9.3.3-4 为病害信息数据库管理示例,主要实现对雷达数据的文件地址、检测地点、天线频率、检测路况信息的增加、删除、修改以及上传数据附件等操作。

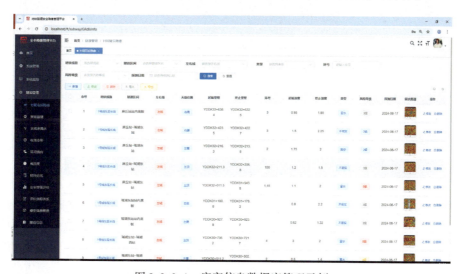

图 9.3.3-4　病害信息数据库管理示例

2)病害定位与联动分析

病害定位与联动分析主要实现病害大小、深度、数量的可视化,以及病害的精确定位与病害信息联动展示。

图 9.3.3-5 为病害信息数据库导入,图 9.3.3-6 为病害图谱查询,进入界面之后点击

图 9.3.3-5　病害信息数据库导入

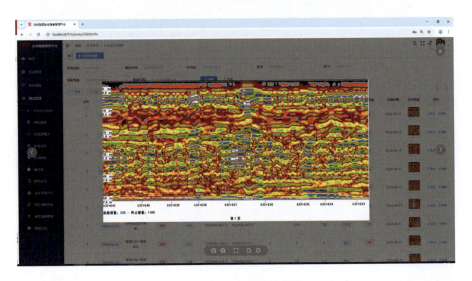

图 9.3.3-6　病害图谱查询

百度地图中标注的病害点，触发病害信息查询（getInfoById）方法，获取病害的基本信息，包括检测隧道 ID、病害 ID、病害类型等。然后，根据检测的隧道信息 ID 查询到所检测隧道中病害的大小与深度、类型数量等信息。然后，根据病害 ID 查询到病害的图像信息、病害的基本信息。最后，如果查询成功，则所检测隧道的病害大小、病害类型的数量、病害深度在 ECharts 的渲染下进行可视化展示，并将对应的病害图谱、病害所在的检测路段附近的视频与采集的照片进行联动展示。如果查询失败，将重新选择标注的病害点。

图 9.3.3-7 为隧道三维模型可视化，主要是对病害解析数据进行联动展示，结合检测结果对病害位置进行精确定位。点击标注的病害位置即可查看相应的属性信息，并且会动态关联病害的雷达图谱以及病害所在位置周围环境的照片，还可以看到所对应隧道病害的

整体数据可视化情况。

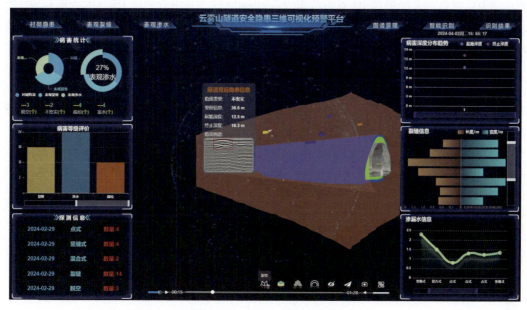

图 9.3.3-7　隧道三维模型可视化

3）风险评估

病害危险等级评估主要利用 AHP-模糊综合评价方法实现对病害危险等级的模糊评估，并且根据危险等级邀请专家给出相应的维护措施，病害综合评价流程如图 9.3.3-8 所示。

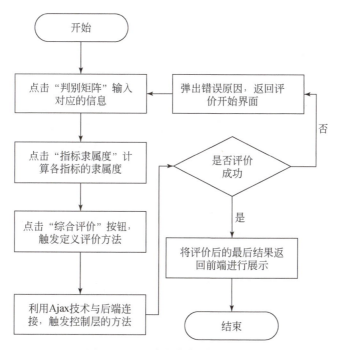

图 9.3.3-8　病害综合评价流程图

首先，在数据管理中的病害信息界面点击"判别矩阵"按钮，触发自定义的评估方法，调用后端自定义的根据 ID 查询数据（GetItemById）方法查询该 ID 下的数据信息。然后，GetItemById 方法利用 SQL 中的选择语句对数据库存储的数据按 ID 进行查询，封装为 JSON 数据并传输给前端。然后，按照提示输入指标的判别矩阵信息，点击"确定"按钮，将判别矩阵存储到数据库中。再点击"指标隶属度"按钮，计算各指标的隶属度，并存入数据库。最后，点击"综合评价"按钮，触发模糊综合评价的方法进行计算，如果评价成功则将结果返回到前端界面，如果评价失败则弹出错误原因，并将返回评价开始界面，重新输入信息。

图 9.3.3-9 为病害评估分析界面，主要根据 AHP-模糊综合评价方法进行综合评估。

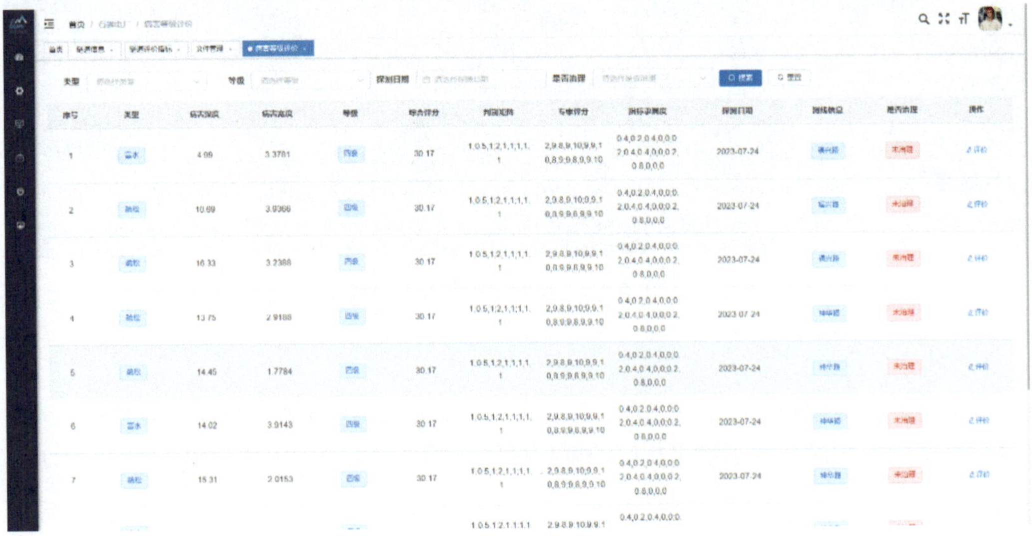

图 9.3.3-9　病害评估分析界面

5. 平台测试

平台开发完成之后对平台的各项功能进行测试，主要包括功能测试与性能测试。测试环境为 Windows 10 操作系统、JDK11、Tomcat8.0，并且在谷歌浏览器进行网址的访问与具体操作。

1）功能测试

系统功能测试用于测试平台的功能是否满足用户的需求，主要采用黑盒测试的方法对平台的主要功能进行测试，平台功能测试用例如表 9.3.3-6 所示。例如，用户进行病害风险评估时，点击判别矩阵按钮，输入判别矩阵，预期结果为评估成功，正确显示风险等级，如果执行结果与预期结果一致，表明该测试用例通过，否则不通过，需要进行程序修改。

表 9.3.3-6　平台功能测试用例

测试功能	操作或数据	预期结果	执行结果	是否通过
上传数据	输入数据基本信息，点击确定按钮	数据上传成功	数据成功上传	是
数据查询	输入查询内容，点击搜索按钮	数据搜索成功	成功搜索数据	是
模型显示	选择模型，点击加载按钮	加载成功，显示隧道三维模型	加载成功，显示隧道三维模型	是
渗漏预测	选择病害，点击预测按钮	预测成功，显示病害信息	预测成功，显示病害信息	是
风险评估	输入判别矩阵，点击评估按钮	评估成功，显示风险等级	评估成功，显示风险等级	是

2）性能测试

除功能测试之外，需要对平台进行性能测试，验证平台能否满足未来的使用，及时发现平台的性能瓶颈。采用 LoadRunner 软件自动化测试工具对平台进行测试，平台性能测试结果如表 9.3.3-7 所示。

表 9.3.3-7　平台性能测试结果　　　　　　　　（单位：s）

测试项	测试内容	测试方法	测试结果
响应时间	主页面最大响应时间	通过 LoadRunner 测试工具模拟用户访问页面，执行上传数据、病害风险评估等操作。	4.3
	页面响应平均时间		2.83
	用户登录平均响应时间		4.2
	上传数据平均响应时间		4.6
	病害评估平均响应时间		3.2
平台负载	200 个用户登录平台运行	利用 LoadRunner 测试工具模拟多用户连续 72h 访问平台。	稳定
	200 个用户在负载下，连续运行 72h		稳定

性能测试指标主要包括响应时间、吞吐量、并发用户数、安全性、稳定性等。通过测试结果可知，平台的用户登录、风险评估等主要功能满足设计要求，并且平台在负载情况下，能够连续 72h 稳定运行，功能之间的衔接很顺畅，不存在延时或卡死的情况。

参 考 文 献

[1] 王宗军. 综合评价的方法、问题及其研究趋势[J]. 管理科学学报,1998,1(1):75-81.

[2] 王晓形. 基于 AHP 及专家打分法的大跨度隧道风险评估[J]. 现代隧道技术,2020,57(S1):233-240.

[3] 第十届全国人民代表大会常务委员. 中华人民共和国突发事件应对法（2024 年修订）. 北京:第十届全国人民代表大会常务委员,2024.

第10章 地铁隧道综合检测技术应用

10.1 北京地铁隧道营运环境

截至2024年底，我国开通轨道交通的城市有58个，运营总里程约12168.77km，其中地铁运营约占76.27%，7个城市地铁运营总里程超过500km。以北京市为例，地体运营总里程为879km，受地下水位持续上升（最高上升10m）的影响，在建地铁工程持续受水位上升影响，建设期间基坑及暗挖工程的安全屡受考验，附带结构渗漏水的通车试运营现象将长期存在[①]。近十年期间，北京地铁发生多起结构重大安全隐患，某地下线路隧道结构局部异常沉降、某高架线路区间桥梁支座上垫石建筑质量病害、某地下线路回库线形变缝沉降超标等。因此，对地铁隧道进行综合检测显得尤为重要，方便实现对地铁运营隧道现实面临的问题"对症下药"，也能够为最后决策提供科学依据，确保项目的可行性，同时显著降低参建单位的经济技术风险。

北京坐落于中国的北部，华北平原的核心地带。地理位置独特，西部、北部和东北部三面环山，地势上呈现出东南低、西北高的特点。最高的山峰是东灵山，海拔高度为2303m；最低点位于通州区柴厂屯一带的东南边界，海拔高度为8m。山区的面积占据了主导地位，达到了10400km²，占全市总面积的62%，平原区的面积为6400km²，占全市总面积的38%[②]。北京市属于温带大陆性气候，降雨分布十分不均匀，地下水位季节性特征明显，内部主要河流有永定河、潮白河、北运河和拒马河等。近年来，随着地下水治理措施和南水北调工程的引入，北京的地下水位不断上升，给地铁隧道等地下结构带来了潜在的安全风险。

北京的地貌构成主要是河流冲洪积扇地相互连接形成的，冲积扇中蕴含着丰富的含水介质，如砂卵石、砂砾石和砂等，为地下水的储存和流动提供了良好的条件。此外，北京的第四纪沉积物厚度从数米到数百米不等，其中同样含有丰富的含水介质，尤其是砂卵石等，其累计厚度通常在10~50m，部分区域甚至超过70m。这些含水介质主要集中在150m深度以内，为地下水的开采提供了便利，成为北京主要的地下水开采层。北京地区的地下水通常由多个地下水层组成，包括近地表的浅层水层和更深层的深层水层。浅层水层主要受到降水和地表水的补给，而深层水层则主要受到地下岩层的影响。

---

① 中国城市轨道交通协会.2023年中国内地城轨交通线路概况［R］.（2024-01-02）.

② 北京市人民政府网站.https://www.beijing.gov.cn/gongkai/guihua/lswj/yw/201907/t20190701_10040.html［2025.5.20］.

　　北京区域地下水的补给有很多，其中包括降水入渗补给、西北山前边界侧向补给、河流补给、灌溉入渗补给，其中最主要的补给项目是降水入渗补给；但是对于不同的地区来说，地下水的补给有所不同。

　　大气降水入渗受外界条件影响大，不同地区的降水入渗系数存在显著差异。地下水的山前补给主要来源于山前冲洪积扇的顶部区域。该地铁检测区域受到来自山区的侧向补给，还通过暴露于地表或埋藏较浅的砂卵石等含水介质接受大气降水、地表水及农田灌溉水的入渗补给。这些渠道和灌区的渗漏水渗透也为地下水提供额外的补给。城区大部分河道都进行了衬砌和防渗处理，加上多年的淤积，导致河水对地下水的直接补给作用有限。较深的深层地下水以侧向径流为主，随着地下水资源被大量开采，存在垂向越流补给。北京地下水的流向随着地势变化而变化，整体从西向东、由南至北。

　　排泄项主要包括东南边界排出、人工开采以及蒸发。蒸发主要发生在潜水深度小于4m 的区域，只存在于小范围内。地下水位下降也导致河流的蒸发排泄极少，自然排泄以平原区边界的侧向流出为主。

10.2　北京某地铁隧道病害检测分析

10.2.1　隧道检测

　　利用地铁隧道安全隐患综合检测车在北京地铁某隧道区间开展安全隐患综合检测，主要探明地铁隧道衬砌内部脱空、富水病害、衬砌表观裂缝、渗漏水病害、隧道限界和隧道内轮廓形变病害等，并获取其位置、尺寸等信息，检测现场图如图 10.2.1-1 所示。

图 10.2.1-1　检测现场图

10.2.2　病害统计

1. 隧道内部病害

对于隧道内部病害的检测，使用现场雷达详查，分析综合资料，排除干扰因素后。将地质雷达图谱异常划分为：疏松、富水。疏松指在含水量一致的土体中密实度小于周边土体的区域，可详细分为轻微疏松、中等疏松、严重疏松、空洞。富水指土体中含水量高于周边土体的区域，可详细分为：一般富水、严重富水。雷达现场结果评定表如表 10.2.2-1 所示。

表 10.2.2-1　雷达现场结果评定表

分类	病害属性	雷达图谱特征
1	轻微疏松	反射信号能量有变化，同相轴较不连续，波形结构较为杂乱、不规则
2	中等疏松	反射信号能量变化较大，同相轴较不连续，波形较为杂乱、不规则
3	严重疏松	反射信号能量变化大，同相轴不连续，波形杂乱、不规则
4	空洞	反射信号能量强，反射信号的频率、振幅、相位变化异常明显，下部多次反射波明显，边界可能伴随绕射现象
5	一般富水	顶面反射信号能量较强、下部信号衰减较明显；同相轴较连续、频率变低
6	严重富水	顶面反射信号能量强、下部信号衰减明显；同相轴较连续、频率变低

通过本次地铁隧道区间的检查，在检测区域内，发现隧道衬砌内部病害 52 处。上行区间存在一处不密实区域、10 处富水区域、6 处疏松区域和 3 处脱空区域。下行区间存在三处不密实区域、19 处富水区域、10 处疏松区域。隧道内部病害统计见表 10.2.2-2，典型地质雷达病害图谱见图 10.2.2-1。

表 10.2.2-2　隧道内部病害统计

病害类型	上行区间数量	下行区间数量	合计
不密实区域	1	3	4
富水区域	10	19	29
疏松区域	6	10	16
脱空区域	3	0	3
合计	20	32	52

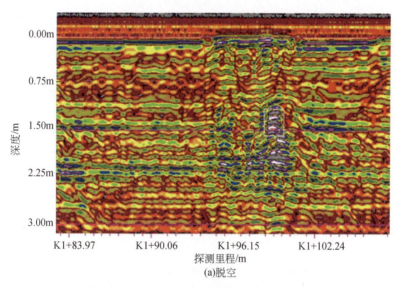

(a)脱空

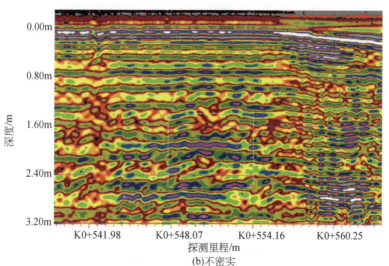

(b)不密实

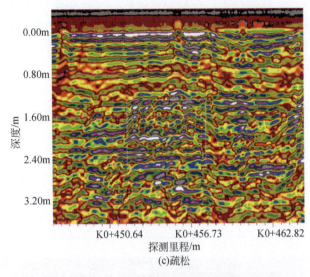

(c)疏松

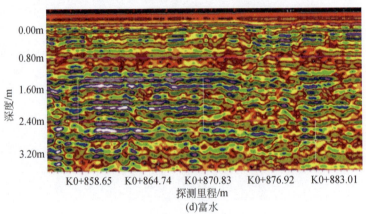

(d)富水

图 10.2.2-1　典型地质雷达病害图谱

从图 10.2.2-2 和图 10.2.2-3 中，可以看出检测区域隧道病害以富水区域为主，占总病害的 55.8%，其次为疏松区域，占总病害的 30.8%，不密实区域和脱空区域相对较少。在上行区间和下行区间，虽不同病害占比有所不同，但仍以富水区域和疏松区域为主。

2. 隧道裂缝病害

对采集得到的隧道表面图像进行拼接等处理，得到隧道表面的总体图像，对隧道表面的裂缝进行处理，共识别裂缝 6187 处，上行区间识别出较完整裂缝 3827 处，裂缝平均长度为 163.65cm，裂缝平均宽度为 1.05mm；下行区间识别出较完整裂缝 2360 处，裂缝平均长度为 23.42cm，裂缝平均宽度为 0.99mm。检测结果汇总见表 10.2.2-3、表 10.2.2-4，隧道裂缝病害图像见图 10.2.2-4。

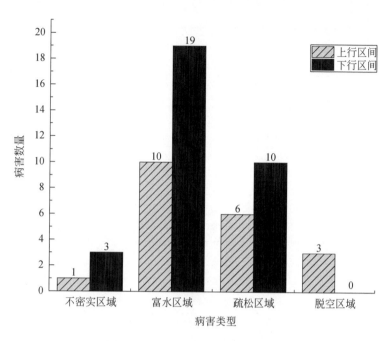

图 10.2.2-2　隧道区间病害分布图

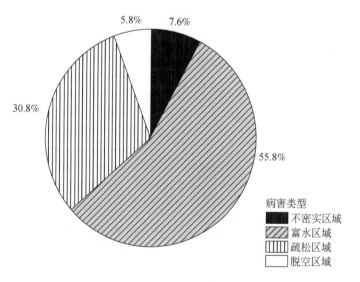

图 10.2.2-3　隧道内部总病害分布图

表 10.2.2-3　隧道区间裂缝长度统计

裂缝长度/cm	上行区间数量	下行区间数量	合计
0~50	558	2086	2644
50~100	614	190	804

裂缝长度/cm	上行区间数量	下行区间数量	合计
100~150	240	54	294
150~200	880	22	902
200~250	634	6	640
250~300	634	1	635
300~350	267	1	268
合计	3827	2360	6187

表 10.2.2-4　隧道区间裂缝宽度统计

裂缝宽度/mm	上行区间数量	下行区间数量	合计
0~0.25	456	201	657
0.25~0.5	447	314	761
0.5~0.75	447	332	779
0.75~1	493	336	829
1~1.25	443	359	802
1.25~1.5	451	317	768
1.5~1.75	588	287	875
1.75~2	308	214	522
2~2.5	194	0	194
合计	3827	2360	6187

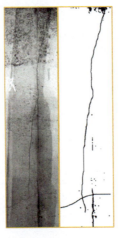
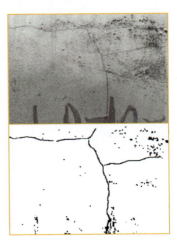

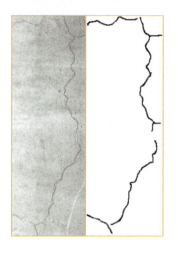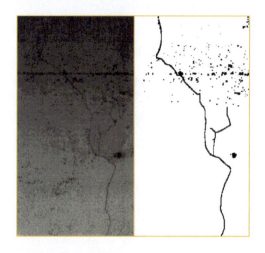

图 10.2.2-4　隧道裂缝病害图像

从图 10.2.2-5 ~ 图 10.2.2-8 中可以发现长度超过 100cm 的裂缝多集中在隧道的上行区间范围内，且不同范围段的裂缝数量分布均匀，而隧道的下行区间范围内，以 50cm 长度裂缝为主，长度超过 100cm 的裂缝占比非常少。从整体上看，检测范围内的隧道裂缝长度以 50cm 内为主，占 42.7%，其他范围段的裂缝分布远低于此。从裂缝的宽度来看，裂缝最大宽度不超过 2.5mm，且在总体和上下行区间分布也不均匀。

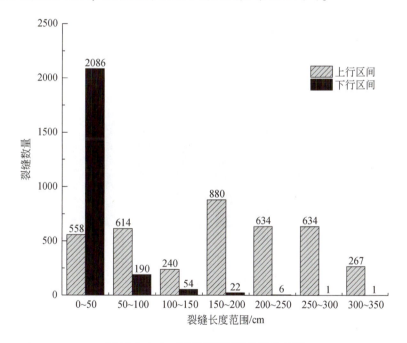

图 10.2.2-5　隧道区间裂缝长度分布图

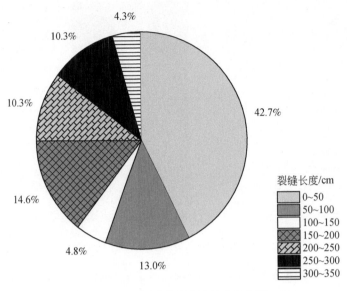

图 10.2.2-6　隧道总裂缝长度分布图

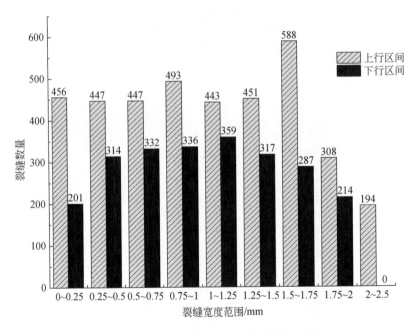

图 10.2.2-7　隧道总裂缝宽度分布柱状图

3. 隧道渗漏病害

通过对红外热像仪传回的温度数据进行处理与分析，判定检测区段存在 132 处表观渗漏区域，上行区间共识别出表观渗漏区域 59 处，平均渗漏面积为 1.93m² 下行区间共识别出表观渗漏区域 73 处，平均渗漏面积为 1.27m²。检测结果汇总见表 10.2.2-5、表 10.2.2-6。

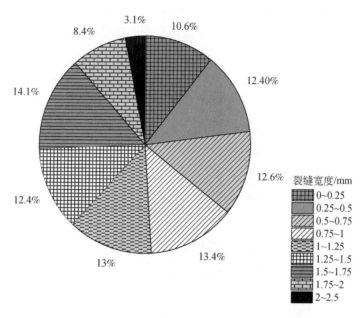

图 10.2.2-8　隧道总裂缝宽度分布饼状图

表 10.2.2-5　隧道区间渗漏面积统计

渗漏面积/m²	上行区间数量	下行区间数量	合计
0～0.5	7	9	16
0.5～1	11	28	39
1～1.5	9	16	25
1.5～2	13	5	18
2～2.5	4	6	10
2.5～3	4	4	8
>3	11	5	16
合计	59	73	132

表 10.2.2-6　隧道区间渗漏类型统计

渗漏类型	上行区间数量	下行区间数量	合计
点式	42	54	96
竖缝式	14	19	33
混合式	3	0	3
合计	59	73	132

从图 10.2.2-9～图 10.2.2-12 中可以看出，检测区间内的隧道渗漏水以点式渗漏为

主，占总渗漏类型的 72.7%，其次为竖缝式渗漏，占总渗漏类型的 25%，混合式渗漏最少，占总渗漏类型的 2.3%。上行区间的渗漏面积则在各个区间内均匀分布，下行区间的渗漏面积多集中在 0.5 ~ 1.5m²。

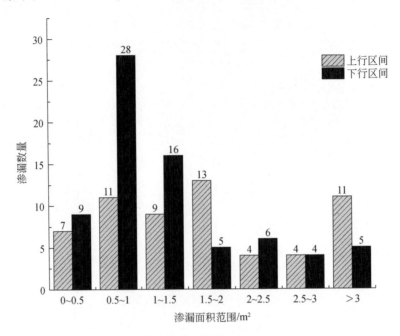

图 10.2.2-9　隧道区间渗漏面积分布图

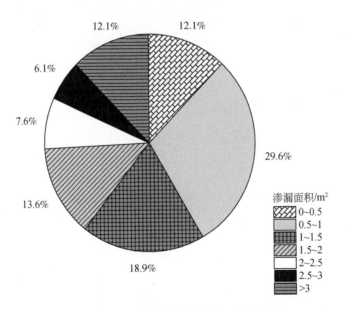

图 10.2.2-10　隧道区间总渗漏面积分布图

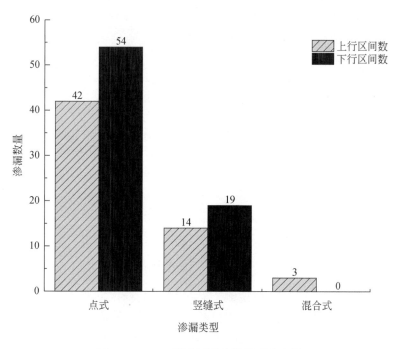

图 10.2.2-11　隧道区间渗漏类型分布图

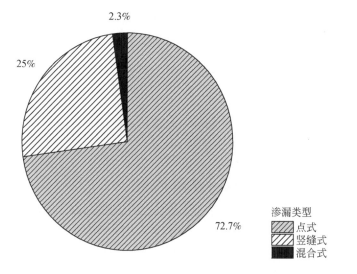

图 10.2.2-12　隧道区间总渗漏类型分布图

4. 其他病害

　　三维激光点云数据处理使用的平台是中国矿业大学（北京）编制的地铁隧道三维数据处理展示分析系统。形变检测流程如图 10.2.2-13 所示。通过对点云数据的滤波处理并结合设备限界文件对点云进行设备限界检测与分析，判定本次检测区域不存在侵限设备。

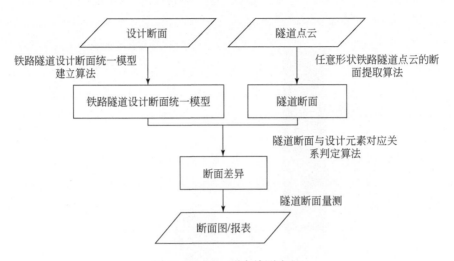

图 10.2.2-13　形变检测流程

　　主要对拱顶部分进行相对形变检测，对检测的上行区间提取断面，其断面间隔为 10.0m，单断面长度为 0.1m，提取断面数 147 个；下行区间的断面间隔设置为 10m，单断面长度为 0.5m，提取断面 148 个。拱顶右斜 45°、拱顶上斜 90°、拱顶左斜 45°，分别计算当前第 i 个断面不同角度下拟合半径 R_θ 与设计半径 R_{design} 之差 Δd。

　　上行区间内形变趋势平稳，拱顶处最大差值为 4.3mm，形变检测范围内最大差值为 10.5mm，为拱顶右斜 45°；下行区间隧道拱顶处最大差值为 11.0mm，形变检测范围内最大差值为 23.5mm，为拱顶右斜 45°。

10.2.3　数据三维可视化

　　三维展示使用的平台是中国矿业大学（北京）编制的地铁隧道三维数据处理展示分析系统。三维建模流程如下。

　　（1）导入点云数据；

　　（2）根据点云数据构建地铁隧道三维结构模型；

　　（3）在模型中加载病害信息构建出地铁隧道三维结构与安全隐患信息模型。

　　通过地铁隧道三维数据处理展示分析系统构建出的地铁隧道三维结构与安全隐患信息模型如图 10.2.3-1～图 10.2.3-4 所示。

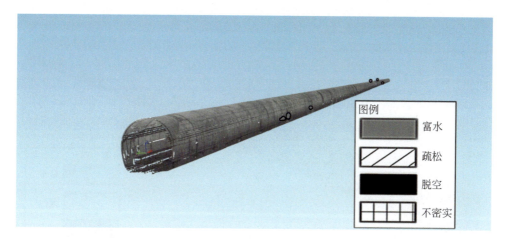

图 10.2.3-1　上行区间隧道整体

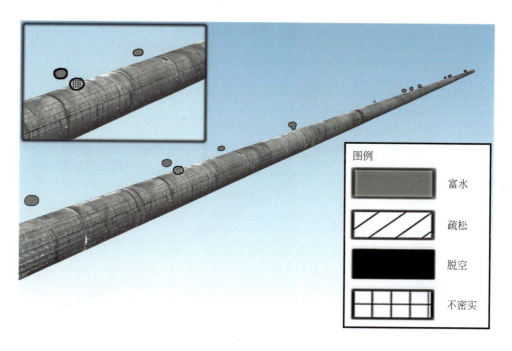

图 10.2.3-2　上行区间隧道局部

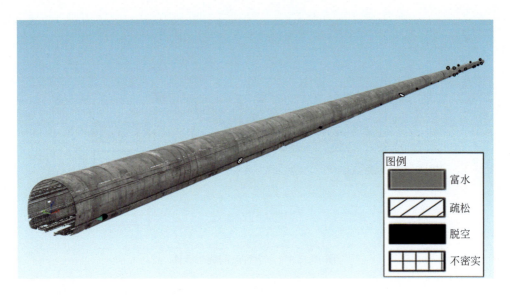

图 10. 2. 3-3　下行区间隧道整体

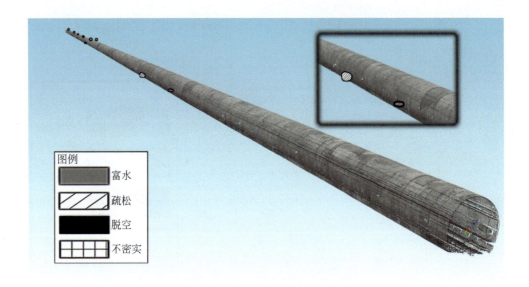

图 10. 2. 3-4　下行区间隧道局部